国家社科基金后期资助项目
出版说明

后期资助项目是国家社科基金设立的一类重要项目，旨在鼓励广大社科研究者潜心治学，支持基础研究多出优秀成果。它是经过严格评审，从接近完成的科研成果中遴选立项的。为扩大后期资助项目的影响，更好地推动学术发展，促进成果转化，全国哲学社会科学工作办公室按照"统一设计、统一标识、统一版式、形成系列"的总体要求，组织出版国家社科基金后期资助项目成果。

全国哲学社会科学工作办公室

国家社科基金
后期资助项目
GUOJIA SHEKE JIJIN HOUQI ZIZHU XIANGMU

元代玄教研究

The research of XuanJiao in the Yuan Dynasty

申喜萍 著

上海三联书店

目　　录

绪　　论

　　"全真显于元初,玄教盛于中晚。"①作为元代"江东四先生"之一的李存也指出:"他日修本朝国史,方外之传,丘、马以后,便及开府大宗师。"②他的这个观点无疑是吻合当时道教发展的基本情况的,而《元史·释老传》中的排序也是丘处机传后就是张留孙、吴全节传记。

　　目前学界对全真教的研究成果较多,对全真教的研究也一直在推进之中;而对"盛于中晚"的玄教,研究成果则较少,甚至没有一本相关专著出现,这种研究现状和玄教的发展状况是不吻合、不匹配的。

　　目前学界对玄教的研究主要表现在以下几个方面:

　　第一,玄教派别问题。在忽必烈支持下而创建的玄教,学界对于它是一个新的独立道派还是龙虎山的一个支派,曾存在着争议。陈垣先生认为玄教是正一派的分支,卿希泰等对此观点基本认同,这种观点在学界占有十分重要的地位。郭树森对玄教的性质前后期存在不同的认知,前期认为玄教就是龙虎山的一个支派,但后来则持相反态度。

　　第二,对玄教徒研究。

　　1. 对张留孙的研究。

　　顾敦鍒《元玄教张留孙年表并序》为张留孙做了一个简单年谱。③ 尹志华《张留孙及其在元大都创立的道教支派——玄教》一文介绍了张留孙在元代获得的恩荣、道观以及玄教在元代的发展状况。④ 梁琼《玄教宗师张留孙与元初道教政治》一文指出,张留孙是"政治化道士",积极参与到政治事务中。⑤

　　①　袁冀:《元代玄教道侣交游唱和考》,《元史论丛》,联经出版事业公司 1978 年版,第 151 页。
　　②　李存:《俟庵集》卷二十九《复通宗师吴闲闲》,四库全书本,第 1213 册,第 811 页。
　　③　顾敦鍒:《元玄教张留孙年表并序》,《东海学报》10 卷,1968 年第 1 期,第 17—29 页。
　　④　尹志华:《张留孙及其在元大都创立的道教支派——玄教》,《北京联合大学学报》2003 年第 2 期,第 92—95 页。
　　⑤　梁琼:《玄教宗师张留孙与元初道教政治》,《宜春学院学报》2013 年第 10 期,第 20—24 页。

2. 对吴全节的研究。

对吴全节的研究成果是最多的,但也仅有七篇学术论文、一篇硕士论文。孙克宽《元道士吴全节事迹考》一文从"张留孙与玄教之建立""吴全节之崛起""吴氏大事年表""吴氏的交游"等方面对吴全节做了较为系统的梳理和研读,并高度评价吴全节。[①] 詹石窗《吴全节与看云诗》一文指出吴全节善诗,其"看云修道"诗具有特殊的艺术审美特性。[②] 郭硕知《吴全节〈题白云观〉——对一份新发现文献的解读》一文则分析了吴全节《题白云观》诗的文学内涵。[③] 吴光正《吴全节像、赞与元代文学的新认识》则梳理了元代文献,"将吴全节像、赞放置于其与元代文坛交游、唱和的语境中,探究像、赞的制作与意蕴,进而解析与之相关的元代文坛的创作景观、元代文人的政治境遇和儒道情怀等,以期从一个侧面重新认识元代文学的独特风貌"[④]。申喜萍《吴全节文艺美学思想三论》一文主要从"推崇'文以载道'的诗教观""重视'陶写性理'的哲理性""追求清新自然的诗风"三个方面论述了吴全节的文艺观。[⑤]

上述成果主要论述的是吴全节的文学作品及其思想,而对吴全节画像进行研究则首推洪再新。其《儒仙新像——元代玄教画像创作的文化情境和视象涵义》一文第一次把吴全节画像放置于历史中,对吴全节画像创作成因、文化土壤以及内涵作了多维的解读和研究。[⑥] 申喜萍《道教修炼视阈下的〈吴全节十四像并赞卷〉》一文主要是从道教内丹角度对吴全节画像进行了解读,认为现存吴全节画像是吴全节内丹修炼的图像化表达,是了解和研究吴全节修道思想不可或缺的珍贵资料。[⑦] 徐莫非《用力赞乾元,犹龙师老子——〈吴全节十四像并赞卷〉》的硕士论文则对吴全节十四幅画像进行了逐一细读,并对画像缘起、用途、风格等做了简单介绍。[⑧]

3. 对陈义高的研究。

吴光正《元代北游士人的先声与宿命——玄教高道陈义高的诗歌创作

① 孙克宽:《元道士吴全节事迹考》,《元代道教之发展》,东海大学 1968 年版,第 156—232 页。
② 詹石窗:《吴全节与看云诗》,《中国道教》1997 年第 3 期,第 24—27 页。
③ 郭硕知:《吴全节〈题白云观〉——对一份新发现文献的解读》,《中国道教》2012 年第 3 期,第 40—42 页。
④ 吴光正:《吴全节像、赞与元代文学的新认识》,《文艺研究》2021 年第 7 期,第 136 页。
⑤ 申喜萍:《吴全节文艺美学思想三论》,《宗教学研究》2021 年第 3 期,第 140—143 页。
⑥ 范景中、曹意强主编:《美术史与观念史Ⅰ》,南京师范大学出版社 2003 年版,第 93—180 页。
⑦ 申喜萍:《道教修炼视阈下的〈吴全节十四像并赞卷〉》,《世界宗教研究》2019 年第 6 期,第 89—102 页。
⑧ 徐莫非:《用力赞乾元,犹龙师老子——〈吴全节十四像并赞卷〉》,西安美术学院 2015 届硕士论文。

及其文学史意义》一文论述了陈义高作为"元廷帝室文学侍从","开启了元代北游诗的创作,并给元代纪行诗披上了浓郁的文化乡愁"。① 王树林《元代正一教马臻、陈义高、朱思本诗文集论考》一文主要是依据张伯淳为陈义高撰写的墓志铭,简单勾勒陈义高的生平概况并对其诗歌集《秋岩诗集》进行了分析。②

4. 对王寿衍的研究。

王颋《杭府相住——王溪月与元杭州路开元宫》对王寿衍生平、交游及长居的开元宫进行了详实考述。③ 王巧玲《王寿衍与玄教在浙江的传播》一文对王寿衍生平、事迹、获得敕封等进行简单介绍,对玄教在浙江的传播着墨较少。④

第三,对玄教宫观的研究。

玄教宫观中比较有代表性的是大都的崇真(万寿)宫、东岳庙、西太乙宫等。1972 年对北京西直门外进行了考古发掘,林梅村《元大都西太乙宫考——北京西城区后英房和后桃园元代遗址出土文物研究》一文对这次考古进行了深度研究。他指出,该处就是西太乙宫的遗址,并对西太乙宫历史发展、挖掘文物以及西太乙宫提点张秋泉进行了详实研究。⑤

对东岳庙研究的成果很多。学界多次召开东岳庙文化学术会议,对进一步推动东岳庙学术研究作出了较大贡献。第四届东岳论坛主题是"东岳文化与大众生活",其中有多篇文章论及东岳庙,如陈巴黎《皇权统治下的东岳祭祀》、萧放《东岳庙与城市社会信仰空间的构建》、解育君《从碑刻记载看北京东岳庙兴建》文章,他们分别从政治、空间营造、发展等方面论述了东岳庙的有关历史。⑥ 袁冰凌《北京东岳庙的兴建及其社会经济背景》一文对东岳庙碑刻做了一个辑录,然后对东岳庙的兴建、通惠河的开挖做了阐释。⑦ 曹彦生《鲁国大长公主与北京东岳庙》一文从元代宫廷斗争视角探讨

---

① 吴光正:《元代北游士人的先声与宿命——玄教高道陈义高的诗歌创作及其文学史意义》,《学术研究》2019 年第 7 期,第 156 页。

② 王树林:《元代正一教马臻、陈义高、朱思本诗文集论考》,《南通大学学报》2009 年第 5 期,第 66—67 页。

③ 王颋:《古代文化史论集》,上海古籍出版社 2007 年版,第 235—252 页。

④ 王巧玲:《王寿衍与玄教在浙江的传播》,《中国道教》2012 年第 1 期,第 51—53 页。

⑤ 林梅村:《元大都西太乙宫考——北京西城区后英房和后桃园元代遗址出土文物研究》,《博物院》2018 年第 6 期,第 6—21 页。

⑥ 上文可参见《东岳文化与大众生活:第四届"东岳论坛"国际学术研讨会论文集》,广西师范大学出版社 2009 年版。

⑦ 袁冰凌:《北京东岳庙的兴建及其社会经济背景》,《档案与北京史国际学术研讨会论文集》下册,中国档案出版社 2003 年版,第 477—488 页。

大长公主资助东岳庙的原因。① 高寿仙《国家祀典、儒家理念与民俗信仰的冲突与交融——以北京东岳庙为中心的考察》一文则着重指出东岳庙的官方色彩。② 林巧薇《元朝至民国时期北京东岳庙的道派传承与住持传继》一文主要探讨元、明、清三朝及民国时期北京东岳庙的道派传承以及在各个朝代管理下住持传继的过程及内容。③

有关东岳庙的著述较多,有叶郭立诚《北平东岳庙》④、小柳司气太《白云观志,附东岳庙志》⑤、陈巴黎《北京东岳庙》⑥、赵世瑜《北京东岳庙与北京泰山信仰碑刻辑录》⑦、安·丝婉·富善《东岳庙》⑧、袁志鸿主编《北京东岳庙志》⑨等。这些成果中既有重要史料的辑录之作,也有颇中肯綮的学术研究之作。只是明清史料较多,元代东岳庙的资料及研究成果占比较小。

第四,对玄教的其他研究。

刘仲宇《玄教与元代的知识精英——兼论道教兴旺的一个重要社会条件》一文着重指出,"与知识精英的联系,大大扩展了玄教乃至于整个道教的影响力"。⑩

对玄教与政治关系、与全真教关系的研究以林巧薇为最。林巧薇《试论元代集贤院与地方道教事务管理的关系》一文探讨了元代集贤院的机构设立、地方管理道教事务的政策变化,以及道教事务管理机构与各道派的关系等问题。⑪ 林巧薇《全真道与玄教在元代中后期发展之比较研究》一文对全真教和玄教进行对比研究,揭示二者发展以及与统治者关系。⑫

万钧《江淮荆襄等处道教都提点所小考》一文就"江淮荆襄等处道教所"

---

① 曹彦生:《鲁国大长公主与北京东岳庙》,《中国道教》2003 年第 5 期,第 38—39 页。
② 高寿仙:《国家祀典、儒家理念与民俗信仰的冲突与交融——以北京东岳庙为中心的考察》,《黄河文明与可持续发展》第 5 辑,河南大学出版社 2013 年版,第 66—85 页。
③ 林巧薇:《元朝至民国时期北京东岳庙的道派传承与住持传继》,《世界宗教研究》2018 年第 4 期,第 115—125 页。
④ 叶郭立诚等:《北平东岳庙》,福建教育出版社 2016 年版。
⑤ 小柳司气太:《白云观志,附东岳庙志》,刘莹整理,北京联合出版公司 2019 年版。
⑥ 陈巴黎编著:《北京东岳庙》,中国书店 2002 年版。
⑦ 赵世瑜等编:《北京东岳庙与北京泰山信仰碑刻辑录》,中国书店 2004 年版。
⑧ 安·丝婉·富善:《东岳庙》,李锦萍译,清华大学出版社 2018 年版。
⑨ 袁志鸿主编:《北京东岳庙志》,宗教文化出版社 2018 年版。
⑩ 《2013 年东岳信仰与北京东岳庙学术研讨会论文集》,第 35 页。
⑪ 林巧薇:《试论元代集贤院与地方道教事务管理的关系》,《世界宗教文化》2015 年第 6 期,第 34—40 页。
⑫ 林巧薇:《全真道与玄教在元代中后期发展之比较研究》,《全真道研究》第 4 辑,齐鲁书社 2015 年版,第 209—244 页。

设立年代、管辖范围、职官、印信、行事及其贡献等进行了分析和研究。①

第五,对玄教整合性研究。

曾召南《元代道教龙虎宗支派玄教纪略》一文不仅直接称玄教为龙虎山支派,而且从大量史书中钩沉了玄教人员、宫观、参与政治事务等,对玄教进行了系统研究。② 卿希泰主编《中国道教史》第三卷对玄教进行了研究,因为是通史,所以只用了一节来写包括龙虎山在内的正一派,而玄教研究篇幅只有三十四页。③ 袁冀《元史论丛》一书中从“元代玄教勃兴之因素”“元代玄教道侣交游唱和考”“元代玄教宫观教区考”“元代玄教弟子法孙考”“元代玄教历代大宗师之生平与贡献考”五个部分较为全面地把玄教整体勾勒了出来。五篇文章从第 139 到第 248 页,一百页左右,但这已是目前能看到的篇幅最长的玄教研究成果了。④

从以上科研成果来看,玄教与政治的关系密切、与儒生的广泛互动、对江南道教的掌控、对文学艺术的影响、对正一派统一起到的巨大推动作用以及其重要的社会影响等方面的研究基本阙如,没有把玄教整体发展面貌呈现出来。

玄教研究成果较少的原因,大致有三点原因造成:

第一,玄教没有自己独特的教理教义。南宋金元时期新兴的道派,尤其以全真教为代表,其教理教义不仅具有改革意义,而且教众文化素养极高,创作了大量的文学作品,纷纷借助诗文来表达、传播宗教实践、宗教体验,为学理性研究提供了丰富的文本资料;而玄教教理教义脱胎于龙虎山,基本没有创新和推进,其徒众中文化修养高的人也较多,但是多偏于文艺作品的创作,而非对宗教实践的记载。《灵宝玉鉴》据传为吴全节删定、修改而成,该说仅见于娄近垣主编《龙虎山志》:“又删定道书类,为《灵宝玉鉴》十卷。”⑤ 虞集知吴全节最深,其为吴全节撰写的《河图仙坛功德碑铭》又是依据吴全节侄子吴养浩提供的行迹材料,但却没有提及吴全节编修《灵宝玉鉴》一事,因此,此事颇值得怀疑。朱越利认定《灵宝玉鉴》为宋代作品:“宋时诸家灵宝大法蜂出,以七经八纬为纲,大致相同。本鉴之七经八纬与南宋金允中《上清灵宝大法》同,该《上清灵宝大法》卷 7 提到天台编《灵宝玉鉴》,本鉴盖亦出自宋。本鉴前有目录。述斋醮符咒诸法。”⑥ 该说颇为中肯。因此,在宗教教理教义上,玄教基本没

① 万钧:《江淮荆襄等处道教都提点所小考》,《宗教学研究》2014 年第 3 期,第 54—57 页。
② 曾召南:《学步集:曾召南道教研究论稿》,巴蜀书社 2008 年版,第 115—141 页。
③ 卿希泰主编:《中国道教史(修订本)》第 3 卷,四川人民出版社 1996 年版,第 286—320 页。
④ 袁冀:《元史论丛》,联经出版事业股份有限公司 1978 年版,第 139—248 页。
⑤ 王卡主编:《三洞拾遗》第 13 册,黄山书社 2005 年版,第 165 页。
⑥ 朱越利:《道藏分类解题》,华夏出版社 1996 年版,第 110 页。

有建树,更多的是依据统治者需求而进行的代祀、祈雨等宗教实践活动。

第二,有关玄教弟子的记载在道教类经典中出现较少。《龙虎山志》《茅山志》中记载玄教内容较多,但所占比例较小,其他道教类经典中对玄教的记载更少。玄教资料基本分散在当时史书、文人作品中,只有通过爬梳当时文献资料,才能把玄教基本发展脉络勾勒出来,这种极其分散的史料状况为研究玄教设置了较大障碍。

第三,玄教历史短暂。玄教在忽必烈支持下创建,跟政治关系密切,参与社会程度极深,这使得玄教不仅被打上了深刻的元朝烙印,同时也使得玄教缺乏深厚的教众基础,因此,到了明代,玄教在历史长河中基本上已销声匿迹,不为时人所知了。

正是基于上述原因,目前学界有关玄教的研究成果较少,其历史发展依然湮没在元代历史、元代道教史中。在爬梳元代原始资料和充分吸收前贤研究成果基础之上,本书试图完成或解决以下问题:

第一章　玄教的创建及历任大宗师

忽必烈选择张留孙创立玄教的具体时间以及玄教绍述自身谱系所作的努力。目前学界都认为玄教有五任大宗师,对第一任大宗师张留孙、第二任大宗师吴全节研究成果较多,而对第三任大宗师夏文泳、第四任大宗师张德隆、第五任大宗师于有兴则仅有简单概述,并不能把他们的生平事迹以及整体面貌呈现出来,本章立足史书资料对三位大宗师进行多角度的研究。通过对史料的抽丝剥缕,笔者明确提出玄教还存在第六任大宗师,而且应为董宇定。

第二章　玄教谱系研究

玄教没有创建自己的教理教义,其最大特点在于玄教徒积极参与各种政治任务和社会事务,同时和儒生保持着密切的关系。可以说,在政治参与程度方面、与儒生交往广泛方面,无出玄教之右者。对玄教徒进行"群像式"的研究和呈现,是对玄教进行学理性研究最重要的组成部分。

除此之外,袁桷、赵孟頫、虞集、吴澄均列出了玄教徒次序,这些排列顺序不仅是解开玄教内部一些关键问题的"钥匙",也是看待玄教与社会矛盾的根本所在。因此,作为新创立的道教支派,对玄教弟子的研究不在于门派的梳理和归属,而在于玄教徒排列顺序的"特定内涵"之中,这也是和其他道派尤其是全真教研究的最大不同之处。

玄教影响甚大,许多江南道众纷纷托庇玄教,因此,唐洞云、朱思本、张雨等是否是玄教徒?他们到底与玄教是什么关系?这些也是厘清玄教发展史的一个重要问题。

第三章　玄教社会网络研究

张留孙、陈义高、吴全节、王寿衍、薛玄曦等与儒生的交往广泛而密切，他们不仅在政治上对儒生推荐和提携，而且在文学作品、诗画艺术的创作品鉴上，都取得了不俗的成就，这些也是元代文学艺术的一个不可或缺的组成部分。该章以吴全节为个案研究对象，尽量把吴全节社会网络勾勒出来。

第四章　玄教宫观研究

从史书、地方志等资料中，共辑得玄教宫观四十九个，这些宫观主要分布在大都(北京)、龙虎山、杭州以及江南的其他地方。在宏观把握基础之上，着重对大都崇真宫、东岳庙、西太乙宫进行微观个案的深度研读。

第五章　玄教与政治之两淮荆襄篇

两淮荆襄地域具有重要的战略地位，不管是南宋还是忽必烈都非常重视。在两淮荆襄被攻占下来后，玄教就主领该地域，张留孙以及玄教历任大宗师都总摄江淮、荆襄道教等路道教都提点；在大宗师忙于京内事务时，总摄道教所掌书记唐洞云承担较多的具体事务。

作为该地域重要的道教圣地，统治者和玄教对武当山道教及宫观、道士有着极大恩遇和扶持，其尊奉的真武大帝也得到了一系列封赠。

第六章　玄教与政治之江南篇

建立大一统的帝国后，忽必烈对江南局势非常看重，代表三山符箓的阁皂宗、茅山等在玄教奉祀的作用下，逐渐向龙虎山汇流，最终形成了一个和全真教并峙的道派——正一派；吴全节主持修撰《龙虎山志》，对龙虎山中的宫观赐额，龙虎山中的达观堂也仅供玄教徒居住，具有超然的地位。

除了三山符箓外，在江南具有重要影响力的还有净明忠孝道。玄教徒陈义高、王寿衍、陈日新和玄教具有密切关系的朱思本等长期提点净明忠孝道重要宫观玉隆万寿宫，从而把净明忠孝道也纳入到玄教管领范围之内。

通观玄教对社会的管理，尤其是两淮荆襄和江南地域，可以发现有一个不容忽视的神灵在起着重要的作用，那就是真武。真武不仅和元朝统治者的大黑天有过政治上的短时间的"合流"，真武还因在南方的社会影响力以及对南宋王朝的重要性，从而在对汉人、南人地域进行"统合"时，起到了一定的社会作用。

第七章　玄教余响：以李昌祺《幔亭遇仙录》为考察对象

吴全节及玄教"儒道合一"的特质深受明代文人的认同，冯梦龙作品对吴全节有记载，而对玄教进行集体描写的当以李昌祺《幔亭遇仙录》最有代表性。该文以隐居武夷的理学家杜本加之吴全节、薛玄曦、王寿衍等十一位道士，共同展示了幔亭仙境的状况。作为明代庶吉士，李昌祺选择多名玄教道士作为作品主人公，和玄教徒"儒仙"身份特质密切相关。

第一章　玄教的创建及历任大宗师

　　早在 1259 年,忽必烈就派遣道士王一清去龙虎山拜访第三十五代天师张可大。其时,张可大已于嘉熙三年(1239 年)得到南宋王朝敕封,受命提举三山符箓兼御前诸宫观教门公事,"从此,正一派正式成为江南诸派道教的统领"。① 这可能也是忽必烈看重正一派、着人寻访张可大的重要原因所在。张可大预言"后二十年天下当混一",这不仅为忽必烈收复江南、统一全国打下了良好的舆论基础,而且也拉近了龙虎山与统治者的距离。因此,"国朝初得江南,嗣汉二(笔者按:应为三)十六代张天师宗演入朝,张公留孙在行"。② 忽必烈在 1276 年就召见张宗演入朝觐见。其后,张宗演返回龙虎山,张留孙则留在京师。张宗演很快南返的原因,史书给出的原因是张宗演因"北方地高寒,皆不乐居中"③,"从其(张宗演)徒数十人以来,皆美材奇士。及入见,有锡予,上(忽必烈)独目公(张留孙)而伟之,于是宗演归而公留"④。这个应该是春秋笔法,经不住推敲。有学者认为这是深受元代实行质子制度造成的,也有学者认为是张留孙外貌符合元朝统治者审美一贯要求而造成的。

　　张留孙深得忽必烈信任和崇信,至元十五年(1278 年),忽必烈封赐张留孙"加玄教宗师,授道教都提点管领江北淮东淮西荆襄道教事,佩银印"⑤。玄教作为一个道教派别,正式确立了下来。

　　自从至元十五年(1278 年)元世祖敕封张留孙为"玄教宗师"起,就意味着玄教作为一个道教派别的诞生。此前,得到朝廷承认的道教诸派宗师,有正一天师、全真道掌教宗师、真大道掌教宗师和太一道掌教

---

①　卿希泰主编:《中国道教史(修订本)》第 3 卷,四川人民出版社 1996 年版,第 106 页。
②　虞集:《虞集全集》下册,王颋点校,天津古籍出版社 2007 年版,第 1009 页。
③　袁桷:《袁桷集校注》第 4 册,杨亮校注,中华书局 2012 年版,第 1566 页。
④　赵孟頫:《赵孟頫集》,钱伟强点校,浙江古籍出版社 2015 年版,第 470 页。
⑤　袁桷:《袁桷集校注》第 4 册,杨亮校注,中华书局 2012 年版,第 1566 页。

宗师。张留孙被敕封为"玄教宗师",意味着他与其他宗师一样,也是一个教派的领袖,而这个教派,就是"玄教"。①

玄教是忽必烈赐名,因此,玄教迥异于其他道派的一个最大特点就是它是自上而下、在最高统治者的支持下直接建立起来的,缺乏群众基础,天生被打上了政治烙印。可以说,玄教因统治者支持而得到迅猛发展并达到贵盛程度,但也因改朝换代而在历史中迅速销声匿迹,是成也政治、败也政治的典型代表。

玄教第一任大宗师张留孙来自龙虎山,其后继弟子也多来自龙虎山,因此,学界多认为玄教是龙虎山的一个支派。陈垣认为,"玄教由正一教分出,实一教而二名"②。卿希泰主编的《中国道教史》对此观点基本认同,"张留孙及其后继者实际成为天师的驻京代表与合法代理人","这个龙虎宗支派(玄教),罗致了大批龙虎宗道士的精英,组织健全,规模巨大,成了元代龙虎宗的核心"③。学界基本上认可这种观点。"玄教完全从属于正一道,玄教弟子则基本隶属龙虎山上清宫,玄教大宗师只是龙虎山张天师的驻京代表,代表正一道就近为帝室服务。"④"玄教是道教龙虎宗在元代特殊政治环境中与皇权相结合的产物,是一个由龙虎宗道士掌管的具有行政职能的宗教机构。"⑤

郭树森起初也认同玄教就是龙虎山的一个支派:"玄教本为朝廷对道教的通称。元代皇帝以龙虎山道士张留孙掌玄教院,遂形成一个以玄教道官直接布道的教派。这个教派与天师正一道有着直接不可分割的联系,可视为当时天师道发展的一支主流支派。"⑥但在十一年之后,作者和陈金凤合作,修正了自己以前的观点,从玄教建立、传教组织形式、思想内容、宗教作用等方面进行分析,从而指出玄教并不是龙虎宗的支派:

> 玄教是元统治者实施宗教国家化、行政化的一次尝试:通过政治化的玄教将道教自身组织纳入政府行政体制,达到"以教治教"的目的。元统治者在稳定江南后,一方面仍充分利用以龙虎宗为主的道教,另一

---

① 尹志华:《张留孙及其在元大都创立的道教支派——玄教》,《北京联合大学学报》2003年第2期,第93页。

② 陈垣:《南宋初河北新道教考》,上海书店1989年版,第103页。

③ 卿希泰主编:《中国道教史(修订本)》第3卷,四川人民出版社1996年版,第286页。

④ 吴小红:《〈张留孙碑〉与元中后期的玄教》,《形象史学》2018年第2期,第130页,见注释1。

⑤ 王亚伟:《元代玄教及其与龙虎宗的关系》,《中国道教》2018年第1期,第49页。

⑥ 郭树森:《天师道主要支派考略》,《江西社会科学》1997年第8期,第17页。

方面又担忧其势力强大而难以控制,所以建立一个以皇权意志为中心、凌驾于诸道派之上的玄教,以达到削弱、控制龙虎宗力量的目的。玄教从龙虎宗分离,分割龙虎山天师的势力,在相当大的程度上削弱了龙虎宗的力量。玄教宗师的确立,又大大降低天师的宗教影响。如果不是元朝的衰微与灭亡,玄教将不可避免地由此成为一个压制龙虎宗、正一道的道教派别。①

玄教是独立道派还是龙虎宗的支派,实际上就看它是否符合宗教的基本要素。宗教由四个要素构成:教理教义、教众、宗教行为、宗教组织和制度。玄教在教理教义上没有什么创新和发展,基本延续了龙虎宗的宗教思想,虽然存在侧重点的不同,但是整个宗教思想的结构和内容是基本一致的;玄教的教众基本来自龙虎宗,龙虎宗把培养出来的佼佼者源源不断地输送到玄教中去;宗教组织和制度也基本是按照道教的一般组织框架进行架构的,只是它承担着集贤院大量的社会、政治事务。

但这些都不是一个道派的决定性因素,从宗教要素角度进行考察的话,能够看出,玄教在基因上和龙虎宗是一脉相承的,教众也离不开龙虎宗的支持,从而可以判断,玄教尽管存在着独特的外在制度,它依然需要依附于龙虎宗,它就是龙虎宗的一个支派。但从玄教发展历史来看,郭树森最后那句话是值得思考的。玄教既依赖龙虎宗,又帮助龙虎宗获得既有利益。在处理一些道教事务方面,玄教和龙虎宗时有龃龉,但是在维护南方道派的目标上二者又是同一的。总体来说,玄教对形成一个大的符箓道派正一教的形成做出了巨大贡献,但在一定程度上也有意无意地压制、延缓了龙虎宗的发展。

作为龙虎宗的支派,在教理教义上没有建树,在弟子来源上需要龙虎山支持,加之贵盛带来的社会压力,张留孙、吴全节为提升玄教社会地位、以绍正统、以正视听的想法应该是存在的。为达成此一目的,首先,吴全节倡言编纂《龙虎山志》。

> 臣全节言:皇庆二年(1313年)三月辛巳,臣全节诣集贤院,言信州路龙虎山前奉敕重作太上清正一万寿宫成,有旨以其图来上。臣全节谨以封上山图,请具录为志。太保臣曲出、集贤院大学士臣邦宁以闻,敕翰林院侍讲学士臣明善编述《龙虎山志》。志成,以授臣全节者。臣

---

① 郭树森、陈金凤:《元代玄教与龙虎山关系论》,《江西社会科学》2008年第5期,第51页。

全节窃惟兹山,邈在江右。实神明之都宅,人物之奥区。道德之家,发迹自汉,以世相授,承流至今。然而传闻异辞,纪载无法。虽有名胜,隐郁弗宣。风气之宜,理若有待。臣全节诚惶诚恐,稽首顿首皇帝陛下:有相之道,无为而成。曰清净以临民,本玄玄之为教。自祖宗继承之际,盖上下四十余年。嗣天师臣与材子弟父兄传绪者三世,大宗师臣留孙出入禁闼承恩者四朝。施及微臣,嗣陪秘祝。香火瓜华之盛,衣冠章绶之荣。①

在《龙虎山志》中,张留孙、吴全节、陈日新、薛玄曦等受敕的恩旨、主领宫观、生平事迹等被一一记载下来,这对于其道教正统身份的确立具有重要的意义。

其次,就是张留孙于1319年为"前玄教"的谱系请封之事。事见虞集奉敕所作《敕赐玄教宗传碑》一文:

> 延祐六年(1319年)四月廿五日,开府仪同三司、上卿、辅成赞化保运玄教大宗师,知集贤院事,领诸路道教事臣留孙言……至元三十一年(1294年),制赠臣祖师张闻诗为真人。延祐元年(1314年),推臣本师李宗老以上七人皆赠真人。前五年(1309年),又尝赠臣弟子陈义高为真人。具以赞书载其美号。臣惟朝廷嘉惠玄教盛矣,请述宗门传次,所以克承宠光者,具勒金石示久远。事闻,制诏太保臣曲出、集贤大学士臣邦宁、臣颢曰:其赐玄教宗传之碑,敕臣集制刻文,臣孟頫书丹并篆题。……宗传之初,由袭明体素静正真人张思永,始得道龙虎山中。再传为集虚演化抱式真人冯清一,三传为广元范化贞一真人冯士元,四传为象先抱一渊素真人陈琼山,五传为通真观妙元应真人张闻诗,六传为毓真洞化静复真人李知泰,七传为宝慈昭德泰和真人胡如海,八传为葆光至德昌元真人李宗老,大宗师实师之。故御史中丞崔公或尝入山见宗老,叹其高岸冲远,莫测涯际,为留累日而后去。粹文冲正明教真人陈义高者,大宗师弟子也。……臣尝读龙虎山志,言宋景定年中,张闻诗真人治上清宫,门署表曰龙虎福地。或疑其过大,曰:后三十年,吾教当大兴复。于山中掘地,得石镜一枚,石履一緉,顾谓大宗师曰:是奇征也,识之。玄教之兴,其在子乎! 今果然,可不谓之神异者哉!②

---

① 李修生主编:《全元文》第24册,江苏古籍出版社2014年版,第415页。
② 虞集:《虞集全集》下册,王颋点校,天津古籍出版社2007年版,第1014—1015页。

从虞集记载中可知,玄教一派谱系从张思永开始,传到张留孙时,已经是第九代了。玄教前八代"宗师"的传承是在龙虎山完成的,玄教和龙虎山、天师的亲缘关系不言而喻。同时,得到官方认同的玄教历史的书写,也再次确立了玄教的正统性。但实际上,玄教真正创始人是张留孙。由于玄教谱系的封赠,王世贞在《玄教宗传碑》时指出,"碑为集贤修撰虞集撰、学士承旨赵孟頫书,盖叙真人张留孙玄教之所由始,自张闻诗而下及其徒陈义高凡八人,皆赠真人。留孙位已至开府,而其孙吴全节亦阶特进",从而发出"元之名器滥觞至此哉"①的感慨。这是虞集在 1319 年的记述,而在 1321 年虞集应吴全节之邀为张留孙撰写墓志时,他指出,"至元中,群策尽屈,用集大成,谋略商计,武勇工艺之臣,与公并立于朝者,其遗言成绩之存或远矣,而公岿然,乃独至今。于是,神孙圣子继继承承者五世矣"。② 到张留孙时,玄教传承了五代,也就是从张闻诗、李知泰、胡如海、李宗老到张留孙,共五传。同是虞集撰写,时间仅仅间隔两年,对于玄教谱系的认知却出现如此偏差,这绝非是虞集手误,而是因为玄教的创立始于张留孙,其他谱系则是"理论上"的上溯。

结合其他史料,玄教传承谱系、历任大宗师列表如下:

《玄教宗传碑》序号	玄教大宗师序号	人名	封号
第一代		张思永	袭明体素静正真人
第二代		冯清一	集虚演化抱式真人
第三代		冯士元	广元范化贞一真人
第四代		陈琼山	象先抱一渊素真人
第五代		张闻诗	通真观妙元应真人
第六代		李知泰	毓真洞化静复真人
第七代		胡如海	宝慈昭德泰和真人
第八代		李宗老	葆光至德昌元真人
	第一代	张留孙	开府仪同三司、特进、上卿、辅成赞化保运玄教大宗师、志道弘教冲玄仁靖大真人、知集贤院事、领诸路道教事

① 王世贞:《弇州四部稿》卷一百三十六,四库全书本,第 1281 册,第 253 页。王世贞记载吴全节为张留孙之孙,误。吴全节是张留孙弟子。
② 虞集:《虞集全集》下册,王颋点校,天津古籍出版社 2007 年版,第 977 页。

《玄教宗传碑》序号	玄教大宗师序号	人名	封　号
	第二代	吴全节	特进、上卿、玄教大宗师、崇文弘道玄德真人,总摄江淮、荆襄等处道教,知集贤院道教事
	第三代	夏文泳	特进、上卿、玄教大宗师、元成文正中和翊运大真人,总摄江淮、荆襄等处道教,知集贤院道教事
	第四代	张德隆	特进、上卿、玄教大宗师、冲真明远玄静演教大真人,总摄江淮、荆襄等处道教,知集贤院道教事
	第五代	于有兴	特进、上卿、玄教大宗师、颐神凝素文教大真人,总摄江淮、荆襄等处道教,知集贤院道教事
	第六代	董宇定	特进、上卿、玄教大宗师、文明中正常应大真人,总摄江淮、荆襄等处道教,知集贤院道教事

第一节　玄教第一任大宗师张留孙

一、张留孙生平事迹

张留孙(1248—1321年),字师汉,信州贵溪(今江西省贵溪市)人,玄教第一任大宗师。张留孙在当时影响巨大,有关他的传记有赵孟𫖯《上卿真人张留孙传》、吴澄《上卿大宗师辅成赞化保运神德真君张公道行碑》、虞集《张宗师墓志铭》、袁桷《玄教大宗师张公家传》以及《元史·释老传》。袁桷还有《玉冠记》《信州自鸣山加封记》两文,都和张留孙有关。陈旅《环溪堂记》记载了玄教第四代宗师张德隆的基本信息。张德隆是张留孙侄子,二人家世、谱系一样。

张留孙家世谱系直承张子房,先后从河内迁徙至清河、魏州昌乐,到十五世时迁至信州贵溪。张留孙很早就跟随伯父张闻诗学道于龙虎山上清宫,并在江淮一带游历、宣道,"仪观颀整,见者尊异,咸愿受其说"。二十五岁时正式获得道士度牒。① 至元十三年(1276 年),张留孙时年二十九岁,随三十六代天师张宗演入京,元世祖忽必烈"见其貌异常士,而奏对简异,益器之"。虞集记载张留孙"生有奇质,长七尺余,清峻端重,广颡美须髯,音吐如洪钟"。忽必烈召张留孙随之北上。北上途中,张留孙为昭睿顺圣皇后治病,效果颇验。忽必烈非常高兴,称张留孙为天师,张留孙明确予以拒绝,后忽必烈封赐其为"上卿,铸宝剑,镂其文曰:大元赐张上卿"。吴澄认为张留孙获封"上卿"是莫大的荣誉:"夫天子之卿六,而冢宰第一,为上。诸侯之卿三,而司徒第一,为上。冢宰者,天下之相也;司徒者,一国之相也。以古天子、诸侯之相称公,尊之极矣。"② 当然,针对张留孙如此高的品阶,也存在着批评声音:"《元史·职官志》秘书监秩正三品,掌历代图籍并阴阳禁书,卿四员,正三品;太监二员,从三品;……谨案秘书监为典册之府,而以宦者参杂其间,殊乖仪制。又元有昭文馆大学士,仅为加衔,集贤院则掌提调学校、征求隐逸、召集贤良,虽有大学士、学士侍读、侍讲学士等官,并不典司图籍,与三馆旧制不同。且张留孙、吴全节辈,皆以道流而充集贤大学士,尤为非体,今故不著于表,附见于此。"③ 这可能也是造成玄教在历史上迅速销声匿迹的原因所在之一。

元世祖忽必烈在大都、上都为张留孙建造崇真宫。张留孙历时世祖、成宗、武宗、仁宗、英宗五朝,备受重视和宠遇,不断获封(见下表),由此可见其受尊崇程度。

---

① 张德隆收藏有张留孙度牒一份,对研究当时道教发展情况具有重要价值。"冲真明远玄静真人张德隆,收从父开府公宋咸淳三年度牒一通:'景定四年者,是岁之所颁也;曰新法度牒者,绍兴间所行绫纸新法也。'开府年二十五受此为道士,归我朝,际遇列圣,绾玉章,致极品,此牒其起家之所由乎? 昔赵宋天禧间,天下道士凡九千余人,迄熙宁之末,登降不一,未尝及二万人。以古之为民者四则多矣;以天下之大,生齿之繁,当尊隆其教之世,而其数若此,谓之少可也。盖核试之科严,披度之条密,潜情不得苟容其中,厥后国日蹙,财日匮,因而利之,遂与泉币并行矣。因而利之,其势不能不滥,而得人乃有开府者,则又拔乎其萃,千万人不一二见之者焉。牒之制度,绫纸缜密,印署周详,宛然官告也。我国家富有四海,言利之徒屡以是撼执政。予在左司,熟闻其说,利不足道也。若夫搤游惰而不使滥,其亦切于为治者乎? 天历初,始行其法。今虽不废,而奉行未至,条目未悉,有志于治者,将于是有考焉。"(许有壬:《许有壬集》,傅瑛、雷近芳校点,中州古籍出版社 1998 年版,第 779 页)
② 吴澄:《吴文正集》卷六十四《上卿大宗师辅成赞化保运神德真君张公道行碑》,四库全书本,第 1197 册,第 633 页。
③ 永瑢、纪昀等撰:《钦定历代职官表》卷二十五,四库全书本,第 601 册,第 492—493 页。

年　代	封号、赏赐
至元十五年（1278 年）	加封玄教宗师，制授道教都提点
	管领江北、淮东、淮西、荆襄等路新附州城道众①
	佩银印
至元十六年（1279 年）	授大宗师父张九德信州治中
至元十七年（1280 年）	授张留孙父亲张九德太中大夫，同知浙西宣慰司
至元二十二年（1285 年）	授张留孙父亲张九德同知江东宣慰司
至元二十五年（1288 年）	集贤院商议道教事，赐七宝冠、金锦衣、玉佩、珠履
元贞元年（1295 年）	授玄教宗师，志道弘教冲玄真人，总摄江淮、荆襄道教等路道教都提点，同知集贤院道教事
元贞三年（1297 年）	张留孙奉诏在崇真宫举行斋醮
大德三年（1299 年）	授玄教大宗师，志道弘教冲玄真人，总摄江淮、荆襄道教等路道教都提点，同知集贤院道教事
	别给银印，视二品
大德八年（1304 年）	元成宗铁穆耳赐玉冠给张留孙祝寿
大德九年（1305 年）	元成宗铁穆耳命尚服出玉冠
	赠张留孙父张九德昭文馆大学士、通奉大夫，谥号庄敏公
	赠张留孙母吴氏清河郡太夫人
大德十年（1306 年）	制授上卿
大德十一年（1307 年）	加大真人
至大元年（1308 年）	加大真人，知集贤院事
至大二年（1309 年）	加特进，领集贤院，位大学士上
至大三年（1310 年）	赠张留孙曾祖父银青荣禄大夫、司徒信国公，谥号康穆
	赠张留孙祖母吴氏信国夫人
	加赠张留孙父张九德仪同三司大司徒、信国公，谥号文简
	加赠张留孙母周氏信国夫人
皇庆元年（1312 年）	加辅成赞化玄教大宗师
皇庆二年（1313 年）	命将作臣制玉，刻文曰玄教大宗师，以此传玄教之宗

———————

① 元明善《龙虎山志》记载至元十五年（1278 年）五月，张留孙"特赐凝真崇静通玄法师、江南诸路道教都提点"，九月，张留孙"可管领江北、淮东、淮西、荆襄等路新附州城道众"，比袁桷记载更为详细。

续表

年 代	封号、赏赐
延祐二年（1315 年）	加开府，制授开府仪同三司，号加保运
	加赠张留孙曾祖父集贤大学士、光禄大夫、柱国改封魏国公，谥号安惠
	加赠张留孙曾祖母吴氏魏国夫人
延祐四年（1317 年）	以七十特敕，设于其宫，伎部毕列，宰辅以下咸奉寿。
	复命图像，镇崇真宫，赐玺文曰皇帝之宝，命翰林学士承旨赵孟頫为赞，两宫传赐
至治元年（1321 年）	张留孙卒于崇真宫
天历二年（1329 年）	追封神德真君，敕改仁靖观为神德宫

正如《封张真君制》制辞所说的那样，"设教独高于众甫，传宗最号于多贤"，才使得玄教的发展迥异于这一时期的其他道派："朕惟有道之君临，治贵无为而民化。故先哲相承于上德，而至誉不执于常名。睠兹大历之在予，怀昔异人之辅世。……从容朝廷，而不濡其迹。设教独高于众甫，传宗最号于多贤。盛服齐明，保合天人之际；基命宥密，赞襄邦国之休。遽脱屣而弗留，每当宁而永既。犹虑人间之爵，莫縻方外之游。俾极崇称，以表高致。于戏！陟降左右，想陪列圣于帝庭；出入有无，恒佑万年之皇祚。"①张留孙两次以老告归，都没有获准，最终卒于大都崇真宫，享年七十四岁。

二、张留孙贡献

张留孙一生贵盛，扈从北上，积极参与政务，其对政治、道教、儒生都做出了独特的贡献。

1. 参与政事

作为道士，张留孙充分运用了道教符箓、占卜、治病等方式赢得了统治者的信任和推崇，为其参与政治打下了重要的基础。

治病。十个道士九个医，医术高超的道士不在少数。张留孙懂医术应该是不争的事实。

上幸日月山，昭睿顺圣皇后又寝疾，上命贵臣趣公祷祈以其法。中

---

① 虞集：《虞集全集》上册，王颋点校，天津古籍出版社 2007 年版，第 382 页。

宫夜梦髯神绛衣朱毂,行青草间,介士白兽拥道,以问公。公曰:青草生意也,明疾以春愈。果然。后从公求所祷神象礼之,见画者与梦契,益以为神。乃诏两都各建上帝祠宇,皆赐名曰崇真之宫,并以居公、赐平江、嘉兴田八百顷,大都、昌平栗园若干亩给其用,而号公曰天师。公曰:天师有世嗣,臣不可称天师。于是以宗演为天师,别诏尚方作玉具剑,刻文曰:"大元皇帝赐张上卿佩之",号曰上卿玄教宗师,总摄道教,服宝冠金织衣裳,玉佩珠履,执圭以奉祠事。即家起其父九德为信州治中,佐郡以愿谨闻,超拜浙东宣慰同知,又改浙东,以便家进。进其高第门人,皆给馆传。车骑行幸,无所不从。①

通过这次治病,张留孙获得了忽必烈的极大赏识,不仅称呼其为天师,忽必烈还在上都、大都为其建造崇真宫,使崇真宫成为玄教在两都的大本营;并赐其"上卿玄教宗师"的玉剑,让其"总摄道教",这些赏赐和封赠不仅奠定了张留孙个人的地位,为其以后的参政议政也提供了很好的条件,同时也为玄教的大发展打下了坚实的基础。

占卜。"崇天象和喜占卜,是忽必烈一生的重要癖好。对擅长此术的道士和阴阳术士,忽必烈格外青睐。"②即使作为重臣,耶律楚材在成吉思汗身边也是经常提供占卜意见,作为自己参与政治、军事的方式之一。张留孙亦然。"(至元)二十八年(1291 年),丞相桑哥败,上欲相完泽穆,卜之,得《同人》之《豫》,公曰:'《同人》柔得位而应乎乾。《豫》利建侯。同人为得位,《豫》为建侯,《象》《传》之辞也。陛下所拟为无疑'。《未》几,拜完泽公为相,后卒受遗辅政。"③忽必烈选择宰相,都要张留孙占卜,这对张留孙的信任不可谓不深,张留孙参与政治程度不可谓不深。

命名。"(至元)十八年七月(1281 年),皇曾孙生,是为武宗,上命择嘉名以进。"④"(至元)二十二年(1285 年),仁宗生,复召命名。今二帝庙讳虽用国语,皆以公名义释之。"⑤

当至元末岁(1294 年),成宗新嗣位时,宰不快于御史台,成宗是其言,让责中丞崔公彧。崔惧,问策安在,曰:"当见丞相,释所以。"遂与俱

① 赵孟頫:《赵孟頫集》,钱伟强点校,浙江古籍出版社 2015 年版,第 470—471 页。
② 李治安:《忽必烈传》,人民出版社 2004 年版,第 570 页。
③ 袁桷:《袁桷集校注》第 4 册,杨亮校注,中华书局 2012 年版,第 1567 页。
④ 袁桷:《袁桷集校注》第 4 册,杨亮校注,中华书局 2012 年版,第 1566—1567 页。
⑤ 袁桷:《袁桷集校注》第 4 册,杨亮校注,中华书局 2012 年版,第 1567 页。

诣相府,相怒霁。又与同谒近臣,言:"御史台,世祖皇帝建立,专以惩奸恼势,尊则纲纪明,削之则台不能立矣!"近臣大惊,入言于上。明日,大宴大明殿,谕崔曰:"台为朕耳目,朕曷不知。忧卿等不职,故告谕,宜勿惧,其尽心焉。朕行为汝增重矣!"崔顿首拜手谢。其弥缝国体,婉顺若是。①

祭祀和斋醮。张留孙因为斋醮科仪而获封玄教宗师:"(张留孙)敕凡祷禳,辄验。上嘉异之。……(至元)十五年(1278年),授凝真崇静通玄法师,从幸日月山,止暴风,风止;旱,祷雨而雨。上愕其神,遂加玄教宗师。"②

为国家祈祷长治久安、为统治者祝寿延命、为国家招纳贤良。

> (元世祖)十七年(1280年),奉诏祠名山川,给驿马五十,令访遗逸以进。敕辅臣设宴崇真宫,复饯于国南门外。回朝,以所见闻剡于上,上悉用之。③

> (成宗时)有星孛于正北,诏公祷之。奏曰:"臣闻人事失于下,则灾异见于上。愿陛下省躬修德,以祈天也。"上曰:"卿戒甚至,朕不敢忽。"未几,两都及河东地震,又命公祷之,公曰:"今命臣祠上帝,徒取故事,受辞于有司。臣窃为陛下惧。"上曰:"卿言是也!朕之一心,天实鉴之。赖卿礼祠,以达之尔。"遂祷于崇真,有白鹤数百翔集中庭,诏文臣阎复等作颂刻石。④

元贞三年(1297年),两都、河东发生严重地震,元成宗命张留孙在崇真宫举行斋醮,产生白鹤翔集的祥瑞现象,阎复奉诏记述。张留孙每次觐见皇帝都会或多或少地涉及政治议题,当朝官员中因为张留孙的举荐而得到提拔重用的多达百人:"士大夫赖公荐扬、致位尊显者数十百人,及以过失获谴,赖公救解,自贷如死者亦如之。"⑤因为深受皇帝信赖,对人事任免有一定影响,所以当时的重臣权贵几乎都和张留孙有过交往:"至元、大德之间,重

---

① 袁桷:《袁桷集校注》第4册,杨亮校注,中华书局2012年版,第1569页。
② 王卡主编:《三洞拾遗》第13册,黄山书社2005年版,第74页。
③ 袁桷:《袁桷集校注》第4册,杨亮校注,中华书局2012年版,第1566页。
④ 赵孟頫:《赵孟頫集》,钱伟强点校,浙江古籍出版社2015年版,第471—472页。
⑤ 赵孟頫:《赵孟頫集》,钱伟强点校,浙江古籍出版社2015年版,第474页。

熙累洽,大臣故老、心腹之臣,莫不与开府有深契焉。"①

2. 对道教发展所起的积极作用

作为道教徒,张留孙对于当时道教发展发挥了积极促进作用。

第一,对保存《道藏》所起的积极作用。

全真教民间影响大,加之丘处机在成吉思汗的支持下,总管全国出家人,免除赋税,道派得到了极大的发展,引起统治者的猜忌和警觉。在统治者的要求下,进行了三次佛道论辩,结果均以道教失败而告终。统治者把十七位道士剃发以皈依佛教,还把除《道德经》《南华真经》外的道教经典付之一炬,"有献言者:'《道藏经》多散杂,宜焚去不录。'(张留孙)遂密启裕宗:'黄老书,汉帝遵守清净,尝以治天下,非臣敢私言,愿殿下敷奏。'后上大悟,召翰林集贤议定上章祠祭等仪注,讫行于世"。②"或以道家书当焚,上既允其奏,裕宗以公言请曰:'黄老之言,治国家有不可废者。'上始悔悟,集儒臣论定所当传者,俾天下复崇其教。"③

在佛道论辩中除了保护《道藏》外,张留孙还尽其所能地保护地方上道观的安全及范围。事见《天台静玄观记》:

> 天台去城二十里曰咸唐,宋平章贾似道尝营别业焉。既以与道士丁某、卢某,而额之曰静玄观,且以田四百亩食之。其后,似道窜逐以死,财用土田悉没入,而咸唐以静玄免。国初,僧总统杨某宠贵,有僧某者诬献之,强改为寺。其徒阎公讼之中书,复为观。元贞间,似道从子某者,乞贷不得,憾之言有司,咸唐之田,宜随所没者。于是财府征之。阎之徒周元泽状白玄教大宗师张公,公复上之中书,下户部推验,如状还之。④

爬梳元代史料,基本找不到玄教和佛教的交往资料,在下文玄教和江南"统合"部分有简单解读。兹不赘述。

第二,对道教官制的改变。

"初,集贤、翰林共一院,用公(张留孙)奏,始分翰林掌诏诰国史,集贤馆天下贤士,以领道教……"⑤在张留孙的建议下,集贤院正式建立:"至元二十二年(1285年),分置两院,置大学士三员、学士一员、直学士二员、典簿一

---

① 虞集:《虞集全集》下册,王颋点校,天津古籍出版社2007年版,第1011—1012页。
② 袁桷:《袁桷集校注》第4册,杨亮校注,中华书局2012年版,第1566页。
③ 赵孟頫:《赵孟頫集》,钱伟强点校,浙江古籍出版社2016年版,第471页。
④ 李存:《俟庵集》卷十三,四库全书本,第1213册,第666—667页。
⑤ 赵孟頫:《赵孟頫集》,钱伟强点校,浙江古籍出版社2016年版,第471页。

员、吏属七人。"①袁桷记载与之有出入:"(至元十八年)分翰林集贤院为两,道教专掌集贤,始自公议。""二十五年,预议集贤院。"②这件事情非常重要,记载较多。虞集也记载有:"用公奏,以天师宗演为真人,掌教江南,分集贤、翰林为两院,以道教隶集贤,郡置道官,用五品印,宫观各置主掌,为其道者,复之无所与。"③

对于集贤院记载详细的是《元史》:

> 集贤院,秩从二品。掌提调学校、征求隐逸、召集贤良,凡国子监、玄门道教、阴阳祭祀、占卜祭遁之事,悉隶焉。国初,集贤与翰林国史院同一官署。至元二十二年(1285年),分置两院,置大学士三员、学士一员、直学士二员、典簿一员、吏属七人。二十四年(1287年),增置学士一员、侍读学士一员、待制一员。寻升正二品,置院使一员,正二品;大学士二员,从二品;学士三员,从二品;侍读学士一员,从三品;侍讲学士一员,从三品;直学士二员,从四品;司直一员,从五品;待制一员,正五品。二十五年(1288年),增都事一员,从七品;修撰一员,从六品。元贞元年(1295年),增院使一员。大德十一年(1307年),升从一品,置院使六员、经历二员。至大四年(1311年),省院使六员。皇庆二年(1313年),省汉人经历一员。后定置大学士五员,从一品;学士二员,正二品;侍读学士二员,侍讲学士二员,并从二品;直学士二员,从三品;经历一员,从五品;都事二员,从七品;待制一员,正五品;修撰一员,从六品;兼管勾承发架阁库一员,正八品;掾史六人,译史、知印各二人,通事一人,宣使七人,典吏三人。④

从《元史》记载可知,集贤院从最初正二品后升任从一品,人员不断增加,其政治地位和作用日渐增加。林巧薇对担任商议集贤院道教事、同知集贤院道教事、知集贤院道教事、领集贤院等职务人员做了一个梳理:

> 全真教:
> 苗道一,至大元年(1308年),商议集贤院道教事;
> 常志清,商议集贤院道教事;

① 宋濂等撰:《元史》第7册,中华书局1976年版,第2192页。
② 袁桷:《袁桷集校注》第4册,杨亮校注,中华书局2012年版,第1567页。
③ 虞集:《虞集全集》下册,王颋点校,天津古籍出版社2007年版,第975页。
④ 宋濂等撰:《元史》第7册,中华书局1976年版,第2192页。

孙德彧,知集贤院道教事;

孙履道,知集贤院道教事;

完颜德明,知集贤院道教事。

龙虎山:

张嗣成,泰定二年(1325 年),知集贤院道教事;至元三年(1337年),颁制加知集贤院事。

玄教:

张留孙,至元二十五年(1288 年),同集贤院商议道教事;元贞元年(1295 年),同知集贤院商议道教事;大德十一年(1307 年),知集贤院事;至大二年(1309 年),领集贤院,位大学士上;

吴全节,至元二年(1336 年),同知集贤院道教事;元成宗时期,集贤学士;

夏文泳,元顺帝时期,同知集贤院道教事。①

从上可知,玄教从集贤院建立伊始,张留孙就担任着集贤院重要的道官,担任时间最长,从他历任情况来看,集贤院品阶由低到高依次如下:1. 同集贤院商议道教事;2. 知集贤院事;3. 领集贤院。全真教和龙虎宗最高品阶只到第二个品阶知集贤院事,而最高品阶只有张留孙才担任过。在官方认可的道官制度上,玄教是高于全真教和龙虎宗的。因此,玄教不仅对自己所管领两淮荆襄地域的道教,甚至对整个道教都具有相当大的发言权。

第三,东岳庙的建构(未成)。

张留孙晚年买地准备建造东岳庙,未成而逝,后由吴全节接续完成。在东岳庙建造工程中,张留孙拒绝皇帝的经济支持,自己出资一力构建。在张留孙仙逝后,吴全节坚持张留孙主张,由玄教一教之力完成创建。东岳庙成为当时大都的重要道教宫观,到现在,也是北京重要宫观之一。

第四,广建宫观,弟子众多,为道教发展注入生机和活力。

虞集高度评价张留孙弟子,认为他们"多聪明特达,有识量材器,可以用世,而退然谨守其教。师友间雍雍恂恂,如古君子家法"②。以真人佩银印者

---

① 林巧薇:《试论元代集贤院与地方道教事务管理的关系》,《世界宗教文化》2015 年第 6 期,第 35—36 页。

② 吴澄:《吴文正集》卷六十四,四库全书本,第 1197 册,第 634 页。吴澄在为张留孙撰写碑记时,不仅指出虞集撰写的张留孙碑记更加详备,而且还引用虞集原话评价玄教弟子。吴澄对玄教持"诤友"态度,虽应邀为玄教相关人物、事件撰写碑记等,但基本上是理性、客观甚至不屑态度。他不直接赞扬玄教弟子,而是用了虞集的赞扬,就可见其态度之一般。

三人,以真人制书命者三,以玺书命者九,其他弟子三十有八。元代赋税极重,张留孙给宫观减税之事也颇类似丘处机故实:"故公掌教几五十年,天下宫观赖公徭役之奏、慈俭之化者,其何可言?""开府玄教大宗师张公留孙,以玄道赞理,陟降帝庭,逾四十年。其承次授受,同流一源,罔有支别。故其弟子相传,多至六七十人。以文辞议论达国体者为之嗣教,其余彬彬行能,清整英发,林立辈出。或激昂自修,则俾之挈纲振维,往来京师山林间,重其名教。若是者,宁不备矣夫!"①

三、张留孙贵盛表现

"世祖皇帝既一海内,尽得其豪杰而用之。至元中,群策尽屈,用集大成,谋略商计,武勇工艺之臣,与公并立于朝者,其遗言成绩之存或远矣,而公岿然,乃独至今。"②正是在政治上、道教发展上起到了重要作用,张留孙的宠遇除表现在一系列封号、赏赐外,还表现在推恩亲人及师父、弟子身上。

贵盛表现一:推恩亲人及师父。

公既贵,曾祖宏纲,累赠集贤大学士、光禄大夫、柱国、谥安惠;祖粹夫,累赠金紫光禄大夫、大司徒、上柱国、谥康穆;父九德,太中大夫、同知江东道宣慰司事,累赠开府仪同三司、大司徒、上柱国、谥文简;皆封魏国公。公尝以兄子荣祖、弟子熙祖备宿卫,后荣祖以邵武路同知赠其父庚孙秘书少监,熙祖以衢州路同知赠其父广孙玉山县男,而张氏称魏国世家矣。公之祖师八人,皆赠真人,事见传宗碑。③

朕登进仙宗,总持玄教。一乃心奉乃职,逮事先朝;因其人,信其师,爰颁恤典。玄教宗师张留孙祖,故信州路龙虎山都管辖诸宫观,住持上清正一宫事。张闻诗用志于学,律己以诚,诵道德五千余言。居龙虎之胜处,历春秋八十四载,鞭鸾凤而上升。昔虽晦迹于山中,今乃遗荣于身后。噫!安期授弟子以丹枣,遂膺汉帝之知;长房役天下之鬼神,盖得壶公之法。退踪云迈,宠命其承,可赠通真观妙玄应真人。④

文宗时,"加开府仪同三司,封其弟子七人皆为真人,其徒佩银印以宣命

---

① 袁桷:《袁桷集校注》第4册,杨亮校注,中华书局2012年版,第1483页。
② 虞集:《虞集全集》下册,王颋点校,天津古籍出版社2007年版,第977页。
③ 虞集:《虞集全集》下册,王颋点校,天津古籍出版社2007年版,第977页。
④ 张伯淳:《养蒙文集》卷一《赠张宗师师祖制》,四库全书本,第1194册,第437页。

者十二人,赠其祖师八人、故弟子二人皆为真人。加赠其曾祖宏纲曰集贤大学士、光禄大夫、柱国,谥安惠;祖粹夫曰金紫光禄大夫、大司徒、上柱国,谥康穆;考九德曰开府仪同三司、大司徒、上柱国,谥文简。皆封魏国公。其姚皆封魏国夫人。其从子在宿房者皆授四品官"①。

贵盛表现二:祝寿诗及画。

"公年七十,上使国工画公像,诏翰林学士承旨赵公孟𫖯书赞,进入,上亲临视,识以皇帝之宝,以赐公生日。是日,赐宴崇真宫,内外有司,各以其职供具,宰相百官咸与焉,兴圣宫、中宫皆有加赐。"②有大量祝寿诗为张留孙祝寿。程钜夫《黛石山寿张宗师》:"蓬莱山上白云根,凿得嶙峋黛色鲜。不受神人梁碧海,曾供娲氏补青天。悬厓日暖生灵液,深谷春回响细泉。看到后天终不老,长盛香案玉皇前。"③袁桷《寿开府承旨十韵》:"泰岳舒红日,天门烂紫霞。氤氲生宰辅,磅礴赞亨嘉。文武扬中外,宽严接迩遐。游嵩云拥驭,度碛雪飞沙。画载车流水,青编笔有花。精神春不老,器宇海无涯。玉殿弥纶重,金銮密勿华。传宣花似斗,锡宴枣如瓜。上寿三千岁,元勋第一家。山河开赐履,早晚听宣麻。"④赵孟𫖯有《开府仪同三司辅成赞化保运玄教大宗师张公画像赞,奉敕撰》一诗:"《道德》之全,玄之又玄。时而出之,溥博渊泉。其动也天游,其静也自然。人皆谓我智,而我初无言;人皆谓我贵,而我不敢为天下先。赞化育而不居,宝慈俭以乾乾。故位三公,揖万乘,独立乎方之外,而生阅乎大椿之年。微臣作颂,承命自天。穆如清风,万古其传。"⑤虞集也为其画像题跋:"维大宗师,天锡耆年。云风恒从,不以世迁。翼翼小心,赫赫盛服。出入帝所,长乐无极。"⑥

张留孙七十岁时的画像后被张德隆刻图,许有壬《跋神德真君画像赞》一文记载道:

> 昔开府仪进上卿张公之观化也,朝廷赠恤之典,士大夫哀挽之诗,与夫刻铭丰碑揭示永久者,莫不各臻其极。天历己巳,追封神德真君,又祠而祀之矣。初,开府年七十,仁皇诏图其象,敕词臣为赞,识以皇帝宝像若赞,亦刻之石矣。冲真明远玄静真人德隆,真君从子也,哀慕之

① 赵孟𫖯:《赵孟𫖯集》,钱伟强点校,浙江古籍出版社 2016 年版,第 472 页。
② 虞集:《虞集全集》下册,王颋点校,天津古籍出版社 2007 年版,第 976 页。
③ 程钜夫:《程钜夫集》,张文澍校点,吉林文史出版社 2009 年版,第 431 页。
④ 袁桷:《袁桷集校注》第 2 册,杨亮校注,中华书局 2012 年版,第 489 页。
⑤ 赵孟𫖯:《赵孟𫖯集》,钱伟强点校,浙江古籍出版社 2015 年版,第 263—264 页。
⑥ 虞集:《虞集全集》上册,王颋点校,天津古籍出版社 2007 年版,第 338 页。

心犹以为未足,复图其象,哀赞若始终纶诰为一通,请识其后,以寓羹墙之思焉。①

贵盛表现三:御赐玉冠。

袁桷《玉冠记》一文记载该事,并发出"宠进道之笃,其不在兹乎"的感慨:

> 大德乙巳(1305 年)岁二月甲申,皇帝受釐于玉德,乃命尚服出玉冠,以赐玄教真人张公。其制为山形,空其梁述,温栗精润,隆杀悉等,莫有究攸始。袁桷见之,曰:"此绍兴宴居所服鞱发冠也。旧闻长老言:'思陵为清暑楼,聚金石奇刻,飞湍清樾,森郁萧爽。伏日退朝,衣白縠羽衣,冠小玉冠,阅定书迹。'"其殆是与?维古弁冕,杂饰以玉。至晋宋间,君臣上下,崇习玄理,清逸修简,始为玉冠。今世所传元帝像,及晋贤图轴,与此无毫发异。则绍兴所冠,犹古帝王遗物。按道家书言:"神君始建,飞天玉冠。"其制与远游、爵弁微近,疑有差等。含玄秉阳,舒精吐光,繄冠维则,钦承是天。宠进道之笃,其不在兹乎?⋯⋯袁桷谨记。②

贵盛表现四:大量挽诗及厚葬。

张留孙仙逝后,陆文圭、袁桷、柳贯等一时名士纷纷写挽诗以表达哀思。如吴澄《玄教宗师张上卿挽诗》:"化鹤神仙骨,游龙道德章。风云千载会,日月五朝光。身让天师号,心存宰相方。山川效灵异,冠剑得深藏。"③

胡助为张留孙所写的长挽诗《开府大宗师张公游仙词五首》,集中概括了张留孙显赫的一生,颇有代表性:

> 羽服初归虎豹关,贞姿秀骨动天颜。式昭圣眷风云会,早著神功日月山。历事五朝闻国论,载升一品冠仙班。词臣像赞承恩诏,玄教宗风满世间。
>
> 宝冠文物伟龙光,鹊尾炉熏众妙香。道赞有元宗教始,功扶词汉正源长。至诚斋肃通宸极,重赐便蕃出上方。浊世秕糠俱扫尽,翩然翳凤

---

① 许有壬:《许有壬集》,傅英、雷近芳校点,中州古籍出版社 1998 年版,第 779—780 页。
② 袁桷:《袁桷集校注》第 3 册,杨亮校注,中华书局 2012 年版,第 1044—1045 页。
③ 吴澄:《吴文正集》卷九十三,四库全书本,第 1197 册,第 870 页。

白云乡。

始终异数独能全,玉印亲承黼扆前。一代宗师百代祖,三分宰相七分仙。玄功有赫唯诚尔,大道无为本自然。弟子得人光入室,显扬嗣教永流传。

开府荣名久具瞻,化爰清静慰黎黔。持身约素损中损,照世焜煌谦外谦。芝圃春恬延瑞集,桂宫风肃致祠严。山中龙虎神仙宅,虹贯丹房冷玉蟾。

毖祀忠勤岁屡从,圣神诞育重遭逢。一编辅治传黄石,千载真游继赤松。但见仙人身化鹤,宁知老子道犹龙。江东会葬衣冠处,五凤楼深草木浓。①

厚葬。张留孙卒于英宗皇帝至治元年(1321 年)十二月崇真宫,"卒之日,召弟子入室,戒嘱百十言,端坐而逝。三日,始敛,颜色如生,手足温软,轻若委衣。事闻,上震悼,遣使赙赠以礼,兴圣宫、中宫使者继至,倾朝虚市来会哭,莫不悲恸。及出国门,送者填拥,接于郊畛。亭午霏雾翳日,冷风肃然,林木野草,人为须髯,车盖衣帽,簌簌成冰花,缟素如一。自京师至其乡,水陆数千里,所过郡县迎送设奠,不约而集。比葬,四方吊问之使交至,自王公以下,治丧致客,未有若此盛者"②。吴全节请求亲自归葬,元英宗不许,"命弟子崇元冲道明复真人陈日新、薛元羲奉丧还"③。1335 年,吴全节葬张留孙于南山,这次葬礼再次引起南方社会关注,参与人数众多:"其(吴全节)葬开府于南山也,饶、信、抚三郡守将以其官属会葬,江南诸名山之主者皆来竣事,伐石、题名而退。择卜之慎,营缮之劳,工力之博,宾客之盛,东南数十年间,未有能仿佛其万一者。"④

从宋无《阅张上卿仙游录》⑤一诗诗名来看,张留孙逝后挽诗被汇集成编,并有一定程度上的传播。

---

① 胡助:《纯白斋类稿》卷八,四库全书本,第 1214 册,第 597—598 页。
② 虞集:《虞集全集》下册,王颋点校,天津古籍出版社 2007 年版,第 976—977 页。
③ 虞集:《虞集全集》下册,王颋点校,天津古籍出版社 2007 年版,第 1010 页。
④ 虞集:《虞集全集》下册,王颋点校,天津古籍出版社 2007 年版,第 1013 页。
⑤ 杨镰主编:《全元诗》第 19 册,中华书局 2013 年版,第 395 页。

第二节 玄教第二任大宗师吴全节

台湾学者孙克宽对玄教第二任大宗师吴全节评价非常高:"元代道教正一教中,有一位特出的人物,以道士身份而表现出'儒而侠'的姿态,配合着延祐(仁宗)到至顺(文宗)间的儒士的政治活动,对此时的儒治,不无贡献;同时也支撑了纯粹以'符箓祈祷'为业的天师教——正一教的架格,绵延了南方道教的命脉,来与北全真诸教,一相抗衡,甚至还凌驾其上,连北方道教的事务,也曾加以过问。"①

吴全节(1269—1346年),字成季,号闲闲,又号看云道人,江西人。《元史·释老志》有传记。虞集对吴全节的评价非常吻合事实:"东南道教之事,大体已定于开府之世,而艰难险阻,不无时见于所遭。裨补扶持,弥缝其阙,使夫羽衣黄冠之士,得安其食饮于山林之间,而不知公之心力之罄多矣。"②

吴全节的生平事迹以其好友虞集的记载最为翔实,《河图仙坛功德碑铭》就是一篇吴全节的生平事迹史。

年　代	事　迹
至元十八年(1281年)	学道于龙虎山太上清正一宫达观堂,拜师李宗老
至元二十一年(1284年)	正式成为道士,拜师张留孙
至元二十四年(1287年)	入京,随侍张留孙
至元二十六年(1289年)	奉诏祠南岳
至元二十八年(1291年)	随张留孙遍祠岳渎诸山川
至元二十九年(1292年)	奉诏宣谕江浙行省
至元三十一年(1294年)	铁穆耳还京,吴全节随张留孙迎接,被赐古珮玉蟠螭之环一,设醮于上都寿宁宫五昼夜,特敕吴全节每岁侍从行幸,所司给庐帐、车马、衣服、廪饩,著为令
元贞元年(1295年)	制授冲素崇道法师、南岳提点
元贞二年(1296年)	奉诏祠中岳、淮渎、南岳、南海

---

① 孙克宽:《元道士吴全节事迹考》,《元代道教之发展》,东海大学1968年版,第156页。

② 虞集:《虞集全集》下册,王颋点校,天津古籍出版社2007年版,第1013页。

续表

年　代	事　　迹
大德元年（1297 年）	奉诏祠后土、西岳、河渎、江渎
大德二年（1298 年）	制授冲素崇道玄德法师、大都崇真万寿宫提点
大德三年（1299 年）	太上清正一宫发生灾难事件，吴全节奉旨"与近侍驰驿，命江浙省臣更作之，公请与宫之人，各以私财佐有司之不及"
大德四年（1300 年）	命有司作三清殿及观门、廊庑于崇真宫，设醮庆成，皇帝亲临，并赐张留孙、吴全节"黄金白金，重币有差"
大德五年（1301 年）	吴全节与第三十七代天师张与材"过扬州，为守臣祷旱，雨，至京师，为答刺罕丞相哈刺哈孙王祷旱，又雨"
大德八年（1304 年）	吴全节父母寿七十岁，"奉旨降御香于江南诸名山，赐对衣、尚尊，为其亲寿于齐老之堂"
大德九年（1305 年）	安仁县建造崇真观，赐名曰万寿崇真观
大德十年（1306 年）	制授江淮、荆襄等处道教都提点
大德十一年（1307 年）	玄教嗣师、总摄江淮、荆襄等处道教都提点、崇文宏道玄德真人
	铸银为印，曰玄教嗣师之印，视二品
	其父被封为"翰林学士、中顺大夫"
至大元年（1308 年）	元武宗赐吴全节七宝金冠、织金文之衣，为朝真之服
	仁宗皇帝在东宫，所赐冠与衣贵重华异，如上所赐
	元武宗赐黑貂三百以为衣缕金文之锦以为褾
至大三年（1310 年）	奉旨设醮于龙虎、阁皂、句曲三山
	其族属制赠公大父鉴昭文馆大学、士资善大夫，追封饶国公，谥文靖。祖妣陈氏封饶国夫人，父翰林学士克己加授荣禄大夫、大司徒、饶国公，母舒氏饶国太夫人
	奉赞书归乡荣其亲，设醮于安仁县之崇真观以庆成
皇庆元年（1312 年）	奉旨命设醮于长春宫
	奉旨投金龙玉简于嵩山、济渎
	翰林学士元明善修龙虎山志，著序进入，改赐崇真观额为崇文宫
延祐元年（1314 年）	奉旨设醮于龙虎、阁皂、句曲三山
	父母庆贺八十大寿，对衣、尚尊之赐如初

续表

年　　代	事　　迹
延祐四年(1317年)	有旨名(吴全节)乡曰荣禄乡,里曰具庆里,降玺书护其家
延祐六年(1319年)	吴父丧,元明善撰写碑文,赵孟𫖯书字,太子詹事郭贯篆额
	同年母丧,吴全节为父母奔丧,作明成观以奉祀
至治元年(1321年)	英宗继位,张留孙仙逝,吴全节想送丧于龙虎山,皇帝令陈日新、薛玄曦代为送葬
至治二年(1322年)	制授特进、上卿、玄教大宗师、崇文宏道元德广化真人、总摄江淮、荆襄等处道教,知集贤院道教事
	元教大宗师玉章一、一品银印一,总摄道教事二品,银印一
	用开府之志,作东岳仁圣宫于齐化门外,重修太一延福宫
至治三年(1323年)	重修上清宫
泰定元年(1324年)	推荐孙履道任全真教掌教
泰定二年(1325年)	奉旨设大醮于长春宫、崇真宫
	制赠饶国公、光禄大夫、大司徒,谥文康
泰定三年(1326年)	奉旨设醮于龙虎、阁皂、句曲三山
	奉勅葬开府张公于南山之月峤,作仁靖观以奉祀
泰定四年(1327年)	改造张留孙所建溪山真庆宫
天历二年(1329年)	北迎明宗皇帝,谒见之次,赐对衣、上尊
至顺二年(1331年)	进献《陆九渊语录》给文宗,"世罕知陆氏之学,是以进之"
至顺三年(1332年)	奉命设普天大醮于长春宫和崇真宫
至元元年(1335年)	元惠宗继位,吴全节"奉敕祷之雨",冬天"奉敕祷之雪"
至元三年(1337年)	重建饶州芝山文惠观于永平门外,迁番君之神以居之
至元四年(1338年)	神德宫、明成观皆被玺书之赐
至元五年(1339年)	畿内田有虫荣,吴全节祷之,三日尽除
至元六年(1340年)	河图仙坛建成
至正六年(1346年)	吴全节仙逝

　　从这些大事记中可以看出吴全节璀璨、煊赫的一生。

　　吴全节儒道兼通,对儒学非常熟悉,经常就这方面献策于最高统治者:"是以开府(指的是张留孙)每与廷臣议论,及奏对上前,及于儒者之事,必曰:臣留孙之弟子吴全节,深知儒学,可备顾问。是以武宗、仁宗之世,尝欲使返初服,而置诸辅弼焉。"①并且和儒生关系极好,很多儒生因他的推荐而得以走上更好的仕途之路。吴全节向成宗推荐洛阳太守卢挚,说他"平易无为,而民以安靖"。这件事情《元史·释老志》也有记载:"全节尝代祀岳渎还,成宗问曰:'卿所过郡县,有善治民者乎?'对曰:'臣过洛阳,太守卢挚平易无为,而民以安靖。'成宗曰:'吾忆其人。'即日召拜集贤学士。成宗崩,仁宗至自怀孟,有狂士以危言讦翰林学士阎复者,事叵测。全节力为言于李孟,孟以闻,仁宗意解,复告老而去。当时以为朝廷得敬大臣体,而不以口语伤贤者,全节盖有力焉。"②阎复、吴澄等也受益于吴全节的美言。姚燧、赵孟頫、阎复、卢挚、刘敏中、张伯纯、高克恭、程钜夫、郭贯、元明善、王构、袁桷、邓文原、张养浩、李道源、陈俨、商奇、曹元彬、王都中等一时名士都与吴全节交好,感情深厚。

　　吴全节在掌教前后,一如其师张留孙,参与宫廷政事,举荐贤能,疏解朝臣之间的矛盾。他才高德重,亲敬长者,"推毂善类,唯恐不尽其力"。自金以来,孔子之嗣失统,吴全节在仁宗延祐(1314—1320年)年间力言于朝廷,遂以孔子第五十四代孙孔思晦袭封衍圣公;元统(1333—1334年)初,孔思晦卒,有乘间觊觎者,吴全节复言于朝,乃以孔思晦之子孔克坚袭封,以此确立儒家孔学的正统地位,借自己特殊的地位庇护汉族文化。

　　北京栽植梅花始自吴全节。陶宗仪记载了这件事情:"初,燕地未有梅花,吴闲闲宗师全节时为嗣师,新从江南移至,护以穹庐,扁曰漱芳亭。"③"元诗四大家"之一的范梈曾作《次韵赋吴尊师漱芳亭白、红梅花二首》一诗,对吴全节漱芳亭的白、红两色梅花大加赞赏。

　　从上面可以看出,吴全节一生显贵,对道教斋醮科仪、内丹修炼思想有着深入研究;不仅理论上对儒学思想比较熟悉,而且现实生活中极力推广儒学思想,大力推荐儒生,是儒学理论在道门很好的践行者。当时受统治者赏识的道士可能只有赵孟頫可以和他相提并论。元仁宗曾高度评价赵孟頫:"帝王苗裔,一也;状貌昳丽,二也;博学多闻知,三也;操履纯正,四也;文词高古,五也;书画绝伦,六也;旁通佛老之旨,造诣玄微,七也。"④吴全节和赵孟頫比较起来在政治上的发言权更大。

　　"其授受雷法最著者,今玄教嗣师、总摄江淮荆襄等处道教都提点、崇文弘道玄德真人吴君其人也。次则大都崇真万寿宫提点孙益谦、夏文永,宁国

---

① 虞集:《虞集全集》下册,王颋点校,天津古籍出版社2007年版,第1012页。
② 宋濂等撰:《元史》第15册,中华书局1976年版,第4528—4529页。
③ 虞集:《虞集全集》下册,王颋点校,天津古籍出版社2007年版,第1241页。
④ 赵孟頫:《赵孟頫集》,钱伟强点校,浙江古籍出版社2015年版,第523页。

路道录稽天仁,饶州路道录董处谦、温州路道录危有成、庆元路道判麻文行。"①吴全节还擅长道教斋醮科仪:"道家醮设之事,是其职掌。故于科教之方,无所遗阙;香火之费,无所简吝。"②强调内丹为基,主张三教合一。吴全节之所以能取得这么高的成就,和其转益多师、热衷学习道教法术、教理教义是密不可分的。吴全节拜师学习的老师很多,明确可考的有五位。

1. 张留孙

张留孙掌教达四十三年之久,吴全节十几岁就随侍张留孙身边,不仅向张留孙学习道教方面的知识体系,而且还学习处理玄教的各种事务,这为吴全节接续大宗师、进一步把玄教发展推到高潮打下了坚实的基础。

2. 李宗老

李宗老,字周卿,至元丙戌(1286 年)制授江东道道教都提点,崔彧对其大加赞赏,评价颇高。③ 李宗老还被封为葆光至德昌玄真人④,为玄教八传,吴全节十三岁入道时拜师李宗老。李宗老现存资料较少,目前仅见李存《题李宗老所藏诸名公翰墨》一文,可知李宗老文艺修养极高,喜欢收藏:

> 宋之季,清溪观王炼师与明,以能诗登尚书汤公之门。人与之论诗,凡往复翰墨累幅;及与一时缙绅闻人交,所赠诗又累幅。其山中人李宗老,收藏具在。他日,余获一一观之,不惟少窥先修之风致,而王君之才之美,又尽得于群公称道之余。世固有士大夫,其勋名、其著述昭昭乎天下,捐馆不旋踵,而后人不能存其字泽者有焉。与明盖游乎方之外,没且百年,其山中之人,犹能宝爱其平昔所得于人者若是,亦可谓熏陶润泽远矣。⑤

吴全节诗文水平高,擅长书法,经常和朋友一起鉴赏绘画、书法墨迹,这和他在李宗老身边学习当有一定关系。

---

① 任士林:《松乡集》卷三,四库全书本,第 1196 册,第 535 页。
② 虞集:《虞集全集》下册,王颋点校,天津古籍出版社 2007 年版,第 1012 页。
③ 元明善:《龙虎山志》,王卡主编:《三洞拾遗》第 13 册,黄山书社 2005 年版,第 33 页。
④ 王构《敕赐龙虎山大上清正一宫碑》作于大德元年(1297 年),记载李宗老"授静安冲妙崇教法师、江东道教都提点、住持上清正一宫";而虞集《敕赐玄教宗传碑》作于 1319 年,记载李宗老被封为"葆光至德昌玄真人",二人对于李宗老封号的记载有出入,王构和虞集二者都是奉敕而作,时间上相隔二十多年,最大可能就是朝廷对李宗老另有封赠,只是目前还找不到文献资料支撑这个结论。(转引自《龙虎山志》,江西科学技术出版社 2007 年版,第 297 页)
⑤ 李存:《俟庵集》卷二十七,四库全书本,第 1213 册,第 794 页。

3. 雷思齐

雷思齐是当时深邃易学的高道,"齐贤名思齐,家世临川人。幼弃家居乌石观,晚讲授广信山中。暨终也,复归乌石,治其窆,而先表焉。表曰'空山雷道士之墓',卒时年七十有二。番易吴成季,广信弟子也。尝曰:'空山先生,承绝学于荡裂,缮刻志意,却甘茹苦,光景变幻,皆隐匿不道,飞伏控握,愈眩愈远,道无有矣。今遗书具在,匪吾徒私彰,确者如是,则行若艺,犹其粗也。'"①吴全节为雷思齐作品作序时指出,第三十六代天师张宗演曾经聘请雷思齐作玄学讲师。吴全节在雷思齐那里受益颇深:"先生尝诲余曰:'文章于道一技耳。人之为学,将以明斯道也。不明斯道,不足以为圣贤之学矣。'余由是日知所省,益自奋发。"②

4. 陈可复

元代有两个陈可复,一个是虞集侄子,一心向佛;另外一个就是吴全节曾拜师的陈可复。任士林《庆元路道录陈君墓志铭》一文是为陈可复作的墓志铭。"师讳可复,字复心,雷谷其号也。世为庆元路定海县人。"陈可复先后师从观妙葆真先生陈与真、先天道山林先生,"于是内外境融,出入天造,而阿持龙集,寂在雷声矣"。陈可复擅长雷法,立祷必验:"(至元)二十有五年(1288年)戊子夏,郡大旱,吏祷不应,时中书左丞公旬宣浙东,行郡率长吏迎师,即府署禹步斗折,云兴蠹影,火挟令符,大雨随注。既而定海长吏迎师,礼有加。叱咤之下,白龙翔空,乃大雷电以雨。明年己丑(1289年)夏,邑象山以旱特闻,迎师如定海。长吏请益,师一诣坛上,雨辄作,乃下与吏僚佐登楼与雨约曰:酒起雨止。雨果如约不爽。所至民吏鼓舞,香花幢盖,泣迎歌送,仰为神人。"陈可复由此得到元世祖忽必烈赏识,扈从北上,在滦阳祈雨成功,"由是天眷日深",成宗皇帝为其建造庆元路玄妙观,有"弟子道士二。其一陈世素,庆元路道判;其一吕震亨,庆元路道录"。任士林记载,陈可复有二个嫡传弟子,可见,吴全节他们只是向陈可复学习雷法,并不算是陈可复入门弟子。③

张三丰所作《陈雷谷传》更加简洁:

> 雷谷仙翁陈可复,定海人也。生而疏爽,丰骨不凡。自少好仙术,
> 无功名意。遇平江林道人铨,传以召雷法。时值大旱,祷祈莫应。或有

---

① 袁桷:《袁桷集校注》第4册,杨亮校注,中华书局2012年版,第1479页。

② 《空山先生易图通变序》,《道藏》第20册,第335页。

③ 任士林:《松乡集》卷三,四库全书本,第1196册,第534—535页。陈可复的简介还可参见袁桷:《延祐四明志》卷十八。

戏者曰:"陈道士能召雷雨。"命至官庭,将俟其不验而侮辱之。可复即以法兴云,须臾雷电大作,雨下尺余。常至鄞之天庆观。中秋有方士赏月,可复不与其会。戏以墨水噀空,顷即乌云蔽月而雨黑雨,坐客惊避,衣尽缁矣。众知其所为,延之入席,云收雾敛,月复朗然。其响应率皆类此。至元间,世祖诏见,命主长春宫。暇则杜门静坐,不与客见焉。①

虞集《(庆元路)玄妙观碑铭》一文指出,陈可复制授诚明翊教太极真人称号。②

5. 李简易

李简易,宜春人,其远祖休官修道,自称两遇吕洞宾而不悟。李简易和其远祖一样,向道之心甚笃,"幼习儒业,虽不遂志,其于道佛经典星算医卜,靡不究心,独于金丹一诀尤酷意焉,于是参访江湖,奔驰川陆,虽乞丐者亦拜而问焉。以夙志不回,天诱其衷,得遇至人于桂仙坊王子庙内,继而再遇于江陵府,一言点化,顿悟七返九还之旨"③。李简易著述颇多:

宜春李简易,号玉溪子,有《心印经》《解悟真指要》《羲皇作用》等书,又有《规十图》,付长沙彭石,颇简明,并刊于湖南,近者江西有翻刊本。又有《彭石密语》,并《跏趺大坐调元气歌》及注解,极分晓。末句云:"记此即便付丙丁",乃下手真口诀也。当时彭得之,不忍焚,遂流落于江湖间,得此书者,虽不咨问可也。④

李简易为白玉蟾再传弟子,深谙内丹修炼之法:

赵公琪,字元德,官至赠湖广行省参政,谥文惠,临淄人,飘然有神仙思。常使方士烧水银、硫黄、朱砂、黄金等物为神丹,以资服食。有玉溪李简易先生者,得道为神仙,数访公,授以其术,久久隐去。人或以为不死,公思之。一日,见其至,喜而固留之。先生曰:"吾远来,甚热,请具浴。"公即具浴。先生就浴室。久之,不闻声。日且暮,公亲候之,见有光昱然在水上,圆如初日出,不复见先生所在。先生书藏公家,今稍

---

① 张三丰:《张三丰全集》,方春阳点校,浙江古籍出版社 1990 年版,第 106 页。
② 虞集:《虞集全集》下册,王颋点校,天津古籍出版社 2007 年版,第 827 页。
③ 李简易:《玉溪子丹经指要序》卷上,《道藏》第 4 册,第 405—406 页。
④ 俞琰:《席上腐谈》卷下,四库全书本,第 1061 册,第 615—616 页。

稍传人间。虞文靖序其事如此云。①

吴全节在奉祀南岳时拜师李简易,学习内丹。

　　皇元初有中原,五岳之四在天子封内。既得宋,而后南岳之神得而礼焉。是以世祖特命开府张公领其祠,至是,属诸公矣。长沙有故宋相赵信公葵之子淇,博学多识,尤好神仙金丹之事,有宜春李先生简易者,故玉溪李观诸孙,遇异人得丹道,盖以为遇刘海蟾而得之。淇每师问焉,未尽其旨,而李先生化去,后遇之玉山道中,始得其说。既内附,命为湖南宣慰使,辄欲弃官行其道,忧患多,故不能如其志。公为天子使南岳,道遇长沙赵公,见而敬焉,曰:神气冲爽而有福德,可以受吾道。乃焚香,密奉出其书以授之,则皆海蟾玉溪之秘云。②

　　吴全节没有门户之见,跟随张留孙学习处理各种事物的能力,跟随雷思齐学易,跟陈可复学习雷法,跟随李简易学习内丹,然后把内丹和雷法有机结合起来,使得道价倍增。吴全节不仅喜欢学习,而且学习效果颇佳,在学习多方面知识的基础上,为自己能够最终成为一个大宗师打下了坚实基础。

　　至正五年(1345年),虞集在吴全节得到御赐“闲闲看云”四字后指出吴全节地位之隆:“然而宗亲戚畹之近,将相勋旧之家,内而禁卫台阁之臣,外而雄藩巨镇之府,未尝有所赐也。而臣全节独被异恩,群臣莫及……”③这不仅是对吴全节的高度评价,也是对吴全节荣贵一生的精到总结。

第三节　玄教第三任大宗师夏文泳

　　夏文泳(1277—1349年),字明适,别号紫清,祖上从东晋时由亳迁至信州贵溪。“以儒业清白称,聚族于斯里,名家大姓相为婚姻,蔚乎声光之相辉映也。”④夏家与张留孙家族世代通婚,互为姻亲关系。⑤ 其父夏希

---

① 陶宗仪:《陶宗仪集·南村辍耕录上册》,徐永明、杨光辉整理,浙江古籍出版社2013年版,第686—687页。
② 虞集:《虞集全集》下册,王颋点校,天津古籍出版社2007年版,第1011页。
③ 虞集:《敕赐龙章宝阁记,应制》,《虞集全集》上册,王颋点校,天津古籍出版社2007年版,第608页。
④ 虞集:《虞集全集》下册,王颋点校,天津古籍出版社2007年版,第722页。
⑤ 虞集:《虞集全集》下册,王颋点校,天津古籍出版社2007年版,第1086页。

贤,曾任昭文馆大学士、中奉大夫,擅长词赋创作,著有《全史提要》,因夏
文泳而得恩封。^①宋亡后隐居自适。有子兄弟四人:长文□^②,次文深,次
文济,文泳最幼。夏文济曾官至太常。十六岁时,夏文泳学道于龙虎山崇
真院。

年　代	事　迹
至元二十九年(1292 年)	出家,修道于龙虎山崇真院
大德四年(1300 年)	至京师,与吴全节同为张留孙身边最为崇信的弟子
大德八年(1304 年)	制授元道文德中和法师、大都崇真万寿宫提点
至大四年(1311 年)	元仁宗潜邸时期,因夏文泳道术有验,任命其为本宫承应法师,扈从往来两京,出入禁卫无间
	皇庆之年(1312 年)
延祐元年(1314 年)	推恩其亲,夏父夏希贤拜昭文之命,兄文□亦特授某阶、中政院判官
延祐五年(1318 年)	奉旨代祀龙虎、三茅、阁皂三山
	建元成宫于龙虎山北,赵孟頫篆额"敕赐元成之宫"
	奉祀三茅山元符万宁宫上清宗坛^③
延祐七年(1320 年)	张留孙仙逝前,命吴全节继任教主,遗命夏文泳继任第三任大宗师
至治三年(1323 年)	元泰定帝便殿不宁,夏文泳以符水祓涤之,有验
	泰定帝命设醮于崇真万寿宫,仍出玺书赐元成宫为大护持
泰定改元(1324 年)	吴全节、夏文泳等周天大醮于崇真万寿宫,为位二千四百,昼夜凡七^④
至顺二年(1331 年)	吴全节告老,请以弟子夏文泳嗣玄教,诏留公^⑤
元统二年(1334 年)	元惠宗亲写"元成宫"三大字赐予夏文泳

① 蒲道源:《挽夏可轩,夏真人父,以子恩封学士,拜命而卒》,《闲居丛稿》卷六,四库全书本,第
1210 册,第 618 页。
② 虞集记载为"文泽",可补黄溍记载之缺失,见《昭文馆大学士、中奉大夫夏公(希贤)神道
碑》,《虞集全集》下册,王颋点校,天津古籍出版社 2007 年版,第 1086 页。
③ 刘大彬造:《茅山志》卷四,《道藏》第 5 册,第 574 页。
④ 《周天大醮投龙简记》,陈垣编纂:《道家金石略》,文物出版社 1988 年版,第 863 页。
⑤ 虞集:《虞集全集》下册,王颋点校,天津古籍出版社 2007 年版,第 1011 页。

年　代	事　迹
至正六年(1346年)	制授特进、上卿、玄教大宗师、元成文正中和翊运大真人,总摄江淮、荆襄等处道教、知集贤院道教事
至正九年(1349年)	夏文泳遗命张德隆继任玄教第四任大宗师,羽化,享年七十三岁

夏文泳祝祠上清宫时,灵芝祥瑞之事发生,甚至建造了瑞芝亭以资纪念:

> 延祐五年(1318年),中和夏真人明适承诏祝祠上清宫,精一不懈,竣事憩馆于崇真院。松竹交列,睹厥坟壤,擢莖而光,玉质镠章,莹然以敷,咸曰:"是芝也,诚为瑞。"稽图征史,复曰:"无以异。"遂积竹为亭以落之……神农书定芝为上品,神仙家服之,云可得上寿。蜿蜒清淑之气,尝閟而不发,地非爱其宝,待其人而始彰也。维今开府大宗师张公,际休明之运,陟降帝所几五十年,子孙继承,罔敢暇豫。是芝之瑞,吾见耄期称道,益庄而愈完,表于山中,夫岂荣观之美![1]

在奉祀上清宫时,夏文泳出资为岁久腐坏的棂星门维修,抽己橐伐石于太湖而更新之:

> 粤延祐(1314—1320)五禩,仁宗皇帝特遣元成文正中和真人、江淮荆襄等处道教都提点夏公文泳,祗奉玉音,丕承金箓,禬于龙虎、阁皂、三茅等山,给以江浙、江西两省经用。真人底厉清修,树立峻整;熙事既竣,素操弥笃。祭供金币,悉予本山,将迎筐筥,力却常馈。于是龙虎山住持提点吴以敬、提举知宫董处谦,迨今住持提点程君静时为直岁,请曰:"顷者佥议斫太湖之石,为棂星之门,其志虽确,其资无从。惟师以平昔之廉隅,诒永久之标准。愿辑祭余之费,式兴门材之役。"真人曰:"诺"。既而审曲面势,方鸠偫工。继以私储,佐其不蒇。众更大悦,率作兴事。[2]

---

[1]　袁桷:《袁桷集校注》第4册,杨亮校注,中华书局2012年版,第1201—1202页。

[2]　欧阳玄:《欧阳玄全集》下册,汤锐校点整理,四川大学出版社2009年版,第688页。

夏文泳出身世家,其父兄皆业儒:"乡里闲居七十年,曾经海水变桑田。诸郎儒业俱传素,一子仙科独悟玄。文馆有光兴白屋,可轩无憾及黄泉。祇知门外方来贺,谁谓堂中已泫然。"①夏文泳也颇通文学,有较高的文学修养。"十亩烟霞曲径深,四时佳兴足幽寻。菊芳梅绽清诗骨,兰秀莲香肃道心。半隐肯堂严继志,百年乔木易成阴。通家自有全书在,闲倚南窗听玉琴。"②

夏文泳擅长雷法,水平仅次于吴全节。"其授受雷法最著者,今玄教嗣师、总摄江淮荆襄等处道教都提点、崇文弘道玄德真人吴君其人也。次则大都崇真万寿宫提点孙益谦、夏文泳……"③

夏文泳擅长占卜。"又尝受河图于隐者,有昔人未睹之秘,而于皇极经世之说,亦暸然胸臆间。所至名山洞府,必穷探极讨,以广见闻。"④

与黄溍、虞集、许有壬、吴澄、丁复等交往密切。夏文泳与黄溍关系交好,其墓志铭就是黄溍所作,黄溍还为夏文泳创作多首诗歌。黄溍比夏文泳仅大一天,当夏文泳六十岁生日时,黄溍为其祝寿:"两人一百二十岁,愧我先成秃发翁。首蓿盘深差可恋,蓬莱路近若为通。纵令地位仙凡隔,未害生年甲子同。大斗斟霞方介寿,衰颜可许借春红?"⑤

虞集得到夏文泳海棠一枝,作诗以谢:"休奉东封远献书,神宫咫尺九重居。香飘秘殿人颙若,灵降方坛乐翕如。水上祓除祠候燕,雨中归牧梦占鱼。此时最忆风云地,濯濯清沂咏叹余。""定计归来已束书,高斋虚寂似禅居。好花送与春风共,病目愁看宿雾如。四月落林多野笋,半陂流水足溪鱼。今春又过今秋早,一饭跚跌不愿余。"⑥

许有壬曾和朋友一起赴夏文泳之约:"至正辛未春,环枢堂海棠开,偕冯公励参议陪紫清夏真人饮其下。今年花发,事务方殷,欲寻旧盟,跬步牵絷。堂西漱芳亭甃方池种芙蕖,连岁约观,而皆不果;六月初日,祷雨一过,则红衣落尽,翠房森矗矣。口占长短句,奉紫清一笑。"⑦许有壬还有《丙戌次旧韵寄紫清真人》《再用旧韵寄紫清》等诗。

吴澄与夏文泳关系密切,分别后很是思念:"澄留京师三年,相与真若符

① 蒲道源:《闲居丛稿》卷六《挽夏可轩,夏真人父,以子恩封学士,拜命而卒》,四库全书本,第1210册,第618页。
② 孙存吾编:《元风雅后集》卷七,四库全书本,第1368册,第138页。
③ 任士林:《松乡集》卷三,四库全书本,第1196册,第535页。
④ 黄溍:《黄溍全集》下册,王颋点校,天津古籍出版社2008年版,第703页
⑤ 黄溍:《黄溍全集》上册《寿夏真人》,王颋点校,天津古籍出版社2008年版,第78页。
⑥ 虞集:《虞集全集》上册《四用韵寄吴宗师奉祠城东岱祀,谢夏真人送海棠一枝二首》,王颋点校,天津古籍出版社2007年版,第157页。
⑦ 许有壬:《许有壬集》,傅英、雷近芳校点,中州古籍出版社1998年版,第862页。

契。每恨俗尘障隔,弗少得从容剧论,别去各天一方,晨夕延伫远想,砥表玉中道体安适。自谦使还,谩寄字以之同何似,甚时会晤,既所欲言。不具。"①

1339 年,丁复给吴全节庆贺七十大寿时,提及夏文泳身边有张晋贤侍奉:"玉皇香案仙臣老,金母瑶池鸟使来。五色云霞宫里锦,九天沆瀣掌中杯。朝廷礼数恩波洽,海宇欢荣寿域开。张果子孙商岭皓,此时相与醉蓬莱。"②张晋贤是茶陵州青霞万寿宫提点戴永坚弟子。戴永坚是第三十八代天师张与材弟子,曾四从天师入京,授冲道崇玄妙法师,先后提点青霞万寿宫、七星观。至元二年(1336 年),"是时,元成文正中和真人总摄江淮、荆襄等处道教,都提点夏文运方作元成之宫于龙虎道地,以永坚为贤而与之",至少在此时夏文泳就和戴永坚关系密切,后其弟子张晋贤更是直接来到夏文泳身边。虞集评价张晋贤"亦文雅",其撰写青霞万寿宫碑铭的素材即来自张晋贤提供。③

第四节　玄教第四、五、六任大宗师

一、第四任大宗师张德隆

张德隆,字元杰,张留孙侄子。1349 年,夏文泳仙逝,张德隆接任教主。陈旅《环溪堂记》、黄溍《玄静庵记》是了解张德隆的重要资料。张德隆六世祖"尝与里人共构精舍于所居之西,延陆文安公讲道其中,俾子弟受学焉"④。可见,张氏一族和陆九渊心学之间的关系密切,也可推知,出身世家的张德隆文化修养颇高。

张德隆为了不忘祖先,在家乡建造环溪堂:"广信之贵溪,有山若大象然。山阴雨瀑喷薄,飞舞于青林丹崖之间,流为两川,透折淋迤。两川所环,而有良田美地,则吾张氏之居在焉。吾尝筑堂川上,名曰环溪,云漪抱堂,清气回合,盖将于此祀吾先,合吾族也。"他自言,"自显祖以来,固吾之所祀者,而张氏盛于今日,由大宗师(张留孙)。吾以从子绳嗣其道,则又吾之所当祀

---

① 吴澄:《吴文正集》卷十二《与夏紫清真人书》,四库全书本,第 1197 册,第 144 页。
② 丁复:《桧亭集》卷八《赠张晋贤侍夏真人,庆吴大宗师七十》,四库全书本,第 1208 册,第 373 页。
③ 虞集:《虞集全集》下册《[茶陵州]青霞万寿宫碑铭》,王颋点校,天津古籍出版社 2007 年版,第 831 页。
④ 黄溍:《黄溍全集》上册,王颋点校,天津古籍出版社 2008 年版,第 374 页。

者。然大宗师实用老氏之教以兴,尝请于朝,追赠祖师七人皆为真人,始曰张思永、四曰张闻诗,皆吾族之达尊"。① 张思永、张闻诗、张留孙、张德隆出自一脉,玄教的最早师祖可上溯到张留孙一系的家族中人。

张留孙弟子徐懋昭长居常州路宜兴州通真观,张德隆亦曾居住该观:"延祐七年(1320年),龙虎山道士张君德隆嗣主观事,乃量岁之入,节浮缩滥为东西方丈以翼之,使危有持而颠有扶,以永徐公之绩;为三门以蔽之,使内益尊而外益固,以严神明之居。"②张德隆拜托吴全节资助该观,"会玄教大宗师特进吴公入奉内祠,请以郡之天申宫都监陈景懋提举观事以董之。凡钱谷之计,一听其出入焉。大宗师从之。于是陈君惟大宗师之教是承,大宗师惟张君之托是重,趋事赴功,夜以继日,涉时历月,通溃于成。内则阁遂其安,地效其灵,重轩洞户,岩邃深靓,冬无烈风之忧,夏无熇日之苦,谈经论道,坐以忘疲。外则高甍崇阿,巍巍堂堂,入者心动,过者额手,廉陛不加而峻,面势不改而雄。而徐之功立矣。大宗师乐其有成也,进陈君提点以昭其勤。张君亦再被玺书,赐号冲真明远玄静法师,以重其山"③。

徐懋昭在龙虎山创建仙源观,后亦羽化于此。其羽化后,弟子上官与龄为仙源观主持提点,不借助外力,而只是依靠玄教自身力量对仙源观修葺,使得宫观为之一新,因此张德隆拜托黄溍为之作记:"冲真明远玄静真人张公德隆,开府之犹子也。少尝学道其处,从开府来京师,侍祠于明庭者四十年。至正六年(1346年),将使指奉香币还故山,睹其轮奂聿新,念构兴之难,而充拓之不易,爰伐石属予书之。大抵人之常情,乐因循而惮改作。仙源之建置,几年于兹矣,一旦有能舍其旧而新是图,缵先业于方隆,植法基于永固,有功于其教甚大,而况不凭国家之力,不求民间豪末之助,一以身任其事,而遍观其成。是皆可书也,于是乎书。"④

至正六年(1346年)夏,张德隆竣事于上清正一宫,退而徘徊乎家林,由上磜沿大溪折而西行,睹重冈复岭支于象山之东南,披荆榛而进,得胜处焉,即所谓金鸡山也。金鸡山为一风水宝地,张德隆选择其作为自己百年之后的"栖神之所"⑤。张德隆选择自己封号"冲真明远玄静真人"中的"玄静"为自己在金鸡山所建的宫室命名为玄静庵:"一峰屹起碧嶙峋,隐隐金鸡五夜闻。安用佳城开白日?正须拔宅上青云。天垂龙井丹光接,地拆龟潭水势

---

① 陈旅:《安雅堂集》卷八,四库全书本,第1213册,第101页。
② 揭傒斯:《揭傒斯全集》,李梦生标校,上海古籍出版社1985年版,第350页。
③ 揭傒斯:《揭傒斯全集》,李梦生标校,上海古籍出版社1985年版,第350页。
④ 黄溍:《黄溍全集》上册,王颋点校,天津古籍出版社2008年版,第360页。
⑤ 黄溍:《黄溍全集》上册,王颋点校,天津古籍出版社2008年版,第375页。

分。阁老新题今寡和,往来仙子幸能文。"①

张德隆多次奉祀:"元杰学道于祖庭,而侍祠于帝所,从其伯父大宗师、开府公及其所礼嗣师吴公居京师之崇真万寿宫。逮今逾四十年,数被上旨,函香代祀岳镇、海渎、汾阴后土、龙虎、武当诸山。"②马祖常记载了张德隆祭祀龙虎山、武当山的事情:"岌嶪芙蓉阙,葳蕤翡翠幢。祠官天北下,仙属日南降。香雨沾春陇,灵风鼓夜江。神来乘马四,使至戴旗双。宣室还因鬼,箕畴却为邦。玄君明月珮,玉女白云窗。淑气非烟缕,祥光岂烛缸!两山通地脉,万窦响泉淙。有树皆生酒,无苗不□□。龟蛇龙虎地,蟠蜿好为矼。"③

释良琦《题张元杰草堂读书图》一诗,因为不知该画是张德隆所画画作《草堂读书图》,还是别的画家所作的《张元杰草堂读书图》,因此,释良琦的诗作就不知该断为《题张元杰〈草堂读书图〉》,还是《题〈张元杰草堂读书图〉》:"昨日雨晴归碧山,桃花满涧水潺潺。岚光入壁图书润,草色侵帷枕席闲。莫问山灵嫌客至,偏怜松月待人还。张郎有志能遗世,白发相期水竹间。"④如果是前者的话,那么,张德隆绘画水平颇有造诣;如果是《题〈张元杰草堂读书图〉》,那么则揭示了张德隆对诗书世家传统的继承,能够做到摒弃外在干扰,静心读书。

张德隆延续玄教传统,和文人交往颇多。纳延在上都期间,曾得张德隆馈赠医药:"卧病临高馆,丹芝幸见分。铜瓶朝挹水,石鼎夜生云。坐久镫华落,秋清木叶闻。明朝得强健,长礼紫虚君。"⑤邓文原弟子王士熙也有写给张德隆的诗:"名山使者碧霞衣,三月天南白雁飞。瑶席东皋分桂醑,紫檀北斗动珠辉。石崖有迹寻仙去,溪水无情喜客归。上际峰前赤松宅,春来蕙草正芳菲。"⑥邓文原也有《都中送元杰道士南归》诗相赠。⑦

张德隆对于玄教所作的贡献,文献记载极少,只能从其被授大宗师的制辞中窥知一二:"冲真明远玄静真人张德隆,毓秀绅緌之华阀,游神签笈之真诠。过庭凤得于异闻,乐地兼通于名教。翔千仞而后集,入奉燕闲;御六气以时行,出陪扈从。侍祠上方,则克勤于毖祀;谒款介丘,则靡惮于骏奔。茂辑纯禧,荐膺殊遇。矧乃伯父,事我世皇。扶兴运于方隆,播玄功于不宰。延洪四世,精白一心。惟俭惟慈,是继是述。圭璋令闻,久为法器之储;梁栋

---

① 黄溍:《黄溍全集》上册《题张真人玄静庵》,王颋点校,天津古籍出版社2008年版,第88页。
② 黄溍:《黄溍全集》上册,王颋点校,天津古籍出版社2008年版,第374页。
③ 马祖常:《石田先生文集》,李叔毅点校,中州古籍出版社1991年版,第39—40页。
④ 顾瑛辑:《草堂雅集》卷十四,四库全书本,第1369册,第474页。
⑤ 纳延:《金台集》卷二《病中答张元杰宗师惠药》,四库全书本,第1215册,第288页。
⑥ 杨镰主编:《全元诗》第21册,中华书局2013年版,第12页。
⑦ 邓文原:《邓文原集》,罗琴整理,浙江人民美术出版社2016年版,第303—304页。

臣材,当荷宗门之寄。览奏章之来上,考系绪之相仍。庸升陟于仙阶,俾嗣登于师席。并稽故实,加峻文班。以重表仪,以昭纂序。"①

二、第五任大宗师于有兴

有关玄教第五任大宗师于有兴的资料很少,目前学界对其生平事迹、掌教时间都没有确认,笔者试着从当时的吉光片羽中勾勒于有兴的生平事迹。

于有兴,字仲元,拜师薛廷凤,为吴全节再传弟子,"公名廷凤,字朝阳,早学道龙虎山,故特进玄教大宗师吴公之弟子,而今大宗师于公又其弟子"②。而危素为李存所作墓志铭中直接指出,1356 年于有兴已为玄教大宗师:"至正十四年(1354 年)七月,番易李先生仲公甫卒于抚之临川县大山寓舍。明年冬,素使至京口,始闻丧,哭于清忠亭。又明年(1356 年)春玄教于宗师有兴为位,以祭授事状曰:子宜铭。"③从序言中可知李存和于有兴关系深厚,从侧面提供了于有兴的交友情况。

> 元统元年(1333 年)秋,皇帝御明仁殿,特书闲闲看云四大字,赐玄教大宗师、特进上卿臣吴全节。闲闲,盖其所自号也;看云,又尝筑宫于云锦山,日崇文,复构楼一区,以为他年佚老者也。于是模刻诸梓,饰以金碧。三年(1335 年)春……大宗师弟子崇文宫提点臣于有兴有事于宫庭,陈金钟玉磬,列天神地祇之象,为位二百有四十。酌以酒茗,荐以果蔬,早午晚三时行礼用乐,效云中海上之音。夜漏未尽,二鼓卒事,急雨复作,檐溜四泻。咸叹异,以为天时人事之偶有如是耶?④

吴全节号看云道人,因之建造看云道院,"既作崇文之宫于番阳云锦溪上,后廿余年,又命其弟子于有兴作道院于宫左"⑤。1335 年,于有兴在安仁崇文宫奉旨做法事,已经能够独当一面。吴全节在其家乡建造芝山道院,供奉番君之像,1338 年,元惠宗"敕翰林院画旨赐文惠观,俾有司勿敢有所挠。因命颐神凝素文教真人于有兴,及朱道冲、方志远治观事"⑥。于有兴曾被封为颐神凝素文教真人,按照玄教教主封号惯例,于有兴继任时获封号当为

---

① 黄溍:《黄溍全集》上册,王颋点校,天津古籍出版社 2008 年版,第 161—162 页。
② 王祎:《马迹山紫府观碑并序》,《王祎集》中册,颜庆余整理,浙江古籍出版社 2016 年版,第 467 页。
③ 危素:《侯庵集墓志铭·序》,四库全书本,第 1213 册,第 600 页。
④ 李存:《御书赞》卷十二《御书赞》,四库全书本,第 1213 册,第 660 页。
⑤ 虞集:《虞集全集》下册,王颋点校,天津古籍出版社 2007 年版,第 739 页。
⑥ 虞集:《虞集全集》下册,王颋点校,天津古籍出版社 2007 年版,第 833 页。

"特进、上卿、玄教大宗师、颐神凝素文教大真人,总摄江淮、荆襄道教,知集贤院道教事"。

《汉天师世家》中记载有第四十一代天师张正言和于有兴的交往:"四十一代天师,讳正言,号东华,嗣德长子也。貌古神清,沉静寡言。时京道不通,且二年余矣。江浙行省,遣间使传制授天师明诚凝道弘文广教大真人,主领三山符箓,掌江南道教事。逾年,集诸弟子曰:吾家世代以福国忠君化民为本,今天下兵争日久,朝廷去远,安危未可知。况吾诸弟子总玄教于北者,荣遇特隆,可无一言以致征兆之吉乎? 于是介弟子程天翼,奉命言于玄教大宗师,于有兴入陈于朝。上曰:天师,方外士也。襄以川途梗塞,无以致抚安之道,朕甚慊焉。天命此幸,有以旋之宗师奉旨。俾天翼还报,岁己亥(1359 年)。中元日,升座演道,语若有警,人鲜能测。未几,示微疾,召弟子曰:吾自袭教以来,遭时多难,今逝期至矣。越二日,书颂而化。"①张正言于1359 年仙逝,其时,于有兴为大宗师至少已三年有余,依然可以面圣,可见玄教还保持着与统治者的密切联系。

道士梁贞的记载中也再次证明于有兴于1359 年依然为大宗师:"梁道士贞者,字松间,处州丽水人。其先世仕宋,多由儒科起家,礼部侍郎椅最显贞礼部之弟制参材之曾孙也。八岁丧父母,十二投紫阳观为道士。时玄妙观有高士,曰特授希玄先生杨景云,以道化远近,贞居紫阳六年不见道,乃入玄妙事希玄,讫传其道。希玄弟子数十百人,而贞为高弟。希玄既蜕去,贞遂济江、逾淮、涉汴、过吕梁,以至燕山碣石候羡门安期生之徒,特进于大宗师一见器之,留居蓬莱宫十余年,乃与集贤大学士六十四荐于朝,得处州路玄妙观住持提点,领本路道教事。贞南归,领职未一年,今天子命越国胡公取处州(1359 年),贞入青田山中以避,胡公延之相见,乃诣军门见胡公,则军士即观而屯,固无隙宇矣。"②能够确定的是,1356—1359 年,于有兴为玄教大宗师,其后经历不详。

于有兴深受密友李存的认同,认为他达到了"尽心而知性":"事物之来,苟有一毫撄乎其心,拂乎其气,则必相与洗濯剥落,以求庶乎正焉而未已者。又将往侍其师,而为京师之役。数千里之间,风气之殊,山川之阻,已有以异于平居几席之安,而增益其所不能者多矣。矧夫今天下为一,土宇之大,生息之蕃,开古以来未之有。而士君子生斯时者,礼乐教化之所及,宜皆宽通

---

① 《汉天师世家》卷三,《道藏》第 34 册,第 834 页。
② 苏伯衡:《苏平仲文集》卷四,四库全书本,第 1228 册,第 586 页。

伟博、磊落俊拔者也。"①李存还有《于仲元之京师》等作品。

于有兴师父薛廷凤提点两都崇真宫,于有兴离开龙虎山,在去上都崇真宫时,写有《度居庸关思亲》一诗:"居庸之关高嵯峨,霜干水浅寒无波。大风卷沙聚作岭,大车碾断成深河。商女踏歌吃马乳,胡儿行鼓捶骆驼。斜阳驻马一回首,故乡万里秋云多。"②从该诗来看,于有兴诗歌用辞典雅,文风流畅,能够看出具有深厚的文化底蕴。

朱思本对于有兴诗歌评价极高,认为于有兴诗才完全可以称为"诗仙":"友人于仲元,诗仙也。居崇文宫,擅云锦溪之胜。命工绘为图,携至京师。翰苑诸公皆为棹歌以美之。仲元征予同赋,为作。"③于有兴以诗文和文人交往,他携带云锦溪盛景图之京,邀请文人为之赋诗,从而为京师新增了一件文化盛事。朱思本为之作云锦溪棹歌十首以贺:"云锦溪头春水浑,桃花泛泛出前村。维舟便欲寻源去,怕有秦人百世孙。""云锦溪头翠霭空,垂纶袅袅弄秋风。水光山色日夜好,仿佛吴歌在剡中。""云锦溪头风露清,看云亭上月三更。仙翁却在天高处,万里相思共月明。"④

于有兴和虞集交往亦多,邀请虞集赏梅花:"白雪不成夜,丹霞遂崇朝。妙质承日映,飞英向风飘。醉来红袖近,歌罢彩云消。扬州问何逊,何似董娇娆?"⑤于有兴接任大宗师之位时,虞集业已仙逝,因此,于有兴邀请虞集赏梅是在他任崇真宫提点时期。

三、第六任大宗师董宇定

在为数不多的玄教研究成果中,如卿希泰主编《中国道教史》⑥、袁冀《元史论丛》⑦、曾召南《元代道教龙虎宗支派玄教纪略》⑧都指出玄教只有五任大宗师。最早提出玄教还存在第六任大宗师的是刘晓。他在考索大道教历史时指出,"元代道教其他各派也存在着后期文献缺失的情况,造成各派历史到元朝末年大都晦暗不明","以玄教为例,目前的研究表明,玄教在元代共经历了五代宗师,分别为张留孙、吴全节、夏文泳、张德隆、于有兴。其中,最后一代宗师于有兴,至少在至正十四年已出任玄教掌教,十八年仍在任

① 李存:《俟庵集》卷十八《送于仲元入京叙》,四库全书本,第1213册,第708页。
② 孙存吾编:《元风雅后集》卷五,四库全书本,第1368册,第129页。
③ 杨镰主编:《全元诗》第27册,中华书局2013年版,第55页。
④ 杨镰主编:《全元诗》第27册,中华书局2013年版,第55页。
⑤ 虞集:《虞集全集》上册,王颋点校,天津古籍出版社2007年版,第10页。
⑥ 卿希泰主编:《中国道教史(修订本)》第3卷,四川人民出版社1996年,第286—320页。
⑦ 袁冀:《元史论丛》,联经出版事业股份有限公司1978年,第213—248页。
⑧ 曾召南:《学步集:曾召南道教研究论稿》,巴蜀书社2008年,第115—141页。

上。而实际上，据宋濂《刘真人传》:'至正间，玄教宗师董公上其事，制赠凝妙灵应真人云。'则玄教在元代后期至少还应有一位宗师'董公'，只是我们还不清楚他的名字"。① 在注释中，刘晓进一步指出，董某有可能是董宇定:"玄教自张留孙后历任教主，一般以其在众弟子中的排名次序递补。张留孙、夏文泳弟子名单中，于有兴之后，均有一人名董宇定，不知是否即为此人。"②对于这个问题，刘晓非常重视，他在研究元代全真教掌教谱系时再次指出，"元代玄教大宗师传承，一般认为经历了张留孙、吴全节、夏文泳、张德隆、于有兴五代。但据《宋濂全集·銮坡后集》卷10《刘真人传》(杭州:浙江古籍出版社，1999 年，第 782 页):'至正间，玄教宗师董公上其事，制赠凝妙灵应真人。'则元末玄教大宗师应该还另有他人。按，张留孙弟子中，排名宗师于有兴之后的董姓弟子不止一人(像董袭常、董宇定等)，其中或有接替于有兴任玄教大宗师者"。③ 只是七年之后刘晓反而对于第六任大宗师是董袭常还是董宇定难以确认。这个观点得到了学界的认同，丁培仁《元前道教研究》④、周冶主编《中国道教通史》⑤都持该观点，只是没有就该问题进一步推进。

宋濂《刘真人传》记载的刘思敬是龙虎山道士，擅长丹药制炼，治病效果颇验。他于至元十八年(1281 年)应诏北上，以六甲飞熊丹治好元世祖忽必烈足疾。在京师居八年，于 1289 年南还。"二十八年(1291 年)八月日正中"，与友人别，第二日仙逝。"至正间，玄教宗师董公上其事，制赠凝妙灵应真人云。"⑥

能够确认的是，1356—1359 年期间于有兴为玄教大宗师，元朝于 1368年被灭，那么，从 1360 年到 1368 年，长达九年的时间，玄教大宗师有可能由于有兴和董姓大宗师担任;还有一种可能，那就是于有兴在这九年期间仙逝，玄教大宗师由董姓弟子接任。玄教大宗师吴全节、夏文泳、张德隆、于有兴等在赵孟頫、虞集、吴澄、袁桷等记载的张留孙弟子中，是按照一定先后顺

① 刘晓:《元代大道教史补注——以北京地区三通碑文为中心》,《中华文史论丛》2010 年第 4
　期,第 78—80 页。
② 刘晓:《元代大道教史补注——以北京地区三通碑文为中心》,《中华文史论丛》2010 年第 4
　期,第 80 页。
③ 刘晓:《元代全真道被遗漏的掌教关德昌——〈井公道行碑〉读后记》,《宗教学研究》2017 年
　第 2 期,第 44 页。
④ 丁培仁:《元前道派研究》,四川人民出版社 2014 年,第 752 页。
⑤ 周冶主编:《中国道教通史》第 3 卷,人民出版社 2019 年,第 301—302 页。
⑥ (明)宋濂著,黄灵庚编辑点校:《宋濂全集》第 1 册,人民文学出版社 2014 年,第 344 页。
　"刘思敬"介绍亦见于娄近垣主编《龙虎山志》(王卡主编《三洞拾遗》第 13 册,黄山书社
　2005 年,第 162 页),文字似取材于宋濂《刘真人传》。

序排列的,没有出现例外。如果这种逻辑成立的话,那么,接续于有兴成为玄教大宗师的依次为董袭常、董宇定。

在现有资料中,董袭常的生平事迹不全。他于 1322 年入京,于 1324 年为《元南岳庙铸钟记》正书。玄教教众极多,很多进京加入玄教的道士年纪偏小。吴全节十九岁时入京跟随张留孙,十九岁就开始奉诏祭祀南岳。陈义高二十一岁就进京跟随张留孙、王寿衍十五岁就拜见太子真金,后跟随陈义高北上,因此,1322 年时,把董袭常设定年龄二十五岁是合适的。那么,到了 1360 年时,董袭常六十三岁,接任大宗师的可能性是存在的。董宇定1331 年东岳庙举行杏花大赏,1341 年时,受吴全节之命和王澹渊一起主持广陵玄妙观,同样,1331 年,设定董宇定二十五岁,到了 1360 年时,董宇定五十四岁。如果董袭常健在的话,玄教第六任大宗师就是董袭常;如果董袭常已经亡故,那就是董宇定继任第六任大宗师之位。

那么,董袭常 1360 年还健在吗?黄溍在为夏文泳撰写碑铭时,提及夏文泳弟子(实际是玄教中坚力量)时,只有"薛廷凤、上官与龄、薛起东、詹处敬、于有兴、王景平……董宇定、王用亨、徐守勤、彭一宁……"①等,董袭常的名字已然没有出现,董袭常在夏文泳过世前当已亡故。因此,玄教第六任大宗师应为董宇定。董宇定曾在大都东岳庙居住,并和当时名士来往密切,因此,他是有能力继任大宗师一职的(关于玄教谱系传承详见玄教弟子谱系一章,兹不赘述)。

除了前引董宇定作为玄教大宗师的资料外,笔者检视材料时,发现记载董宇定材料一条,见贝琼《送天台吴蟾友奉董宗师命主桐柏观》一诗。诗中提及吴蟾友奉董宗师之命,主领天台桐柏观一事:

> 天台之山四万八千丈,中有飞仙共来往。东方未白天鸡号,扶桑赤日三更上。山人曾识玉蟾翁,丹砂九返面如童。吹笙醉跨千年鹤,朝上崆峒暮庐霍。葛洪井西松树老,子晋台下桃花落。日边人寄董师书,别我却入天合居。麻姑相见已白发,蓬莱弱水人何如。我亦张帆上南斗,餐霞有诀能相授。青天更约借龙骑,福地应知令虎守。②

有关吴蟾友资料甚少,《江南通志》记载极为简洁:"盟素道院,在府东南

---

① 黄溍:《黄溍全集》下册,王颋点校,天津古籍出版社 2008 年版,第 703 页。
② 贝琼:《贝琼集》,李鸣校点,吉林文史出版社 2010 年版,第 229 页。

旧城隍庙侧,元至正十二年建。"①"盟素道院,在府治东南旧城隍庙侧。元至元二十七年(1290年),天台桐柏宫祝知观建。始至正十二年(1352年),道士吴蟾友、王元静建。明成化五年旱,知府田臻祷而得雨,命住院王惟端重修。正德四年,道士王大经建三清阁。"②1352年吴蟾友建造盟素道院,董宇定接任大宗师后,命吴蟾友主领桐柏观。

---

① 《江南通志》卷四十五,四库全书版,第508册,第423页。
② 《钦定古今图书集成》第116册,中华书局影印1934年版,第55页。

第二章　玄教谱系研究

　　玄教是在统治者支持下直接建立的,历任统治者均予以支持和崇信,除了每年扈从皇帝从大都到上都、跟随藩王外,玄教还要承担斋醮祈福、访贤、到全国各地祭祀山岳海渎的任务,因此,需要更多的弟子来履行基本职责。而张留孙、吴全节等事务繁忙,分身乏术,没有时间来细细甄别弟子资质,慢慢加以培养;况且,弟子培养是需要较长时间的,不管是统治者还是道教内部都没有充裕的时间留给玄教来培养弟子。在这种情况下,玄教弟子大多是从龙虎山中的道士中选取佼佼者。

　　这些"速成"的、直接可以使用的精英道士给玄教补充了新鲜血液,使得玄教不仅可以正常运转,而且还得到社会极大认同;但同时,这也给玄教带来了问题,那就是这些精英道士对玄教的认同如何?张留孙、吴全节他们是怎样安排这些精英道士在教内的地位而不会引起怨怼的?袁桷、赵孟頫、虞集、吴澄都对玄教弟子谱系有较为详细记载,弟子排序是随意记载还是别有深意?这些是解开玄教历史的重要钥匙。

第一节　玄教弟子研究

　　玄教弟子众多,闻名遐迩的大有人在,吴澄、虞集、赵孟頫、袁桷的记载把玄教谱系基本记载了下来,这些玄教弟子构成了玄教教众的中坚力量,通过资料把这些埋没在历史史料中的人物鲜活地呈现出来,对于整体把握玄教具有重要的价值和意义。

　　1. 吴澄《上卿大宗师辅成赞化保运神德真君张公道行碑》:"其徒入室升堂,予所及知者,嗣大宗师曰吴全节,行嗣师事曰夏文泳;有职掌者,余以诚、何恩荣、孙益谦、李奕芳、毛颖达、舒致祥;主御前宫观者,薛廷凤、丁应松、张德隆、薛玄羲。余百十人,载蜀郡虞集所撰公墓志。"①

2. 虞集《张宗师墓志铭》："故弟子十人,其二人为真人,徐懋昭、陈义高也。今弟子五十四人,号真人者七,佩银章者四,以宣命者一十六人,余以诚、何恩荣、吴全节、王寿衍云云。"②

3. 赵孟頫《上卿真人张留孙传》："弟子七十五人,余以诚、何恩荣、吴全节、王寿衍、孙益谦、李奕芳、毛颖达、夏文泳、薛延凤、陈日新、上官与龄、舒致祥、张嗣房、何斯可、徐天麟、丁应松、彭齐年、薛起东、李世昌、张德隆、薛玄义、陈彦伦、詹处敬、于有兴、王景平、蔡仲哲、彭尧臣、张汝翼、冯瑞京、祝永庆、蔡允中、张善式、董袭常、王国宾、曹载静、余克刚、丁迪吉、张居逊、董宇定、王用亨、张显良、徐守勤、彭一宁、刘若冲。"③有名字记载的道众有四十四人。

4. 赵孟頫《上卿真人张留孙传》碑现存两处,一存北京东岳庙,立碑时间为天历二年(1329 年);一存龙虎山天师府,立碑时间是至正四年(1344 年)。由于后者立碑时间晚,其记载的玄教弟子更多:"明年三月,归其丧于故□□□□□□□□□□□恩荣、吴全节、王寿衍、孙益谦、李奕芳、毛颖达、□□泳、薛廷凤、陈日新、上官与□、舒致祥、张嗣房、何斯□、徐天麟、卜应松、彭齐年、薛起东、李世昌、张德隆、陆元羲、陈彦伦、□□□、于□□、□□□、□□□、彭尧臣、张汝翼、冯瑞京、祝永庆、叶元中、张善式、董袭常、王国□、曹载静、徐克刚、丁迪吉、董宇定、王用亨、张显良、徐守勤、彭一宁、刘若冲、邓光禹、于太易、于太受、张尚□、上官来复、陈□□、□□□、□□□、何九逵、曾吾省等,将葬之山东之南山。"④根据前碑的记录,后碑玄教弟子可以考证为:余以诚、何恩荣、吴全节、王寿衍、孙益谦、李奕芳、毛颖达、夏文泳、薛延凤、陈日新、上官与龄、舒致祥、张嗣房、何斯可、徐天

① 吴澄:《吴文正集》卷六十四,四库全书本,第 1197 册,第 634 页。

② 虞集:《虞集全集》下册,王颋点校,天津古籍出版社 2007 年版,第 977 页。

③ 陈垣编纂:《道家金石略》,文物出版社 1988 年版,第 913 页;也可参看赵孟頫:《赵孟頫集》,钱伟强点校,浙江古籍出版社 2015 年版,第 473 页。对于此碑是否为赵孟頫所作所书,学界有争议。王连起在梳理、辨析前人基础上,明确指出该碑是伪作:"一、道教碑,不管是南碑或者北碑,都不是赵孟頫所作所书,都是伪品;二、道教碑不是出于代笔而是出于冒名;三、'奉敕'是假的,是冒充;四、作伪者很可能是茅绍之。"(王连起:《传世赵孟頫书道教碑真伪考》,《文物》1983 年第 6 期,第 86 页)

④ 蒋继洙等修、李树藩等纂:《广信府志》第 3 册,成文出版社 1970 年版,第 1475 页。和东岳庙所立碑刻比较,可以看出二者的区别。前碑记载的是"丁应松",而后碑记载的是"卜应松";前碑记载的是"薛玄义",后碑记载的是"陆元羲";前碑记载的是"蔡允中",后碑记载的是"蔡元中";前碑中记载的"张居逊"在后碑中缺失;后碑又加上了"邓光禹、于太易、于太受、张尚□、上官来复、陈□□、□□□、□□□、何九逵、曾吾省"十人。

麟、丁应松、彭齐年、薛起东、李世昌、张德隆、薛玄义、陈彦伦、詹处敬、于有兴、王景平、蔡仲哲、彭尧臣、张汝翼、冯瑞京、祝永庆、蔡允中、张善式、董袭常、王国宾、曹载静、余克刚、丁迪吉、董宇定、王用亨、张显良、徐守勤、彭一宁、刘若冲、邓光禹、于太易、于太受、张尚彬、上官来复、陈□□、□□□、□□□、何九逵、曾吾省等五十三人。张居逊不知什么原因没有记载，再去除其中无法辨识的"陈□□、□□□、□□□"三人，赵孟頫记载的玄教徒有四十九人。

5. 袁桷《有元开府仪同三司上卿敷成赞化保运玄教大宗师张公家传》："今嗣玄教为吴全节，授特进、上卿、玄教宗师、崇文弘道玄德真人。以真人佩银印者三人：夏文泳，江淮荆襄等处道教都提点；曰毛颖达，掌遁教事；曰王寿衍，领杭州开元宫。以真人制书命者三：曰余以诚，领镇江路诸宫观；曰孙益谦，领杭州佑圣观、延祥观；曰陈日新，承诏兴圣宫。以玺书命者九：曰何恩荣，提点信州真庆宫；曰李奕芳，提点南岳庙兼衡山昭圣宫、寿宁宫；曰张嗣房，提点潭州岳麓官；曰薛廷凤、舒致祥、张德隆、薛玄羲、徐天麟、丁应松，皆奉两宫崇真祠事。其他弟子三十有八，曰上官与龄、何斯可、彭齐年、薛起东、李世昌、陈彦伦、詹处敬、于有兴、王景平、蔡仲哲、彭尧臣、张汝翼、冯瑞京、祝永庆、蔡允中、张善式、董袭常、王国宾、曹载静、余克刚、丁迪吉、张居逊、董宇定、王用亨、张显良、徐守勤、彭一宁、刘若冲、彭师尹、张逢吉、赵有立、程某、施某、叶某、童某、倪某、上官某、李某。"[1]袁桷记载的有五十四人，但是后面七人只有姓氏，忽略不论的话，袁桷记载的人数最多，有四十七人，有四十四人和赵孟頫（前碑）记载的完全一致，比赵孟頫记载多出的三人是彭师尹、张逢吉、赵有立。

袁桷在记述玄教徒顺序时，因为把敕封真人、道教提点等放到前面，玄教徒众排序标准被打乱，不能真实反映玄教谱系顺序；而赵孟頫的排序则没有其他标准蕴含其中，加之赵孟頫撰述是奉敕而作，通过了官方认可，因此，为了集中、整体呈现玄教徒面貌，以赵孟頫记载为准，加之赵孟頫没有记载的彭师尹、张逢吉、赵有立三人，再加上虞集记载的徐懋昭、陈义高，则共有五十六人[2]。玄教谱系列表如下：

---

[1] 袁桷：《袁桷集校注》第4册，杨亮校注，中华书局2012年版，第1569—1570页。

[2] 玄教弟子还有彭大年、项子虚、毛叔达、丁自南、丁元善等，只是他们没有出现在谱系中，因此，没有放到谱系列表中，而在对玄教弟子进行谱系传承时，再一一列出。

序号	赵孟頫前碑	赵孟頫后碑
1	徐懋昭①	
2	陈义高	
3	余以诚	□□□ （应为：余以诚）
4	何恩荣	□恩荣 （应为：何恩荣）
5	吴全节	吴全节
6	王寿衍	王寿衍
7	孙益谦	孙益谦
8	李奕芳	李奕芳
9	毛颖达	毛颖达
10	夏文泳	□□泳 （应为：夏文泳）
11	薛延凤	薛廷凤
12	陈日新	陈日新
13	上官与龄	上官与□ （应为：上官与龄）
14	舒致祥	舒致祥
15	张嗣房	张嗣房
16	何斯可	何斯□ （应为：何斯可）
17	徐天麟	徐天麟
18	丁应松	卞应松 （应为：丁应松）
19	彭齐年	彭齐年
20	薛起东	薛起东
21	李世昌	李世昌

---

① 徐懋昭、陈义高没有出现在赵孟頫撰写玄教谱系中，为了更加完整地把玄教谱系表现出来，列表还是把他们按照年龄列上。

序号	赵孟頫前碑	赵孟頫后碑
22	张德隆	张德隆
23	薛玄羲	陆元羲 （应为：薛玄羲）
24	陈彦伦	陈彦伦
25	詹处敬	□□□ （应为：詹处敬）
26	于有兴	于□□ （应为：于有兴）
27	王景平	□□□ （应为：王景平）
28	蔡仲哲	□□□ （应为：蔡仲哲）
29	彭尧臣	彭尧臣
20	张汝翼	张汝翼
31	冯瑞京	冯瑞京
32	祝永庆	祝永庆
33	蔡允中	叶元中 （应为：蔡允中）
34	张善式	张善式
35	董袭常	董袭常
36	王国宾	王国□ （应为：王国宾）
37	曹载静	曹载静
38	余克刚	徐克刚
39	丁迪吉	丁迪吉
40	张居逊	
41	董宇定	董宇定
42	王用亨	王用亨
43	张显良	张显良

续表

序号	赵孟頫前碑	赵孟頫后碑
44	徐守勤	徐守勤
45	彭一宁	彭一宁
46	刘若冲	刘若冲
47		邓光禹
48		于太易
49		于太受
50		张尚□① （应为:张尚彬）
51		上官来复
52		何九逵
53		曾吾省②
54	彭师尹③	
55	张逢吉	
56	赵有立	

下面的研究就按照图表,依次对这些玄教徒展开研究。

一、徐懋昭

徐懋昭(1240—1321年),字德明,饶余干州人,出身书香世家,聪慧,精通儒家经典。不乐尘世,拜师于龙虎山通真观妙玄应真人张松隐。张松隐非常器重徐懋昭,让他跟随张留孙学习。在四处游历增加见识状况下,他好像又获其他师傅秘授,对道教法术更加熟稔:"既而游衡、庐名山,遇异人,授

---

① 张尚□应为张尚彬:"尚彬者,吾从玄教吴大宗师识之。吴公胸量宽大,而择贤甚密,彬之见知,非偶然也。其兄宗明为台州儒学正,予未识之,因善式而知其为善士矣。前史官雍虞某书。"(虞集:《虞集全集》上册,王颋点校,天津古籍出版社2007年版,第441页)

② 娄近垣主编《重修龙虎山志》中记载的是"曾省吾",而非"曾吾省":"留云观在金溪县东,崇熙道士曾省吾建。"(《三洞拾遗》第13册,黄山书社2005年版,第131页)吴澄记载为"曾吾省":"何之诸孙薛玄羲具建观始末,薛之诸孙曾吾省诣予求文,载诸石。"(吴澄:《吴文正集》卷四十八,四库全书本,第1197册,第497页)因此,当是娄近垣记载有误。

③ 彭师尹、张逢吉、赵有立见袁桷《有元开府仪同三司上卿敷成赞化保运玄教大宗师张公家传》。

异书。能役鬼神,致雷雨,祭星斗,弭灾沴。所至人迎候之,唯恐不及。"①张孙留创立玄教的第二年即1278年,徐懋昭来到京师,侍奉张留孙,并参与处理一些道教事务。玄教在大都承担的多是政治上的事务,还需要扈从北上,这些和徐懋昭认知中的道士生活完全不一致;加之玄教虽然声势显赫、地位超然,但是依然引起了讥笑及批评的声音,因此,徐懋昭在大都只停留了两年就离京南归:"释老以募众集施为能事。叩门嚅嗫,抑献笑,且取诮,吾不能若是,当益贬损焉。"②他向张留孙告别,提出自己归隐的志向:"以清静无为之道,佐圣天子致太平,某不如师。栖迟林壑,笑傲烟霞,师当无以夺某志。"大德六年(1302年),锡号保和通妙崇正法师、常州路通真观主持提点,他在常州通真观生活长达十八年之久。皇庆元年(1312年),获封保和通妙崇正真人,主领通真观。1317年,张留孙七十大寿,元仁宗命画师为张留孙画像,并设宴崇真万寿宫,宠遇非常。徐懋昭入京为张留孙祝寿;1321年,觉得寿命不久,"走介致书开府公,中多微辞,意复慷慨,且嘱玄教嗣师吴公全节,以报国事师为第一事,大类诀别语"③,不久亡故,享年八十二岁。

玄教煊赫异常,但是徐懋昭隐居自逸,"恬处其间,草衣木食,无异昔时。户庭授受,语默以道。森乎其相承,焕乎其相辉,人莫能窥其际也。不龌龊为世俗小谨,居乡里未尝乘马。齿益老,步履如飞。接姻朋尤称信厚,人有急,力振之。或悖理伤道,必奋怒挥斥,改而后止。人亦惮之,而不敢为也"④。生活简单、俭朴。"葛衣布帱,十数年始一易,见者服之。"揭傒斯写挽诗吊念徐懋昭:"玄霜捣罢世都遗,葛屦蕉衫太古姿。天上真人开府日,山中仙子闭门时。空林雨过金芝老,深谷云寒白鹤饥。万里驰书为永别,

---

① 朱思本:《故保和通妙宗正真人徐公行述》,李修生主编:《全元文》第31册,凤凰出版社2004年版,第398页。

② 袁桷:《袁桷集校注》第4册,杨亮校注,中华书局2012年版,第1484页。吴澄《抚州玄都观藏室记》:"玄都观者,前道教都提点张师次房之所肇创,观之藏室,则其徒孙黄仁玄之所新作也。师本临川梅仙观道士,至元间从天师北觐,留侍阙庭数载,宣授崇道护法弘妙法师、江西道教都提点,住持浮云山圣寿万年宫、抚州梅仙玄都观以归。凡得近日月、沾雨露而复还山间林下者,宠渥焜煌,位望殊特,人人夸之以为荣。师乃不然,曰:皇泽诚优,非吾徒所宜蒙,非吾教所宜有也。二教设官一如有司,每日公署莅政施刑。师曰:吾教清静无为,奚至是哉?彼有司所治,地大民众,非政不整,非刑不齐。今吾所治皆吾同类,何事当讯?何罪当惩?而以势分临之,而以因拯待之乎?其时主教天师简易不扰,所在宫观晏然宁处,师之言已若是。既而习渐变,道流不胜困苦,夫然后知师之远识先见、仁心厚德不可及也。道官出入驺从甚都,前诃后殿,行人辟易,视都刺史、郡太守无辨。"(吴澄:《吴文正集》卷四十七,四库全书本,第1197册,第490—491页)

③ 朱思本:《故保和通妙宗正真人徐公行述》,李修生主编:《全元文》第31册,江苏古籍出版社2014年版,第399页。

④ 李修生主编:《全元文》第31册,江苏古籍出版社2014年版,第399页。

卢敖何处是相期。"①

徐懋昭一系弟子。"以开府公所授宗旨，觉悟后进，参以儒术品节之。故其徒皆颖异秀发，卓为道门师范。"弟子李立本也曾在京师侍奉张留孙，朱思本为徐懋昭所作的行状就是依据李立本提供的底本而作。陈义高是其弟子中最著者之一，可惜早逝。张留孙悲伤徐懋昭的死亡，命李奕芳为之归葬。

徐懋昭所建宫观。

1. 仙源观。至元二十二年(1285 年)，徐懋昭开始修建仙源观，观成，"栋宇翚飞，金碧辉映；象设精严，鼓钟森列；视龙虎诸别馆为杰出"②。徐懋昭最终逝于仙源观。

2. 神翁观。"大殿之东庑为祠堂，岁时享祀其先世，示不忘本也。""仙源、神翁俱被玺书庇卫。"③

3. 通真观。徐懋昭于大德六年(1302 年)在常州路宜兴州通真观居住十八年，重建三清殿。皇庆元年(1312 年)，建玉皇阁。"延祐七年(1320年)，龙虎山道士张君德隆嗣主观事，乃量岁之入，节浮缩滥为东西方丈以翼之，使危有持而颠有扶，以永徐公之绩；为三门以蔽之，使内益尊而外益固，以严神明之居。财用既足，经制既定，会玄教大宗师特进吴公入奉内祠，请以郡之天申宫都监陈景懋提举观事以董之。凡钱谷之计，一听其出入焉。大宗师从之。"揭傒斯于天历二年(1329 年)为通真观作记，他认为通真观是集合了徐懋昭、张德隆、吴全节、陈景懋四人之力而建，不啻一段佳话："观得徐公而地以兴，徐公得张君而业以隆，张君得陈君而志以成，而又得大宗师旌善报劳而继者知所劝。吾于是又得任人之道焉。是役也，一举而众美具，斯亦足矣。"④

二、陈义高

《四库全书》在为《秋岩诗集》作提要时指出，该作品是从《永乐大典》中辑录出来的，而且陈义高身份难以确定：

---

① 揭傒斯：《哭信州仙源观徐尊师，师乃玄教大宗师张开府之弟子》，《揭傒斯全集》，李梦生标校，上海古籍出版社 1985 年版，第 139 页。

② 李修生主编：《全元文》第 31 册，江苏古籍出版社 2014 年版，第 398 页。

③ 朱思本：《故保和通妙宗正真人徐公行述》，李修生主编：《全元文》第 31 册，江苏古籍出版社 2014 年版，第 398 页。

④ 揭傒斯：《揭傒斯全集》，李梦生标校，上海古籍出版社 1985 年版，第 351 页。

> (臣)等谨案《陈秋岩集》,散见《永乐大典》中,然不著其名,亦不著时代。考焦竑《国史经籍志》,有陈宜甫秋岩集,当即其人,而爵里则终无可考。……则成宗时又为晋王僚属,其诗多与卢摰、姚燧、赵孟頫、程钜夫、留梦炎等相为倡和。而诸人诗乃罕及之其始末,遂不可复详矣。原集焦志作一卷,然篇什稍多,疑其字画偶误。今据《永乐大典》所存者,编为上下二卷,其诗大抵源出元白,虽运意遣词乏深刻奇警之致,而平正通达、语无格碍,要自不失为雅音也。①

除此之外,张伯淳为陈义高作过墓志铭,是为《崇正灵悟凝和法师提点文学秋岩先生陈尊师墓志铭》,这是研究陈义高的一手资料;加之文人记载、道教内部资料等,基本可以勾勒陈秋岩生平状况,以补提要之简略。

陈义高(1255—1299 年),字宜父,生于宝祐乙卯(1255 年)九月,幼颖悟,年十二作赋,已显示出不凡天资。十七岁时,拜张留孙为师。张留孙非常器重陈义高,让其拜师李立本,陈义高道法和儒学均得到极大提升。至元丙子(1276 年),陈义高跟随张留孙随张宗演入京,然后随侍左右。"岁时祝禧,皆师主之高弟陈义高侍春宫。"②1280 年,扈从北上③;1281 年,真金太子抚军,陈义高跟从。1288 年,被玺书提点玉隆宫。1291 年,陈义高从行晋王,去往朔漠。元贞元年(1295 年),陈义高制授崇正灵悟凝和法师、大都崇真万寿宫提点;同年,史馆纂修世祖皇帝实录,全国访求事迹,陈义高以"文学嘉名,以其事属,得编摩体"。1296 年,复从王觐,锡赉甚渥。④ 大德改元,晋王就国,仍载之后车。越二年,请以其徒代,得还。至开平,次桓州南,道病增剧,于 1299 年仙逝。

《龙虎山志》记载,陈义高跟随晋王:"高士,陈义高,闽人。至元丁丑(1277 年),与其师张大宗师居大都。初侍裕皇,继徒晋王镇北边。成宗登

---

① 《秋岩诗集·序》,四库全书本,第 1202 册,第 673—674 页。

② 王构:《敕赐龙虎山大上清宫正一宫碑》,转引自《龙虎山志》,江西科学技术出版社 2007 年版,第 297 页。

③ 陈宜甫《庚辰春(1280 年)再随驾北行二首》:"天地苍茫阔,其如旅况何。冰融河水浊沙接塞云多。土穴居黄鼠,毡车驾白駞。栖栖无所乐,远近听朝歌。四更催蓐食,结束闹比邻。人去留残迹,车行拥后尘。云开还有月,风冷不知春。幸得狐裘在,温存逆旅身。"(《秋岩诗集》卷下,四库全书本,第 1202 册,第 682—683 页)

④ 陈宜甫《元贞丙申(1296 年)十月扈从晋王领降兵入京朝觐》:"奏凯引降骑,长歌入帝都。人皆带弓箭,我独载诗书。考绩惭无补,怀归盍早图。故交相慰劳,尊酒话勤劬。"(《秋岩诗集》卷下,四库全书本,第 1202 册,第 682 页)《丙申秋(1296 年)同锡喇平章重过和林城故宫》:"昔日宪皇帝,和林建此宫。中原尽朝贡,嘉运会英雄。沙漠皇风远,蒿莱古殿空。最伤西蜀道,六御不回龙。"(《秋岩诗集》卷下,四库全书本,第 1202 册,第 682 页)

极,王入朝,上赐义高卮酒劳曰:'卿从王累年无劳乎?'对曰:'得从亲王游,岂敢告劳。'至大三年(1310 年)四月,赠高士陈义高真人诰曰:'春坊德选,藩府英游,气至刚而藐群庸,韵不屑而迈前古。'"①

陈义高擅长诗歌创作:"粹文冲正明教真人陈义高者,大宗师弟子也,倜傥有气节。居京师时,常读书大树下,学者就之,与论说不倦。贵人大官过其前,略不起为礼。每醉赋诗,累千百言,善为奇壮,一时学士多愧之,自以为不及远甚。遇贫士无衣者,辄解衣与之,己虽寒,不恤也。初事裕宗皇帝东宫,又奉诏从梁王之国。王改封晋,又从填北,所陈多礼义忠孝之事。成宗皇帝即位,从王入朝,上识之,赐酒劳问甚渥。是时,史馆修撰世祖皇帝实录,问逸事王所,王假义高文学,条上始末,史官叹其书有法,于大宗师诸弟子为最雄于文矣。"②虞集对陈义高的评价不可谓不高。

陈义高和张伯淳为好友,"余初入词林,与秋岩先生陈宜父为世外友。其纵谈三千年宇宙间事,亹亹忘倦。酒酣为诗文,意生语应,笔陈不能追,有诵仙贺监风致;高古处可追陶谢,类非烟火食语。今已矣!夫遗文有《沙漠稿》《秋岩稿》《西游稿》《朔方稿》"。③ 陈义高文化底蕴深厚,擅长诗文创作,作品多已不存。从现存《秋岩诗集》来看,由于长处塞北,远离故土,所以陈义高诗文中充满了苍凉、悲壮、思乡的感情。

《饮马长城窟》:

> 我来长城下,饮马长城窟。积此古怨基,悲哉筑城卒。当时掘土深,望望筑城高。紫纤九千里,死者如牛毛。骨浸窟中水,魂作泉下鬼。朝风暮雨天,啾啾哭不已。昔人饮马时,辛苦事甲兵。今我饮马来,边境方清宁。马饮再三嗅,似疑战血腥。昔人有哀吟,吟寄潺湲声。潺湲声不住,欲向何人诉。青天不得闻,白日又欲莫。此恨应绵绵,平沙结寒雾。④

《仙岩》:

> 飒飒松风吹鬓毛,溪流洗耳远尘劳。七千余鹤春归晚,二十四岩秋

---

① 《赠陈义高真人诰命》,转引自《龙虎山志》,江西科学技术出版社 2007 年版,第 273 页。
② 虞集:《虞集全集》下册,王颋点校,天津古籍出版社 2007 年版,第 1014—1015 页。
③ 张伯淳:《养蒙文集》卷四《崇正灵悟凝和法师提点文学秋岩先生陈尊师墓志铭》,四库全书本,第 1194 册,第 463 页。
④ 陈宜甫:《秋岩诗集》卷上,四库全书本,第 1202 册,第 674 页。

正高。

> 露滴桂香浮酒盏，山蒸云气润诗袍。扁舟半是乘槎客，吟振雷声撼海涛。[1]

《闻塞笛有怀赵詹泽廉使》：

> 客行思故乡，闻笛转凄凉。不见梅花落，空愁塞草黄。
> 雁声沉远汉，牛背送斜阳。出塞翻新曲，谁知恨更长。[2]

陈义高和文人诗歌酬和之作颇多，写给程钜夫的诗："昨拟赋归去，那知又再来。黄云驰驿道，落日唤鹰台。得句怀三影，通灵慕万回，知君重思远，难寄陇人梅。"[3]给姚燧的诗："忆从相别醉吟乡，漠北燕南几雪霜。四海竞传三语掾，一书偏慰九回肠。智囊剩有安民术，荷橐能无荐士章。拭目看君承宠渥，春风花对紫微郎。"[4]给张酬斋的诗："想因贪草去，杳莫听嘶鸣。失岂不为福，无之何以行。雪深空有迹，鞍在未忘情。只合在驴背，吟诗兴转清。"[5]

吴光正从三个方面对陈义高的诗歌进行总结评价，"陈义高的诗歌昭示了元代南方文人的政治命运，其诗歌的仕隐情结从此成为元代南方文人文学创作的主旋律"，"陈义高的朔方纪游诗开启了元代北游诗的创作风潮，其诗歌营造的雄浑苍凉意境成为北游诗尤其是上京纪行诗的永恒意境"，"陈义高的朔方纪游诗奠定了元代北游纪行诗的情感基调，文化乡愁从此成为元代北游纪行诗永远抹不去的色调"[6]。

陈义高是否擅长书法存在争议。"又以秋岩为吾衍之别号，盖因衍书古文篆韵后有至元丙戌秋岩记一条而云也，不知前至元丙戌吾衍年甫二十，不应云老，且其跋内之丁卯若是宋末咸淳丁卯，则正吾衍始生之时，不当有自征建昌之语。今以陶九成跋核之，则至元乃正之讹，实为至正七年丙戌。距吾衍之没已三十七年，其秋岩乃题跋之人，非吾衍别号也。凡若此类，疏舛尤多。然登载既繁，引述又富，足资谈艺家检阅者无过是编，固不以一二小

---

① 陈宜甫：《秋岩诗集》卷下，四库全书本，第1202册，第687页。
② 陈宜甫：《秋岩诗集》卷下，四库全书本，第1202册，第684页。
③ 陈宜甫：《秋岩诗集》卷下《次程雪楼御史见寄韵》，四库全书本，第1202册，第684页。
④ 陈宜甫：《秋岩诗集》卷下《得姚牧庵左丞书赋此以答》，四库全书本，第1202册，第688页。
⑤ 陈宜甫：《秋岩诗集》卷下《失马，次张畴斋学士韵》，四库全书本，第1202册，第686页。
⑥ 吴光正：《元代北游士人的先声与宿命——玄教高道陈义高的诗歌创作及其文学史意义》，《学术研究》2019年第7期，第162页。

疵,累其全体之宏博焉。"①姚际恒也这样记载:"元秋岩老子书古文篆韵二本,陶九成题,明王鸿羽跋。后见《铁网珊瑚》。"②如果该记载属实的话,陈义高应该也擅长书法。

陈秋岩擅长占卜。元代统治者喜欢在重大事情上实行占卜,上文已提及张留孙善卜;成吉思汗身边的耶律楚材也擅长占卜,陈义高被选中跟随晋王的原因可能也和其擅卜有关。

邵亨贞《赠星数术士陈秋岩》:

> 天上种白榆,岂使尘世知。人心极天理,乃有步天诗。好风或好雨,未易以意推。晦明与躔次,侧候无愆期。人身列三才,照耀匪所私。历象示祸福,凿凿信不欺。陈生得玄秘,传授有心师。指掌披周罗,隐显见豪厘。我生五行内,贵贱讵可移。因子许蔗境,迟暮不复疑。
>
> 人身小造化,中有天地理。形气苟相遭,总合大易旨。筹策运乘除,变化亡起止。千古发几微,乃得袁与李。击壤集大成,焕然具众美。经世浩莫量,论命同一轨。微言明晦吝,勇决至生死。扰扰六合中,万类莫逃此。相逢叩浮生,妙语莹如水。往哉抱韦编,冥心究终始。③

王恽《赠相士秋岩》:

> 乾坤清气满秋岩,顾我行藏试一谈。早晚得归林下去,北山重扫读书龛。④

陈义高殁后,张伯淳《祭陈秋岩文》一文表达对他的哀悼之情:

> 呜呼!白头如新,倾盖如旧。不必衾裯之同,所同者,兰心之臭。回首都门,能几邂逅。凡其掀髯抵掌,论心握手,皆将空八极而隘九州,折群啾而腾雅奏。师虽以道法遇知乎明时,而其品则谪仙贺监之抱负。此固伯淳心契而神友,每欲拍洪崖之肩而把浮丘之袖。万里归云,昕夕

---

① 卞永誉:《式古堂书画汇考》,四库全书本,第 827 册,第 2—3 页。

② 卢辅圣主编:《中国书画全书》第 8 册,上海书画出版社 1993 年版,第 714 页。

③ 杨镰主编:《全元诗》第 47 册,中华书局 2013 年版,第 381—382 页。

④ 王恽:《王恽全集记校》第 4 册,杨亮、钟彦飞校注,中华书局 2013 年版,第 1620 页。

占侯。曾谓旧隐在跬步间,而只鹤遽凌空于清昼。呜呼!梦与春而同归,岩经秋而陨秀。留不朽之诗名,长充塞乎宇宙。英爽所次,有怀莫究。一奠倾诚,辞以为侑。①

作为张留孙早期得意弟子,1314 年玄教谱系李宗老等七人获封,陈义高亦获封,可见当时陈义高在玄教内部地位很高,声势很盛,可惜过世太早。

三、余以诚

袁桷为张留孙撰写碑记时指出,余以诚、孙益谦、陈日新三人获得真人称号:"以真人制书命者三,曰余以诚,领镇江路诸宫观。"②《至顺镇江志》对余以诚有简单记载:

> 余以诚,字孟实,号太宇,饶之安仁县人。幼学道于信州龙虎山,礼宗师上卿张公为师。至元间,充御前法师。元贞初,授镇江路道录,因捐己资创乾元万寿宫,洊奉玺书,赐号"元明宏道充应真人"。③

这里记载余以诚是张留孙弟子,获得封号是"元明宏道充应真人",这和张伯淳的记载有所不同:"余以诚,制授崇玄守正冲道法师、镇江路道录、紫府观提点住持。"④元贞元年(1295 年),余以诚被授"通玄真应冲靖法师、镇江路道录、紫府观主持提点";至大元年(1308 年),余以诚被授"平江路道录、致道观主持提点"。⑤ 张伯淳记载余以诚是陈义高弟子,封号是"崇玄守正冲道法师",可见张伯淳记载在前。

余以诚创建乾元万寿宫。乾元万寿宫是在南宋安抚使叶再遇古宅上创建的:

> 安仁余公以诚,嗣业前宗师上卿张公,受皇朝重熙累洽之恩,思所以归美报上,历选天下形胜之地,以为祝厘所。乃于大德辛丑(1301 年),被玺书来领道教,爰始捐资,得城西叶氏故宅,面势宏敞,

---

① 张伯淳:《养蒙文集》卷六,四库全书本,第 1194 册,第 480 页。
② 袁桷:《袁桷集校注》,杨亮校注,中华书局 2012 年版,第 4 册,第 1569 页。
③ 俞希鲁编纂:《至顺镇江志》下册,杨积庆、贾秀英等校点,江苏古籍出版社 1999 年版,第 808 页。
④ 张伯淳:《养蒙文集》卷四《崇正灵悟凝和法师提点文学秋岩先生陈尊师墓志铭》,四库全书本,第 1194 册,第 464 页。
⑤ 王卡主编:《三洞拾遗》第 13 册,黄山书社 2005 年版,第 58 页。

栋楹壮丽,载经载营,一新改饰,建大殿以奉三清,辟后堂而事元帝。修廊栋宇,神雕像塑,威肃仪整。斋堂庖湢,仓廪帑藏,丈室燕处,靡不必备。前树三门,飞桥跨水,旁植槐柳,隐映左右。晨昏钟鼓,铿鍧镗鞳,步虚之声,缥缈霞外。冠佩雍容,跪拜升降,以躬致华封之祝。既又为经久计,置腴田,课租入,以供常住,设库质物,以便贫乏。环宫之旁,缭以比屋,俾民僦居出息,用赡羽众。又其南为园,列花木亭馆,岁时州人士女游观,为一时之盛。丙午,敕赐乾元万寿宫额,洊颁玺书,护持加号公元明宏道冲应真人,流传甲乙,以主宫事。①

作为镇江道录,余以诚还重修了玄妙观,宋朝时名为天庆观:"大德五年,安仁余以诚为本路道录,住持本观,重修藏殿两庑、正一堂,鼎建方丈楼阁,及捐己资,重新装塑神像。"②

余以诚还积极回报社会,为当地修桥:"拖板桥,在今大军仓前,旧名浮桥。天历二年(1329年)废,(天历二年,浚京口港撤去,民病涉焉。)。至顺二年(1331年)重建。(至顺二年九月,录事司达鲁花赤护独步丁倡,乾元万寿宫住持通元真应崇靖真人余以诚捐资重建。)。"③

余以诚和文人交往密切,在他移植花蕊于自己的乾元万寿宫前时,有多首诗贺诗相赠。"玉蕊:今按:蔡宽夫谓招隐无复此花,然近年乾元万寿宫住持余孟实,自招隐山移此花植于宫前花圃,时紫泉马尧复有诗,里人龚理子中次其韵曰:'山水窟宅江之南,搜奇抉胜味饱谙。朱方招隐最超绝,树作玉蕊珠溅潭。高花密叶互掩映,柔柯老干相撑担。丛林何事著此种,香严鼻观禅独参……'"④

赵孟頫、虞集、袁桷、吴澄为张留孙撰写的墓志铭(神道碑)极其详尽,第三十九代天师张嗣成为张留孙写了一个简约版神道碑,是为《元玄教大宗师

① 俞希鲁编纂:《至顺镇江志》上册,杨积庆、贾秀英等校点,江苏古籍出版社1999年版,第406页。
② 俞希鲁编纂:《至顺镇江志》上册,杨积庆、贾秀英等校点,江苏古籍出版社1999年版,第408页。
③ 俞希鲁编纂:《至顺镇江志》上册,杨积庆、贾秀英等校点,江苏古籍出版社1999年版,第31页。
④ 俞希鲁编纂:《至顺镇江志》上册,杨积庆、贾秀英等校点,江苏古籍出版社1999年版,第122页。

张公圹记》，该圹记由余以诚书写。① 这一情况不仅指出了余以诚书法造诣尚可，而且也间接点出余以诚教内地位颇高的事实。

四、何恩荣

何恩荣在龙虎山建万寿德元观，大德十年（1306年），何恩荣获得恩旨，"信州路德元观提点何恩荣可授明德通玄宏道法师、信州路道录、溪山万寿真庆宫提点"②。从何恩荣所获圣旨可知，何恩荣的封号是明德通玄宏道法师，而黄溍《玄和明素葆真法师陈君碣铭》、陈旅《玉壶堂记》都指出何恩荣是"冲粹玄素贞静真人"。

何恩荣在万寿德元观建玉壶堂，借用庄子思想表达他对人生的感悟："人生于造化者之囿，而宛转熏垫于歊熇淖浊之境，何曾一日招泠风而近素湍也。彼其以奎蹏曲限为广宫大囿，固已陋矣。然而抟扶摇而上者九万里，则亦何所底止乎？吾闻古之所谓至人者，造化者所不能囿，而未尝离乎造化者之囿。故其所为宫也，居其中而何有乎中，极其外而何所乎外，至虚而非虚也，有象而非可为象也。匡郭之体立，上下之用通，含抱光景，廓落冲漠，日月恒往来吾壶之中，又孰知夫造化者之囿我乎？我囿造化者乎？"③从何恩荣人生感悟中可知其具有较高的文化素养，吴全节对他非常认同，陈旅甚至把何恩荣的"玉壶"和卖药跳入壶中的费长房相提并论，可见对何恩荣的评价之高。虞集还应吴全节邀请为何恩荣赋诗："积水之极，蔚然中丘，浑沦穹隆，匡廓扶舆。就之若虚，履之若浮，人不可到也。而仙者居之，以其圜中而方外也，谓之壶焉。闻有何公真人，有依绿之园，盖取诸水也。又有玉壶之堂，殆似此与。会稽鄙夫曰：先天地生，巍巍尊高，旁有垣阙，状如蓬壶，曲阁相通，可以踟蹰。且玉者，积

---

① 《龙虎山志》，江西科学技术出版社2007年版，第248页。可惜该书仅对该碑做了极其简单的介绍："青石阴文凿刻。碑长1.12米、宽0.84米。记文共399个字，题名为：《道祖开府玄教大宗师张公圹记》，正文共分6段，由39代天师张嗣成撰写玄教大宗师张留孙墓志铭，由张的徒孙余以诚书写。"而没有关于该碑的其他详细信息。"金石丛刊"的微信公众号上登载了该碑帖，指出，"文革期间，张留孙墓被掘，张留孙圹志《道祖开府玄教大宗师张公圹记》得以面世。据传此圹志面世不久即被捣毁，此碑拓或为孤品"。参见 https://mp.weixin.qq.com/s?__biz=MzI3NzUwMzU4Mw==&mid=2247483652&idx=1&sn=4ebc219bf02c9f56e380c4bb3e127724&chksm=eb640a34dc1383223cb54c15a4c4ba261cfa4e095d3502b343cfc392a555cdaf0b140f93fdf6&mpshare=1&scene=23&srcid=0105qjaErzsu1jY1GSLPmeIc&sharer_sharetime=1672920528278&sharer_shareid=942ac0cfe6cb42c3138ba61bef273cfb#rd。

② 王卡主编：《龙虎山志》卷中，《三洞拾遗》第13册，黄山书社2005年版，第58页。

③ 陈旅：《安雅堂集》卷七，四库全书本，第1213册，第89页。

阳至刚,纯粹之精,取类恐符哉。看云叟曰:是吾师也,子为我赋之。乃赋。真人德孔容,治生尺石间。外质谢追琢,中虚保坚完。合璧映华盖,悬珠隐泥丸。天地立有极,日月循无端。晨从密雾入,夕与飞景还。足履五文丝,首冠夫容丹。行厨膳琅膏,燕坐以盘桓。弟子看云叟,畴昔为我言:往见不可得,期之三千年。"①何恩荣和揭傒斯亦有交往,揭傒斯赠诗于他:"长春亭榭倚云开,百里湖山入座来。流水绕阶时自照,好花如幄手亲栽。青云每指寻真路,白发频登望母台。六月神龙起潭井,人间几处待风雷?"②

五、吴全节

吴全节为玄教第二任大宗师,前已论述,兹不赘述。

六、王寿衍

王寿衍(1270—1350 年),字眉叟,号玄览、溪月,其祖上河南修武人,宋建炎初迁至杭州定居。程钜夫《赠杭州开元宫王眉叟法师》、张雨《大开元宫台仙阁记》、虞集《玄坛祠碑有序》、陈旅《重建杭州开元宫碑》、任士林《杭州路开元宫碑铭》《杭州佑圣观玄武殿碑》《四圣延祥观碑铭》等都是研究王寿衍的一手资料。但是记载王寿衍生平事迹的是王祎《元故弘文辅道粹德真人王公碑并序》。在该文开头,王祎指出:"至正十三年(1353 年)庚寅十月十六日,弘文辅道粹德真人公仙化于湖州德清县百寮山之开玄道院,春秋八十有一。"③至正十三年为癸巳年,至正十年(1350 年)才是庚寅年,因此,此处当为至正十年,至正十三年为笔误。该文还记载,又指出:"(至正)乙酉(1345 年),即宫中造阁,有白鹤飞绕之异,因表曰胎仙。自是益倦与物接,退居开玄,有终焉之意矣。庚寅(1350 年)十月望,宾客集开玄,以公生辰,相率为寿。弟子陈子浩后至,公笑曰:'吾迟子久矣,吾将就休息,汝其为我款诸宾。'明日,夙兴,气息稍促,及日昃,奄然而逝。"④因此,王寿衍卒于1350 年,生于 1270 年。但也正是王祎笔误,导致学界出现王寿衍生卒年(1270—1350 年)(1273—1353 年)两种学术表达。

---

① 虞集:《虞集全集》上册,王颋点校,天津古籍出版社 2007 年版,第 35 页。
② 揭傒斯:《寄题信州德元观何真人长春亭》,《揭傒斯全集》,李梦生标校,上海古籍出版社 1985 年版,第 3 页。
③ 王祎:《王祎集》中册,颜庆余点校,浙江古籍出版社 2016 年版,第 472 页。
④ 王祎:《王祎集》中册,颜庆余点校,浙江古籍出版社 2016 年版,第 475 页。

至元二十一年（1284年）	王寿衍拜师于陈义高,陈义高是张留孙高弟,时陈义高为梁王文学,在杭州四圣延祥观暂时停留
至元二十二年（1285年）	王寿衍十五岁时随陈义高入京,拜见太子裕宗,二人从梁王北行至哈奇尔穆敦
至元二十三年(1286年)	王寿衍还京
至元二十四年（1287年）	王寿衍跟随张留孙奉旨代祀山川,受命提纲杭州四圣延祥观,也就是陈义高曾经居留的宫观
至元二十五年(1288年)	三十六代天师张宗演授王寿衍为"灵妙真常法师"
至元二十九年（1292年）	三十七代天师张与棣给王寿衍加授崇教之号,令其仍提举开元宫
	王寿衍奉诏访求江南遗逸,举永嘉徐侣孙金华周世昌,引见于香殿,奏对称旨
元贞元年(1295年)	王寿衍被玺书提点住持杭州佑圣观
大德元年(1297年)	王寿衍奉香诣阙下,隆福太后命公求经箓江南
元贞元年(1298年)	王寿衍入朝扈驾至上京,赐衣三袭,赉及其徒
大德三年(1299年)	陈义高仙逝,王寿衍从呼喇珠妃北行,梁王改封晋公,代陈义高事晋王
大德四年(1300年)	王寿衍侍晋王入觐,蒙两宫锡予加厚,寻得旨南还,仍给佑圣观印章,视五品①
大德五年(1301年)	王寿衍接替陈义高接任龙兴路道箓、玉隆万寿宫住持提点
大德六年(1302年)	王寿衍入朝,玺书加护玉隆
大德七年(1303年)	王寿衍回到杭州,以佑圣观事传于孙益谦
大德八年(1304年)	王寿衍制授开元宫住持提点
至大元年(1308年)	张留孙命王寿衍佥议教门公事,被玺书及兴圣太后旨,加开元等九宫观,且代祀诸名山
至大二年(1309年)	王寿衍还居开元
皇庆元年(1312年)	王寿衍请谢宫事。仁宗即位,特授灵妙真常崇教真人,遣使赍制书

---

① 任士林记载,"大德四年庚子(1300年),奉晋王旨主宫席,不就"。(《松乡集》卷一《杭州路开元宫碑铭》,四库全书本,第1196册,第502页)

续表

延祐元年(1314年)	王寿衍改授弘文辅道粹德真人,领杭州路道教诸宫观事,住持开元宫事,给银印章,视二品
	元仁宗赐王寿衍字曰眉叟,又赐宝冠金服
	别降玺书,使代祀江南诸名山
延祐四年(1317年)	奉旨代祀北岳、济渎、天坛、中丘及汴朝元宫,道縣修武,展省先茔而还
	奉旨求东南贤良,两宫锡予加厚
延祐五年(1318年)	王寿衍献戴侗《六书》、马端临《文献通考》二书
	天旱,县令耆老来请雨,王寿衍命弟子彭大年祷于百寮山上,甘雨随应
至治元年(1321年)	开元宫火灾,王寿衍重建
	张留孙仙逝,吴全节接任教主之位,对王寿衍器重
泰定元年(1324年)	泰定帝诏遣使函香,为新宫落成,就召诣阙,见上于宣德府。和天师继至同建大醮者,三出内府道经并金币赐之
泰定二年(1325年)	泰定帝赐金织法衣,遣使卫送南归,且被玺书开元
泰定四年(1327年)	天师至杭,葳醮禳海患,王寿衍同行
至顺二年(1331年)	王寿衍至龙虎山提调醮事
元统三年(1335年)	元惠宗命黄真人崇大函香至四圣延祥观,建金箓大醮,王寿衍主之;玺书赐大开元宫额加护如前
至正十年(1350年)	王寿衍卒

　　陈义高深受统治者重视,作为陈义高高足的王寿衍也得到统治者的重视,他不仅拜见太子真金,且跟随晋王北上漠北,因此,王寿衍在当时颇有社会影响力。"奉辞之日,天子见之便殿,赐坐,留与语移时,深称上旨。因顾侍臣曰:予早知大宗师,今年高德弥谨,嗣而传之者,予必贵之。此其人尤弘廓用谦,以为礼者。乃字真人而命之曰眉叟。"①从虞集记载中,似乎有让王寿衍接续教位的意味。同时,这里面也提及,皇帝亲自为王寿衍赐名为眉叟。道士陈宝琳也曾获此殊荣,只是很快就被皇帝忘记,出现了乌龙事件:

---

　①　虞集:《虞集全集》下册,王颋点校,天津古籍出版社2007年版,第823页。

文宗皇帝潜邸时期,曾经到集庆路玄妙观,问及住持道士陈宝琳:"何以字玉林也?"改其字为"雪林","后临御,别书雪林字赐近臣赵伯宁,而宝琳仍字玉林矣"。①

王寿衍文化修养颇高,擅长诗文。王祎称"其所为诗,闲远典雅,为世所传赏。扁居室曰玄览,且以自号。晚岁寄傲溪山间,又号溪月散人。平居戴华阳冠、白羽衣,朱颜鹤发,爽气生眉睫间,洒然乐方外之趣,望之者以为真神仙也"。② 目前存世的王寿衍诗有三首,有为王都中《孝感白华图》题跋而作的:"母慈子孝觉天全,桃发花枝岂偶然。名士品题图画卷,他年当不负凌烟。玄览道人王寿衍。"为莫月鼎画像题跋的:"颜如渥丹发如霜,炯炯双眸灿电光。犹记先朝呼得雨,尚方亲赐玉壶浆。"③

王寿衍善画,有《溪月图》《溪居对月图》《溪山对月图》为其所画,只是不能判断是一幅画而名字殊异,还是相似题材创作了多幅。袁桷《题王眉叟溪月图》:"水清不受触,月高不受浴。空景两相忘,松风进虚谷。之人阅真静,引手还在目。服之飞上天,溪流净如玉。"④虞集《题王眉叟真人溪居对月图》:"长松千尺起,白石下磷磷。隐居惬素念,燕坐见闲身。溪流宛无异,月色亦常新。悠悠宇宙内,佳亭名主人。"⑤程钜夫《王梅叟溪山对月图》:"明月照飞瀑,倒泻清溪曲。溪上一株松,亭中人似玉。"⑥王寿衍还收藏有苏轼《枯木疏竹图》:"此图王眉叟真人所藏也。东坡先生用松煤作古木拙而劲,疏竹老而活,政所谓'美人为破颜,恰似腰肢袅',此图亦同此意,真佳作也。高昌正臣旧有东坡《墨竹图》一轴,与此岂同时作者,共向背位置若合璧。然真人因辍此以赠,正臣神物会合,各自有时,其是之谓乎?奎章阁学士院鉴书博士柯九思书于锡训堂。《清河书画舫》"⑦王寿衍还把他生平珍藏的艺术品全部捐献了出来,以俟后传:"公自以平生宠数逾分,乃衰上所赐冠服及所蓄图书琴剑之属簿送宫,藏以传诸后。"

陈义高擅长诗文,他又非常器重王寿衍这个高足,写诗寄送王寿衍,表达自己心绪:"娇娥对春初,新画一眉月。脉脉天涯心,迢迢拜瑶阙。微光射边垒,行客忆离别。今年十三度,随处见圆缺。料得山中人,怜我冒风雪。

---

① 虞集:《虞集全集》上册,王颋点校,天津古籍出版社 2007 年版,第 605 页。
② 王祎:《王祎集》中册,颜庆余整理,浙江古籍出版社 2016 年版,第 476 页。
③ 杨镰主编:《全元诗》第 27 册,中华书局 2013 年版,第 85、86 页。
④ 袁桷:《袁桷集校注》第 2 册,杨亮校注,中华书局 2012 年版,第 254 页。
⑤ 虞集:《虞集全集》卷上,王颋点校,天津古籍出版社 2007 年版,第 36 页。
⑥ 程钜夫:《程钜夫集》,张文澍校点,吉林文史出版社 2009 年版,第 433 页。
⑦ 《御定佩文斋书画谱》卷八十二《宋苏轼枯木疏竹图》,四库全书本,第 822 册,第 547 页。

素衣尘欲缁,玄发星忽忽。惟此哉生明,偏照归心切。"①"澹澹长空几阵横,西风吹断独飞鸣。可怜落落失朋侣,似我行行忆弟兄。影度墨河秋月冷,声沉紫塞暮云平。江湖自有重逢处,努力图南不用惊。"②

王寿衍与当时文士交往颇多。

张伯淳对王寿衍"溪月"字号高度评价:"方外友王眉叟,自号'月溪',或谓更为'溪月',而质于余。夫以名义求之,一也;究其所以为名为义,则二。盖月本无溪,特溪上有月耳。月无假乎溪,清光所照,故溪以月得名。至若溪之有月,固待于照也。无心于相求,不期于相值,则一出自然矣。犹之云焉,无往不在。偶出云岫而谓之云岫,固其出者得之。至谓岫云,盖不过因所见而名之,无所必乎云也。噫! 道本自然,有以使之然者,非道也。以眉叟胸怀澄彻得于天者如此,然则号为溪月,谁曰不宜。于是,嘉兴张伯淳为作《溪月说》以复之。"③

王寿衍请赵孟頫为其开元宫中的小亭题额。"客游真馆日,鹤来玄圃时。援笔二大字,欣然千载期。长鸣松月照,屡舞竹风吹。天路何寥廓,吾与尔同之。"④

王寿衍奉旨访逸时,把马端临著《文献通考》献上:"马端临,字贵与,江西乐平人。父廷鸾,宋右丞相。时休宁曹泾深于朱子之学,端临从之游。以荫补承事郎。宋亡,隐居不仕。著《文献通考》,以补杜佑《通典》之阙,二十余年而后成书。延祐四年(1317 年),遣真人王寿衍访求有道之士,至饶州路,录其书上进。诏官为镂板,以广其传,仍令端临亲赍稿本赴本路校勘。初留梦炎与廷鸾同相,及梦炎降,召致端临,欲用之,以亲老辞。后为慈湖、柯山二书院山长,台州教授三月,谢病归,卒于家。"⑤李存还写有《次闲闲吴真人赠溪月真人奉旨求贤韵》等诗。

程钜夫和王寿衍相交密切:"星宫浮游随所蹁,上极玄始下九烟。出没无迹合自然,谁能居之惟列仙。虎林之宫曰开元,飞光蹑景与时迁。我持绛节曾东骞,仙人种杏邀我前。翱翔接羽游木天,云庭坐咏太一篇。赤明日月如千年,方平羽驾初来还。黄姑去舍空琼田,超然而止开玄玄。金堂玉室千万间,玄中正虑回灵渊。洞真神章太帝颁,九劫无始环中环。溪分素河月流湾,至虚生白心甚闲。又乘刚风九豹关,我欲从之不能攀。青瑶为简绿玉

①　陈宜甫:《秋岩诗集》卷上《初春月寄王眉叟》,四库全书本,第 1202 册,第 676 页。
②　陈宜甫:《秋岩诗集》卷下《孤雁寄王眉叟》,四库全书本,第 1202 册,第 690 页。
③　张伯淳:《养蒙文集》卷五,四库全书本,第 1194 册,第 471 页。
④　赵孟頫:《赵孟頫集》,钱伟强点校,浙江古籍出版社 2015 年版,第 88 页。
⑤　《新元史》列传 131,儒林 1。

编,托之胎禽寄飞轩。黄庭之师为我言,东行何时相后先?"①

吴景奎为其祝寿:"紫诰银章下溯江,群仙遥引散花幢。锦云缭绕开丹室,珠树玲珑见碧窗。弄月吹笙秋鹤只,朝天飞舄晓凫双。朝来阿母蟠桃熟,丞相堂前醉玉缸。"②

王寿衍对马祖常有伯乐之遇,马祖常有诗相赠。马祖常《送王眉叟真人》:

> 秋晖上寒竹,白鹤立苍苔。石洞松花落,云房涧水来。
> 弹琴翻道曲,捣药应猿哀。别浦回船急,孤山看早梅。③

马祖常《送王眉叟真人还钱塘》:

> 涛江秋半潮头起,来鹤亭高瞰雪堆。白毡仙衣分鹭羽,绿华洞府乞松栽。闲留长日人间住,独伴飞云海上回。何事而今东去疾?孤山十月早梅开。④

黄潜、张伯淳、张雨、马臻、任士林等都与王寿衍关系亲厚。郑元祐还记载王寿衍和刘致中的轶事:"杭人王溪月,讳寿衍,字眉叟。少年为道士,便际遇晋邸,其所交皆公卿大夫。后以宏文辅道粹德真人,管领开元宫。江浙省都事刘君,讳致,字时中,海内名士也。晚年尤清劲,既卒,贫无以葬。王真人者躬至其家,吊哭甚哀,周其遗孤,举其丧,葬之德清县某乡之原,与其寿穴相近。春秋拜扫,若师友然。异教中若溪月者,盖可尚欤!"⑤陶宗仪记载与之相似。

王寿衍还颇通水利。"杭州开元宫住持玄览真人王眉叟寿衍有铜水滴一具,贮水在内,遇潮汛则水涌应时,欲以此进上。后携至都,潮候不应,遂已之。可见气候不同。浙间凡造酱醋糟淹之物,收藏不避潮汛,则及时必须涌出,至有封泥瓶瓮者,亦为之破裂。或取清明日门上所插柳条置之瓶上穰之,其涌即止,江北则无此说。所以见方贡土物、药材道地之分,凡事岂可一概论之。漫书于此,以为仕宦中固执己见,不察地方,不顺人情者,补其闻见

---

① 程钜夫:《程钜夫集》,张文澍校点,吉林文史出版社 2009 年版,第 403 页。
② 吴景奎:《药房樵唱》卷一《寿开元宫王眉叟真人》,四库全书本,第 1215 册,第 431 页。
③ 马祖常:《石田先生文集》,李叔毅点校,中州古籍出版社 1991 年版,第 28 页。
④ 马祖常:《石田先生文集》,李叔毅点校,中州古籍出版社 1991 年版,第 49 页。
⑤ 郑元祐:《郑元祐集》,徐永明校点,浙江大学出版社 2010 年版,第 369 页。

之万一云。"①

王寿衍建造或主持的宫观有：

1. 开元宫

任士林《杭州路开元宫碑铭》、虞集《开元宫碑》、陈旅《玄坛祠碑有序》《重建杭州开元宫碑》都比较详细地记载了开元宫的发展史以及王寿衍和开元宫的密切关系。

杭州开元宫，最早建于唐朝，多次被毁。至元十三年(1276年)，行中书省杭州，即故秘书省为署。1288年，王寿衍被张天师授予灵妙真常法师，"袁州路道录，未任，改杭州开元宫提举宫事"。② 至元廿八年(1291年)，开元宫毁于火灾。"省故隄庳，不足称大藩之容观，取开元地扩之，出金助开元主者董君德时及今真人购故宋公主第以为宫。省故隄庳，不足称大藩之容观，取开元地扩之，出金助开元主者董君德时及今真人购故宋公主第以为宫。"开元宫面积得到了极大扩张。大德八年(1304年)，王寿衍获封灵妙真常崇教真人，并开始主领开元宫，"于是益治其门垣坛殿，水石木竹之属无不善"，"天子遣使即其宫"，从这时起，杭州开元宫正式纳入到国家管控之中。至大戊申(1308年)，张留孙让王寿衍佥议教门公事，被玺书及兴圣太后旨，加开元等九宫观，且代祀诸名山；己酉(1309年)夏，王寿衍还居开元。居三年，凡宫制之未备者，悉完之。皇庆壬子(1312年)，请谢宫事仁宗即位，特授灵妙真常崇教真人，遣使赍制书即开元命之使；延祐甲寅(1314年)，改授弘文辅道粹德真人，领杭州路道教诸宫观事，敕词臣为赞书褒扬之，仍给银印章，视二品，仍治开元宫。至治元年(1321年)，开元宫再次毁于火灾，由于火起突然，救火不及，最终只留下一个外门。王寿衍决定重建开元宫，参与人众，"于是前嘉兴路总管王君惟一愿作前殿，崇德州判官濮君允中愿作宫门，皆攻石凝土，为厚址，载大木"。重建后的开元宫较之从前，更加壮丽："明年殿成，涂以丹砂、曾青，杂黄金白黑之物以为文章，象天神、帝仙人居之。其年，门亦成，象二大神守之。真人又为屋若干楹，祠在门侧者曰祠山、曰玄坛，在前殿北者曰明离，殿又北曰道纪堂，又北曰方丈。丞相托欢公题其榜。门东西为长庑，在西庑者曰斋堂，在东庑者曰真官祠、登仙祠、玄武殿、三官殿。其栖贤者曰僚宇，在东西庑间者，曰庖湢、曰廪库，在东庑东曲池，疏馆之在后圃者，则仍其旧而加完焉。"元统乙亥(1335年)，开元宫获赐大开元宫号，俾主是宫者以甲乙传次。

① 杨瑀:《山居新话》卷四，四库全书本，第1040册，第375页。
② 王祎:《王祎集》中册，颜庆余整理，浙江古籍出版社2016年版，第473页。

在主持开元宫时,王寿衍在开元宫西建分春堂,"吾寓迹开元,占一榻地于宫庑之西,榜曰分春"。①

王寿衍曾拜托虞集撰写《开元宫碑》,该碑立于开元宫前,后被发现:

> 蔡宽夫侍郎在金陵凿地为池,既至,寻丈之下便得一灶,甚大,相连如设数釜者,灶间有灰,又有朱漆匕箸,其旁皆甃甓,初不甚损,莫测其故也。后见诸郡兵火之余,瓦砾堆积不能尽去,因葺以为基址者甚多。金陵盖故都,自昔兵乱多矣,瓦砾之积不知几何,则寻丈之下安知非昔日平地也。

> 叶景修曰:近延祐戊午年(1318年),王眉叟真人于清湖开元宫殿前立虞伯生所撰碑,先用木桩打入地,然后于上立石。及木桩入地丈余不复可打,匠人掘示之,下有地面及花台鱼池,则与此事相同也。②

2. 佑圣观

佑圣观,在杭州城东,"宋淳熙三年丙申岁所创也。越再乙未,当皇元之元贞元年(1295年),今灵妙贞常崇教法师王君寿衍被玺书之宠,来领观事"。③ "当元贞之元(1295年),王君寿衍被玺书实来,凡高居邃宇,丛房联序,震赫冲敞,昔旷今完。"④王寿衍曾在佑圣观"开堂演法,听者翕然,道价弥振"。癸卯(1303年),回杭,以佑圣观事传于孙真人益谦,而屏居开元宫。

3. 四圣延祥观

丙戌(1286年)年,王寿衍还京师,丁亥(1287年)从张留孙代祀诸山川。至杭,张留孙让王寿衍提纲四圣延祥观。⑤

4. 玉隆万寿宫

大德六年(1302年),王寿衍受玺书加护玉隆。大德八年(1304年),王寿衍制授开元宫住持提点。

从以上可知,王寿衍主要是继承、主理既有宫观。

七、孙益谦

孙益谦(1264—?),孙益谦擅长雷法,和吴全节、夏文泳一样,以雷法闻

---

① 张伯淳:《养蒙文集》卷三《王眉叟分春堂记》,第1194册,第457页。
② 《南窗纪谈》,四库全书本,第1038册,第237页。《南窗纪谈》作者佚名,但是为南宋时期作品,因此,叶景修语当为后人所加。
③ 戴表元:《剡源文集》卷六《杭州佑圣观记》,四库全书本,第1194册,第78—79页。
④ 任士林:《松乡集》卷一《杭州佑圣观玄武殿碑》,第1196册,第500页。
⑤ 王祎:《王祎集》中册,颜庆余整理,浙江古籍出版社2016年版,第473页。

名于时。①

　　孙益谦不仅是崇真万寿宫提点，还主持杭州佑圣观。王寿衍于 1295 年主持过佑圣观，"大德六年（1302 年）十月，玄武殿灾，琼芳不将，几栾如失，民士歉之。于是提点观事吴君存真，抡材为倡，画堵以谋，金钱之施，踵门日来。明年（1303 年）五月，今住山提点孙君益谦被玺书，执简曳佩，退自珍庭，顾瞻有怀，乃究乃理。材惟坚良，工惟精硕，瓦必陶贞，石必砻密。又明年三月殿成，崇修而神灵集，整沐而视听尊。玉垣沉沉，羽卫秩秩，景福攸降，岳峙川行"。② 孙益谦于 1303 年奉旨主持佑圣观，接续吴存真继续对佑圣观进行修建，1304 年玄武殿建成。延祐三年九月，"祠之建也，施资者有差，岁三月三日斋醮费，施田者亦有差，度道生为道士，又有施田提点住持孙君益谦、提点观事吴君存真"。③

　　任士林《四圣延祥观碑铭》一文记载，孙益谦还主持过四圣延祥观：

　　　　至元十三年，玄教大宗师真人张君留孙出际风云，入觐，道行眷隆，筑崇真万寿宫于京师，留侍闱庭。十八年（1281 年），有旨命主延祥。凡观之役，一以旧褐祇事。二十有二年（1285 年），有以慧力掩真人者主之，观之徒云萍东西，无所于寄。事闻于朝，大德元年（1297 年），有旨江浙行省拨杭天宗河之北官地若干，俾兴四圣延祥观。凡田地山荡，旧隶观者复籍入，于是大宗师际遇日久，效事忠劳，乃命提点吴君全节左右经度，且嘱杜君道坚、孙君益谦、吴君存真实规画之。完有倣载，日理岁入，植材庀工，惟崇惟良。首营栋宇，恪事祈祝。八年（1304 年），三清殿成。明年（1305 年），四圣殿成。若门庑楼阁，斋堂庖廪，以次成。千楹柱立，万桷藻附，灵修扶其崇蠹，象纬瞰乎飞跂，俨然琼轮玉盖之来下也，赫然金矛玄蠹之前陈也。玺书护持，云汉叠见，玄教指归，川岳景从。于是观之规日崇且辟矣。④

　　四圣延祥观是在吴全节总理下完成的，孙益谦是实际经手人：

　　　　乾坤拱北极之居，威行四卫；栋宇开天宗之胜，福镇一方。海岳腾欢，神人交赞。恭惟玄教大宗师上卿真人，身为教父，道际圣朝。入承

---

①　任士林：《松乡集》卷三《庆元路道录陈君墓志铭》，四库全书本，第 1196 册，第 535 页。
②　任士林：《松乡集》卷一《杭州佑圣观玄武殿碑》，四库全书本，第 1196 册，500—501 页。
③　陈垣编纂：《道家金石略》，文物出版社 1988 年版，第 903 页。
④　任士林：《松乡集》卷二《四圣延祥观碑铭》，四库全书本，第 1196 册，第 526—527 页。

清问，出侍属车，简在九重之宠；下诣重玄，下探无始，妙凝三极之光。俨然上界官府之尊，贲尔东壁图书之序。筑宫庐而留侍，锡崇真万寿之嘉名；对湖山而坐驰，领延祥四圣之珍宅。①

因先后主持、重建佑圣观和四圣延祥观，孙益谦于大德十一年（1307年）制授大初玄逸观复法师、大都崇真万寿宫提点。② 孙益谦年老后南返，长居佑圣观，在佑圣观东北建安晚轩。七十大寿时，门下弟子、徒孙薛玄曦等为其过寿，不仅为其绘像以贺，这大概是追随张留孙、吴全节七十岁时皇帝明旨为他们绘像的故实，而且邀请陈旅为这次庆寿撰文、赵世延撰写碑额，并刻石以记。

> 碑高152.5厘米，宽78.5厘米，厚20.5厘米。元元统三年（1335年）陈瑞刻，赵世延篆额，陈旅撰文并书。此碑题额"安晚轩记"4字，篆书，左右刻麟凤二像，仿汉代山阴画像碑，极为古雅。……
> 元统三年（1335年）二月庚申，文素仁德诚明真人孙公作轩四楹于佑圣观之东北，檐牖豁疏，几席清晏，列图书玩好之物于左右，将于是老焉。三月丙午公生日时，年七十，诸孙薛羲等绘公像为寿，而请名其轩曰安晚。以公命来征记，其言曰：公承累朝崇命，主延祥、佑圣两观兼领杭之道教几四十年，未尝以为荣煦；养徒众惠爱如一日，未尝以为德；及建延祥于变迁之余，而崇殿广阁，穹门邃庑，与凡室屋园田水石华竹之属无不善备，未尝以为劳；杭为东南大都会，官于兹者多贵人、大官与天下之名士大夫，则皆与公雅游，情谊虽笃，未尝以毫发事干焉。佑圣祠玄武神，杭人有祷必应，盖亦由主祠者精诚所萃，有以格玄灵而导嘉贶也。是轩之成，故皆喜而言曰：公虽有意知足知止之道亦庶几安乎？所居以迟高年于无穷乎？幸为文记之。……真人总道纪吴会，累勤积虑亦既久矣，而凡经营弥缝于延祥、佑圣者，皆筑安晚之基也。……元统三年六月十日建，金华陈瑞刻③

《安晚轩碑》对孙益谦在当时杭州道教界的地位，以及延祥、佑圣二观的情形有所记述。"杭佑圣有《安晚轩记》石，为元日儒学提举陈旅所撰书，其

---

① 任士林：《松乡集》卷十《四圣延祥观上梁文》，四库全书本，第1196册，第590页。
② 王卡主编：《三洞拾遗》第13册，黄山书社2005年版，第59页。
③ 杜正贤主编：《杭州孔庙》，西泠印社出版社2008年版，第321页。

论安不始于晚而基于未晚。词旨甚精,而字亦可取。此时子昂名方噪,而能不依傍,又可谓中有主独立之士矣。凉国篆未见,而记未篆书年月甚雅,或其一班乎。缁、黄二氏,淡于势利,而名根尚数数然。卒之势利灰灭,而清事反被伊卷而收去,往往能言。能书之士转借之,以存名于世。悲夫! 天启甲子八月朔。"[1]儒生书法反而需要借助宗教势力得以传播并保存下来,后世文人为之颇为感慨。

八、李奕芳

大德十年(1306 年),李奕芳授"明远冲妙宏教法师,南岳庙提点,兼潭州路衡山昭圣万寿宫、寿宁观住持提点"[2]。张留孙于 1321 年逝后,埋葬于龙虎山。1326 年,吴全节奉祠信州、建康、临江三名山,为张留孙建衣冠冢于贵溪县南山之月峤。"其地北距龙虎山十有五里,两山旁峙,一水中通,仅一径可入。行至其中,划然开豁,平畴广衍,四山环拱,如列屏帏。月峤西北创仁靖观,殿名混成,堂名玄范,开府公之祠以辅成二字扁,其南轩曰悠然。总为屋若干楹,库廪庖湢器物具备。命其徒世守供香灯、省茔兆,有土田给其食。"衣冠冢建造完成时,"信、饶二郡及所属诸县军民官奉敕护督唯谨,官僚、士庶、僧道会葬不翅万人"[3]。这一切,都是李奕芳负责完成的,可知他擅长处理方方面面的具体事务,能力很强。

九、毛颖达

"毛颖达,达观院道士,偕吴全节祀岳渎,授纪素宏道冲妙法师、上都崇真万寿宫提点。皇庆初,加正德宏仁静一真人,与马祖常、揭曼石、陈敬交,三人集中各载送毛真人还龙虎山诗是也。"[4]毛颖达制授正德宏仁静一真人时间为延祐元年(1314 年):"延祐元年,公(吴全节)奉旨设醮于龙虎、阁皂、句曲三山,因请归庆其父母八十之寿,对衣、尚尊之赐如初。是年,传旨江浙行省,促公还朝,制授公弟子毛颖达正德宏仁静一真人,嗣掌遁甲之祠事,赐银印,视二品。"[5]

其制辞为:

---

① 《御定佩文斋书画谱》卷七十九,四库全书本,第 822 册,第 437 页。
② 王卡主编:《三洞拾遗》第 13 册,黄山书社 2005 年版,第 59 页。
③ 吴澄:《吴文正集》卷四十七《南山仁寿观记》,四库全书本,第 1197 册,第 487 页。
④ 娄近垣主编:《龙虎山志》卷七,王卡主编:《三洞拾遗》第 13 册,黄山书社 2005 年版,第 167 页。
⑤ 虞集:《虞集全集》下册《河图仙坛功德碑铭》,王颋点校,天津古籍出版社 2007 年版,第 1010 页。

毛颖达封真人,主祭丁甲神:道万物之奥,非虚不能以通微;诚百行之源,惟静斯足以制动。聿求佐理,爰慕希夷。兹得有恒之人,以赞无为之化。崇真宫提点毛颖达,澄心止水,植节贞松。礼为翼,知为时,澹然无竞;巧若拙,辩若讷,体乎有容。藏名琳馆之珍,养粹玄门之望。维昔世祖,动遵轩辕。占瑶光以探五行之情,通紫烟以严六子之用。山林肃洁,星斗烂明。苟非其人,灵弗顾矣。不懈于位,尔其勉之。庸加纶诰之隆,以示真卿之贵。噫!乾元天下治也,浚明用变之功;神物圣人则之,敬谨祝厘之效。有嘉恬靖,永保恪恭。可。①

从忽必烈开始,元代就非常推崇遁教:"世祖皇帝受命自天,非独一时豪杰、文武异才并为之用,而山川百灵,罔不率职。方是时,常山刘文正王以沉机大略,最为亲幸,且通秘术,行师用兵之际,役使鬼神,多著奇效。乃作祠宇于宛平之西山、开平之南屏山,以祠太一、六丁之神,俱号曰灵应万寿宫。常山王既薨,嗣居之者非操履贞白、明于道术者,不得与兹选。至元四年(1338 年)五月己丑朔,今皇帝敕玉笥山道士郭君宗纯为第八代祭遁真人,降玺书宠嘉之。其所馆两都靖治,所在戒严。真人庞眉皓首,深居林壑,时人望之,已若古仙异人,未易狎习。既十年,乃言于朝,将归隐于故山,则其高风益邈不可攀矣。名卿大夫士闻真人之知止自足,有契于老子之旨,为诗歌以送之,而属予为之序。盖至顺初(1330 年),第六代真人毛君退休于龙虎山,杜门简绝人事,翛然自得,余固已叹其浮游尘埃之表,非世俗所能汩没者。及今观郭君之归,后世将益羡遁祠之多贤也。惟其轻世故,薄功名,然后心无所累,而可交于神明,吾于二君子见之矣。抑常山王初尝寄迹方外,及其遭逢圣明,超拜上公之爵,然处之泊如也,二君子无乃闻风而兴起者欤?不然,何其去就之从容如此哉!"②

危素记载第八代祭遁真人郭宗纯的信息量很大,元代第一代祭遁真人刘秉忠在行兵打仗中利用遁甲术确立了声威,忽必烈为之建立灵应万寿宫。毛颖达为第六代祭遁真人,1330 年南还隐居。从这些资料能够确定,1314—1330 年,长达十六年的时间,从事祭遁任务的都是毛颖达。"(至治元年夏四月)(1321 年)己未,绍庆路洞蛮为寇,命四川行省捕之。祭遁甲神于香山。"③因此,英宗朝在香山的祭遁甲神的任务就是毛颖达完成的。(天

---

① 袁桷:《袁桷集校注》第 5 册,杨亮校注,中华书局 2012 年版,第 1689 页。
② 危素:《说学斋稿》卷三《送郭真人还玉笥山序》,四库全书本,第 1226 册,第 724—725 页。
③ 宋濂等撰:《元史》第 3 册,中华书局 1976 年版,第 601 页。

历二年)(1329 年)调遣道士苗道一、吴全节在京师修醮事活动,毛颖达在上都南屏山、大都西山祭祀遁甲神。二十日,命令司天监与回回司天监祭星。这可能是毛颖达执行的最后一次任务,第二年他就回龙虎山了。

熊梦祥把祭遁真人序列做了记载:"灵应万寿宫　　元自开国始创建于西山,赐上名额,实自太保刘文正公之主也。其祖坛在上都南屏山,即太保读书处,有碑文纪事。而此坛天下有二焉,因著著开坛阐教之名氏次第于后:第一代宗师刘忠太保文正公;第二代李;三代张;四代林;第五代林;六代毛;七代谢;八代郭;九代刘;十代谭;十一代潘。"①第一代是刘秉忠,第六代是毛颖达,第八代是郭宗纯,这个祭遁真人序列是可以确认的。

> 至元十一年,元朝统治者为了继承儒、释、道皆通的刘秉忠的所谓"秘术",在大都的西山、上都之南的南屏山各建一座太一宫,又名灵应万寿宫、太一广福万寿宫、宝应万寿宫。忽必烈时,太一教的首领李居寿深受宠任。至元十三年,赐给李居寿太一掌教宗师印。至元十六年十月,连皇太子能否参决朝政,也请李居寿在道宫祈神祷告,可见太一教与皇室的密切关系。天历二年八月,遣道士毛颖远,祭遁甲神于上都南屏山、大都西山,说明太一教在文宗时期仍很活跃。②

叶新民把毛颖达错写为毛颖远,并认为他是太一教徒,虽然这个观点无法立足,但是其他描述还是符合遁教事实的。

揭傒斯《送毛真人还龙虎山》:"手挽银章主秘祠,翩然归去忽如遗。尘湖龙井云间上,凤曲鸾歌月下吹。香逐蔷薇深更入,气交梨枣静偏宜。南屏风雨平坡雪,争似山中梦觉时? 南屏在上都南七十里,岁扈从至上都,夏秋居焉。平坡在大都西四十里西山之上,冬春居之。南屏、平坡盖皆所掌秘祠所在。"③揭傒斯这首诗当是写于1330 年,毛颖达辞归南返之时。

十、夏文泳

夏文泳为玄教第三任大宗师,前已论述,兹不赘述。

十一、薛廷凤

薛朝阳,字廷凤。先居龙虎山上清宫,号洞玄冲靖广道大真人,有

---

①　熊梦祥:《析津志辑佚·寺观》,北京古籍出版社 1983 年版,第 94 页。
②　叶新民:《元上都的宗教》,《内蒙古大学学报》1985 年第 2 期,第 49 页。
③　揭傒斯:《揭傒斯全集》,李梦生标校,上海古籍出版社 1985 年版,第 227 页。

斋粮、田庄在昆山淀湖上,因造观堂,游息于此。洪武二年(1369年),寓居江湾报恩宫,时年九十三。①

公名廷凤,字朝阳,蚤学道龙虎山,故特进玄教大宗师吴公之弟子,而今大宗师于公(于有兴)又其弟子。既领是观,至正丁丑(此处当误。至正期间没有丁丑年,至元三年为丁丑年,1337年),奉玺书赐号称真人,领杭州四圣延祥观。明年戊寅(至元四年,1338年),兼领镇江道教,兼住持乾元、玄妙、凝禧三观。大宗师之传以次及公,而公固辞。集贤以闻,特命加其故号,进称大真人。复领杭州道教,且主领大开元宫云。②

综上所述,可知薛朝阳(1277—1369年),字廷凤,一字凤鸣,1337年制授洞玄冲靖广道真人,领杭州四圣延祥观;1338年,兼领镇江道教,兼住持乾元、玄妙、凝禧三观。后又主持杭州开元宫。③薛廷凤寿九十三岁,难得的高寿。王祎指出,薛廷凤曾经是玄教大宗师的继任者,但是他坚辞不受,选择隐居:"公(王寿衍)念开元之传未有属,而绍玄教正系者,实惟薛公,预署传授之文致之。时薛公方辞大宗师之传,逊让再三,不获已,乃勉承其甲乙之次。于是集贤以闻,有旨特加薛公大真人之号,领杭州路道教诸宫观事,主领住持大开元宫事,自提点马志和而下,咸正其次序焉。"④薛廷凤还是玄教第五任大宗师于有兴的老师。

薛廷凤擅长诗歌,除了上引资料记载的两首诗外,还有一首诗保存在《道藏》中。其时薛廷凤已经八十五岁。

石田高士居丹山,甚能继其祖武。人来每称之,益信名不虚也。蒙惠书,以诗代简,时余年八十有五。薛朝阳廷凤

客来每说洞天胜,我亦久怀山水清。升仙木近石林古,洗药溪深风雨生。三华真人昔居此,几叶玄孙今擅名。若问老夫头未白,尚能相访写高情。⑤

---

① 张昶著,陈其弟校注:《吴中人物志》,古吴轩出版社2013年版,第153页。
② 王祎:《马迹山紫府观碑并序》,《王祎集》中册,颜庆余整理,浙江古籍出版社2016年版,第467页。
③ 王祎:《王祎集》中册,颜庆余整理,浙江古籍出版社2016年版,第476页。
④ 王祎:《王祎集》中册,颜庆余整理,浙江古籍出版社2016年版,第476页。
⑤ 曾坚等编:《四明洞天丹山图咏集》,《道藏》第11册,第109页。

薛廷凤会绘画,水平应该不错。柳贯《题薛朝阳画扇》一诗,是为薛廷凤画作的题跋:"松云如盖沐微凉,半岭风回涧谷长。手把丹经莲叶上,举头见日出扶桑。"①

十二、陈日新

陈日新(1278—1329年),字又新,饶之安仁人。出身世家,伯以儒显。从"天历二年(1329年)四月也,年五十二"②推知,陈日新生于1278年。

陈又新选择出家修道于龙虎山达观堂,即玄教在龙虎山的大本营,吴全节于此见到陈又新,认为其"奇材异质",值得培养。陈日新来到京师,深得张留孙、吴全节的认可。大德十一年(1307年),陈日新制授洞玄明德崇教法师、大都崇真万寿宫提点;皇庆元年(1312年),陈日新制授大都崇真万寿宫提点;同年,陈日新制授崇玄冲道明复真人。③同时,陈日新被以玄教第四任大宗师之位期许:"而张公、吴公、夏公文泳以真人居大都崇真万寿宫,典司玄教。公之封真人也,赞书以四传属之而遽止,此岂命也乎?"④《龙虎山志》中也记载了该事,"俾膺四代以传家"⑤,这是皇帝诏书,因此,陈日新为玄教第四代大宗师应是不争的事实。玄教第四任大宗师是张德隆,他于1349年继任。而早在1329年陈日新就去世,早逝是导致他没有成为玄教第四任大宗师的原因。只是陈日新真人制书没有找到。

李存《饯陈又新真人赴京序》中记载陈又新入京时间:"二年冬十月,龙虎山中明复真人陈公,以其师之领祠官于京师也,而已尝佐之,特往省焉。"⑥李存记载的"二年",到陈日新羽化止,包括元贞二年(1296年)、大德二年(1298年)、至大二年(1309年)、皇庆二年(1313年)、延祐二年(1315年)、至治二年(1322年)、泰定二年(1325年)等七个时间段。"元贞元年(1295年),制授公冲素崇道法师、南岳提点。二年(1296年),奉诏祠中岳、淮渎、南岳、南海。大德元年(1297年),奉诏祠后土、西岳、河渎、江渎。二年(1298年),制授冲素崇道玄德法师、大都崇真寿宫提点。"⑦从虞集记载可知,吴全节在元贞二年(1296年)祭祀淮渎、南岳和南海,龙虎山在他奉祀的必经之路上,因此,陈日新和吴全节见面当在这一年,陈日新北上的时间也

---

① 柳贯:《柳贯诗文集》,柳遵杰点校,浙江古籍出版社2004年版,第137页。
② 虞集:《虞集全集》下册,天津古籍出版社2007年版,第1042页。
③ 王卡主编:《龙虎山志》卷中,《三洞拾遗》第13册,黄山书社2005年版,第60页。
④ 虞集:《虞集全集》卷下,天津古籍出版社2007年版,第1042页。
⑤ 王卡主编:《龙虎山志》卷中,《三洞拾遗》第13册,黄山书社2005年版,第60页。
⑥ 李存:《俟庵集》卷十六,四库全书本,第1213册,第692页。
⑦ 虞集:《虞集全集》下册,王颋点校,天津古籍出版社2007年版,第1009页。

可能是这一年十月。因此,《全元文》辑录的"至正二年(1342年)冬十月,龙虎山中明复真人陈公,以其师之领祠官于京师也,而已尝佐之,特往省焉"①的记载有误。至正二年(1342年),陈日新已经羽化十多年,是不可能北上的。

天资聪颖。吴全节"元贞、大德中,为天子祷祠名山,见公于上清正一万寿宫达观堂诸弟子之列。归以告开府,遂召以来,深得开府心"。陈日新喜欢读书,亲自校订道书丹经、大洞玉诀、灵宝黄箓、斋科等书,作为教授弟子之用。陈日新"居山中也,日与能诗者相倡和,或过午忘食,或竟夕不事寝"②,诗歌"清丽自然,有足传者"。死后,只有数卷诗书相伴,没有余财留世,依赖吴全节才得以归葬贵溪仙岩珠幕峰。

侍母至孝。陈日新早年丧父,依母命入龙虎山学道,对母至孝,"始辞母出家,虽远去而未始顷刻忘,尝思报亲之大者而尽心焉。而人所见者,晚岁归为亲寿,燕乐亲戚乡里累日,人人感动。及母殁,奔丧治葬,哀毁如礼"。侍奉张留孙亦然。1320年张留孙逝于大都崇真宫,陈日新和薛玄曦为张留孙送葬龙虎山。

擅长道术和占卜。张留孙携陈日新扈从北上上都,至上都察罕海,陈日新奉旨祷雨,大应,"故武宗皇帝、仁宗皇帝、兴圣太皇太后皆知公道术,宣授某法师、提举崇真万寿宫,进授提点,遂封真人,兼领龙兴玉隆万寿宫,又领杭州宗阳宫";"尝道过杭,方旱,遍祷弗应。行省丞相达尔罕候公以为请,公坐为致雨告足,杭人至今道之"。"公又能论人生甲子,推之以言其祸福寿夭奇中,人异之,公不以为事,亦不恒言也。"陈日新先后主领玉隆万寿宫、宗阳宫。

陈日新很快参与到玄教具体事务中,首先就是参与各种斋醮科仪和投龙简。元仁宗时,陈日新参与投龙简:"今上御极之初,励精庶政,事神治人,诚明殚尽,中外大和。皇太后母仪懿恭,思齐内活。惟皇帝嗣大历服,载稽旧章,乃孟夏壬寅朔,命特进、上卿、玄教大宗师、志道弘教冲玄仁靖大真人张留孙等,建周天大醮于南城长春宫,列位二千四百,领天下羽士余千人,荐科宣仪,礼于上真,凡七昼夜已。皇帝、皇太后复命集贤司直、奉训大夫臣周应极、洞玄明德法师、崇真万寿宫提举臣陈日新,乘传封香,奉玉符简、黄金龙各二,诣济渎清源善济王庙、天坛王母洞投沉致敬焉。"③

① 李修生主编:《全元文》第33册,凤凰出版社2004年版,第314页。
② 李存:《俟庵集》卷十六《饯陈又新真人赴京序》,四库全书本,第1213册,第692页。
③ 陈垣编纂:《道家金石略》,文物出版社1988年版,第894页。

陈日新和李存、揭傒斯、吴澄、袁桷、杨载等关系交好。李存和陈日新交往时间久，一直保持着友谊："满头霜落菊瑳瑳，疋马重归锦水阿。但觉交情如昔好，不知老色是谁多。参苗织席来东海，松叶烧烟出烂柯。甚欲追陪报双凫，五云飞佩奈公何。"①李存还有《游古象山一首赠别陈又新入京》诗相赠。

揭傒斯有《大驾既还独候驿传未得和陈真人见示》一诗，从中可以感知二人感情："供奉关山远，淹留日月长。乡书迷楚越，邻笛乱伊凉。秋水流成字，晴云去作行。寸心县帐殿，应似雁随阳。"②陈日新北上时，李存、杨载都有赠别诗相送。袁桷到了上都时，写诗给陈日新："登台底用惜春菲，平楚微茫落照时。烧后断碑遗鸟迹，耕余残璧隐蚕眉。泉分去路萧萧玉，山耸归云簇簇旗。驻马应须更搔首，远烟回雁不胜诗。"③

李倜，字士弘，河东太原人，官至集贤侍读学士。工诗文，善书画，尤以墨竹最著名。身为高官、书画造诣又颇深的他，能为陈日新创作自己最擅长的墨竹画，由此可知陈日新社会地位以及影响力："狂蛟舞空苍髯拏，双铁蒙顶云交加。亭亭霜标不受侮，惨淡天籁扶槎牙。西山古渊人莫测，一柱承天万牛力。会须截玉化陂龙，拂拭苔光遗剑迹。"④

揭傒斯《题上都崇真宫陈真人屋壁李学士所画墨竹》一诗也记载了该事：

> 玉京溧水上，仙馆白云乡。虚壁数竿竹，清风生满堂。
> 微吟弄寒影，静坐伫幽香。有客仍无事，淡然方两忘。⑤

十三、上官与龄

上官与龄，又名上官九龄。李存《复琴记》中有上官与龄的记载，指出上官与龄善琴：

> 龙虎山中上官炼师九龄，尝得一琴于蜀人王氏，其阴之刻曰秋声。

---

① 李存：《俟庵集》卷九《谢陈真人惠高丽席柯山墨》，四库全书本，第1213册，第643页。
② 揭傒斯：《揭傒斯全集》，李梦生标校，上海古籍出版社1985年版，第110页。
③ 袁桷：《袁桷集校注》第2册，杨亮校注，中华书局2012年版，第501页。
④ 袁桷：《李士弘〈枯木风竹图〉，为玉隆陈又新作》，《袁桷集校注》第2册，杨亮校注，中华书局2012年版，第355页。
⑤ 揭傒斯：《揭傒斯全集》，李梦生标校，上海古籍出版社1985年版，第110页。

有既明者,为余言其伯父郓州通判伯坚所收也。初,郓州以善琴,客宋史丞相府。会理宗召天下能琴者十人入禁中教宫人琴,郓州宝爱之,寝处必与俱,没而归于炼师。炼师之宝爱,犹郓州也。其师玄教大宗师吴公久在朝,适贵人有好琴者,闻秋声,从大宗师索焉。秋声在江南,取未至,而先以他琴献,材不下秋声,故得复还。他日,余游古象山,道谒炼师,适当秋半之夕,炼师为一抚弄,真铿然金石声。①

扬州玄妙观破败不堪,张留孙命陈义高弟子冯道原、雷希复修建,"是役也,经始于至大戊申(1308年)之冬,落成于庚戌(1310年)之夏。赞其事者,葆和纯素持正法师、扬州路道判上官与龄"②。从中可知,上官与龄为葆和纯素持正法师、扬州路道判。上官与龄于1330年为陈日新奉葬南归。

徐懋昭创建仙源观,其殁后,弟子上官与龄于元统元年(1333年)"奉上命为住持提点,仍赐号冲和持正明素法师",并对仙源观进行修葺:"祗事之初,有废必举,病其栋宇局于地势,乃改卜其西十步外,平而无险,中宽而有容,程工役、略基址,诹日之吉而迁焉。越三年,大殿成。明年,法堂及钟鼓二楼成。又明年,三门两庑成。东有阁曰东阁,西有楼曰西楼,斋庐寝室,库庾庖湢之属,次第毕备。"③

十四、舒致祥

有关舒致祥的资料非常少,只知道他曾担任两宫崇真祠事,并于1330年参与祀事:

> 天历三年庚午(1330年)岁,正月九日,太上弟子嗣上清高玄大洞经箓四十五代宗师、三天法师、上景真人行九老仙都君印职臣刘大彬,钦奉皇帝圣旨,伏以恭承明命,克绍丕图,钦若昊天,荷皇天之简眷,敬哉有土,冀率土以又宁,爰阐冲科,用侊洪贶。谨奉香币遣法师舒致祥,诣三茅山元符万宁宫上清宗坛,修建金箓宝斋三昼夜,满散祗陈三界众真清醮三百六十分位。伏愿乾坤合德,日月齐明,海晏河清,开八荒之寿域;时和岁稔,得万国之欢心。④

---

① 李存:《俟庵集》卷十四《复琴记》,四库全书本,第1213册,第677页。
② 程钜夫:《程钜夫集》,张文澍校点,吉林文史出版社2009年版,第237页。
③ 黄溍:《黄溍全集》上册,王颋点校,天津古籍出版社2008年版,第360页。
④ 刘大彬造:《茅山志》卷四,《道藏》第5册,第574页。

李存有《奉赠舒真人代祀三山还朝》一诗："山田席上茱萸酒，数别匆匆十二年。秋月襟怀公似昔，春云才思我非前。辞家久作金门客，代祀亲逢碧海仙。乡党交游正倾倒，又骑孤鹤上遥天。"①玄教最基本的任务之一就是代祀山岳、海渎，加之李存与玄教关系密切，因此，此处的舒真人应该指的是舒致祥。李存还为舒致祥撰写墓志铭："舒真人圹记亦发在崇文方丈，虽挂一漏万，自当有大书特书者耳。"②惜不存。

十五、张嗣房

张嗣房(？—1326 年)，张嗣房性格耿介，直言能说，其性格"恢廓慷慨，刚直自立。人有过，辄面折；人有急，周之无吝情"。擅诗文。龙虎山西有仙岩，胜景奇秀。张留孙来自龙虎山，其弟子们也在龙虎山纷纷建立宫观："嗣其统于神奇者若而人，演其派于故山者若而人，分设宫观布列朔南郡县者不可胜计。"张嗣房于1316 年开始建造玄禧观，但生前没有完工，最终由弟子何斯可最终完成。张嗣房进京拜见元仁宗，制授体道通玄渊静法师，主潭州路岳麓宫。

张嗣房弟子何斯可，何斯可弟子为薛玄曦，薛玄曦为这一支系最为著名者。玄禧观工程庞大，非常漂亮："殿名宗元，钟楼、鼓楼翼于左右；堂名玄范，东西二厢曰楚樵、曰爱梅，东西二馆曰清真、曰宝玄。外设听事之所。其二庑曰兴仁、曰集义，中门扁曰渔樵真隐。一池前泓，曰环翠池；一涧横绕，桥以便往来，曰通德桥。观之后有闲机洞，有芳润圃，有玉泉井。茂林修竹，名花异果，罗簇葱蒨。"吴澄最后发出感慨，认为玄禧观表征着龙虎山极胜："因嘅龙虎上清关系地势，然亦有天焉，亦有人焉。天运将昌其教，而教门之继继承承，莫非人才之杰。人才之杰有以当地气之灵，地气之灵有以符天运之昌，天、地、与人三者合一，龙虎上清之极盛于今也，岂偶然哉？仙岩之元禧则杰才之衍、灵气之波、昌运之潴也。"③

十六、何斯可

何斯可和其师张嗣房一起建造元禧观，后张嗣房主潭州路岳麓宫，泰定五年(1328 年)，何斯可获封明素通玄隆道法师，主仙岩玄禧观。泰定三年(1326 年)，张嗣房逝世，何斯可继承先师遗志，最终完成元禧观建造。

---

① 李存：《俟庵集》卷九，四库全书本，第 1213 册，第 642 页。
② 李存：《俟庵集》卷二十九，《与薛玄卿》，四库全书本，第 1213 册，第 819 页。
③ 吴澄：《吴文正集》卷四十八《仙岩元禧观记》，四库全书本，第 1197 册，第 497 页。

十七、徐天麟

徐天麟字秋湖,拜师徐懋昭[①],曾"奉两宫崇真祠事"。

李存有两首诗和徐天麟有关,是为数不多的和徐天麟有关的诗作。

《答徐天麟》:"不度衰年,复添累事,因此丝萝之附,遂成家室之宜,岂料眷情,特颁厚礼。赢肩在俎,益思樊将军之雄;蚁酝浮杯,敢效陶先生之醉?郑重甚矣,感荷以之。筵敢言于花烛,时最贵于椒盘。尚冀骢车,下临蜗室。"[②]

《哭秋湖徐天麟》:

> 不见海棠巢上仙,风蝉蜕骨已三年。当时好客频投辖,此日怀人欲绝弦。春燕自归王谢宅,夜虹谁觅米家船。重来诗景元无恙,岛雨湖烟共慨然。[③]

李存卒于 1354 年,所以,在 1354 年前,徐天麟已卒,其时张德隆为大宗师。

十八、丁应松

丁应松为两宫崇真祠事。

十九、彭齐年

彭齐年为徐懋昭弟子,曾经主持过仙源观。[④]

二十、薛起东

徐懋昭于至元二十二年(1285 年)建仙源观,至治元年(1321 年)徐懋昭羽化于仙源观,"传徐公之道者,冯君志广、上官君与龄、徐君天麟、彭君齐年、薛君起东、李君世昌、蔡君仲哲、徐君守勤、彭君一宁,自志广暨天麟而下,皆以次领观事"[⑤]。

---

① 黄溍:《黄溍全集》上册,王颋点校,天津古籍出版社 2008 年版,第 360 页。
② 李存:《俟庵集》卷三十《答徐天麟》,四库全书本,第 1213 册,第 831 页。
③ 鄱阳史简编:《鄱阳五家集》卷四,四库全书本,第 1476 册,第 321 页。
④ 黄溍:《黄溍全集》上册,王颋点校,天津古籍出版社 2008 年版,第 360 页。
⑤ 黄溍:《黄溍全集》上册,王颋点校,天津古籍出版社 2008 年版,第 360 页。

二十一、李世昌

徐懋昭弟子,曾经主持过仙源观。①

二十二、张德隆

张德隆为玄教第四任大宗师,前面已述,兹不赘述。

二十三、薛玄曦

薛玄曦(1289—1345 年),也写作薛玄義,字玄卿,自号上清外史,家族历史悠久,其先在春秋时为列国,至唐而河东之族尤著。有仕南唐,为其司徒者,宋秉义郎习,其后也。秉义于公为五世祖,尝官于信州,因留居贵溪县之仙浦里。父讳勉,以学行见称于乡,私谥文清先生。薛玄曦生而颖异,十二岁时出家入龙虎山修道,先后师事张留孙、吴全节。延祐四年(1317 年),制授大都崇真万寿宫提举,1320 年,升任上都崇真万寿宫提点。泰定元年(1324 年),奉诏征嗣天师。既至,被旨住镇江之乾元宫。泰定三年(1326年),为侍亲而辞归江,"士大夫咸送以诗,蜀郡虞公为之序"。至正三年(1343 年),制授公弘文裕德崇仁真人、佑圣观住持,兼领杭州诸宫观。至正五年(1345 年)卒,享年五十七岁。其时,弟子陈彦伦已逝,詹处敬、于有兴、王景平、赵宜裕等七十余徒孙辈为之办丧事。著有《上清集》《樵者问》以及编纂《琼林集》等。②

袁桷记载薛玄曦和张留孙一起获得"尚尊"的敕赐:"龟眸鹤骨炼纯阳,言合灵著行有常。肅坐近瞻尧日月,属车远度汉封疆。英云玉佩开仙府,湛露琼卮出尚方。可怪相如多病渴,愿分金掌接恩光。"③

薛玄曦"诗名早已绕京华"④,其"凤负才气,倜傥不羁,读书日记万言,自孔、老之学至于天文、地理、阴阳、数术,靡所不通。善为文,而尤长于诗"。"山高白石秀,竹密绿阴浓。窗映风光扫,溪流月影重。"⑤"青山寂寂雨潇潇,一个长松翠欲飘。白发道人年八十,小楼间坐说前朝。"⑥"银台错落照长春,泰宇清明绝点尘。星斗九天分楚越,山河万里界瓯闽。花边绛节招猿鹤,云

---

① 黄溍:《黄溍全集》上册,王颋点校,天津古籍出版社 2008 年版,第 360 页。
② 黄溍:《黄溍全集》下册,王颋点校,天津古籍出版社 2008 年版,第 633—635 页。
③ 袁桷:《袁桷集校注》第 3 册,杨亮校注,中华书局 2012 年版,第 831—832 页。
④ 钱惟善:《江月松风集》卷九,《送上清员外薛玄卿归琼台》,四库全书本,第 1217 册,第 840 页。
⑤ 薛玄曦:《题倪瓒南村隐居图》,杨镰主编:《全元诗》第 35 册,中华书局 2013 年版,第 263 册。
⑥ 薛玄曦:《赠聂尊师》,杨镰主编:《全元诗》第 35 册,中华书局 2013 年版,第 261 页。

里丹梯驻凤麟。戏马歌风何足数,初阳今古对天人。"①从薛玄曦诗文可以看出,其诗清丽、峻拔。李存为其作品两次作序:

> 余读薛外史元卿诗,叹曰:皆光辉盛大之气,发而为丰腴和厚之音也。由其以妙年高才,居京师久,其有得于当时名缙绅者多。既而,诸公往往捐馆舍,而外史亦留山几二十年,作见心亭,筑琼林台,且营尘湖之侧以老。方欲日相从,徜徉清泉白石间,当更有超然之兴,非人间烟火语者,而忽以风痹亡矣。悲夫! 其门人赵伯容锓诸梓以行之,使天下后世,诵其诗而知其人。然则外史果真亡乎?②

> 上清外史薛君玄卿,林下之秀敏卓荦者也。早工于诗,四方传诵。有集学士揭公曼石为之序,黄公晋卿复序之,仆亦尝以数语题其后。君之居山也,名人胜士来游者,未有不与之尊俎倾倒,且以翰墨相欢而去。他日,忽手足左痹,不用仆候,谓之曰:夫造物者,其欲废我耶? 吾从而废之,若我何? 苟不肯废其所废,是独欲迠天者也。迠天者,谓之病病。既而舁其以风日清美时,辄肩舆造邻室,遇酒必醉,遇饭必饱,且赋诗为行草书。因喜曰:其无乃能自造于安顺之域也乎! 吾奚疾哉,吾固瘳矣。又他日,痛饮而逝。其言行,其先世,其州里,其卒葬,其锡命于朝而主名山川之祀事,自宜有搢绅先生之素者书焉。而其郡人张率、孟循复赋诗以哀惜之,而同赋者若干人,余因得以叙其卷之首。至正乙酉(1345 年)③

薛玄曦擅长书法,"行书得体"。④ "书札极丽逸,片楮出,人争欲得之。"⑤
薛玄曦与虞集、吴澄、揭傒斯、郑元祐、袁桷、杨载、吴师道、陈旅、李存、甘立、杨载、谢应芳、张翥、黄复圭、李瓒等交往密切。薛玄曦和文人关系密切,在道教界地位颇高,因此,他的一举一动都会引起关注。他南归龙虎山时,送别诗很多。
杨载《送薛玄卿归龙虎山》:

> 金门诏下羽人归,欲向山中采蕨薇。琥珀悬崖松树老,琅玕倚涧竹

---

① 薛玄曦:《华素台》,杨镰主编:《全元诗》第 35 册,中华书局 2013 年版,第 264 页。
② 李存:《俟庵集》卷二十六《题薛外史诗集》,四库全书本,第 1213 册,第 790 页。
③ 李存:《俟庵集》卷二十《薛玄卿诗序》,四库全书本,第 1213 册,第 721 页。
④ 陶宗仪:《陶宗仪集》下册,徐永明、杨光辉整理,浙江古籍出版社 2013 年版,第 926 页。
⑤ 黄溍:《黄溍全集》下册,王颋点校,天津古籍出版社 2008 年版,第 634 页。

根稀。

　　高岩蓄雨星辰湿，古石悬云径路微。养性可无轩冕累，游尘元不浣仙衣。①

袁桷《次韵薛玄卿南还题驿二首》：

　　思君月落见参旗，碧眼微醺倍陆离。北上开平复南去，却如返棹剡溪时。

　　碧窗云冷思凄凄，晓榻黄庭眼未迷。宜向山阴道中住，听风听雨听猿啼。②

揭傒斯《送道士薛玄卿归江东》：

　　知君此去渐难招，只在人间已廓寥。市上有时逢卖药，山头何处觅吹箫。仙岩花落溪流满，鬼谷云深树影遥。若见渔人应问我，玉京凉月夜萧萧。③

　　回到龙虎山后，薛玄曦建造琼林台，虞集、甘立、张翥、吴师道、陈樵、杜本、陈旅均有赠诗，陈樵《琼林台》写得颇有代表性："上清琼林台，似有千仞崇。琪树交柯生，瑶草亦成丛。幻境类玄圃，凝辉接琳宫。天花或时堕，紫纤扬回风。仙人薛玄卿，手持玉芙蓉。傲睨八极表，洞见万象空。飞书约王子，弭节延赤松。步虚朗歌咏，流响入云中。"④虞集对薛玄曦的生活颇为羡慕："高台积方石，琼林树交柯。晨光眩白雪，夕景缠紫萝。每闻樵子唱，恐是仙人过。尘世在足下，岂能闻笑歌？过海只骑鹤，开池还养鹅。外史政潇洒，太白焉足多？"⑤

　　薛玄曦逝后，郑元祐、张雨、李存纷纷写哀悼文，以表自己心情。

　　郑元祐《题薛真人诔文后》：

　　玄卿向留吴，笃斯文契谊，数相从。已而还山中，诗文日已精，行业

---

① 杨载：《杨仲弘集》卷六，四库全书本，第 1208 册，第 42 页。
② 袁桷：《袁桷集校注》第 3 册，杨亮校注，中华书局 2012 年版，第 840 页。
③ 揭傒斯：《揭傒斯全集》，李梦生标校，上海古籍出版社 1985 年版，第 98 页。
④ 陈樵：《鹿皮子集》卷二《琼林台》，四库全书本，第 1216 册，第 667—668 页。
⑤ 虞集：《虞集全集》上册《题薛外史琼林台》，王颋点校，天津古籍出版社 2007 年版，第 28 页。

日已高。且谓余曰:"今奉玺书,领教事,往杭之佑圣观,子幸一来。"岂料玄卿遽没于山中也耶!郑无用出杭,仙儒张伯雨为之诔,三读其文而悲之。若玄卿者,方且于古之博大,真人游于太微之上,夫岂言语文字所能赞美哉![①]

张雨《诗悼上清外史》:

> 玄卿难再得,本是餐霞人。高怀独超物,洞鉴亦绝伦。君自江东我吴下,早岁联翩侍金马。御榻赐书凡一束,仙苑偷桃动盈把。紫虚元君之玉诀,青城先生教我者。感君多道气,探怀为君写。学士承旨平原公,许我与君杨、许同。一时标名两外史,羽衣白茅立下风。我还句曲廿余载,君乘辎轩历烟海。归锦桥西结草楼,楼中袂被长相待。风烟山水共追寻,福临洞口话离心。年深书字化为碧,白首苍茫成古今。圣井山崩数千尺,君从群龙去无迹。困顿盐车筱岭头,此日思君复何益。[②]

张雨和薛玄曦称得上道教密友,张雨是句曲外史,薛玄曦是上清外史,二人不仅都称外史,而且志趣相投:薛玄曦毅然辞掉上都崇真宫提点,上都、大都崇真宫是玄教的重要宫观。这样显赫的位置,薛玄曦毅然辞掉,可见其对山林的向往,琼林台的逍遥自适正是他的理想;张雨跟随王寿衍进京,被授真人称号,他选择了拒绝,而是以诗文自娱。"裁云以为裳,制雾以为衣。朝辞赤墀下,日暮歌采薇。世味淡如水,高情谁可希。还持江南梦,送子山中归。"[③]二人的旨趣相投奠定了他们长久而亲密的友谊,让人感怀。

薛玄曦除了视荣华富贵为浮云,还具有浓郁的儒家情怀。吴澄认为薛玄曦身上具有重要的特质就是"敬":

> 吾闻老氏有三宝,提举薛玄卿学老氏道,而三宝之外有一宝焉,曰敬。夫修己以敬,吾圣门之教也。然自孟子之后失其传,至程子乃复得之,遂以敬之一字为圣传心印。程子初年受学于周子,周子之学主静,有如老氏守静笃之意,而程子易之以敬,盖敬则能主静矣。玄卿之所宝者敬,虽同乎孔氏,而亦老氏归根复命之静与?[④]

---

① 郑元祐:《郑元祐集》,徐永明校点,浙江大学出版社 2010 年版,第 166—167 页。
② 张雨:《张雨集》上册,彭万隆点校,浙江古籍出版社 2015 年版,第 121—122 页。
③ 程钜夫:《程钜夫集》,张文澍校点,吉林文史出版社 2009 年版,第 435 页。
④ 吴澄:《吴文正集》卷五十三《宝敬斋铭》,四库全书本,第 1197 册,第 529—530 页。

薛玄曦曾为莫月鼎、金月岩画像题跋。"枣木誓天翻雨角,胡桃掷地作雷声。当年世祖夸神异,遗像犹能起后生。"①"金蓬头,金蓬头,坐断征君三十秋。喜怒哀乐都把还,是非一扫付庄周。此身翛然无所求,等闲天地一虚舟。性命不属阎王收,跳出三界何悠悠。上清外史薛羲顿首。"②从"遗像犹能起后生"一句可知,薛玄曦对绘画的功能是非常认可的,因此,薛玄曦也有画像留世,虞集为之题跋,是为《题毛秀发薛玄卿戴笠图卷后》:"偶然戴笠过前山,天赐高人一日闲。薄有人情留卷里,渐无名姓在人间。毛公吟罢庞眉古,薛保图成鹤羽还。无限好怀今总得,松云千叠为谁关?"③从诗文内容来看,应该是毛秀发为薛玄曦所画,是薛玄曦戴笠图。

虞集为薛玄曦戴笠图题跋,虞集也有为侄子陈可复戴笠图所作的题跋:

> 浮云满空无所依,高冈独行来者稀。仙人冉冉遗松老,鸣鹿呦呦生草肥。伐木远闻何处谷?顷筐近得故时薇。山中雨来雾先合,此日先生戴笠归。
>
> 南园多竹暑气微,始来结屋相因依。挂巾石壁书雾湿,沐发池水朝阳晞。频年车马践霜雪,六月裳衣无绤绤。邻翁问旧坐来久,此日先生戴笠归。
>
> 老去悬车百虑灰,西风独爱菊花开。田家酒熟邀皆去,茅屋诗成懒更裁。欲及天清餐沆瀣,要观日出上蓬莱。赤松有约应相待,此日先生戴笠来。
>
> 舍却乡人驷马车,老身全不要人扶。云霄一羽山头杜,风雨孤村海上苏。薄命长才随积雪,多情破帽落轻乌。莫围玉带垂朱绂,此是先生戴笠图。④

虞集题跋的戴笠图,从"薄命长才随积雪"等诗句可知,陈可复绘制的《戴笠图》,主人公不是虞集,更像是杜甫、苏轼等人。虞集还有《自赞,题白云求陈可复所写像》一诗,这应该是陈可复为其所作《戴笠图》:"归来江上一身轻,野服初成拄杖行。只好白云长作伴,天台庐阜听松声。"⑤赵汸对《虞集

---

① 薛玄曦:《题莫月鼎像》,杨镰主编:《全元诗》第 35 册,中华书局 2013 年版,第 265 页。
② 赵琦美编:《赵氏铁网珊瑚》卷十五《金蓬头像赞》,四库全书本,第 815 册,第 762 页。
③ 虞集:《虞集全集》上册,王颋点校,天津古籍出版社 2007 年版,第 179 页。
④ 虞集:《虞集全集》上册,王颋点校,天津古籍出版社 2007 年版,第 112 页。
⑤ 虞集:《虞集全集》上册,王颋点校,天津古籍出版社 2007 年版,第 219 页。

戴笠图》曾加以赞赏:"一日出游,遇雨,借笠田家,戴之乃得还。戴笠有图以此。先生平居口未尝言贫,而诗中薇字、绤字二韵颇纪其实,盖有无人而不自得之意。石本自跋云'人间之境,如云渡水,如花随风,不足记也',读者更以此意观之,则一时高致可想见矣。"①该图明代还存世:"吴江虞拳言家有邵庵三像,其一玉冠竹杖,其一有自书邈乎千载之赞,其一则归休戴笠图,有自书四律诗,今道园学古录、道园遗稿皆无之。"②

《戴笠图》最为闻名的是《苏轼戴笠图》,又名《东坡笠屐图》,这是一个重要绘画意象,元代时赵孟頫、钱选、任仁发都临摹过该画,而文人对该作品题跋亦多。虞集对《东坡戴笠图》的题跋:

> 谪居荒滨,无谁与语。言从诸黎,归在中路。风雨适至,借具田父。
> 猺童怪随,传像画者。笠以雨来,屐以泥行。匪以为容,用适其情。
> 朝衣轩车,固将若惊。恒服尔假,犹不予宁。含德之厚,混迹于俗。
> 巍巍勋华,天章转烛。幽囚野死,曾莫指目。我不自忘,的致凝瞩。
> 伟哉天人! 其犹神龙。其来无迎,其去谁从?
> 形拟犹差,矧是饰容? 世无其人,神交或逢。③

张雨是虞集、薛玄曦密友,他曾观赏过《东坡笠屐图》:"步过黎子云,不意风雨至。借渠两不借,一笠盖天地。海上得生还,所养浩然气。束带立于朝,毋使犬也吠。"虽然不知道是谁创作的这幅画作,但是应该是名家之作。张雨还看过另外一幅戴笠图,是薛玄曦的戴笠图:"想见先生戴笠行,黄茅冈上看阴晴。承闻祖道同疏傅,鄙说还乡似长卿。海内好诗元自少,江西行李不嫌轻。谪仙爱与元丹语,烟子而今亦有名。"④虞集《戴笠图》不知是否受了《东坡戴笠图》的影响,而虞集、薛玄曦、张雨关系非常密切,薛玄曦戴笠图是否也是受此影响?

苏轼儒释道皆通,仕途之路坎坷,人格形象丰富。徐晓洪是眉山三苏祠博物馆人员,对馆藏《东坡笠屐图》分类研究后,指出其之所以流行原因有四:"笠屐图既是东坡人格魅力的展现,文人雅士的理想寄寓,老百姓的拥拜

---

① 赵汸:《东山存稿》卷五,四库全书本,第 1221 册,第 301 页。
② 叶盛:《水东日记》卷二十七《虞邵庵三像》,魏中平校点,中华书局 1980 年版,第 264 页。叶盛记载的四首诗词在个别字词上和虞集作品有差别,可互相参看。
③ 虞集:《虞集全集》卷上,王颋点校,天津古籍出版社 2007 年版,第 6 页。
④ 张雨:《张雨集》上册,彭万隆点校,浙江古籍出版社 2015 年版,第 212 页。

典范,加上苏轼的盛名远扬四者共同促成了东坡笠屐图的广泛流传。"①

薛玄曦毅然离开大都崇真宫而选择龙虎山清修,其追求的当是"文人雅士的理想寄寓",这和徐懋昭的追求是一致的。虞集指出戴笠图中的"归来江上一身轻,野服初成挂杖行"更像是为薛玄曦而作,而其中的"野服"二字更能够说明薛玄曦画像是为"戴笠"的原因所在。

南归后,薛玄曦开始建造修炼场所和宫观。

1. 琼林台。"筑琼林台于龙虎山之西,高爽靓幽,各适其宜。日与学仙者相羊其间,而密修大洞回风混合之道。"②琼林台"拔地数百丈,佳木皆入云,翳白日,根贯崖石,石液上行,枝叶华泽,如玗琪文玉之植焉","群山环立乎莽苍之野,若征君、琵琶、尘湖、云林、鹧鸪、大王、藐姑、云锦、仙岩之类,皆献态效技,无所藏故。霏翠翕至,林彩动荡。其前大溪横流,吞吐原隰,烟帆水鸟,出入有无。左俯丹楼碧宫,晻映于方壶华盖者,正乙之玄都也。其外阛阓,四周万丛,错若蚁垤"。③ 这是薛玄曦建造的、得到颂扬最多的修炼场所。

2. 崇贤馆。崇贤馆建在龙虎山之北十里许的白云岭,由于这里是进出龙虎山的必经之路,"岭峻而径巇","贵贱老少缓步以涉,无不气促而力惫",薛玄曦"闵其劳也","又买田若干亩,收其岁入,供汤茗之资,以待过客,而沃其喉吻之焦"④。"薛君玄卿,自京师归上清,二年矣。习静修德,日治其文词,刊落雕饰,以求进于道。暇日游小领,领分为两,侧足以上,过者岌嶪。然龙虎山为治所,其教行南北,故凡驿骑之旁午,商贾之辐辏,皆本于龙虎,而道必繇于小领。玄卿坐其旁,见行者之至是,皆假以憩息,良悯其劳,贵贱固一等也,遂筑馆于领之西,曰'崇贤',作亭于领之东,曰'振衣',命道人日具茗水,承接以休其心。"薛玄曦对这个地方非常满意:"玄卿曰:领之东,古象山,陆文安公讲道之地。其西为台山,突兀秀峙。南为云林、尘湖、圣井、琵琶诸峰,历历可数。北则潜山之井邑,稠密高下,鸡犬桑柘,望之如神仙居。……往来鲜少,将见夫青牛白鹿之士,倚古松而听流水。登斯亭也,愿为之执鞭以俟焉,斯可矣!"⑤

3. 戴溪庵。薛玄曦把其父母埋葬于临川白马山,在旁边建造房屋若

---

① 徐晓洪:《千古风流名寰宇,一蓑烟雨任平生——三苏祠馆藏〈东坡笠屐图〉研究》,《黄冈职业技术学院学报》2010年第5期,第5页。
② 黄溍:《黄溍全集》下册,王颋点校,天津古籍出版社2008年版,第634页。
③ 陈旅:《安雅堂集》卷七《琼林台记》,四库全书本,1213册,第93页。
④ 吴澄:《吴文正集》卷四十八《崇贤馆记》,四库全书本,第1197册,第501页。
⑤ 袁桷:《袁桷集校注》第3册,杨亮校注,中华书局2012年版,第1007—1008页。

干,"邃厩中以为神栖,主人仆从,各有居处,内庖外厩,靡不饬备,黝垩鲜辨,垣墙周固。俾乡之愿而有恒者居守之,且为之田,以为岁时展省休止之所。旁有溪流,相传戴氏昔居其上,而溪遂以姓名,因扁曰戴溪之庵"。①

二十四、陈彦伦

黄溍有《玄和明素葆真法师陈君碣》一文,较为详细地记载了陈彦伦生平:陈彦伦(1289—1342年),字鹏举,鄱阳望族。十五岁时先拜见何恩荣,何恩荣非常器重他,就让其到薛玄曦那里学习。何恩荣创建万寿德元观,多是陈彦伦主持兴建:"何公得李氏旧居于贵溪之英林,令君躬莅土木,创置祠宇,成宗皇帝赐号曰万寿德元之观。凡屋室、物器,在其法所宜有者,靡不毕具。"所居丈室扁曰"梅雪"。对入道人士细心挑选并予以精心培养,"汝其择人以图永久"。得詹处敬、于有兴、王景平等人。泰定三年(1326年),被授玄和明素葆真法师、提点观事。至元元年(1335年),举荐陈彦伦为龙兴玉隆万寿宫提点,不就。至正二年(1342年)微恙辞世,五十四岁。②

薛玄曦逝于1354年,"弟子陈彦伦已卒"。也从另一个侧面证明陈彦俭当为陈彦伦笔误。

二十五、詹处敬

何恩荣令其弟子陈彦伦在贵溪英林建造万寿德元观,"既而得詹处敬、于有兴、王景平等,命以次相授受",詹处敬也是何恩荣弟子,于有兴师兄,行师父之责。"(詹)处敬等亦能与君(陈彦伦)同其甘苦,铢积寸累,买田若干亩,以益其食。岁饥,贫民多赖以活。"詹处敬在万寿德元观东,建造天隐堂。③

二十六、于有兴

于有兴为玄教第五任大宗师,前已论述,兹不赘述。

二十七、王景平

王景平与詹处敬同师事于何恩荣,在万寿德元观西,建茂修馆。④

---

① 李存:《俟庵集》卷十三《戴溪庵记》,四库全书本,第1213册,第668页。
② 黄溍:《黄溍全集》下册,王颋点校,天津古籍出版社2008年版,第604—605页。
③ 黄溍:《黄溍全集》下册,王颋点校,天津古籍出版社2008年版,第634页。
④ 黄溍:《黄溍全集》下册,王颋点校,天津古籍出版社2008年版,第634页。

二十八、蔡仲哲

徐懋昭弟子。①

二十九、彭尧臣

三十、张汝翼

三十一、冯瑞京

陈日新归葬龙虎山,"奉葬归其里者"的是冯瑞京、徐信初。②

三十二、祝永庆

冯绍先(1290—1340 年),吴全节弟子,被玺书提举饶州安仁县崇文宫事。冯绍先遇事果敏,人不能欺,揭傒斯与之交,并为其独牧庵作记。至元六年(1340 年),天师、大宗师皆檄冯绍先整理东南诸宫观事,同年,冯绍先卒,享年五十一岁。其弟子有祝永庆、蔡允中,可惜祝永庆先冯绍先卒。蔡允中承担了冯绍先诸般葬事。冯绍先与李存少时相识,知之甚深,蔡允中拜托李存为其师撰写墓志铭。③

三十三、蔡允中

蔡允中见祝永庆条。

三十四、张善式

《全元诗》收录张善式诗歌一首,条目是"张一无",对其生平介绍极为简洁:"张一无,字里不详。诗存《皇元风雅》。"④对张善式生平记载较为详细的是郑元祐,这是了解张善式的最重要资料之一:"龙虎山张一无,字善式。其先在宋,簪缨家也。四世皆以其资让,故其家有让堂。至一无,始入龙虎山为道士,在道派张开府几世孙也。虽已为道士,酷喜禅学,于是入天目山,礼普应国师,咨禀参决,志坚甚,众中道衣檀简不讶也。道家者流,以其术应承尚方,与俗盖无别,而一无独持斋,素行克苦,以故其徒憎之。先是,杭城开

---

① 黄溍:《黄溍全集》下册,王颋点校,天津古籍出版社 2008 年版,第 360 页。
② 虞集:《虞集全集》下册,王颋点校,天津古籍出版社 2007 年版,第 1042 页。
③ 李存:《俟庵集》卷二十五《冯绍先墓志铭》,四库全书本,第 1213 册,第 770 页。
④ 杨镰主编:《全元诗》,第 51 册,中华书局 2013 年版,第 66 页。

国师道场,随处有同参者,亦多留一无。而吴大宗师每念一无志高洁,为奏文德先生,降玺书以护之,留一无住京师。会吴宗师老病,继掌其教者恶一无,痛凌辱之。一无惧甚,遂以病卒京师。"①

郑元祐记载信息量极大,从中可推知以下信息:

第一,张善式出身世家,通儒,入道,礼禅。

张善式是家族第一个入道之人,为张留孙再传弟子。他还拜师于中峰明本,受戒礼佛。中峰明本(1263—1323年),别称普应国师、临济禅师,元代最有影响的禅宗大师。"一饭了年华,蒲团静结跏。雪蹊抛即栗,风壁裂袈裟。寒狖窥烧叶,饥禽听施茶。清除亿劫想,吾欲问僧伽。""僧舍蜂腰缀,君居第几间。池水寒挂瀑,云雪白藏山。未得抛尘网,相从出死关。东冈幻住塔,礼罢几时还。"②张善式还经常参加佛教活动,他的种种行为很难为同门理解。龙虎宗道士生活平时和世俗之人相类,而加入佛教的张善式按照佛教清规戒律苦修,导致同门中人对之产生厌恶之情。

张雨有诗赠张善式:"神翁观主来相访,既去犹如梦见之。闭户著书吾党事,对床听雨昔人诗。万羊何与分忧责,一物终能系盛衰。回首孤云自天末,竹阴凉坐看蛛丝。"诗后写道:"无言禅师出纸,俾书缪作,录近诗凡五首,求方外正之。葛坞张天雨皇恐顿首,时至元五年(1339年)秋七月廿又一日也。"③从"神翁观主"这一称呼可知,张善式极大可能是徐懋昭一系传人。

第二,张善式北上,死于上都。

张善式在江南处境艰难,无以立足,吴全节为其请命,敕封"文德先生"以作为保护,并邀请张善式赴京,以便就近保护他。李存的《赠张一无之京》当是写于张善式赴京之前:"长廊半夜月露白,西楼早秋松桂青。学道爱人有古语,竹床相对几回听。"④由于不能判断张善式入京次数,如果这次赠别是张善式最后一次入京的话,那么,这就是两人最后一次见面。

张翥所作《送道士张一无还安仁省亲》一诗当是作于张善式进京之前,具体时间难以判断:"南楚东吴一草亭,道人元不叹飘零。幻身在世真如露,客鬓经年渐欲星。招隐山中猿鹤怨,话禅石上鬼神听。殷勤此别须回首,不忘君家桂树青。"⑤

① 郑元祐:《郑元祐集》,徐永明校点,浙江大学出版社2010年版,第370页。
② 张翥:《蜕庵集》卷二《怀天目山处士张一无二首,仙岩道士礼中峰受戒具》,四库全书本,第1215册,第23页。
③ 张雨:《张雨集》上册,彭万隆点校,浙江古籍出版社2015年版,第251页。
④ 李存:《俟庵集》卷十一《赠张一无之京》,四库全书本,第1213册,第655页。
⑤ 张翥:《蜕庵集》卷三,四库全书本,第1215册,第51页。

郑元祐《送刘年基高士还江东兼柬张一无》一诗中的第二首是写给张善式的:"为问江东张道士,著书还了致桑篇。江湖冷落番君老,云汉昭回象帝先。芋火夜煨霜后叶,菜庖朝汲涧中泉。相依共住知何日,孤鹤东还意惘然。"①里面提及了张善式的处境不佳,不仅"江湖冷落",受人冷落,而且"芋火夜煨霜后叶,菜庖朝汲涧中泉"的生活也极其简素,虽然这种生活方式有可能是张善式奉行的佛教清规戒律而导致的,但是还是引起郑元祐唏嘘不已。

张善式接受吴全节邀请来到上都,可惜吴全节很快亡故,夏文泳接续吴全节为玄教大宗师,夏文泳在接任教主之后,对张善式"痛凌辱之",竟然导致张善式"惧甚""病卒",这在宗教界内部实属罕事。吴全节卒于1346年,张善式应该很快就被折磨致死。同为玄教弟子,作为玄教大宗师,夏文泳完全没有顾及同门之谊,对张善式下此重手,除了张善式信佛之外,可能和夏文泳本人性格也有一定关系。

夏文泳为人苛刻,容人气量不足。朱思本在《紫清真人薄暮见过凡再跋烛语未休深消予苦吟五用韵解嘲》一诗中记述了夏文泳对其讥讽一事:"篝灯相对夜深明,话到参横斗半倾。铅汞工夫端有术,诗书事业未忘情。鉴湖已作真狂客,饭颗还讥太瘦生。若向丰年求至道,夫容何处有仙城。"在这首不长的诗中,"消""讥"等词汇的出现似乎颇能说明问题。②

第三,张善式善诗。

目前仅见张善式写给薛玄曦的诗,是为《寄薛玄卿》:"上界真人金马贵,山中道士草衣轻。一弹指顷三千劫,何日蓬莱问浅清?"③该诗清丽晓畅,颇能引人遐思。

对张善式的研究不仅可以进一步了解玄教内部存在的矛盾,而且对于临济宗教外别传也有着重要的研究意义。

三十五、董袭常

贵溪县有支流名杨林,秋夏之交经常泛滥成灾,一直没有得到有效治理。道士傅某、章某和耆老一起参与治理水患:

> 于是,山之道士曰傅某、章某,首出资以倡之。主兹山者董某曰:"事宜。"是乡之耆老某亦曰:"吾等讵坐视?"遂伐木聚石,耸为飞梁。危

① 郑元祐《郑元祐集》,徐永明校点,浙江大学出版社2010年版,第102页。
② 杨镰主编:《全元诗》第27册,中华书局2013年版,第53页。
③ 孙存吾编:《元风雅后集》卷五,四库全书本,第1368册,第128页。

湍驶流,帖俯于履辙之下。讫成于至治元年(1321 年)十有一月。明年,董君袭常来京师,命余以记。[1]

1330 年,董袭常为陈日新墓道立碑[2]。董袭常善书。泰定元年(1324年),陈大同为《元南岳庙铸钟记》作文,董袭常正书。

三十六、王国宾

三十七、曹载静

三十八、余克刚

三十九、丁迪吉

四十、张居逊

四十一、董宇定

王沂《为广陵玄妙观王法师明道堂记》:

> 明道洞文纯素法师王君既主广陵之玄妙观,即其处为堂,扁曰明道。计工赋财一出已资。至正辛巳(1341 年)始事,至癸未(1343 年)之春落成。而雄丽靖深,金碧相照,像设之严、香火瓜华之奉悉具。……初,大宗师吴公命文明中正常应法师董宇定与王君主是观。董君从其师祝厘上方,而王君为之也。三清有殿,帝君有祠,坛以接灵,室以藏经,翼以两庑,表以三门,皆易其腐断而新之,而观始具,可谓劳而有成者哉! 纪其颠末以示久远,固宜。王君名仁溥,自号澹渊。既为之书,且系以词,俾步虚者歌焉。[3]

从王沂记载可知,早在 1343 年前,董宇定就被封为文明中正常应法师,和王澹渊一起主持广陵玄妙观。但让董宇定真正闻名的是他种植的杏

---

① 袁桷:《袁桷集校注》第 3 册,杨亮校注,中华书局 2012 年版,第 1006 页。
② 虞集:《虞集全集》下册,王珽点校,天津古籍出版社 2007 年版,第 1042 页。
③ 王沂:《伊滨集》卷二十《为广陵玄妙观王法师明道堂记》,四库全书本,第 1208 册,第565—566 页。

花林。

《析津志》是熊梦祥所撰。熊梦祥字自得,江西丰城人,人称松云道人。才华横溢,顾瑛评价其"博读群书,旁通音律,能作数体书,乘兴写山水尤清古,无庸工俗状。以茂才举教官,不乐拘制,辄弃去。以诗酒放浪淮浙间,卜居娄江上扁得月楼。与予为忘年交。旷达之士也,号松云道人"①,因此,他被荐为白鹿书院山长,后授大都路儒学提举、崇文监丞。在任崇文监期间,熊梦祥有时间和精力对北京的风土人情、历史沿革、地理建筑进行了解和调查,从而写成《析津志》一书,该书是目前最早记述北京的地方志,对研究元代北京有着重要的价值。熊梦祥较为详细地记载了董宇定种植的杏林以及在杏林举行的雅集活动。

> 岱宫之东南,有杏园,乃若董君宇定所种。不数年,而树皆蕃衍密茂。当春,特粲然如锦。城东之胜,无与俦匹,都人观赏无虚日。昔邵庵曾游,赋诗美之。有序云:至顺辛未(1331年)三月,王用亨携酒宴集,与华阴杨庭镇、高安张质夫、莆田陈众仲,观杏花于东门外岱宗之祠宫。其花则宫之主人董君宇定之所植也。其多盖至千株。是日,风日清美,春事方殷。几席花间,飞英时至乎巾袖杯盘之上。众仲有诗曰:飞来燕子绣檐侧,蹴落杏花金戋中。集亦有诗曰:明日城东看杏花,丁宁儿子早将车,路从丹凤楼前过,酒向金鱼馆里赊。绿衣满沟生杜若,煖云将雨少尘沙。绝胜羊傅襄阳道,归骑西风拥鼓笳。自是此乐殊罕。
>
> 四年五月,宇定送杏实一盘,集援笔答之曰:前年赏花今食实,杏自成林头自白。却藏杏核向江南,手种千株看春色。盖予有归志。六月,被召上都,随以病告南还。舣舟候凉,宇定馆我于西舍,适众仲、质夫来访,东望嘉树,清阴如幄,有怀旧游,不知其近之□陈也。昔董氏有仙人,尝种杏易谷食饥者,虎为守之。千杏倚云,何异昔者!相与号宇定为杏林先生,示不忘其先世。杏林先生筑固云根,灌溉照旒,咀英拖实,以致明彊为之名,于是为宜,乃赋杏林之诗曰:昔人青门外,有田惟种瓜。谁栽千树杏,春深绕舍花。风暄池委雷,日上海通霞。煎胶变玄发,炼实作丹砂。粲粲白榆上,仙人书满家。顷年,邵庵归田。予谒之于道园别馆,日与师西皋杨君追怀,诵此诗。并诵:画堂红袖倚清酣,华发不胜簪;几回晚直金銮殿,东风软,花底停骖。书诏许传,宫烛香罗,初试朝衫。御沟水泮水接蓝,飞燕又呢喃。重重帘幙寒犹在,凭谁寄,

---

① 顾瑛编:《草堂雅集》卷六,四库全书本,第1369册,第298—299页。

银字泥械。报道先生归也,杏花春雨江南。仍以洞箫相和,当时此情此意,绰有晋风。今书此诗与词,惆怅千古,永怀其人。后之视今,亦犹今之视昔。①

张留孙发轫、吴全节最后完成的东岳庙是玄教的第二个重要宫观,在东岳庙东南,董宇定种了千棵杏树,每到春天,杏花开放,则成为城东的观胜美景之处。1332年春天,王用亨和几个朋友聚会其中,心情畅意,赋诗以记。其中,以虞集的诗最有代表性。后来,董宇定又送成熟的杏子给虞集,虞集为之作文,这使得董宇定的杏林愈加闻名。

把当时文人盛事更为详尽记载下来的是《钦定日下旧闻考》。它考索范围更广,基本把当时文人的诗赋都辑录了下来:

> 原元董宇定杏花园在上东门外,植杏千余株,至顺辛未,王用亨与华阴杨廷镇、高安张质夫、莆阳陈众仲燕集。是日风气清美,飞英时至巾袖杯盘上,人皆有诗,虞集为之记。周伯琦、揭傒斯、欧阳原功和其诗。《春明梦余录》补:元东岳庙有石坛,绕坛皆杏花。道士董宇定、王用亨先后居之,张留孙弟子三十八人之二也。虞道园城东观杏花诗:明日城东看杏花,丁宁儿子早将车。路从丹凤楼前过,酒向金鱼馆里赊。绿水满沟生杜若,暖云将雨少尘沙。绝胜羊傅襄阳道,归骑西风杂鼓笳。当时同游者欧阳原功、陈众仲、揭曼硕诸公、果罗洛易之诗,最忆奎章虞阁老,白头骑马看花来,是也。又尝赋风入松词题之罗帕,词云:画堂红袖倚晴酣,华发不胜簪。几回晚直金銮殿。东风软,花里停骖。书诏许传宫烛,香罗初剪朝衫。御沟冰泮水挼蓝。飞燕又呢喃。重重帘幙寒犹在,凭谁寄,金字泥缄?为报先生归也,杏花春雨江南。柯敬仲购得之,装潢作轴。张仲举为赋摸鱼子词纪其事云:记兰台旧时风景,西楼灯火如画。严城月色依然好,无复绮罗游冶。欢意谢,向客里相逢,还有思陶写。金尊翠斝,把锦字新声,红牙小拍,分付倦司马。繁华梦,唤起燕娇莺姹。肯教孤负元夜?楚芳玉润吴兰媚,一曲夕阳西下。沉醉罢,君试问人生谁是无情者?先生归也,但留意江南,杏花春雨,和泪在罗帕。自注楚芳、吴兰二妓名,两公之词皆极温丽,足为玉堂嘉话也。词苑丛谭。元时杏花齐化门外最繁,东岳庙石台群公赋诗张燕,极为盛事。果啰洛易之诗云:上东门外杏花开,千树红云绕石台。最忆奎

① 熊梦祥:《析津志辑佚·寺观》,北京古籍出版社1983年版,第55—56页。

章虞阁老,白头骑马看花来。至明,城东花事衰,郊西渐盛。万历后摩诃庵杏花多至千株,吾乡朱太傅养醇诗云:摩诃庵外袖吟鞭,繁杏春开十里田。曾与春翁旧相识,看花不费酒家钱。承平之日,翰苑风流,后先一致也。姜斋诗话。增吴师道城外见杏花诗:曲江二十年前会,回首芳菲似梦中。老去京华度寒食,闲来野水看东风。树头绛雪飞还白,花外青天映更红。闻说琳宫更佳绝,明朝携酒访城东。吴礼部集。臣等谨案,杏花园今已无存。①

虞集、揭傒斯、周琦、欧阳玄、吴师道、纳延、陈旅等一时名士,聚会杏林、赏花、赋诗,这不仅是观赏自然美景,更是文化盛会,自然景物与文化底蕴相得益彰,是真正的文化雅集。

因为千余棵的杏树,董宇定因之被称为杏林先生;杏林典故还和仙人董奉有关。二人同姓,又都有杏林,因此,董宇定未尝没有梳理谱系、接续仙人的心理存在。

> 董奉者,字君异,候官人也。……又杜燮为交州刺史,得毒病死,死已三日,奉时在彼,乃往,与药三丸,内在口中,以水灌之,使人捧举其头,摇而消之,须臾,手足似动,颜色渐还,半日乃能起坐,后四日乃能语。……奉居山不种田,日为人治病,亦不取钱。重病愈者,使栽杏五株,轻者一株。如此数年,计得十万余株,郁然成林。……奉每年货杏得谷,旋以赈救贫乏,供给行旅不逮者,岁二万余斛。②

从以上董奉记载中,可以获知,作为仙人,董奉具有起死回生的治病能力,救治民艰的哀悯情怀。这对于任何一个进入道门潜心修行的道士来说,都是敬仰、憧憬以致顶礼膜拜的榜样,因此,董奉的仙人形象就是董宇定追求的目标;杏林的种植即是向同一姓氏的董奉致敬,同时这种行为本身也揭示出董宇定内心的渴望和追求。

除了上引虞集等人诗文外,还有其他与之有关的诗赋,一并补上,可以进一步感受杏林的魅力以及社会影响力。

王沂《题董宇定杏林,书虞伯生诗后》:

---

① 于敏中等编纂:《钦定日下旧闻考》卷八十八,北京古籍出版社1983年版,第1491—1492页。
② 《太平广记》卷十二,四库全书本,第1043册,第69—70页。

小车初驾试春衣,三月城南花乱飞。红杏不须令虎守,黄庭时许换鹅归。山中羽客曾相问,天上文星渐觉稀。准拟明年寒食夜,重携樽酒说芳菲。①

揭傒斯《追和虞学士陈助教宴董尊师城东杏花下之作》:

仙家种杏满城东,二月花开树树同。不是能诗谁敢到,或因携酒许相通。奎章学士红云里,国子先生绛帐中。欲作主人阴德记,主人阴德不言功。②

陈旅《为董宇定赋杏林诗》:

侯官古县多山水,中有当年董奉家。邑子每怀江上树,仙人还种日边花。珠林春气凝丹露,贝阙晨光散彩霞。我忆旧游成远到,上东门外立昏鸦。③

吴当《清明日,同学士李惟中、赵子期及国学官携酒东岳宫后园看杏花》:

柳色满河堤,春沙不作泥。家家踏青去,处处听莺啼。翠幄凌风迥,香车簇道齐。扬雄甘寂寞,载酒问幽栖。

祠庙出东城,风云拱百灵。神光通御阙,天影抱彤庭。隙地多幽事,芳辰聚德星。道人偏爱客,更许制茅亭。

宫馆凭孤旷,幽林眼底生。药畦晨露重,茶灶午风轻。酒许麻姑送,羹从海客烹。乡心劳想像,便欲棹舟行。

新火营寒食,他乡展物华。暖云将燕子,春色上桃花。自进贤人酒,何劳妓女车。平居耽野趣,未觉道林赊。

圃因春雨种,竹自昔年移。云影常依石,春泉已满池。望中情未极,花外立多时。每动田园兴,东风长鬓丝。

上林华盖逼,官署紫垣开。疏阔经时序,淹留惜酒杯。仙人栽杏

---

① 王沂:《伊滨集》卷九,四库全书本,第1208册,第465页。
② 揭傒斯:《揭傒斯全集》,李梦生标校,上海古籍出版社1985年版,第203页。
③ 陈旅:《安雅堂集》卷二,四库全书本,第1213册,第29页。

去,学士看花来。几日应开遍,题诗许重陪。①

虞集《绍兴间,临安士人有赋曲:一春长费买花钱,日日醉湖边。玉骢惯识西湖路,骄嘶过、沽酒楼前。红杏香中箫鼓,绿杨影里秋千。晚风十里,丽人天花。压鬓云偏。画船载得春归去,余情付、湖水湖烟。明日重扶残醉,来寻陌上花钿。思陵见而喜之,恨其后叠第五句重携残酒酸寒,改曰重扶残醉。因欧阳原功言及此,与陈众仲寻腔度之。歌之一。再求书其事,因书之,并系以诗》:重扶残醉西湖上,不见春风见画船。头白故人无在者,断堤杨柳舞青烟。② 虞集、欧阳玄、陈旅等在杏林聚会,董宇定定然参会其中,因此,该诗中提及的董此宇应是董宇定,从之可以推知,董宇定又名董此宇。董宇定还和许有壬交往过密。

许有壬《和董此宇炼师寄来韵》:

> 茶余扶杖听幽禽,荷贡清香柳送阴。无秫在田犹嗜酒,有弦供耳未忘琴。仙山云雾梦才见,人海波涛晚更深。何日代祠因过我,林中同看翠千寻。③

许有壬《张天师画龙赞,为董此宇作》:

> 于嗟灵物,时屈时信。其隐德也,渊潜自珍,肆有玩而笑有獭。及乎茫洋玄间,变化无朕,孰名其神! 方在天而瀚云,方当旱而作霖雨,于以苏百万亿之生民也。④

天师进京大都居住在崇真宫,因此,董宇定和天师交往颇多。

> 天师张与材,字国梁,号薇山,别号广微子,封留国公,居信州龙虎山,能大字,画竹与龙。

---

① 吴当:《学言稿》卷四,四库全书本,第 1217 册,第 282—283 页。
② 虞集:《道园学古录》卷四,四库全书本,第 1207 册,第 53—54 页。王颋点校的《虞集全集》收录该诗,但是董此宇名字则没有提及,而是删掉了。见虞集:《虞集全集》上册,王颋点校,天津古籍出版社 2007 年版,第 209—210 页,该诗亦见《道园学古录》卷四,字句略有不同,文中明确提及。
③ 许有壬:《许有壬集》,傅英、雷近芳校点,中州古籍出版社 1998 年版,第 280 页。
④ 许有壬:《许有壬集》,傅英、雷近芳校点,中州古籍出版社 1998 年版,第 723 页。

天师张嗣成,号太玄,能画龙,亦尝见其所画《庐山图》。①

第三十八代天师张与材,号广微天师;第三十九代天师张嗣成,号太玄天师,两位天师都擅长画龙,因此,难以判断许有壬诗中的张天师是哪位。

四十二、王用亨

从董宇定的研究可知,王用亨和董宇定关系密切,不仅都在东岳庙居住,而且在杏林雅集活动中,王用亨也是一个重要的参与者和招待者。

宋褧有《道士王用亨父母高年作寿庆堂,其上世蜀人,仕宋,今居江东》一诗,提及王用亨身世:"云锦溪头小有天,崇文宫畔地行仙。故家乔木三千里,流水桃花五百年。云液养龄春潋滟,霞衣上寿晚翩跹。山中玉斧传真诀,应向高堂说又玄。"②从宋褧诗中可知,王用亨祖籍四川,后迁徙江东居住。王用亨曾在吴全节创建的崇文宫中修道。于有兴亦曾管理过该宫观。王用亨曾经管理过西太乙宫、杭州南岳庙:

> 南岳衡山,在荆州之野,祝融之墟,盖五岳之一也。……我国家混一天下,岁时遣使代祠惟谨。杭州北门外,故有霍山行宫,圮坏不治。比年,将吏有别建庙于太平里之通衢,以祀神之从者,层檐穷栋,疏棂闶户,金碧辉煌,规制宏丽。戊戌秋九月,丞相康里公过而见之,进父老曰:"东岳在鲁境内,所在犹庙祀不置,况衡山实奠我南服者乎!然惟从之祀,而象设未正,非礼也。"乃捐金命工,中塑岳帝象,旁从六神,两庑绘山川鬼物之状,车马仗卫,出入之仪,因其旧而更新之。明年正月,率僚佐蒇事于庙,裸荐兴俯,小大咸一,灵风肃然,神若歆享。因顾左右曰:"若是,固足以称神明之居矣,然不可不思所以经久者。"乃割钱唐履泰乡官田六百亩,命龙虎山道士祝升智掌其祠事,仍以西太乙宫真人王用亨主领之。③

王用亨管理过西太乙宫这样重要的宫观,不仅可以证明其在教内地位不低,而且也证明了其颇有能力。王用亨来自龙虎山,因表现突出、才华横

---

① 夏文彦:《图绘宝鉴》卷五,四库全书本,第814册,第623页。
② 宋褧:《燕石集》卷六,四库全书本,第1212册,第415页。
③ 贡师泰:《贡师泰集》,邱居里、赵文友校点,吉林文史出版社2010年版,第370页。

溢而被选拔到京师。"初跨中原万里鞍,雪花风叶两漫漫。欲朝天子黄金阙,且侍宗师碧玉坛。学道岂无新梦破,读书宜有旧灯寒。莫将出处殊心志,他日归来好共看。"①王用亨北上途中,李存侄子因眚而随行上京,一同进京的还有张矗、王博衡等人,李存深恐侄子给他们带来麻烦,《与王用亨》一文写的情真意切。王用亨接信后回复李存,李存又有《复王用亨》一文,表达其感谢之意。

王用亨可能擅长绘画。胡助《访王用亨丹房,又题墨梅二首》一诗:"道人危坐碧窗纱,客至呼童旋煮茶。深院日长无一事,薰风开遍石榴花。""京洛相逢尘满面,孤山老树日萧疏。何时归去茅檐底,瘦影横窗夜读书。"②该诗极大可能是胡助为王用亨所画墨梅题跋。

四十三、张显良

吴全节非常重视像教,美国波士顿美术馆现存吴全节十四幅画像,除此之外,张显良亦为其创作《凤阙春朝图》《龙川晓扈图》两幅画像。以此可以判断,张显良擅长人物画,在玄教弟子中属于绘画造诣颇深的。

吴全节侄子吴养浩为张显良绘制画像《凤阙春朝图赞》写赞:

> 特进上卿吴公,立朝五十余年,历事列圣,过龙楼朝凤阙者不知其几矣。时逢昌运,身切莫年,圣恩傥赐于鉴湖,图画更留于翰墨,获处山林之胜,俨观天日之临。于是命弟子张显良作《凤阙春朝图》并象,侄善为之赞……

吴养浩为《龙川晓扈图赞》写赞:

> 至元五年(1339年)后乙卯,特进上卿玄教大宗师吴公,手谢七裘,岁从两京会庆,风云称燕,屡陪于前席。光依日月,朝恩特异于外臣。报效国家,靡遑寝息。命弟子张显良作《龙川晓扈图》并象,且曰:"异时圣君优老,赐归山林,揭之高堂,庶几乎身江湖而心京阙也。"③

在七十一岁时,吴全节因"报效祖国,靡遑寝息",张显良受命为其画

---

① 李存:《俟庵集》卷八《赠别王用亨之京》,四库全书本,第1213册,第640页。
② 胡助:《纯白斋类稿》卷十四,四库全书本,第1214册,第636页。
③ 朱存理编:《珊瑚木难》卷三,四库全书本,第815页,第93页。

像《龙川晓扈图》。张显良为吴全节画像《凤阙春朝图》虽然没有明确标明时间,但都是吴全节侄子吴养浩为之作赞,可能是 1339 年同一年创作的画像。

四十四、徐守勤

徐守勤是徐懋昭弟子。[①]

四十五、彭一宁

彭一宁是徐懋昭弟子。[②]

黄仲简(1345—1395 年),擅长理财,家业复兴,"及有赢财,辄斥以起其废。其乡官陂之桥圯,具甓与石,要道士彭一宁董其役,桥成而行者以便。枫子江当二水之交,朝涉者,或致没溺,置船而济者,以喜株木陂,溉田数千亩。复之,而岁以无旱。邻里有贫民,每春夏农事急,无所仰食,辄贷之谷,而未尝取其息。"[③]从记载可知,彭一宁曾经在福建官陂修过桥梁,方便当地民众。

四十六、刘若冲

刘若冲是夏文泳弟子。[④]

四十七、邓光禹

四十八、于太易

四十九、于太受

五十、张尚彬

五十一、上官来复

上官来复生平不详,检视《全元诗》《全元文》,只找到陈旅、胡助写给他的诗作,可知上官来复曾奉祀祭祀。由此可推知上官来复品阶不低,在玄教

---

① 黄溍:《黄溍全集》上册,王颋点校,天津古籍出版社 2008 年版,第 360 页。
② 黄溍:《黄溍全集》上册,王颋点校,天津古籍出版社 2008 年版,第 360 页。
③ 解缙:《文毅集》卷十三,四库全书本,第 1236 册,第 804 页。
④ 黄溍:《黄溍全集》下册,王颋点校,天津古籍出版社 2008 年版,第 703 页。

中具有一定的地位。陈旅《次韵上官来复见寄》:"琳馆薄炎热,松坛深岁年。高人坐堂上,疏雨落阶前。潘岳头空白,扬雄学未玄。定应拂尘服,从子弄云泉。"①胡助《送上官来复祠岳渎名山》:"翩翩霞佩两瞳青,袖有天香笔有灵。上应星辰驰使节,远穷海岳礼祠庭。四方乐岁祈民福,万寿长春锡帝龄。闲暇题诗寻胜侣,山阴重写换鹅经。"②

五十二、何九逵

五十三、曾吾省

曾吾省是张嗣房一系,张嗣房弟子何斯可主领仙岩元禧观,"何之诸孙薛玄曦具建观始末,薛之诸孙曾吾省诣予求文,载诸石"。③

五十四、彭师尹

五十五、张逢吉

五十六、赵有立

从上述对玄教弟子的梳理可以看出,玄教弟子水平颇高,"聪明特达之材,多出其门,虑深而识达,身约而福厚,用密而效著"。④ 玄教弟子社会影响力大,深得文人及社会认同,经受住了统治者及社会的考验。

第二节　玄教谱系特征

作为新的道教派别,虽然弟子大多来自龙虎山,但是玄教弟子还是构成了谱系,其传承如下表:

---

① 陈旅:《安雅堂集》卷二,四库全书本,第 1213 册,第 17 页。
② 胡助:《纯白斋类稿》卷九,四库全书本,第 1214 册,第 607 页。
③ 吴澄:《吴文正集》卷四十八,四库全书本,第 1197 册,第 497 页。
④ 虞集:《虞集全集》上册,王颋点校,天津古籍出版社 2007 年版,第 587 页。

师父	弟子	出处
张留孙	1 徐懋昭、2 陈义高、3 余以诚、4 何恩荣、5 吴全节、6 王寿衍、7 孙益谦、8 李奕芳、9 毛颖达、10 夏文泳、11 薛延凤、12 陈日新、13 上官与龄、14 舒致祥、15 张嗣房、16 何斯可、17 徐天麟、18 丁应松、19 彭齐年、20 薛起东、21 李世昌、22 张德隆、23 薛玄义、24 陈彦伦、25 詹处敬、26 于有兴、27 王景平、28 蔡仲哲、29 彭尧臣、30 张汝翼、31 冯瑞京、32 祝永庆、33 蔡允中、34 张善式、35 董袭常、36 王国宾、37 曹载静、38 余克刚、39 丁迪吉、40 张居逊、41 董宇定、42 王用亨、43 张显良、44 徐守勤、45 彭一宁、46 刘若冲、47 邓光禹、48 于太易、49 于太受、50 张尚彬、51 上官来复、52 何九迻、53 曾吾省、54 彭师尹、55 张逢吉、56 赵有立	赵孟頫《上卿真人张留孙传》 袁桷《有元开府仪同三司上卿敷成赞化保运玄教大宗师张公家传》 虞集《张宗师墓志铭》 吴澄《上卿大宗师辅成赞化保运神德真君张公道行碑》
	朱思本①	朱思本《开府大宗师张公诔》
1 徐懋昭	冯志广、13 上官与龄、17 徐天麟、19 彭齐年、20 薛起东、21 李世昌、22 张德隆、28 蔡仲哲、44 徐守勤、45 彭一宁	黄溍《龙虎山仙源观记》
	李立本	朱思本《故保和通妙宗正真人徐公行述》
2 陈义高	3 余以诚、4 何恩荣、5 吴全节、6 王寿衍、7 孙益谦、8 李奕芳、9 毛颖达、10 夏文泳、11 薛廷凤、12 陈日新、13 上官与龄、14 舒致祥、15 张嗣房、冯志广、张嵩寿、张必正、冯道原	张伯淳《崇正灵悟凝和法师提点文学秋岩先生陈尊师墓志铭》
4 何恩荣	24 陈彦伦、27 王景平、25 詹处敬	黄溍《玄和明素葆真法师陈君碑铭》
吴全节②	9 毛颖达、10 夏文泳、12 陈日新、23 薛玄曦	虞集《河图仙坛功德碑铭》
	11 薛延凤	王祎《马迹山紫府观碑并序》
	26 于有兴	李存《御书赞》
	43 张显良	朱存理纂辑《珊瑚木难》
	50 张尚彬	虞集《跋张方先生传》
	李盘中	吴澄《吴闲闲宗师诗序》

---

① 朱思本是否玄教徒，见下文朱思本研究部分。
② 按照玄教惯例，排在吴全节以下的，也就是从第 6 号王寿衍开始，尚健在的都应该是吴全节"弟子"。

师父	弟子	出处
	谈炼师 (徒孙)黄明善	许有壬《自然赞并序》
	王伯善	欧阳玄《春晖堂记》
	王既明	李存《送王既明序》
	刘彦基	李存《送道士刘彦基入京序》
	冯绍先 (弟子 32)祝永庆、33 蔡允中	李存《冯绍先墓志铭》
	朱道冲、方志远	虞集《饶州路番君庙文惠观碑铭，应制》
	景云观道士黄处和	娄近垣《重修龙虎山志》 虞集《相山重修保安观记》
	张彦辅	娄近垣《重修龙虎山志》
	项子虚	袁桷《曰生堂记》
	薛用章(徒孙)	赵雍为赵孟𫖯书法作品《道经生神章卷》的题跋
	丁自南(徒孙)	张翥《题闲闲吴宗师徒孙丁自南卷》
6 王寿衍	彭大年、陈子浩	王祎《元故弘文辅道粹德真人王公碑并序》
	张嗣显(张雨)①	虞集《开元宫碑》
	徐云谷	郭畀《客杭日记》
7 孙益谦	(徒孙)23 薛玄曦	陈旅《安晚轩记》
10 夏文泳	11 薛廷凤、13 上官与龄、20 薛起东、22 张德隆、25 詹处敬、26 于有兴、27 王景平、28 蔡仲哲、29 彭尧臣、33 蔡允中、37 董载静、39 丁迪吉、41 董宇定、42 王用亨、44 徐守勤、45 彭一宁、46 刘若冲、张丛圣、倪善成	黄溍《特进上卿玄教大宗师元成文正中和翊运大真人总摄江淮荆襄等处道教事知集贤院道教事夏公神道碑》
11 薛廷凤	26 于有兴	王祎《马迹山紫府观碑并序》

① 张雨是否玄教徒身份，见下文，兹不赘述。

师父	弟子	出处
12 陈日新	13 上官(与龄)、14 舒(致祥)、15 张(嗣房)、26 于(有兴)、31 冯(瑞京)、35 董(袭常)	虞集《陈真人道行碑》
15 张嗣房	16 何斯可——(何之诸孙)23 薛玄曦——(薛之诸孙)53 曾吾省	吴澄《仙岩元禧观记》
23 薛玄曦	24 陈彦俭、(诸孙)25 詹处敬、26 于有兴、27 王景平、赵宜裕	黄溍《弘文裕德宗仁真人薛公碑》
	赵伯容	李存《题薛外史诗集》
丁元善		宋褧《阳明楼,崇真万寿宫道士丁元善》
冯石泉		王恽《崇真万寿宫都监冯君祈晴诗序》
葛太常		曾棨《游崇真万寿宫因访葛太常》
毛叔达		张以宁《曲密之房记》

从以上谱系中可以看出,玄教徒传续具有以下特征:

一、排序明确

玄教谱系中,最为常用的是"以次传者""以次相传",从上表可以看到,玄教制定了排序明确的传续方案,自张留孙以下,依次相传,他们即是师兄弟关系,亦为师徒关系。这种排序还和大宗师的继任有着密切关系。

这种固定的排序方式和统治者要求有着脱不开的关系。玄教贵盛一时,又手握集贤院大权,因此,南方道众多有依附,使得玄教声势及社会影响力愈发增强。基于政治上的考量,元武宗、元仁宗分别于至大三年(1310年)、皇庆二年(1313年)颁旨,要求玄教对自己传承谱系作一清理:"张上卿之后,只它的正派徒弟每根底接续掌管者。"①因此,张留孙逝后,受敕为张留孙撰写碑铭的赵孟頫就清晰记载了玄教传承谱系,力图保证玄教传承的"正统"性。实际上,这一行为本身是把玄教和其他宗派做了一个切分,使得玄

---

① 王卡主编:《三洞拾遗》第 13 册,黄山书社 2005 年版,第 48、49 页。

教势力在较小范围内传续,不至于给统治者带来威胁。

玄教传承谱系还和玄教本身有关。玄教是自上而下建立起来的,和全真教自下而上的建立方式刚好相反,因此,玄教不仅缺少群众基础,而且教众也是缺乏的。但是张留孙没有时间招收弟子加以培养,其弟子大都来自龙虎山道众。要培养修道经验已颇丰富的弟子对玄教的认同,需要加强师徒之间的密切联系,因此,玄教弟子之间出现了一个独特的特性,那就是即为师徒,亦为师兄弟,像陈义高即是吴全节师兄,但是又是他的师父;吴全节即是夏文泳师兄,亦是他的师父……这种现象在玄教中非常突出,和其他宗教之间传承有序、师徒之间关系明确迥然不同。和全真教等师徒相授的单线关系不同,玄教这种独特的关系更像是一个网状的关系网,关系更为紧密,也更加牢不可破。

还存在同一弟子有两位老师相授的情况。陈彦伦、詹处敬、王景平等师从于何恩荣和薛玄曦,这可能和他们多为隐居、地域接近有关;"上述王祎《马迹山紫府观碑》谓于有兴是薛廷凤弟子,黄溍《玄和明素葆真法师陈君墓碣》则谓其为何恩荣弟子,黄溍《弘文裕德崇仁真人薛公碑》又谓其为薛玄曦弟子"。而造成这种情况的原因则是"于有兴年岁较幼,曾就学于二薛与何恩荣"①。

二、玄教发展初期,传续谱系清晰、道徒众多,到中后期,传续基本断绝,很难梳理出清晰的脉络。

如排名第 2 的陈义高,传续其后的就是 3、4、5、6、7、8、9、10、11、12、13、14、15 等 13 个有编号的道众,顺序完全吻合赵孟頫记载;夏文泳是 10 号,其后 11、13 基本接续,然后就是 20、22、25、26、27、28、29、33、37、39、41、42、44、45、46 等编号教众。而作为大弟子的徐懋昭,其所收弟子是从 13 号上官与龄开始的,17、19、20、21、28、45 这 8 个编号教众。这种情况可能和徐懋昭在京师时间太短、隐居南方有着重要关系。到了 23 号薛玄曦之后,基本没有清晰的传承谱系存在,而只是一些零散的弟子记录。玄教第四任大宗师张德隆、第五任大宗师于有兴均没有碑铭,第六任大宗师甚至只出现董姓,记载不可谓不敷衍。大宗师记载尚且如此,更遑论玄教后期的弟子了。这也从一个侧面揭示了玄教风光不再、日薄西山的发展趋势。

三、第六任董姓大宗师问题

玄教第六任大宗师到底是董袭常还是董宇定继任,就需要了解他们

---

① 卿希泰主编:《中国道教史(修订本)》第 3 卷,四川人民出版社 1996 年版,第 294 页。

生卒年。但是史料中没有这方面记载，只能从玄教传承特点入手去一探究竟。

首先对夏文泳传承谱系和张留孙传承谱系做一比较，见下表。

夏文泳羽化后的谱系	张留孙传记中的谱系
11 薛廷凤	
	12 陈日新(1329 年卒)
13 上官与龄	13 上官与龄
	14 舒致祥
	15 张嗣房(1326 年卒)
	16 何斯可
	17 徐天麟
	18 丁应松
	19 彭齐年
20 薛起东	20 薛起东
	21 李世昌
22 张德隆	22 张德隆
	23 薛玄曦(1345 年卒)
	24 陈彦伦(1342 年卒)
25 詹处敬	25 詹处敬
26 于有兴	26 于有兴
27 王景平	27 王景平
28 蔡仲哲	28 蔡仲哲
29 彭尧臣	29 彭尧臣
	30 张汝翼
	31 冯瑞京
	32 祝永庆
33 蔡允中	33 蔡允中
	34 张善式(早于夏文泳卒)
	35 董袭常
	36 王国宾

夏文泳羽化后的谱系	张留孙传记中的谱系
37 董载静	37 董载静
	38 余克刚
39 丁迪吉	39 丁迪吉
	40 张居逊
41 董宇定	41 董宇定
42 王用亨	42 王用亨
	43 张显良
44 徐守勤	44 徐守勤
45 彭一宁	45 彭一宁
46 刘若冲	46 刘若冲

从上表可以看出,陈日新、张嗣房、薛玄曦、陈彦伦、张善式五人早于夏文泳卒,舒致祥、何斯可、徐天麟等则囿于资料而难以判断生卒年,但从陈日新、张嗣房、薛玄曦、陈彦伦、张善式五人情况来看,是由于他们早于夏文泳羽化,所以黄溍才没有把他们纳入到夏文泳之后的玄教传承谱系中。

这种情况早在张留孙谱系传承中业已出现。在吴澄、虞集、赵孟頫、袁桷撰写谱系中,徐懋昭、陈义高均没有出现在玄教谱系中。徐懋昭是张留孙弟子中年龄最大的,其先于张留孙羽化,张留孙非常悲痛,令李奕芳为之归葬:"(徐懋昭)将葬,开府恻然曰:'吾弟子蚤从吾游,其亡也,不宜以薄。'乃命奕芳归茇葬。"[1]陈义高(1255—1299 年),字宜父,十七岁时拜张留孙为师。陈义高跟随张留孙随张宗演入京,然后随侍左右。"岁时祝禧,皆师主之高弟陈义高侍春宫。"[2]陈义高长期跟随晋王,"于大宗师诸弟子为最雄于文矣"[3],还曾参与世祖皇帝实录的撰写工作。虞集奉敕所作《敕赐玄教宗传碑》一文中就言及陈义高获封真人[4],在玄教弟子中,陈义高是一个不可或缺的存在。

---

①　袁桷:《袁桷集校注》第 4 册,杨亮校注中华书局 2012 年版,第 1485 页。
②　王构:《敕赐龙虎山大上清宫正一宫碑》,转引自《龙虎山志》,江西科学技术出版社 2007 年版,第 297 页。
③　虞集:《虞集全集》下册,王颋点校天津古籍出版社 2007 年版,第 1015 页。
④　虞集:《虞集全集》下册,王颋点校天津古籍出版社 2007 年版,第 1014—1015 页。

徐懋昭、陈义高没有在玄教谱系中出现的原因只能是他们早于张留孙羽化,因之,玄教谱系不是单纯记载全部玄教弟子的谱系,它是呈现给统治者的一个可以依次"传承"的谱系,死亡的玄教弟子没办法参与到玄教的传承历史中,所以,其名字也就不会出现在谱系中。

因此,董袭常没有出现在夏文泳的传承谱系中,只能是他早于夏文泳仙逝。那么,玄教第六任大宗师就顺理成章地由董宇定接任,这就把此前刘晓提出的第六任大宗师可能是董宇定的观点落实了。

1349 年前,有十九人已经仙逝,这对于玄教不啻一个巨大打击。玄教后期弟子不管是在声名、能力、社会影响力方面,都不能和前期教众相提并论,玄教的逐渐没落不是没有原因的。董袭常在夏文泳羽化、于有兴继任第五任大宗师前已经仙逝,因此,继任第六任大宗师之位的只能是董宇定。从玄教后期谱系来看,玄教逐渐向衰微状态发展。不仅难以构成一个完整、清晰的传续,而且绝大多数都是张留孙、吴全节、薛玄曦等教授弟子,后期玄教徒难见知名高道。甚至大宗师的传续、继承人都出现失载现象,这就足以说明问题。

四、玄教大宗师教位是按照传续顺序相传的,中间因为需要可能存在次序调整。

序号	玄教大宗师	史料记载大宗师继任情况
1	张留孙	张留孙
2	吴全节	吴全节
3	**夏文泳**	**薛廷凤(远遁)**
4	**张德隆**	**陈日新(早亡)**
5	于有兴	于有兴
6	董宇定	董宇定

吴全节排在第五位,排在其前是徐懋昭、陈义高、余以诚和何恩荣。徐懋昭、陈义高尚且卒于张留孙之前,而余以诚、何恩荣囿于资料所限,无法推知其生卒年,他们没有继任大宗师之位的最大原因可能也是早卒。

夏文泳排序第 10,其前有王寿衍、孙益谦、李奕芳和毛颖达。王寿衍1350 年卒,他跟随陈义高出入朔漠,和统治者关系极为密切,但是从至元二十九年(1292 年)始,他就开始主领南方道观开元宫、四圣延祥观、佑圣观等,这可能是他没有继任大宗师的最重要原因;孙益谦 1335 年时已经是七十岁高龄,吴全节 1346 年羽化时,如果在世的话,他已经是八十一岁的老人了,甚至有可能已经作古;李奕芳生平不详;毛颖达 1330 年已经退休,隐居龙虎山,因此,他可能是因为年龄原因不能接续大宗师之位;而排在夏文泳之后的 11 薛廷凤则被视为第三任大宗师的接继者,但薛廷凤选择南归,最终夏文泳接任大宗师之位。

玄教在大宗师继任问题上出现了矛盾或语焉不详之处。

第一个问题:第三任大宗师继任者究竟当为何人的问题。

夏文泳为玄教第三任大宗师,而且还是张留孙指定其为第三代大宗师人选。延祐七年(1320 年),张留孙仙逝前,让吴全节继任教主,"而命公(夏文泳)继之",可见,夏文泳继任第三任教主是张留孙指定的。

但是王祎在《马迹山紫府观碑并序》《元故弘文辅道粹德真人王公碑并序》文中都指出,第三代大宗师实际上当为薛廷凤:"公名廷凤,字朝阳,蚤学道龙虎山,故特进玄教大宗师吴公之弟子,而今大宗师于公(于有兴)又其弟子。既领是观,至正丁丑(此处当误。至正期间没有丁丑年,至元三年为丁丑年,1337年),奉玺书赐号称真人,领杭州四圣延祥观。明年戊寅(至元四年,1338 年),兼领镇江道教,兼住持乾元、玄妙、凝禧三观。大宗师之传以次及公,而公固辞。集贤以闻,特命加其故号,进称大真人。复领杭州道教,且主领大开元宫云。"[1]王寿衍一直主领开元宫,"公念开元之传未有属,而绍玄教正系者,实惟薛公,预署传授之文致之。时薛公方辞大宗师之传,逊让再三,不获已,乃勉承其甲乙之次。于是集贤以闻,有旨,特加薛公大真人之号,领杭州路道教诸宫观事,主领住持大开元宫事,自提点马志和而下,咸正其次序焉"。[2]

王祎(1322—1373 年),字子充,号华川,义乌人。先后师从于大儒黄溍与柳贯。朱元璋把他与宋濂并称,认为二人才华各有所擅。后与宋濂同为总裁,编修《元史》。王祎的记载基本是可信的,因此,张留孙在逝前一年指定夏文泳为继任者,颇值得思考。

第二个问题:吴全节生前让位于夏文泳。

至顺二年(1331 年),吴全节奉旨设醮于长春宫,告老,请以弟子夏文泳嗣玄教,诏留公。[3]吴全节生前让位于夏文泳,和全真教尹志平让位于李志常颇为相似。全真教前五任教主都是死后由下一任教主接任,但是尹志平

① 王祎:《马迹山紫府观碑并序》,《王祎集》中册,颜庆余整理,浙江古籍出版社 2016 年版,第467 页。
② 王祎:《元故弘文辅道粹德真人王公碑并序》,《王祎集》中册,颜庆余整理,浙江古籍出版社 2016 年版,第 476 页。
③ 虞集:《虞集全集》下册,王颋点校,天津古籍出版社 2007 年版,第 1011 页。

在生前就传位于李志常,其原因就在于李志常和统治者关系密切。历史往往具有极大的相似性,吴全节让位于夏文泳亦是如此。

这两个问题实际上又可以合并为一个问题,那就是都和夏文泳有关。夏文泳之所以被张留孙直接指定为第三任大宗师的继任者,原因有二:

1. 面对社会指责,玄教内部产生贵盛、清修的矛盾

徐懋昭是张留孙年纪最大弟子,他于 1278 年来到京师,侍奉张留孙并参与处理一些道教事务。其时玄教初创,忽必烈为张留孙在大都、上都建立崇真宫,"赐平江、嘉兴田若干顷,大都、昌平栗园若干亩给其用,而号公曰天师"。① 张留孙拒绝天师封号,忽必烈就封赐其为"上卿,铸宝剑,镂其文曰:大元赐张上卿"。这样烜赫一时、积极参与政治的生活方式和徐懋昭认知中的道士生活完全不一致,因此,徐懋昭在大都只停留了两年(1280 年)即离京南归:"以清静无为之道,佐圣天子致太平,某不如师。栖迟林壑,笑傲烟霞,师当无以夺某志。"② 徐懋昭生活简单、俭朴:"葛衣布帱,十数年始一易,见者服之。"徐懋昭后建仙源观、神翁观,"仙源、神翁俱被玺书庇卫"。

徐懋昭的行为看似是个人选择的结果,但未尝不是感受到了来自社会的批评而做出的选择。"释老以募众集施为能事。叩门嚅嗫,抑献笑,且取消,吾不能若是,当益贬损焉。"③ 后世也对玄教的贵盛存有质疑:《元史·职官志》秘书监秩正三品,掌历代图籍并阴阳禁书,卿四员,正三品;……谨案秘书监为典册之府,而以宦者参杂其间,殊乖仪制。又元有昭文馆大学士,仅为加衔,集贤院则掌提调学校、征求隐逸、召集贤良,虽有大学士、学士侍读、侍讲学士等官,并不典司图籍,与三馆旧制不同。且张留孙、吴全节辈,皆以道流而充集贤大学士,尤为非体,今故不著于表,附见于此。"④ 这和全真教因为贵盛而受到的批评极为类似。⑤

作为被统治者极力扶持的道派,玄教内部产生了分歧,从而出现了两种修道方式。

一种是继续服务于统治者,过着高调生活。一如吴全节公开表明自己的内在想法:"予平生以泯然无闻为深耻,每于国家政令之得失,人才之当否,生民之利害,吉凶之先征,苟有可言者,未尝敢以外臣自诡,而不尽心

---

① 陈垣编纂:《道家金石略》,文物出版社 1988 年版,第 912 页。
② 李修生主编:《全元文》第 31 册,凤凰出版社 2004 年版,第 398 页。
③ 袁桷:《袁桷集校注》第 4 册,杨亮校注,中华书局 2012 年版,第 1484 页。
④ 永瑢、纪昀等撰:《钦定历代职官表》卷二十五,四库全书本,第 601 册,第 492—493 页。
⑤ 陈垣:《南宋初河北新道教考》,参见其中"末流之贵盛第十一""元遗山之批评第十二"部分,上海书店 1989 年版,第 54—63 页。

焉。"①这一派人数众多,代表了玄教发展的主流。

另一种是徐懋昭式的隐修生活。像徐懋昭这样选择归隐的,还有薛玄曦。延祐四年(1317年),薛玄卿制授大都崇真万寿宫提举,居三岁,升提点上都崇真万寿宫。②1326年南还。薛玄曦毅然离开大都崇真宫而选择龙虎山清修,这和徐懋昭的追求是一致的。除了玄教徒,随天师入京的正一派道徒张次房也选择了归隐。③

2. 夏文泳受统治者恩宠而带来的玄教内部矛盾

前已述及,夏文泳擅长占卜之术:"又尝受河图于隐者,有昔人未睹之秘,而于皇极经世之说,亦暸然胸臆间。所至名山洞府,必穷探极讨,以广见闻。""下至医药、卜筮,莫不精究其术。"④古代蒙古人笃信原始宗教萨满教,敬仰至高无上的'长生天'。从成吉思汗开始,蒙古大汗特别注意重用通晓阴阳五行,占卜之术的专门人才。"⑤因此,擅长占卜的夏文泳深受元仁宗、元英宗宠遇,在1311年就被任命为"承应法师":

> 至大四年(1311年),仁宗皇帝在储宫,闻公贤有道,而其法又多灵验,乃召见,命独任本宫承应法师,有司岁给车马,扈从往来两京,出入禁卫无间。⑥

> 至治三年(1323年),晋王入践大位,所居便殿,每至中夜,庭户辄有声,两宫为之不宁。近臣拾得驴国公等传旨,俾公以符水祓涤之。是夕,肃然。翌日,适当元旦,即命设醮于崇真万寿宫,仍出玺书赐元成宫为大护持。⑦

元仁宗在位时间是1312—1320年,期间夏文泳得到了元仁宗的极大认可,1312年,夏文泳就被特授元成文正中和真人、江淮、荆襄等处道教都提点,赐银印,视秩二品;1316年,父兄受封;1318年,奉旨代祀龙虎、三茅、阁皂三山;同年,夏文泳在龙虎山建观,赐额元成宫……夏文泳获得承应法师

①　虞集:《虞集全集》下册,王颋点校,天津古籍出版社2007年版,第1008页。
②　黄溍:《黄溍全集》卷下《弘文裕德崇仁真人薛公碑》,王颋点校,天津古籍出版社2008年版,第633页。
③　吴澄:《抚州玄都观藏室记》,《吴文正集》卷四十七,第1187册,第490—491页。
④　黄溍:《黄溍全集》下册,王颋点校,天津古籍出版社2008年版,第703页。
⑤　叶新民:《元代阴阳学初探》,《蒙古史研究》第6辑,第49页。
⑥　黄溍:《黄溍全集》下册,王颋点校,天津古籍出版社2008年版,第702页。
⑦　黄溍:《黄溍全集》下册,王颋点校,天津古籍出版社2008年版,第703页。

封号。考诸资料,元代只有七位道士获得承应法师或御前法师称号:

序号	时间	统治者	道士	封号
1	至元间	元世祖忽必烈	余以诚	御前法师
2	1286 年	元世祖忽必烈	叶云莱	御前承应法师
3	1286 年	元世祖忽必烈	刘道明	御前承应法师
4	1286 年	元世祖忽必烈	华洞真	御前承应法师
5	1311 年	元仁宗爱育黎拔力八达潜邸时期	夏文泳	本宫承应法师
6	1328—1330 年之间	元文宗图帖睦尔	唐洞云	御位下承应法师
7			王寿衍	御前法师①

前三位获得承应法师的是武当山道士,获得承应法师称号的最大可能是源于忽必烈稳定江南人心的政治需要;第六位承应法师是唐洞云:"天历初,集贤院奏为御位下承应法师,每岁扈从上京。"唐洞云于大德初入京,受到张留孙器重,其后,唐洞云承担了奉祀江南道教名山的活动。皇庆中,唐洞云制授"诚明中正玄静法师、江陵路玄妙观住持提点、紫府真应宫住持兼领本路诸宫观事",唐洞云先后奉祀武当、龙虎、三茅、阁皂等山,"荆门之玉泉、中兴之玄妙,崇福,常德之桃川"等。② 除此之外,唐洞云还奉祀过"江淮之徐州"。③ 由此可知,唐洞云在玄教中的重要作用,从而于"天历初"被制授为承应法师。天历年号只存在三年,即天历元年 1328 年、天历二年 1329 年、天历三年 1330 年,因此,唐洞云最早被授予承应法师的年限不早于 1328 年。

从这四个承应法师称号来看,他们获此殊荣是基于统治者收拾江南人心的政治需要,而夏文泳则是因为占卜等术而获得统治者的重视,加之他长期生活于京师,道门地位最高,所以,他的承应法师的影响力就可想而知了。

从夏文泳被重用伊始,薛廷凤就于皇庆二年(1313 年)离开京都,远去马迹山(今江苏省镇江市)紫府观修道,前后长达二十余年。④ 可见,夏文泳

① 张伯淳:《养蒙文集》卷三,四库全书本,第 1194 册,第 457 页。
② 欧阳玄:《欧阳玄全集》下册,汤锐校点整理,四川大学出版社 2009 年版,第 559 页。
③ 刘固盛、王凤英:《荆州玄妙观元碑〈中兴路创建九老仙都宫记〉考论》,《世界宗教研究》2015 年第 6 期,第 91 页。
④ 王祎:《王祎集》中册,颜庆余整理,浙江古籍出版社 2016 年版,第 466—467 页。

被元仁宗封为承应法师后不久,张留孙审时度势,就已有让夏文泳继任大宗师的想法,这可能就是薛廷凤离京远遁的原因所在;同样原因,吴全节生前就做出让位之举也就能够理解了。

在玄教贵盛时,玄教内部产生了两条修道路线;而在继任大宗师问题上,玄教内部同样出现了矛盾。正是这些错综复杂的矛盾,不仅改变着玄教的历史发展进程,而且直接把夏文泳推到了大宗师的位置上。

在玄教谱系依次相传的规定下,夏文泳应该排在薛廷凤之后。只是他继任大宗师后,为了和原有传承设定逻辑保持一致,把夏文泳、薛廷凤的排序进行前后对调,就是顺理成章的事情了。

第三节　与玄教有密切联系的道众

一、唐洞云

作为玄教大本营的大都、上都崇真宫,虽然是由忽必烈命令建造的,但毕竟是道观的建造,因此,唐洞云奉张留孙之命,参与修建崇真宫的具体工作:"(唐洞云)大德初入京,玄教大宗师开府张公留孙雅见器遇,时奉旨建崇真万寿宫,命董缮,克称厥任。寻设荆襄道教都提点所,选为掌书记,会提点升总摄,仍庀是职。"[1]唐洞云毫无疑问是张留孙非常信重之人,不然不会让他承担修建崇真宫的工作。但目前学界对他的研究成果极少,只有刘固盛、王凤英《荆州玄妙观元碑〈中兴路创建九老仙都宫记〉考论》一文在论述元代荆州道教发展状况时,对作为九老仙都宫的提点唐洞云进行了简单勾勒和研读。[2]

除了欧阳玄《中兴路创建九老仙都宫记》之外,袁桷《书江陵唐氏族谱后》、吴澄《御香赍江陵路玄妙观记》、宋褧《逸老堂,九老仙都宫唐真人》等也是了解唐洞云的一手资料。

唐洞云出身世家,为余杭大族,是宋代敢于直言的唐介后裔,因为家贫而加入道教:"吾家故宋参知政事质肃公介之后也,世远家寒,父母遣从老氏学。"他最早拜师李云庵,"初师佑圣堂李公云庵,既而紫府观路公逊斋又法

---

① 欧阳玄:《欧阳玄全集》下册,汤锐校点整理,四川大学出版社 2009 年版,第 558 页。
② 刘固盛、王凤英:《荆州玄妙观元碑〈中兴路创建九老仙都宫记〉考论》,《世界宗教研究》2015 年第 6 期,第 85—91 页。

嗣之"。学道期间,他非常重视儒家思想的学习,终有所成。① 这和玄教儒道互融的思想以及积极参与社会的行为是一致的,这也可能是唐洞云得到张留孙认同的一个根本基石。唐洞云以自己是唐介后人而自豪,不仅拜托吴全节侄子吴养浩为自己父亲撰写墓志铭,也请托袁桷为其家族撰写谱系。袁桷指出,名宦之后为道之人颇有,如"鲍靓以司隶系孙为道士,王远知以琅邪太傅孙为茅山观主,皆知名当时"。而"今洞云佐治开元宫,居京师二十年,贞干善谋,其源委有自来矣"②。

欧阳玄记载唐洞云入京、制授师号以及奉祀时间不具体,都是"大德初""至大初""皇庆中"等含混时间,而吴澄的记载则准确而细致,这对于把握唐洞云生平以及处理玄教具体事务有着重要史料价值:"皇庆二年(1313年),总摄道教所掌书记唐洞云钦奉帝制,授诚明中正玄静法师、江陵路玄妙观住持提点,兼紫府真应宫住持,后又兼领本路诸宫观事。教所嘉其能,留之弗遣,遥领其职而已。延祐六年(1319年)冬,被旨赍香,诣武当山及江陵玄妙观祝禧。将行,会国恤,不果。至治元年(1321年)冬,被旨如前,又被中旨兼诣紫府真应宫、武昌武当宫、庐山太平宫。二年(1322年)春,驰驿至武当山,次至玄妙观,建大斋醮以殚报上之诚。"③吴澄记载精准,但却简略,欧阳玄记载较为详实:"延祐中,改授宣命,师号及主持提点诸宫观如故。尔后奉诏,遇天寿节乘传函香,醮襄阳之武当,岁数四,率以为常。龙虎、三茅、阁皂等山,亦屡给驿置,往修醮事。天历(1328年)初,集贤院奏为御位下承应法师,每岁扈从上京。二年(1329年),宣赐中贞明教玄静真人。是年,洊以天寿节,奉诏驰驿,蒇祠武当,若荆门之玉泉、中兴之玄妙、崇福,常德之桃川,就命遍祀。"④

唐洞云为干旱而举行过斋醮科仪,可惜没有成功:"临水垂杨绕院松,高堂仙客养疏慵。道存柱史五千字,心在蓬莱第一峰。未可逍遥空看鹤,不妨劳动急呼龙。我惭不得金丹术,尘满衣襟抗俗容。时旱,设醮祷雨未应。"⑤宋褧对之不无揶揄之意。

之后,唐洞云回到故乡,开始修建九老仙都宫。欧阳玄在记载乡绅集资修建九老仙都宫时的数字则异常明确,对于研究当时道观修建费用有着重要作用:"既而汉源县令松滋陈君一宁,以中统楮币一万五千二百余缗,得城

---

① 欧阳玄:《欧阳玄全集》下册,汤锐校点整理,四川大学出版社2009年版,第558页。
② 袁桷:《袁桷集校注》第6册,杨亮校注,中华书局2012年版,第2175页。
③ 吴澄:《吴文正集》卷四十七,四库全书本,第1197册,第486页。
④ 欧阳玄:《欧阳玄全集》下册,汤锐校点整理,四川大学出版社2009年版,第559页。
⑤ 宋褧:《燕石集》卷七《逸老堂,九老仙都宫唐真人》,四库全书本,第1212册,第426页。

中公子巷张氏故居,愿建真馆,以奉祝厘。未几,前江浙榷茶副提举同邑傅君文鼎又以楮币一万七千五百缗增助之,请为众倡。已而四方乐助者绳属,其不蒇者,玄静悉济以己资。乃作三清正殿,至于门庑、法堂、方丈、云堂等屋,以次兴举。荆门义士陈君该父子,又割楮币六千七百余缗,壤天尊真人像,全碧眩耀,甲于城堙。至元五年岁己卯(1339 年),有旨特赐'九老仙都宫'之额,俾洞云并玄妙两山主之,仍饬有司加庇卫焉。至正癸未(1343 年)春,走伻以书具颠末抵玄,谒文记其事于石。"①九老仙都宫获得赐封,就可知其社会影响力,也使得它"成为元代玄教在荆襄等地新的传教中心"②。唐洞云 1343 年尚在世,其后生平阙如。

二、朱思本

朱思本(1273—?)③,字本初,号贞一,江西临川(今抚州)人。朱思本不满十四岁就入龙虎山学道,于 1299 年入京,深得张留孙、吴全节青睐。朱思本被世人所熟知是因为他的地理学成就,其《舆地图》具有重要价值,研究成果较多④,此不赘述。除了地理学成就外,朱思本的文学成就极高,也不应忽视:"故元文章之盛,虽方外道流,亦有其人,如吴全节、薛玄卿、张伯雨辈是也。此则朱本初所著《贞一稿》,观其所得,尤为精深,宜一时大家,特为亲书其首也。"⑤袁桷《有元开府仪同三司上卿敷成赞化保运玄教大宗师张公家传》中记载张留孙弟子谱系人数最多,但是其中并没有朱思本名字在内。虽然不能确定该文袁桷具体作于何时,但文中提及"泰定二年(1325 年),今上召全节曰:玄教,汝祖阐立,其为朕祈永。遂大祠于长春,复追赠某官",可知该文最少作于 1325 年之后;袁桷卒于 1327 年,因此,该文作于 1325—1327 年间。这一时期,朱思本 52—54 岁,入京最少 25 年,颇有名气;加之朱思本

① 欧阳玄:《欧阳玄全集》下册,汤锐校点整理,四川大学出版社 2009 年版,第 557—558 页。
② 刘固盛、王凤英:《荆州玄妙观元碑〈中兴路创建九老仙都宫记〉考论》《世界宗教研究》2015 年第 6 期,第 90—91 页。
③ 吴光正指出朱思本 1331 年前尚在世。见吴光正、陈厚:《论元代玄教道士朱思本诗文创作中的儒士情怀》,《江汉论坛》2018 年第 11 期,第 74 页。
④ 有关朱思本地理学成就可参看黄长椿《朱思本及其〈舆地图〉》(《江西师院学报》1983 年第 3 期)、王树林《文学家兼地理学的元代道士朱思本》(《中国典籍与文化》1996 年 02 期)、朱炳贵《朱思本——我国传统制图学成就达到高峰的奠基人》(《地图》1999 年第 3 期)、盖建民《略论玄教门人朱思本的地图科学思想》(《宗教学研究》2008 年第 2 期)、吴厚荣《朱思本:出自龙虎山的中国地图学大家》(《中国道教》2009 年第 4 期)等。
⑤ 卞永誉:《式古堂书画汇考》卷二十一,四库全书本,第 827 册,第 966 页。

和夏文泳一样,和张留孙家族有着姻亲关系①,因此,进一步证明了朱思本和玄教关系密切,但是并非玄教徒。"他似非玄教嫡系,但出身龙虎山,又与张、吴关系十分密切。"②这个观点颇为公允。

1. 朱思本转益多师,道法深厚

朱思本在入京前,跟随两个老师,系统学习道教教理教义。

月池翁。朱思本拜师月池翁,他有《新吴昭德观道士闵蟾溪以厥师张玉涧所得吾师月池翁书翰见示辞意笃实契意高古藏之四十五年矣感今怀昔为赋四韵蟾溪深得金丹之妙故末句及之》一诗,都提及其师为月池翁,擅长词翰:"白头道士说当时,故老遗编手共披。洞底云深龙睡稳,池边月冷鹤归迟。墨光珍重存金石,丹诀亲传在坎离。若问个中玄妙处,秖应无迹是吾师。"③还有《玄都道士出示吾师月池翁三十四年前所赋诗,次韵以赠》诗,可为佐证。

桂心渊。桂心渊"讳义方,字心渊,世为信贵溪人。母生时,梦李淳风寄宿,因名李寄,长从上清宫熊尊师学。元贞元年(1295年),从天师张公朝京,授蕲州道官"。④"桂心渊,抚州人,为紫极宫道士,醉便卧地,号桂风子。虞集察其有异,礼遇之。初宫寮有宴腊会,心渊一遇饮啖无算,或乘酒骂詈,人不能堪,遂各自为会。心渊幻在各席溷挠,众始异之。俄而举手谢众,跨一虎而去,后隐庐山。虞集赠以诗云:深入庐山里,年年不见春。风高曾跨虎,月落更听猿。酒熟邀皆去,丹成笑不言。屏风第九叠,相与浴朝暾。"⑤桂心渊和金月岩是好友,金月岩是方从义、黄公望师父,是全真道丘处机再传弟子,擅长内丹,和黄公望编纂的《抱一子三峰老人丹诀》《纸舟先生全真直指》《抱一函三秘诀》作品现存《道藏》,桂心渊也擅长内丹修炼。朱思本于延祐三年(1316年)游览庐山,"释舟至太平宫,因访董仙种杏坛,拜有道心渊师"。⑥只是这里的"拜"指的是正式拜师桂心渊,还是早已拜师、这次只是拜访,囿于资料,不得而知。至治三年(1323年),朱思本奉檄至江州圣治太平宫,提及桂心渊在此处修行,"予师桂心渊,弃绝人事,修道兹山二十年不他

---

① 朱思本:《开府大宗师张公诔》:"思本于公,信抚壤接。亦惟世姻,幼慕明哲。"李修生主编:《全元文》第31册,凤凰出版社2004年版,第407页。
② 曾召南:《学步集:曾召南道教研究论稿》,巴蜀书社2008年版,第135页。
③ 杨镰主编:《全元诗》,第27册,中华书局2013年版,第38页。
④ 杨维桢:《杨维桢集》第4册,邹志方点校,浙江古籍出版社2017年版,第1055页。
⑤ 《江西通志》卷一百三,四库全书本,第516册,第417—418页。
⑥ 李修生主编:《全元文》第3册,凤凰出版社2004年版,第394页。

适"①。桂心渊于至元丙子(1336 年)"坐解于庐山"②。朱思本《次韵奉酬心渊师见寄》:"楚水吴云道路长,连环清梦耿难忘。若为化作辽东鹤,回首琵琶是故乡。百行人推孝行高,亏成终始在秋毫。应怜八十慈亲在,滞穗柔桑尚作劳。"③

桂心渊擅长诗文,王逢曾见到桂心渊与朱思本诗:"仙人桂风子,勇别上清君。晞发三神日,巢松五老云。桃椎今问讯,奎阁(谓虞文靖)旧论文。游幔峰青叠,蓬头(谓金尊师)并鹤群。"④虞集也记载桂心渊创作诗文:"深隐庐山里,题诗忽见存。风高应跨虎,月落更听猿。酒熟邀皆去,丹成笑不言。云屏第九叠,相与浴晨暾。"⑤桂心渊现存诗一首,是为好友金月岩画像的题跋:"头上一髻,面上三痣。面目可憎,非我即你。天台石桥,武夷九曲。泊然无为,有何所欲。真清真静,鬼神莫卜。咦,劫灰洞然难着脚,方壶员峤打乖人。"⑥

月池翁、桂心渊都擅长词翰,文化素养很高,这对朱思本产生了重要影响,加之朱思本出身世家,因此,朱思本诗文造诣达到了很高的程度。桂心渊亦擅长内丹修炼,朱思本是否向其学习了内丹修炼,尚不得而知。

朱思本本为龙虎宗的佼佼者,入京跟随张留孙、吴全节,这二人也应该是朱思本老师,可见,朱思本转诣名师,积极学习,最终成为名道。

2. 朱思本才思敏捷,著述颇丰

朱思本作品有《贞一斋稿》《北行稿》。袁桷对朱思本文采评价很高,认为他"声华文采动公卿":"声华文采动公卿,忽绾乌绦出帝城。眯目簿书空汗漫,飞空楼阁正峥嵘。浮云变态西山尽,往事灰心北斗惊。肯作蕉池谈笑住,瑶坛笙鹤夜深清。"⑦

《铁琴铜剑楼藏书目录》在《贞一斋杂著一卷、诗稿一卷(钞本)》中指出:"元朱思本撰。……集中有自序,可见其概。卷首有临江范梈、眉山刘有庆、临江欧阳应丙、蜀郡虞集、玄教大宗师吴全节、东阳柳贯序。是书世无刻本,

---

① 李修生主编:《全元文》第 31 册,凤凰出版社 2004 年版,第 395 页。
② 赵道一编修:《历世真仙体道通鉴续编》卷五,《道藏》第 5 册,第 448 页。杨维桢《改危素桂先生碑》记载,桂心渊羽化于至正元年(1341)正月,见杨维桢:《杨维桢集》第 4 册,邹志方点校,浙江古籍出版社 2017 年版,第 1055 页。
③ 杨镰主编:《全元诗》第 27 册,中华书局 2013 年版,第 42 页。
④ 王逢:《梧溪集》,李军点校,北京师范大学出版社 2016 年版,第 347 页。
⑤ 虞集:《虞集全集》上册,王颋点校,天津古籍出版社 2007 年版,第 69 页。
⑥ 赵琦美编:《赵氏铁网珊瑚》卷十五《金蓬头先生画像赞》,四库全书本,第 815 册,第 763 页。
⑦ 袁桷:《袁桷集校注》第 2 册,杨亮校注,中华书局 2012 年版,第 616 页。

诸家书目亦鲜著录,此从丛书堂钞本传录。"①虞集、柳贯、范椁等为朱思本《贞一斋》作序,虞集评价极高,认为其诗"慎所当言,而不鼓夸浮以为精神也。言当于是,不为诡异以骇观听也。事达其情,不托蹇滞以为奇古也。情归乎正,不肆流荡以失本原也"②。

朱思本还有《北行稿》诗集,现已散佚。这本诗集是朱思本1299年"乘传至上京往来之所作也",其"跋涉数千里间,山川风俗,民生休戚,时政得失,雨潮风雹,昆虫鳞介之变,草木之异,可喜可愕,可歌可笑,大略皆尽,盖其蝉脱声利,笑傲方外,所持也专,故所造也至"。《北行稿》是朱思本"一岁之作尔",事无巨细、物无大小,皆可入题,可知其才思敏捷,出口成章。

3. 儒道思想的融合

吴全节、薛玄曦、王寿衍等均被评价为儒道结合,玄教教众身上具有的鲜明特点就是身为方外之士,但是一直关注着现实社会的种种问题。

许有壬曾为朱思本《北行稿》作序,对朱思本儒道互融进行了高度评价:

> 余早闻提点玉隆万寿宫本初朱君之贤,观所作舆地图,知其问学之博,考核之精。今年过我,出诗文一编,题曰北行稿者,盖其乙亥岁出山,乘传至上京往来之所作也。……若高句丽之讽谕,无愧乐天,《景州贼》《捕蝗行》诸篇,皆拳拳不能忘情于斯世也。后其家有示儿子桢诗,梦寐其兄,有"相依谐脊令"语,则父子兄弟之伦明矣。张炼师序。谓老氏五千言,皆治国治身之要,飞腾不死之说,无一语及之。跋陈秋岩诗,谓由儒入仙道,故能穷理尽性,知所先后。若是,则本初之于老氏,其善学者乎?心之所存,身之所履,则未始离乎儒也。……昔秋谷李公当国,一见本初即劝其反初服。本初以早奉父母,父殁而不忍改也。使本初用世,必烨烨可观,不独诗若文而已。③

朱思本以诗文为工具,关注民生疾苦。由于《北行稿》诗集已散佚,参照传世的《贞一斋稿》诗集为例。如《孤儿篇》:"孤儿可六岁,赤立古道边。逢人即下拜,哽哽声泪连。父母俱疫死,闾里相弃捐。儿生不自保,旦夕归黄泉。爷娘救儿命,感戴期终天。下马一抚之,中肠为忧煎。裹饭既莫及,挥金谅无全。我欲以尔归,翻恐成祸愆。疫疠有薰染,世俗交相传。去去复回

---

① 瞿墉编纂:《铁琴铜剑楼藏书目录》卷二十二,瞿果行标点,瞿凤起覆校,上海古籍出版社2000年版,第615页。吴宽《家藏集》卷二十三,二者记述基本相似。
② 虞集:《虞集全集》上册,王颋点校,天津古籍出版社2007年版,第585页。
③ 许有壬:《许有壬集》,傅英、雷近芳校点,中州古籍出版社1998年版,第407页。

顾,涕泗俱潺湲。夜宿邵伯驿,展转不得眠。中宵急雨至,杀气风雷先。念彼旷野中,孤儿死谁怜? 守令美舆服,日事扑与鞭。妻孥自姁偷,抚字心茫然。采诗俟王命,聊着孤儿篇。"《秦邮道中》《东吴行》《广陵行》《弃亲行》亦可称为"皆拳拳不能忘情于斯世也"的诗篇。

推崇儒学。"中年客京华,读书至夜半。每观圣人心,掩卷自三叹。予时正求友,珍宝非所玩。翰苑多名公,车马纷聚散。暂违巢许邻,颇惬夔龙伴。匪伊声利求,造请尚昏旦。有时直承明,咫尺御炉案。年华迫衰鬓,坐见秋蓬乱。乞归忝祠官,征尘喜新盥。倾盖欣相知,扫门敢迂缓。圣学尊程朱,万殊理融贯。吾衰尚能勇,尔壮夫岂懦? 出处虽不同,论心岂冰炭? 宾王昔天衢,乐道今元馆。九霄风露寒,斗室烟霞暖。得失勿复言,檐花一灯粲。"朱思本为张炼师、陈秋岩作序时指出,"张炼师序,谓老氏五千言,皆治国治身之要,飞腾不死之说,无一语及之。跋陈秋岩诗,谓由儒入仙道,故能穷理尽性,知所先后。若是,则本初之于老氏,其善学者乎? 心之所存,身之所履,则未始离乎儒也。若夫绝去礼学,兼弃仁义,果何道哉!"所以,非常欣赏朱思本的李孟力劝朱思本还俗进入朝政,朱思本予以拒绝。[1] 吴宽评价朱思本"身操儒行隐黄冠"[2]可谓抓住了朱思本、也是绝大多数玄教弟子的基本特质。

朱本初深受当时文士好评,除了袁桷写给朱本初赠诗之外,柳贯、许有壬、张起岩、王士熙等也有诗歌相送。教内则有薛玄曦、马臻等赠诗。

三、张雨

作为著名高道,研究张雨的成果较多,但是对于张雨到底是茅山道士还是玄教徒,目前学界众说纷纭,没有定论。

1. 张雨生平概述

张雨,旧名泽之,字伯雨,号句曲外史,钱塘人,是张九成六世孙。其伯父为漳州通守公,延请儒生为族中弟子授课。张雨天资聪颖,才华横溢,在名师训导下,诗书画造诣颇深。由于其性子狷介,二十岁时,遂出家修道。三十岁时,拜茅山宗道士周大静为师。皇庆二年(1313 年),张雨三十一岁时,随王寿衍进京。张雨诗书画皆擅,深得虞集、范德机、袁桷、杨仲弘等赞许和肯定。张雨获得清容玄一文度法师称号,离开京师后,住持西湖福真

---

① "昔秋谷李公当国,一见本初,即劝其反初服。本初以早奉父母,父殁而不忍改也。使本初用世,必烨烨可观,不独诗若文而已。秋谷之长于观人,当益信于世也。"(许有壬:《许有壬集》,傅英、雷近芳校点,中州古籍出版社 1998 年版,第 407 页)
② 吴宽:《家藏集》卷二十三《题元朱本初道士〈贞一稿〉后》,四库全书本,第 1255 册,第 171 页。

观。邓文原《请张伯雨提点住杭州福真观疏》一文记载其事。延祐庚申（1320 年），居开元宫。1321 年，开元宫毁于火灾。至治二年（1322 年），张雨主领茅山崇寿观。至元后丙子（1336 年）岁，张雨于钱塘城北马塍村新建菌阁，其《幽文》《玄史》成书于此。1350 年，张雨卒。

张雨才华横溢，深得时人认同。

　　张雨　字伯雨，钱塘人，博览群书，故其诗清旷俊逸，时辈不能及。始隐茅山，后徙杭之灵石洞，与赵魏公、虞翰林友。善诗，名震京师，自号句曲外史云。[1]

　　钱唐张泽之，端而好修，博而嗜文，择交当世，不苟希合。从周应奉、赵集贤游，诗法、书法，以精造闻。而又乐与予追寻古作者声气，日镌磨未置也。[2]

　　贞居清才奥学，高蹈物表，号一代玄儒。[3]

　　句曲外史儒仙师，开口论事剑差差。诗律精严夺天巧，字画峭重含春姿。[4]

　　道士张雨，字伯雨，号句曲外史，钱唐人。博闻多识，善谈名理，作诗自成一家，字画亦清逸。[5]

张雨交友广泛。张雨不仅和道教徒交往密切，和倪瓒、赵孟頫、虞集、黄溍、杨载、袁桷、柳贯、李孝光、王沂、吴师道、朱德润、柯九思、陈旅、仇远、贡师泰、张翥、顾瑛、杨维桢、王逢、萨都剌、范梈、郑元祐、宋褧等都有交往，在当时文人圈中颇有声誉。

2. 张雨文集与姚绶关系

张雨文集刊行甚少，到了明代时，多已散佚。姚绶"平生慕张贞居之为人，所见片纸只字，无不收藏。尝得其铁冠与遗像，为撰《句曲外史小传》。

---

①　顾瑛编：《草堂雅集》卷五，四库全书本，第 1369 册，第 271 页。
②　任士林：《松乡集》卷三，四库全书本，第 1196 册，第 539 页。
③　徐一夔：《始丰稿校注》卷二，徐永恩校注，浙江古籍出版社 2008 年版，第 49 页。
④　郑元祐：《郑元祐集》，徐永明校点，浙江大学出版社 2010 年版，第 40 页。
⑤　陶宗仪：《陶宗仪集》下册，徐永明、杨光辉整理，浙江古籍出版社 2013 年版，第 926 页。

搜辑其遗文以序之"。姚绶非常推崇张雨书法，进而对其文集喜爱不已，从而搜集、整理了其文集：

> 钱唐张伯雨先生，元季硕儒，逃名于方外，其制作与古人相伯仲。予尝私淑其真行书，购求真迹，或卷或轴，长篇短章，又有其手书诗文稿各一帙，总若干篇，保若拱璧，藏之云东仙人馆。成化丁未六月火，尽焚其所积图史，而先生之迹俱逝者十之八九。先生平生诗文甚多，梓行者尠，余所得一编仅百余首，乃徐良夫作序者。又余幼时，先君子命抄录五七言八十余首，今皆不存。余兹暇日，爰就相知士大夫家，搜访其所作若诗若文杂著，并余家煨烬之余所仅存者，番书于册，名曰《句曲外史集录》，俟既富而类析之，寿梓以行。①

姚绶（1422—1495 年），字公绶，号谷庵、仙痴、云东逸史，人称丹丘先生，嘉善县（今浙江省嘉兴）人。善书法，书法风格类张雨。著有《谷庵集》《云东集》等作品。姚绶在整理张雨文集时，为张雨做小传，附于文集之后。在这个小传中，姚绶指出张雨是玄教徒，一改其以前公认的茅山宗道士身份：

> 外史，杭之钱塘人，姓张，名雨，又名天雨，字伯雨，号贞居子，宋崇国文忠公九成之裔。年二十，弃家遍游天台、括苍诸名山。吴人周大静为许宗师弟子，得杨许遗书，外史师事之，悉受其说。入开元宫，从真人王寿衍为道士，名嗣真，风裁凝峻，见者异之。……寿衍尝偕入京……寿衍复偕入朝，被玺书，赐驿传，欲官之，非其志也，即自誓不更出。因三茅有招，赴之。……丁丑岁，出茅岭，庚辰，归阳德馆，作黄篾楼，储古图史甚富。往来灵石山之精舍。丁卯，（按：丁卯当作丁亥）造水轩于浴鹄湾。明年刻诗药井上，时年七十有六。（按：七十有六当作七十有二）其所居又有开元静舍、南真馆、老学斋。与会稽王山农、上清薛玄卿、章心远、龙翔毛伯圭辈相友善，多文字酬酢。……成化十五年②

姚绶所作小传纰误较多，孔闻已指出多处，可参看。③ 但是对于姚绶直

---

①　张雨：《张雨集》下册，彭万隆点校，浙江古籍出版社 2015 年版，第 648 页。
②　张雨：《张雨集》下册，彭万隆点校，浙江古籍出版社 2015 年版，第 615—618 页。
③　张雨：《张雨集》下册，彭万隆点校，浙江古籍出版社 2015 年版，第 627 页。

陈张雨是玄教弟子的论断，孔闻则没有予以置评。因此，明代对张雨的介绍基本因袭了该观点：

《成化杭州府志》：

> 张天雨，字伯雨，钱塘人，宋崇国文中九成之裔也。早弃妻子，从开元宫真人王寿衍为道士。①

田汝成《西湖游览志》：

> 开元宫，在清湖桥西，射圃之北，本宋周汉国端孝公主故第也。宫故在泰和坊秘书省之左，唐开元中建，后废。宋以火德王，东都有开元阳德观，以奉荧惑。宁宗既即位，诏以嘉邸改开元宫，建明离殿，以立夏日祀之。元以秘书省为行中书省，至元二十八年，大火，省、宫俱毁，因兼宫地省，今布政司是也。住持董得时，遂购公主故第为宫。公主亲理宗女，杰构致饰，冠于戚里，故宫制为道院之魁，翰林学士虞集为记。至治初毁，粹德真人王寿衍与其徒张伯雨重建，揭曼硕、陈旅为记。②

《成化杭州府志》作于成化乙未年（1475年），田汝成《西湖游览志》作于嘉靖二十六年（1547年），因此，他们的观点极大可能是受了姚绶的影响。

到了现在，学界依然有认可这种观点的：

> 张雨（一二七七——一三五〇），原名泽之，字天雨，或作天羽，后名雨，字伯雨；法名嗣真，号贞居子，别号句曲外史。以吴郡海昌（今浙江海宁县南）人而居钱塘（今浙江杭州市）。为宋崇国公张九成之后裔。生性狷介，渺视流俗，年二十及遍游天台、括苍诸名山，以儒者抽簪入道，登茅山（今江苏句容县东南）授大洞经箓，以开元宫王眉叟为师，仁宗时随王眉叟至京师。名公文士争与之友，仁宗闻其名，欲官之，张雨坚辞不仕，乃归句曲。③

> （张雨）二十岁时弃家游天台、括苍诸名山，后到茅山拜周大静为

---

① 张雨：《张雨集》下册，彭万隆点校，浙江古籍出版社2015年版，第644页。
② 田汝成辑撰：《西湖游览志》，尹晓宁点校，上海古籍出版社2017年版，第192页。
③ 张月中、王纲主编：《全元曲》下册，中州古籍出版社1996年版，第2704页。

师,受大洞经箓;后又从玄教高道王寿衍为师,居杭州开元宫……①

因此,张雨到底是玄教弟子还是茅山道众,成了一个不容回避的学术问题。

3. 张雨与玄教关系

明代时,江南多种道派已经汇流于正一派中,因此,在判定张雨道派属性时,并没有严格区分玄教与茅山宗;再加上张雨和玄教关系极为密切,张雨也自称他是王寿衍弟子,因此,认定张雨为玄教徒的误会由此而来:

> 开元再造之四年,规制粗备,方丈始作重屋于清风堂之故基,为楹三间,上下四檐,缭以方柱,可环以行。乃十二月庚申吉,厘祝事竟,升负栋之梁。时霜空皎如,初日朗曜。其下故有来鹤之亭,双鹤交鸣,若命俦侣,而雪毛丹顶之族类浮空至者,凡十七辈,翔翔其上,良久乃去。真人玄览翁顾谓弟子张天雨曰:"目睹斯瑞,子盍有以名之?"……大元至正五年(1345年)岁在乙酉十二月庚戌朔十五日甲子,教门修撰、玄学讲师张天雨书。②

张雨密友虞集在《开元宫碑》一文中也指出,张雨是王寿衍弟子:"皇庆二年(1313年)七月,使召灵妙真常崇教真人王寿衍于杭州,以弟子张嗣显从。"③张雨随王寿衍入京,后又主领开元宫,这些都证明了张雨和王寿衍关系极为密切。张雨也写了许多和王寿衍有关的诗句。

张雨《木兰花慢 乙未十月十七日寿溪月真人》:

> 试瑶台借雪,春意早,满林峦。笑东老殷勤,能倾家酿,与尽清欢。曾因求贤把诏,便朗吟、溢浦又庐山。自爱西湖烟雨,玉鞭分付青鸾。神仙官府肯容闲。枢要在玄关。有溪上金鳌,月中金粟,长驻婴颜。愿似洪崖橘术,尽千年、游戏向人间。早晚凤池书到,通明殿上催班。④

张雨《百字令 寿玄览真人,次黄一峰韵》:

---

① 林正秋:《杭州道教史》,中国社会科学出版社2011年版,第162页。
② 张雨:《张雨集》中册,彭万隆点校,浙江古籍出版社2015年版,第446—447页。张雨又名张嗣显、张嗣真。
③ 虞集:《虞集全集》下册,王颋点校,天津古籍出版社2007年版,第822页。
④ 张雨:《张雨集》中册,彭万隆点校,浙江古籍出版社2015年版,第405页。

橙黄橘绿，占一年好景，人间真乐。玉尘金鳌相对峙，如我视今犹昨。珍重留侯，招邀黄石，俱赴蟠桃约。一卮仙酒，得陪三老斟酌。总道独绾银章，重披宫锦，有自家天爵。八衰明年身更健，胸次遥天恢廓。春小花繁，溪清月皎，都付延年药。洞霄仙侣，更添一个仙鹤。①

张雨《代玄览真人次虞伯生见寄韵》：

屋倚松杉路拥莎，金鳌小隐且婆娑。几年有约遥相望，一棹何时肯见过。老去山中空岁月，秋来江上政风波。黄花满眼香醪熟，对此其如逸兴何。

别后惊心岁已驰，几回草梦绕春池。新诗远寄迢遥驿，旧约重看绝妙碑。鳌禁风清班缀玉，龟溪雪冷鬓垂丝。何时同执论文酒，坐对西窗待月迟。②

除此之外，张雨还有《满江红　开元斗室落成，玄览真人命名得月轩》《代玄览和东泉学士自寿之作》《次韵玄览道人奉酬吴山灵应观唐永年主持》《玄览真人示以李遵道旧诗一章俾次韵悼之将寄其子克孝》。张雨是否另拜王寿衍为师，目前不得而知，但是以在道教界、社会上的影响力而言，王寿衍当得起张雨师父之说；加之王寿衍对张雨的知遇之恩，也是配得上师父这个称呼的。

除了和王寿衍关系亲密外，吴全节对张雨具有提拔之恩。

漱芳亭　　道士张伯雨（雨），号句曲外史，又号贞居，尝从王溪月真人入京。初，燕地未有梅花，吴闲闲宗师（全节）时为嗣师，新从江南移至，护以穹庐，扁曰"漱芳亭"。伯雨偶造其所，恍若与西湖故人遇，徘徊既久，不觉熟寝于中。真人终日不见伯雨，深以为忧，意其出外迷失街道也。梦觉，日已莫矣，归道所由，嗣师笑曰："伯雨素有诗名，宜作诗以赎过。"伯雨遂赋长诗，有"风沙和不惮五千里，将身跳入仙人壶"之句。嗣师大喜，送翰林集贤尝所往来者、袁学士伯长、谢博士敬德、马御史庸、吴助教养浩、虞修撰伯生和之。……伯雨，杭州人。③

① 张雨：《张雨集》中册，彭万隆点校，浙江古籍出版社 2015 年版，第 410 页。
② 张雨：《张雨集》上册，彭万隆点校，浙江古籍出版社 2015 年版，第 234 页。
③ 陶宗仪：《陶宗仪集·南村辍耕录》上册，徐永明、杨光辉整理，浙江古籍出版社 2013 年版，第 342 页。

吴全节命人注释《道德经》时,张雨"会玄教吴宗师命外史为《道德经注》。注成,加教门修撰西太乙宫高士,仍提点开元宫,时年已六十矣"①。吴全节也有写给张雨的赠别诗《寄伯雨外史》:"五岳棕冠寄大都,晓簪惭愧云千梳。仙翁飞舄陈金鉴,天子分香下玉除。闻说洞经传外史,喜观山志进成书。当时墨本存真诰,好写乌丝继隐居。"②

张雨为吴全节祝寿:"羽衣能补舜衣裳。闲看云忙。宣文奎画龙珠护,□家山、辉映琳琅。天上重逢初度,仙韶锡宴非常。满朝人道鲁灵光。合佩金章。丹牙修出纤纤月,看年年、玉斧吴刚。不枉盘根寿栎,要扶宗社灵长。"③吴全节一生的总结由虞集撰写,是为《河图仙坛功德碑铭》,而吴全节又邀张雨为其赋诗,《吴太宗师索赋河图仙坛下圆池》:"为爱灵泉来弗竭,一池新凿向丹丘。静同太极浑沦体,动合苍溟浩瀚流。大珠往往争明月,清镜时时点白沤。闻道仙坛碑绝妙,蛟龙文采照千秋。"④张雨还有《吴大宗师岳宫行香次韵》《吴大宗师挽诗》《代溪月翁和吴宗师所寄赐酒感兴诗韵》等作品。

张雨还和薛玄曦密友。张雨写给薛玄曦的作品较多,如《与玄卿》《寄薛玄卿时张仲举有作同附》《寄京师吴养浩修撰薛玄卿法师兼怀张仲举右谒因寄》《上清外史薛玄卿寄题菌阁且约以游武夷次韵以答》《揭学士过武康山中十日薛外史江东未至二首》《舟次霅湖用柳博士梦薛玄卿诗韵寄倪元镇兼怀道传明德》《虞先生送张元朴回龙虎有云尘尾每怀张外史鹅群今属薛玄卿元朴索次韵》《京师答薛玄卿二首》《悼薛玄卿》等,其《琼林薛真人诔文》把薛玄曦和陈义高相提并论,对其评价不可谓不高:

> 开府神德君以神道设教,三数百辈往,而有闻者惟闽之陈文学,近古所谓博大真人哉。文学供奉时,落魄不羁,以诗酒自污,没久始赠真人号,朝学士大夫述德诔行未已也。盖能薄声利,外形骸,以文章道术相周旋,未始出吾宗而已。文学去世逾四十载,仿佛其人,得薛元卿氏。元卿早侍神德君,入有蓬莱道山之游从,出有茂松清泉之怡悦,视文学公差若有检束。至于翰墨跌宕,诗酒淋漓,白眼青天,傲睨一世,则未易有优劣论人,当在逸品上矣。今大宗师吴公以者德重

① 张雨:《张雨集》下册,彭万隆点校,浙江古籍出版社 2015 年版,第 619 页。
② 张雨:《张雨集》下册,彭万隆点校,浙江古籍出版社 2015 年版,第 805 页。
③ 张雨:《张雨集》中册,彭万隆点校,浙江古籍出版社 2015 年版,第 428 页。
④ 张雨:《张雨集》上册,彭万隆点校,浙江古籍出版社 2015 年版,第 296 页。

于朝,凡执事者一二十辈皆真人,声光赫奕,非下士所敢仰而望。且何足以测而识之哉?元卿已矣,论者独以继文学,公异时或无用之用,诸葛虽死尚能动人,元卿其有不亡者存。今已睹其兆,是为元卿诔不死哉。

至正乙酉(1345年)暮春之初,句曲外史造首为章心远书一通。予将屡书之,以识四海之公论如此,非张雨暗之而私之也。

此予之狂言,心远乃弄于无用之所,一展对间,既重故人之思,而一载之内,云峤陈君以卑位往,彦辅张君以际遇往,独存者元卿耳。雨为无用重识。①

张雨不仅和玄教中重要人士吴全节、王寿衍、薛玄曦、张彦辅交往甚密,而且曾居住在玄教主领的开元宫,因此,被误会为玄教人士也就可以理解了。虞集对张雨就出现了前后不一的身份矛盾。虞集在《开元宫碑》中提及张雨是王寿衍弟子,《崇寿观碑》中则又指出张雨是茅山弟子:"张君,吴郡人,名天雨,内名嗣真,字伯雨,别号贞居。年二十,弃家入道,遍游天台、括苍诸名山。吴人周大静,先为许宗师弟子,得杨、许遗书,张君从而以为师,悉受其说。尝从开元王君寿衍入朝,被玺书、赐驿传,显受教门擢任,非其志也,即自誓不希荣进,因从三茅之招,追奉任君而下五君,为文而告之,愿毕力兹宇。"②《开元宫碑》作于1313年,是王寿衍和张雨入京之时而作;《崇寿观碑》则作于泰定二年(1324年),是应上清四十五代宗师刘大彬之请而作的。虞集和玄教、和南方道教极为熟悉,和其门派弟子交往甚密,因此,最大的可能是张雨为了提升自己,广益名师,王寿衍是其师傅之一,但是其确实是在茅山受箓,是茅山宗道士。"从三茅之招",这是张雨的选择,这个选择本身就是张雨对自己道派归属的最好应答,那就是虽然与玄教过从甚密,但是张雨依然是一个茅山道士。

当时文人多认为张雨是茅山道士。刘基相识张雨于其晚年,二人一见如故,张雨有写给刘基的诗:"台阁如公最有称,轺车骢马数能乘。校书在昔专刘向,秘监于今复魏征。汗简削成金作匮,泰阶平处玉为绳。信有山人唯寂寞,侧身长倚白云层。"③刘基撰写张雨墓志铭时,依然认为张雨是茅山道士。刘大彬邀请张雨住在茅山元符宫,元符宫是茅山宗最重要的宫观,张雨

---

① 张雨:《张雨集》中册,彭万隆点校,浙江古籍出版社2015年版,第477页。
② 虞集:《虞集全集》下册,王颋点校,天津古籍出版社2007年版,第825页。
③ 张雨:《张雨集》上册,彭万隆点校,浙江古籍出版社2015年版,第211页。

亦参加编纂《茅山志》一书,这些又都证明了张雨的茅山宗道士身份。

时人亦多认为张雨是茅山宗道士。如萨都拉《酬张伯雨寄茅山志》:"恨余未识茅君面,喜得茅山道士书。灯外雨声那厌听,风前石发岂堪梳。碧窗云气寒生楮,清室丹珠夜绕厨。梦到层台夜披卷,桂林风动月疏疏。"[①]杨维桢《西湖竹枝歌九首》:"予闲居西湖者七八年,与茅山外史张贞居、苕溪郏九成辈为唱和交。水光山色,浸沉胸次,洗一时尊俎粉黛之习,于是乎有《竹枝》之声。好事者流布南北……"[②]还有萨都拉《将游茅山先寄道士张伯雨》、杨维桢《奔月厄歌,为茅山外史张伯雨赋》、胡奎《题茅山外史奔月厄歌》《茅山外史口悬河长鲸吸海翻白螺》、郑元祐《和潘子素宿倪元镇宅送张贞居还茅山》等作品。

---

①　萨都拉:《雁门集》,上海古籍出版社 1982 年版,第 203 页。

②　杨维桢:《杨维桢集》第 1 册,邹志方点校,浙江古籍出版社 2017 年版,第 205 页。

第三章　玄教社会网络研究

如果说玄教弟子全像式的研究是为了勾勒玄教基本组成成员的面貌，是宗教内部的展示，那么，玄教弟子的交游梳理则是玄教徒与社会发生的千丝万缕联系，和社会结成一个网络，从中可窥知玄教徒具体参与到哪些社会事务、文艺门类，这对于理解、把握和管窥玄教社会影响力具有重要的价值和意义。正如前文论及玄教弟子特征时提及，玄教弟子长于交游，与文人交往颇多。张留孙、陈义高、薛玄曦、王寿衍等与文人交往颇多，可以参看前面有关章节。本章以最有代表性的吴全节为例，着重考察玄教社会网络的建构，感受玄教社会网络情况。

据吴光正统计，目前仅存题赠之作的，就有 73 人和吴全节有密切关系："仅就目前留存有唱和题赠之作的 73 人来分析，吴全节交游层次之广也是惊人的。就年龄来说，这个交游队伍涉及老、中、青三代：比吴全节大十岁的有 15 人，比吴全节小十岁的有 37 人，与吴全节同辈的有 21 人。就族群来说，蒙古人 1 人，色目人 4 人，北人 12 人，南人 56 人。就思想背景来看，有道士 2 人，和尚 2 人，其余均为儒士。就仕宦履历来看，除了少数几位布衣外，都是上至一品大员下至山长、教授的官员；其中南宋进士 2 人，元代进士 12 人。这些人拥有元代思想、文化、艺文界的诸种身份和称号，如元诗'四大家'虞集、揭傒斯、杨载、范梈，'儒林四杰'虞集、揭傒斯、黄溍、柳贯，'四学士'吴澄、虞集、揭傒斯、欧阳玄。此外，还有儒学家吴澄、'江东四先生'之一的李存，担任过辽、宋、金三史纂修总裁官的史学家张起岩、欧阳玄、揭傒斯。总之，与吴全节唱和题赠者涵盖了元代从中央到地方诸多领域的精英。"[①]本章对吴全节的交游进行考证，只选取较有代表性的交游作为研究对象。

吴全节和当时儒生交好，半个文坛都和他交往。通过梳理和研读他的交游，可以从一个侧面窥知玄教在儒生、社会、文坛方面的影响，也能把握玄教在哪些具体事务上发出自己的声音。以玄教吴全节为中心的社交圈的形

---

① 吴光正：《吴全节像、赞与元代文学的新认识》，《文艺研究》2021 年第 7 期，第 139 页。

成,既是宗教学、社会学、历史学、政治学研究的对象,也是文献学、文艺学研究的对象,对于多维揭示当时社会的状况是非常有价值的。

一、虞集

吴全节关系最为亲厚的当属虞集。虞集(1272—1348 年),字伯生,号道园,元儒四大家、元诗四大家之一。著名台湾元代学者孙克宽在《元代文化之活动》一文中提到《道园学古录》的价值时指出:"《道园学古录》全集的价值,仍在传志碑铭、序跋之文。尤其是方外稿的全部文章,皆是元代道教史的宝贵资料。"其中有关吴全节的记载尤其多。吴全节的生平事迹是虞集所作,为《河图仙坛功德碑铭》;在存世的吴全节十四画像中,有三幅是虞集题赞;而且吴全节三次给虞集写信,拜托他为自己画像上的题跋统一辑录、誊抄;梦见吴全节见访等。虞集有大量的作品写给吴全节,《天爵堂记》《送吴真人序》《著存阁记》《古剑赋》《书古剑铭后》《寄和吴闲闲大宗师》《寄吴宗师》《答吴宗师寿稀年诗韵三首》《吴宗师梦予得山居,奇胜特其,梦觉历历分明,忻然相告,赋此》《四用韵寄吴宗师奉祠城东岱祀,其一谢夏真人送海棠一枝》《谢吴宗师送牡丹》《谢吴宗师送牡丹,并简伯庸尚书》《谢吴宗师送芍药、名酒》《看云道院记》《苍玉轩新记》《敕赐玉像阁记》《大元敕赐饶州路番君庙文惠观碑铭》《次吴宗师韵,题朱本初藏秀楼》《谢吴宗师惠墨》《次韵吴成季宗师赤城阻雨》《次韵伯庸尚书春暮游七祖真人庵,兼简吴宗师》《次韵吴宗师》《寄谢吴宗师三首,次韵吴先生,并序》《闲闲宗师和前韵,期望过当,复用韵以谢二首》《寄和吴闲闲大宗师》《梦吴成季宗师见访,梦中作》《闲闲纪梦诗序》等,从不同方面、不同角度记载了他和吴全节之间的交往,把二人之间的深厚情谊也表现得淋漓尽致。

1. 吴全节馈赠日常用品给虞集

吴全节多次馈赠虞集日常用品,虞集有诗歌回赠,通过这些作品,可以感受二人深厚的友情。赠送牡丹、芍药。虞集有感谢吴全节赠送牡丹的诗,《谢吴宗师送牡丹》《谢吴宗师送牡丹,并简伯庸尚书》等。馈赠好墨。墨是文人必不可少的,也是文人喜欢的,好墨难得,收到吴全节赠送的好墨,虞集颇为高兴,好墨也激发了虞集创作的热情。"念我衰年不废书,锦囊古墨送幽居。明窗尘影丹同熟,玄圃云英玉不如。敢谓文章胜虎豹,祇应笺注到虫鱼。研磨不尽人间老,传与儿孙尚有余。"[①]

虞集出使四川时,吴全节有《送虞伯生使蜀》一诗相赠:"送别应思旧所

---

① 虞集:《虞集全集》上册,王颋点校,天津古籍出版社 2007 年版,第 156—157 页。

经,秦川花柳短长亭。三峰高拊仙人掌,万里先占使者星。锦水东流江月白,潼关西去蜀山青。当年不尽登临意,待尔重镌剑阁铭。"①

正是吴二人关系密切,因此,虞集多次梦到吴全节。《梦吴成季宗师见访,梦中作》:"竹外旌旗驻马鞍,儿童惊喜识衣冠。青山春日何须买?高阁浮云只共看。野蔌不堪供匕箸,新诗聊可助盘桓。当年赤壁扁舟梦,几度人间玉宇寒?"②

2. 虞集为吴全节作传

虞集为吴全节写了《河图仙坛功德碑铭》,这在吴全节生平已经论及,此不赘述。吴全节七十岁时,虞集为吴全节庆贺:"开府希年正乐康,圣恩锡宴在斯堂。岁周二十逢熙洽,年接期颐被宠光。剑佩总从仙苑集,箫韶还就洞庭张。簪花当日今谁是?试向云签阅旧章。""旧德高年荷圣恩,幔亭如宴武陵君。松乔能寿多深隐,园绮来朝只暂闻。千岁天边观鹤发,五云日下护龙文。山中七日阳初动,遥礼三台过夜分。"③

此外,虞集为吴全节创立的看云道院、文惠观作记,甚至吴全节得到一柄古剑时,虞集也创作《古剑赋》以贺。

吴全节得到统治者认可,推恩及其父母,当其父母八十岁,吴全节归乡为父母祝寿时,虞集记载公卿大夫咸为祝贺,对吴全节大为赞赏:"人有以公、夫人之居于家,仍年八十,偕老而康强,其子在天子左右甚尊显高上,其生日又能致天子之赐,此岂惟当世之所无,亦前代之罕闻者也。"并纷纷写文以为记载,"乃皆为文章诵说其美,以耸动观听,而示诸久远,可谓极其盛矣"。赵孟頫创作《古木竹石之图》作为吴全节父母八十岁的贺礼。④

吴全节为其父母建造天爵堂,虞集胜称其孝:"饶国吴公以其子玄德真人之贵,推恩锡爵,以老于家。乃筑堂以居,名之曰天爵。以集游于玄德也,来求文以记之。……升天爵之堂,而观吴公之德,其所劝不既多已乎?虽然玄德以清静为宗,而能奉其亲以荣耀,天子之赐也,亦天所以成其孝也。公非有求于时也,居有贵富而不辞天也,亦教忠之效也。无营也而至贵者,至焉无欲也,而至乐者存焉。然则惟公之所自居者为天爵乎?千乘之国、耆颐之寿何!莫非天者?猗欤盛矣!"⑤

---

① 杨镰主编:《全元诗》第23册,中华书局2013年版,第29页。
② 虞集:《虞集全集》上册,王颋点校,天津古籍出版社2007年版,第131页。
③ 虞集:《虞集全集》上册,王颋点校,天津古籍出版社2007年版,第119—120页。
④ 虞集:《虞集全集》上册,王颋点校,天津古籍出版社2007年版,第586页。
⑤ 虞集:《虞集全集》下册,王颋点校,天津古籍出版社2007年版,第709—710页。

二、杨弘道

杨弘道(1189—1272 年后),字叔能,号素庵,又号默翁,淄川人,著有《小亨集》。

杨弘道有《送吴真人》诗,记载吴全节奉祀情况:"具严威命有祠官,历祀名山不厌难。上帝乘龙游下土,真人骑鹤降虚坛。已刊白玉为封检,更铸黄金作祭冠。国寿延洪千万岁,愿祈谷熟小民安。"①

三、张伯淳

张伯淳(1242—1302 年),字师道,号养蒙,出身世家,与赵孟頫关系密切,著有《养蒙文集》。

在文学创作中,有时苦思、不得其解之时,会在神思放松的梦中得到突破,从而完成创作;或是日有所思夜有所梦,白天思考的问题,夜晚就会以梦的形式继续。梦在古人的创作中有时会起到非常重要的作用。赵孟頫就曾梦到玄武神而创作:"玄帝像,吴兴赵公子昂写其梦中所见者,而上清羽士方壶子之所临也。"②虞集也有类似经历,如《梦吴成季宗师见访,梦中作》。吴全节的创作也和梦有关,张伯淳记为《闲闲纪梦诗序》:

> 吾方外友闲闲吴师乃良月七夜,梦与江东三名儒谈且赋联句,觉而可记者惟三句,遂作为七言律诗以纪其事。……师示此卷,若有所征于余。余谓郑人得鹿覆蕉,其藏之者、闻而求之者、所谓室人者、士师者,皆梦也。若又说梦中之梦,不几架屋上之屋乎?抑闻之,真人寝不梦,觉无忧。师已是八九分地位人,他日尚相与言非梦之梦,姑直叙所闻而书之卷端。③

张伯淳能够得知吴全节做梦之事,可知二人关系非同一般。吴全节寿诞时,他也作贺寿诗以献:"悟彻南华第二篇,从容自得本神全。典刑有韵传书出,纲纪更新教法传。寿酒霜天思对菊,玄门陆地计开莲。黄钟渐应阳生候,爱日添长近御筵。"④他写的《寄吴闲闲》一诗,不仅表达了对吴全节的深

---

① 杨弘道:《小亨集》卷三,四库全书本,第 1198 册,第 187 页。
② 虞集:《虞集全集》上册《玄帝画像赞,并序》,王颋点校,天津古籍出版社 2007 年版,第326 页。
③ 张伯淳:《养蒙文集》卷二《闲闲纪梦诗序》,四库全书本,第 1194 册,第 448 页。
④ 张伯淳:《养蒙文集》卷九《寿吴闲闲》,四库全书本,第 1194 册,第 507—508 页。

厚感情,也表达了他对吴全节的赞赏之意:"移住近瀛洲,天槎去莫留。数归期,已过中秋。上界群仙官府足,云不碍,水长流。酒令与诗筹,依然记旧游。倚斜阳,分付羁愁。应与鳌峰人共语,还不减,去年否。"①

四、刘敏中

刘敏中(1243—1318 年),字端甫,幼聪颖,深得杜仁杰赞赏,著有《中庵集》。在其作品中,有《崇真宫提点吴成季,自号闲闲,扁其居室曰冰雪相看,以卷征言,为书三绝句》一诗,可知是吴全节邀请刘敏中为其居所冰雪相看赋诗的:"闲闲谁道不闲闲,身似苍松耐岁寒。读罢黄庭静无事,一帘冰雪淡相看。冰清雪白两奇绝,不救夜堂心内热。道人有道人不知,暑天踏地皆冰雪。冰雪双清自一奇,洞然唯有此心知。会经槁木寒灰起,却在冰融雪释时。"②还有《题番易樵隐吴君晚香堂》《再题吴闲闲冰雪相看堂》等送给吴全节的诗。

五、戴表元

戴表元(1244—1310 年),字帅初,号剡源,剡源(今浙江班溪镇榆林村)人。宋濂认为他作品"新而不刊,清而不露,如青峦出云,姿态横逸而连翩弗断;如通川萦纡,十步九折而无直泻怒奔之失……故至元大德间,东南文章大家皆归先生无异词",其弟子最为著名的是袁桷。著有《剡源集》。

晚香堂是吴全节父亲吴克己七十岁时所建,其时,吴全节返乡为其庆寿。戴表元对吴全节评价甚高,认为他是"朝廷之近臣,江湖之名儒",当时"凡能文词墨翰者,俱有钱赠,以相褒美夸叹。华编魏榜,照耀山谷;文轩贵驿,震动行路"。③

而对于吴全节在崇真宫所居冰雪相堂,戴表元为之作记,解读吴全节取名冰雪相堂的深意:

> 吴成季法师之居,在京师崇真宫。客有疑于冰雪相看云者,以问之。其人臆之曰:法师厌纷嚣,羞溷浊,姑有取于天地间清物,以为洗心荡目之玩焉耳,何疑乎? 其人之群,有学道者,闻其人之说,呀然而笑曰:噫! 是以世议相短长可也,乌足以尽达人之云云哉! 且子以为冰雪

---

① 张伯淳:《养蒙文集》卷十《寄吴闲闲》,四库全书本,第 1194 册,第 524 页。
② 刘敏中:《中庵集》卷五,四库全书本,第 1206 册,第 41 页。
③ 戴表元:《剡源文集》卷六《晚香堂记》,四库全书本,第 1194 册,第 84 页。

者孰为之？曰：气为之。曰：气孰为之？曰：水为之。曰：水盈于天地间，为云，为雨，为霜露之属皆是也。而得为冰雪而可常常玩之乎？曰：冰雪之可玩者，以其为水之变而愈清者也。曰：水变为冰雪而愈清，不曰冰雪又变而为水乎？盖尝静而思之，冰雪者水之迹，水者天地之迹，天地者太虚之迹，太虚者气之迹。人以其迹，与太虚之迹相摩，不啻百千万尘之一息。其偶然得气之清，而能以功言行业，著称于时，而超异于流辈者，亦犹水之偶变而为冰雪也。……故冰雪一也，有化之于迹，有化之于无迹。有迹之化，吾前之说也；无迹之化，吾后之说也。……于是客与其人者，骇叹愧谢，知世外之学，果有所未尽也。①

六、王构

　　王构（1245—1310 年），字肯堂，号瓠山，又号安野，东平（今属山东）人。少笃学聪颖，弱冠以辞赋中选，任东平行台掌书纪。至元十一年（1274 年），升翰林国史院编修。曾奉命于杭州取三馆图集、礼器仪仗等物，举荐许多名士。还朝后，累迁应奉翰林文字、修撰、吏部郎中、礼部郎中、淮东提刑按察副使、翰林侍讲学士等职，并为世祖撰写谥册。成宗朝任翰林学士，编修《世祖实录》，参议中书省事，正直敢言。武宗朝，修纂国史，拜翰林学士承旨。王构历三朝，于台阁典章无所不通，朝廷大议多用其言，综册谥文皆出其手，加之屡次举荐寒士，颇受时人敬重。著有《修辞铨衡》二卷。生平参见《元史》卷一百六十四本传。虞集《河图仙坛功德碑铭》记其与吴全节有交谊。

七、仇远

　　仇远（1247—1326 年），字仁近，一字仁父，自号山村，钱塘人。与白珽被称为仇白。著有《金渊集》《山村遗稿》。

　　仇远记载吴全节与其弟相会情况，二人私密关系相当好。《吴成季尊师与其弟元初会于维扬，即还金陵，成季寄诗，因和》："初平兄弟总神仙，化石为羊入上天。万里相期云上下，一江不隔水渊漾。对床夜雨吟诗烛，归棹春风载酒船。此是人生真乐事，岸花汀草意无边。"②《寄吴元初道录》："桃花两度见青春，梦里元都隔几尘。升斗自怜为客久，舟车每惜寄书频。君如当日

---

① 戴表元：《剡源文集》卷六《冰雪相看之居记》，四库全书本，第 1194 册，第 83—84 页。
② 仇远：《金渊集》卷五，四库全书本，第 1198 册，第 43 页。

陶宏景,我亦他时贺季真。东望冶城空恋恋,西湖非晚作归人。"①这是一篇难得的记载吴全节与亲人交往的作品。从仇远记载可知,吴全节弟名吴元初,担任道录一职。

八、吴澄

吴澄(1249—1333年),和吴全节交往颇多,互相仰慕。吴全节派其侄吴养浩拜访吴澄,请其为东岳庙、玄宇诗集撰文。吴澄因为久病只撰写了东岳庙的碑文。② 吴澄为吴全节诗集作序,盛赞其诗"如风雷振荡,如云霞绚烂,如精金良玉,如长江大河";跟很多文人一样,用吴全节韵作诗以寄:"已知无患在无身,诸妄俱无只一真。净尽千林摇落后,长流万古发生春。目官官官成朝彻,鼻观深深养谷神。我亦易中研九卦,喜从方外见畸人。"③

吴澄还详细记载了吴全节在崇真宫大行斋醮科仪时的祥瑞,是为《瑞鹤记》:

> 今皇帝元年之春,左丞相传旨,命玄教大宗师吴全节于崇真万寿宫如其教以禳事而虔告于天,有报也,有祈也。告天之辞,上自署名,省台近侍之臣,肃恭就列,罔敢懈怠。宗师静虚凝神,对越无二。朔南玄教之士服其服、职其职,供给于斋宫者千人。步趋进退,璆锵以鸣;赞咏倡叹,疏缓以节。穆穆以愉夫上皇者,靡所不用其极。将事之时,有鹤自东南而来者三,俯临祠坛,飞绕久之,乃翱翔而去。成事之旦,有鹤自青冥而下者二,复临祠坛,飞鸣久之,乃骞翥而上。预祠之臣目观心异,佥欲刻文以彰瑞应。既而其事上闻,有旨命词臣撰录。……且闻先朝祠事,亦尝臻此诚感诚应。今昔同符,宗师严持教法,群工恪奉上意,有以协一人之诚、召灵物之瑞,其美不可以不书。……泰定甲子(1324年)岁季夏之月望日记。④

阎复记载1297年张留孙在崇真宫作金箓大斋时引起祥瑞,"三鹤见于祠宫之上,回翔久之",吴全节这次的斋醮科仪也有祥瑞出现,"有鹤自东南而来者三","成事之旦,有鹤自青冥而下者二",二人记载的祥瑞出现模式、

---

① 仇远:《金渊集》卷五,四库全书本,第1198册,第43页。
② 吴澄:《吴文正集》卷十一《答吴宗师书》,四库全书本,第1197册,第137页。
③ 吴澄:《吴文正集》卷九十五《次韵吴真人,题侯讲师损斋》,四库全书本,第1197册,第884页。
④ 吴澄:《吴文正集》卷三十五,第1197册,四库全书本,第370页。

状态都极为相似，似有深意。

九、程钜夫

程钜夫(1249—1318年)，初名文海，号雪楼，奉旨搜访江南遗逸，赵孟頫就是因之得以推荐而获重用的，著有《雪楼集》。

玄教和龙虎山关系密切，因此，吴全节对《龙虎山志》编纂非常看重，元明善奉敕编纂《龙虎山志》，吴全节也拜托程钜夫为《龙虎山志》作序。[①] 吴全节在北京种植的梅花得到了程钜夫的赞赏："故园烂熳看花处，爱月畏风愁夜雨。漱芳亭上一相逢，忽似江南花下语。薄裁琼麕娇难狎，细剪冰须繁可数。却怜主人闲更闲，病眼摩抄吟欲舞。亦拟南城觅数株，安得万钱买连土。"[②]程钜夫和吴全节聚会畅聊："每过高堂意飒然，却疑身近广寒边。云霄直上无多路，冰雪相看别一天。劲竹乔松心有托，方壶圆峤画难传。六街红透炎官伞，借我风棂一榻眠。"[③]程钜夫还有《寄题吴氏晚香堂》《寄寿吴闲闲二亲》《子昂为闲闲画竹石作别》等诗，可知二人交往频繁。

程钜夫还有《题吴闲闲拟剡图》一诗："和风翼轻舟，平碛荫嘉树。依依流芳在，渺渺层波去。未知图画情，稍叶沧浪趣。真人与道息，宇宙随所寓。季真亦已远，陈迹宁足慕。环枢本无方，矧有济胜具。何许川上亭，政在会心处。"[④]有关《拟剡图》的资料难以找到，因此，从程钜夫这首诗难以判断这是吴全节创作的绘画作品《拟剡图》，还是别人为吴全节创作的画作，因此，该诗是《题吴闲闲〈拟剡图〉》还是《题〈吴闲闲拟剡图〉》，目前还难以确定。

十、陆文圭

陆文圭(1252—1336年)，字子方，长期隐居家乡江阴(今属江苏)。著有《墙东类稿》二十卷。他写有哀悼吴全节父亲饶国公的挽诗："堂堂遗一老，五福寿而康。系出安仁谱，身居荣禄乡。春山樵独隐，晚圃菊尤香。有子知何憾，骑龙下大荒。"[⑤]

十一、任士林

任士林(1253—1309年)，字叔实，号松乡，奉化人，有《松乡集》留世。

---

① 程钜夫:《程钜夫集》，张文澍校点，吉林文史出版社2009年版，第1202册，第177页。
② 程钜夫:《程钜夫集》，张文澍校点，吉林文史出版社2009年版，第419页。
③ 程钜夫:《程钜夫集》，张文澍校点，吉林文史出版社2009年版，第394页。
④ 程钜夫:《程钜夫集》，张文澍校点，吉林文史出版社2009年版，第449页。
⑤ 陆文圭:《墙东类稿》卷十七《挽闲闲真人父司徒》，四库全书本，第1194册，第765页。

《元史·列传·儒学》有任士林传:"有四明任士林者,亦以文章知名云。"①赵孟𫖯对任士林非常推崇,为其撰写墓志铭:"叔实颜貌朴野,与余言甚契。自是相与为友,而宗阳杜宗师馆之于宫,教授弟子常数十人,虽授徒以为食,而文日大以肆,近远求文以刻碑碣者殆无日虚。盖叔实之于文,沉厚正大,一以理为主,不作庾语棘人喉舌,而含蓄顿挫,使人读之而有余味。余敬之爱之,岂意其遽止于斯也!"②

任士林对吴全节非常赞许,为其"闲闲"张辞:

> 吕道士自阳明洞天北还京国,里人任士林遇于钱唐之开元,因道其友吴君闲闲之贤而问其说。洞天下之物理者形色不能移,究天下之事情者耳目不能役。是以无营无求,嗜欲净也;不将不迎,天宇宁也。……夫事之方来,如止水之过跰跹,镜台之坐蓬垢,举不足以浼我,岂不绰绰然有余裕哉?则坐忘之斋,天游之室,日在人境中矣。庄子曰:大知闲闲。此之谓也。虽然,吴君老子徒也,洒然熊豹之姿,充充然日与猿鹤相俛仰。方将枕藉白雪,吞吐元气,则其清净空寂之学,顾何往而非闲闲之境乎?然炼形气者劳其神,歌洞章者讪其息,鞭鸾笞凤之御远,上界官府之事具,虽谓不闲可也。非神交庄周之论于千载之上者,其孰能与于此作《闲闲说》。③

任士林为陈可复撰写墓志铭,记载吴全节擅长雷法。吴全节升为都提点时,任士林写诗相贺:"道际九重,提宗门之正印;身为众父,得玄教之单传。贺溢冠裳,欢传海岳。仰惟某官,玄冲而清净,沉潜而高明。大知闲闲,穷理尽性以至于命;至人默默,和光同尘而渊乎宗。鼓大道橐钥之春,新上界官府之听。有三宝,有三乐,顾举世之所希;无二道,无二心,合众妙而为一。遂令末学,屹有旨归。某等踊跃瓣香,周旋芘厦。大宗师之玄奥,德愈盛,名愈彰;圣天子之简知,祖拜前,孙拜后。敷陈言浅,欣忭情深。"④

任士林文采得到吴全节认同,所以,吴全节让侄子吴养浩写信,请任士林为其晚香堂、冰雪相看堂作记。"延陵吴成季,筑堂番阳寿栎山之阳,榜曰晚香,志养也。……而成季之归也,凡尚方锡赉,归遗庭下。中朝之彦,两院之儒,所以宠光歌咏,照暎橐中。季紫衣象简,问安否外,躬奉觞上寿,愉色

---

① 宋濂等撰:《元史》第14册,中华书局1976年版,第4337页。
② 赵孟𫖯:《赵孟𫖯集》,钱伟强点校,浙江古籍出版社2016年版,第224—225页。
③ 任士林:《松乡集》卷五《闲闲说》,四库全书本,第1196册,第558页。
④ 任士林:《松乡集》卷十《贺吴闲闲都提点》,四库全书本,第1196册,第593页。

婉容,进退有礼。寿栎翁喜曰:此清时赐也。于是堂若干楹,庭足以容拜趋,阼足以奉升降。堂之中,鹤发垂垂,左扶右披,于壶于觞,以琴以瑟。堂之外,黄华鲜鲜,秋气为洁,以燕以寿,于采于撷。寿栎翁亦安且荣矣。于是遂即晚香名之。既成五年,成季命其侄善,自京师万里求记于余。……寿栎翁可谓与时流行,而成季可谓养志容悦者矣。于是乎记。"①《冰雪相看堂记》记载:"玄教吴尊师,即崇真万寿宫之右,筑室三间。载绸载缪,西南其户。土榻陶春,石煤种燠。四方宾客,晏坐其中,题曰:冰雪相看。凡京师之名能文者,咸赋之纪之。"②任士林的记载再次揭示出吴全节具有的巨大社会影响力。

十二、曹伯启

曹伯启(1255—1333 年),"伯启,字士开,砀山人,至元中荐除冀州教授,天历初,官至陕西诸道行台御史中丞,卒谥文贞。是集一名《汉泉漫稿》,后有至元戊寅(1338 年)吴全节跋……伯启生于宋末元初,而家世江北,不染江湖末派,亦不沿豫章余波,所作乃多近元祐格。惟五言古诗颇嫌冗沓,其余皆春容娴雅,泅泅乎和平之音,虽不能与虞、杨、范、揭角立争雄,而直抒胸臆,自谐宫征,要亦不失为中原雅调矣"③。吴全节评价曹伯启诗文"温秀雅丽",对于其直抒胸臆、吟咏性情、寄寓纪述,怀感讽刺的诗风持肯定态度。

十三、李孟

李孟(1255—1321 年),字道复,号秋谷,"潞州上党人。曾祖执,金末举进士。祖昌祚,归朝,授金符、潞州宣抚使。父唐,历仕秦、蜀,因徙居汉中。孟生而敏悟,七岁能文,倜傥有大志,博学强记,通贯经史,善论古今治乱,开门授徒,远近争从之。一时名人商挺、王博文,皆折行辈与交"④。

大德三年(1299 年),元仁宗潜邸时为其师李孟画像。"孟在政府,虽多所补益,而自视常若不及,尝因间请曰:'臣学圣人道,遭遇陛下,陛下尧、舜之主也。臣不能使天下为尧、舜之民,上负陛下,下负所学,乞解罢政权,避贤路。'帝曰:'朕在位,必卿在中书,朕与卿相与终始,自今其勿复言。'继赐爵秦国公,帝亲授以印章,命学士院降制。又图其像,敕词臣为之赞,及御书

---

① 任士林:《松乡集》卷二《吴氏晚香堂记》,四库全书本,第 1196 册,第 516 页。
② 任士林:《松乡集》卷二,第 1196 册,四库全书本,第 517—518 页。
③ 《曹文贞公诗集·提要》,四库全书本,第 1202 册,第 475—476 页。
④ 宋濂等撰:《元史》第 13 册,中华书局 1976 年版,第 4084 页。

'秋谷'二字,识以玺而赐之。"①由于李孟深得元仁宗认同,因此,当阎复受到攻击时,吴全节就求助于李孟,最终使得该事化解:"成宗崩,仁宗至自怀孟,有狂士以危言讦翰林学士阎复者,事叵测。全节力为言于李孟,孟以闻,仁宗意解,复告老而去。当时以为朝廷得敬大臣体,而不以口语伤贤者,全节盖有力焉。"②

李孟还为吴全节松下像题跋:"公自至元中入朝,累奉命代祀岳渎及江南名山,每竣事必顾瞻修林,留憩吟啸。至大庚戌(1310年),在龙虎山作松下象。诗书之泽,道德之容。泰山北斗,甘雨祥风。一襟秋霁,万象春融。克仁克义,惟孝惟忠。黼黻皇猷,柱石玄宗。千一百岁,今方小住,于空峒也。"③

十四、刘将孙

刘将孙(1257—?),字尚友,庐陵(今江西吉安)人,刘辰翁之子。《新元史》有传。著有《养吾斋集》。刘将孙对吴全节诗歌评价甚高:"东坡尝赋诗,羡无为子以王事而得山水之乐。今闲闲真人阁皂降香为山中赋咏,写成卷以付葆光张省吾,又非无为子,可得而几也。笔光墨润飞动毫楮,诗辞秀丽潇洒,兼有天人之福。文章技道有本有原,所以教省吾者,无不可以三隅反也,把玩爽然。"④

十五、邓文原

邓文原(1258—1328年),字善之,绵州(今四川绵阳)人。其父为避兵祸,遂迁浙江杭州。擅长章草,与赵孟頫、鲜于枢号称元初三大书法家,著有《巴西集》,《元史》有传。

邓文原为吴全节"听松风象"作赞:

> 延祐五年(1318年)戊午秋日,登西山楼听松风,作听松风象。
> 敦礼度,延陵裔。法清净,犹龙氏。德充符,经在笥。中秉直,佐元治。亲帝社,湛恩沛。玉温如,鸣珮琚。驭埃风,游清都。俨岩廊,际都俞。宇泰定,存若需。神得一,化万殊。应环中,合道枢。⑤

---

① 宋濂等撰:《元史》第13册,中华书局1976年版,第4088页。
② 宋濂等撰:《元史》第15册,中华书局1976年版,第4528—4529页。
③ 朱存理编:《珊瑚木难》卷三,四库全书本,第815册,第88—89页。
④ 刘将孙:《养吾斋集》卷二十五《题吴闲闲诗卷》,四库全书本,第1199册,第239页。
⑤ 朱存理编:《珊瑚木难》卷三,四库全书本,第815册,第90页。

吴全节奉旨祭祀时,邓文原有诗相送:"国老分茅社,祠官从使星。鹤书来涧谷,羽节动仙灵。寸草春逾碧,黄花晚独馨。真人犹五采,归受《蕊珠经》。""草木南薰候,神仙上界官。平生修月斧,万里御风翰。江雨鸣星剑,凉空忆露盘。白鸥秋水外,相与醉凭阑。"①

吴全节推恩于父母的诏书也是邓文原奉敕而作,《至大三年(1310 年)崇文弘道玄德真人臣全节,蒙被上恩,封赠二代,归荣父母,焜耀来今,玉语昭垂烂若云汉,书之副本,传示无穷。国子司业臣文原拜手稽首,为之赞曰》,除此之外,还有《送吴宗师南祀归二首》《崇真宫观梅》等赠诗。

十六、蒲道源

蒲道源(1260—1336 年),字得之,号顺斋。眉州青神人。著有《闲居丛稿》。

吴全节至孝,父母七十岁生日、八十岁生日时,均回家祝寿。吴全节于1314 年南归为其父八十岁祝寿。蒲道源有《送吴闲闲真人》一诗相赠:"玄德真人领教宗,一时清贵齿群公。问安日报双亲健,上寿天教八袭同。饶国并封荣莫及,庄椿齐岁福兼隆。一门盛事诚堪贺,不惜题诗在下风。"②

十七、赵世延

赵世延(1260—1336 年),元朝鲁国公,祖籍云中(今内蒙古托克托东北),四川成都人,雍古族。颇有善政,《元史》有传。他于 1327 年为吴全节"上清象"作赞。

> 泰定四年(1327 年)丁卯,代祀江南三山。还朝,醮于崇真宫,作上清象。
>
> 冠芙容兮玉比德,云霞衣兮绚五色。谈大道兮坐瑱席,流琼音兮达宣室。贯羲文兮妙得一,相箕畴兮广敷锡。论天人兮天咫尺,言谔谔兮帝心格。进泰阶兮总仙籍,著赞书兮表清直。事孔圣兮如一日,显祖父兮饶封国。信行藏兮古是式,从赤松兮师黄石,玄中之玄兮太虚无迹,洞烛万变兮凌厉八极。云中赵世延③

---

① 邓文原:《邓文原集》,罗琴整理,浙江人民美术出版社 2016 年版,第 343 页。
② 蒲道源:《闲居丛稿》卷六,四库全书本,第 1210 册,第 617 页。
③ 朱存理编:《珊瑚木难》卷三,四库全书本,第 815 册,第 91 页。

十八、袁桷

袁桷(1266—1327 年)与吴全节关系密切。袁桷对吴全节极为敬仰,和吴全节相比,他自愧不如:"吾徒来京师,视成季有三愧焉:居京师者,不宜以块处,蓬蓬然结鞍整袂,惜日以进,其不能是者,目以为固野。成季则不然,闭门展书,视日蚤莫,冰淳而川止也。达公贵人,语未脱口,纳柔奉佞,千巧百诡。成季独正色指画,朗言某事未当。至论天下休养大计,龟灼绳直,听者咕舌,方疾趋以行,不胜其愧。成季幼为方外士,常所置论,必曰:'吾父母皆耆年矣!惕焉不得以朝夕养。'而吾徒将捐弃尊爱,荒尘败屋,啜蔬饭粝,业官以为生,如无所容归。若是者,愧之大者也。"①

袁桷对吴全节的敬仰加之吴全节人格魅力,使得二人保持了长期而亲密的关系。吴全节嗜酒,袁桷也得到了吴全节赠送的好酒:"客里端阳景物殊,侍晨分酿出偏壶。松间尚积千年雪,涧底难寻九节蒲。霏玉论陈医国艾,研朱手写辟兵符。侍臣陟觉蓬莱近,簇簇宫花遍蕊珠。"②

袁桷非常关注吴全节生病:"好客频来往,闲云管送迎。花香清病骨,松籁答书声。身世三生梦,乾坤万古情。故园多蕨笋,归兴绕江城。客散庭如水,春深日似年。闲心观宇宙,浮世阅风烟。诗句吟难稳,蒲团坐欲穿。一声松外鹤,此意共悠然。"③

当久候吴全节未至时,袁桷心情低落,用"愁欲绝"来表达失落心情,如非密友,是断然不会用这样的词汇的:"崇真观里独徘徊,门锁蛛丝燕子猜。玄度来迟愁欲绝,为凭白鹤寄书催。"④而当吴全节终于到来时,"春浓""争"等很好地传达出袁桷欣喜的心情:"飞鹤驭空来,春浓洞府开。灯光争夜月,磬韵起春雷。玉斗朝云礼,金门就日回。的知仙桂种,玉斧更深培。"⑤

袁桷不仅奉敕为吴全节继任大宗师制辞,而且推恩及其祖辈时,也是袁桷制书《吴饶公制书跋》。吴全节不仅仅是"移孝为忠",实际上可以称之为忠孝两全。其父七十岁生日时,吴全节南归为其祝寿,这次祝寿成了当时的文化盛事,送别诗、送别画层出不穷,袁桷也有题跋诗相送:"驱马上河梁,圆晕新雨纹。矫首层阙巍,翔鸾散奇氛。犄南双松树,百里风声闻。束发入紫京,去住心如焚。送客醨我觞,我醨不得醵。愿化为黄鹤,朝夕随飞云。上

---

① 袁桷:《袁桷集校注》第 3 册,杨亮校注,中华书局 2012 年版,第 1171 页。
② 袁桷:《袁桷集校注》第 3 册,杨亮校注,中华书局 2012 年版,第 843 页。
③ 袁桷:《袁桷集校注》第 2 册,杨亮校注,中华书局 2012 年版,第 456—457 页。
④ 袁桷:《袁桷集校注》第 3 册,杨亮校注,中华书局 2012 年版,第 865 页。
⑤ 袁桷:《袁桷集校注》第 3 册,杨亮校注,中华书局 2012 年版,第 887 页。

以奉明主,中以承严君。往复三千年,奇龄合氤氲。结袂安期子,启齿歌琼
文。"①吴全节父母八十岁时,袁桷依然有诗相贺:"延陵季子古高贤,云耳于
今寿种传。有道定知真有子,齐眉更喜复齐年。苍龙双拥宫醪湛,白鹤重归
丹井鲜。自是君家多孝感,玉杯甘露会群仙。吴猛事父母至孝,后有玉杯甘
露之感。"②

袁桷对吴全节至孝评价非常高,把他和吴猛相提并论。吴猛,净明忠孝
道代表人物,也是二十四孝人物之一。

《二十四孝》之恣蚊饱血:

晋吴猛,年八岁,事亲至孝。家贫,榻无帷帐,每夏夜,蚊多攒肤。
恣渠膏血之饱,虽多,不驱之,恐去己而噬其亲也。爱亲之心至矣。
夏夜无帷帐,蚊多不敢挥。恣渠膏血饱,免使入亲帏。
恣肆毒蚊侵幼身,蚊足意满不噬亲。饱腹膏血遭人愤,血浓于水孝
真君。

吴猛在道教内部也是以孝著称:

吴君名猛,字世云,濮阳人。仕吴为西安令,因家焉。今分宁县是
也。性至孝,龆龀时,夏月手不驱蚊,惧其去己而嚼亲也。年四十,得至
人丁义神方,继师南海太守鲍靓,复得秘法。吴黄龙中,天降白云符授
之,遂以道术大行于吴晋之间。……《晋书》云:吴猛,豫章人。少有孝
行,夏日常手不驱蚊,惧其去己而噬亲也。年四十,邑人丁义始授其神
方。因还豫章,江波深急,猛不假舟楫,以白羽扇画水而渡,观者异之。
晋孝武帝宁康二年,真君上升,世云复还西安。是年十月十五日,上帝
命真人周广捧诏召世云,遂乘白鹿车,与弟子四人白昼冲升,宅号紫云
府,今分宁县吴仙村西平靖吴仙观是也。宋徽宗政和二年五月,准诰封
真人……可特封神烈真人。③

《云笈七签》卷八十五:

① 袁桷:《袁桷集校注》第 1 册,杨亮校注,中华书局 2012 年版,第 187 页。
② 袁桷:《袁桷集校注》第 2 册,杨亮校注,中华书局 2012 年版,第 603 页。
③ 赵道一编修:《历世真仙体道通鉴》卷二十七,《道藏》第 5 册,第 254—255 页。

吴猛字世云,豫章人也。性至孝,小儿时在父母膝下,殊无骄慢色。夜寝在父母边,未曾离也。夏月多蚊虻,不摇扇,有同寝人见猛在不患蚊虻,问其故。猛云:"恐蚊虻去我及父母尔"。得道后登庐山,与三弟子越三石梁至一处,高堂多珍玩不可识。弟子乃窃取一物,欲以示世人。还见向经梁化小如指,须臾昼昏。猛知弟子有过失,使送还,方得度。后太尉庾亮迎猛,至武昌便归,自言算讫。未至家五十里亡,殡后疑化,弟子开棺无尸。①

二十四孝形成时期较长,人物故事也没有定型,到了宋元时期,二十四孝基本定型,在社会上具有广泛的影响力。谢应芳曾为王达善辑录、整理的二十四孝作序:

> 人生两间,以天降之衷为秉彝之性,故能参于三才,有感斯应,为万物之最灵者也。夫孝乃性中之一事。然立身之本,莫大于斯,故尼山大圣人与高弟子反复问答,著为大经。奈何圣代弥远,风俗浸衰。秦汉以来,櫌锄德色,箕帚诟语者滔滔也。甚者至于人其形,枭獍其心,可抚膺切齿流涕而痛哭者也。今观郡人王达善所赞二十四孝,哀为一编,其间言孝感之事,什有八九,且以《孝经》一章冠于编首。盖取"孝通神明"一语推而广之,欲使人歆羡而勉于企及,于名教岂小补哉?或谓重华圣孝,千古一人,岂宜与泛泛者类称,是固然矣。吁!达善之意,盖欲揽太阳与月星并照,容光焜焜,无幽不明。老夫拟非其伦,辞不达意,宜君子无求备焉。②

张宪也为王克孝的二十四孝图题跋,把孝亲和忠君相提并论:

> 惟孝先百行,惟子乃克之。问子何以克,帝舜吾其师。父顽而母嚚,乃是舜之孝。苟非处其变,奉养亦常道。不以克自揭,孰知志乎舜。裂素以写图,庶使观者信。寥寥数千载,孝行耀青史。图今止若斯,余岂非孝子?侃侃贡公说,英英周子书。举图授其概,自可见其余。嗟哉客省史,三公出自兹。永持食禄心,常作奉母思。忠孝不两途,臣子非二身。今日之孝子,后日之忠臣。谓以子余年,事君如事母。高步追昔

---

① 张君房编:《云笈七签》第4册,李永晟点校,中华书局2003年15页,第1920页。
② 谢应芳:《龟巢稿》卷九,四库全书本,第1218册,第221页。

人,珠璧耀前古。方今风尘际,大义鲜不谕。愿言存壮节,继写忠臣图。①

虽然二十四孝图的作者仍有争议,王达善、王克孝是否为同一人等问题还没有办法确认,但是这一时期墓室中出现了大量的二十四孝图,可知二十四孝图在当时已深入人心,为人们所熟知。

在道教界内部,吴猛地位很高,又因为孝和张良的忠、阆君平的善、许逊的行符施水等相提并论,最终白日飞升,成为神仙。成仙是道徒的最终追求,是毕生追求的目标,把吴全节比作吴猛,无疑是对吴全节最大的褒奖和肯定。社会上对二十四孝极大认同,因此,把吴全节和吴猛相提并论,袁桷对吴全节是极为认同的,对其评价极高。

十九、贡奎

贡奎(1269—1329 年),字仲章,号云林子。出身书香世家,其父贡士瞻宋末进士,宋亡隐居不仕。贡奎诗歌"温然粹然,得典雅之体",深受文人认同和赞赏。

贡奎自称和吴全节神交已久:"春水武昌船,帆飞敬亭雨。孤城厌喧嚣,听此樯燕语。挥手谢时人,开胸散烦暑。煌煌阙下书,曳曳云间侣。真人紫霞佩,执简授璇宇。揽衣欲从之,神交谅倾许。霁雨沐霄容,风微鹄初举。游心惬高明,脱屣迈行旅。怀哉会何时? 酌彼盈尊醑。"②贡奎对吴全节宝剑赋诗:"古剑鄰鄰一泓水,高堂脱鞘神光起。何年失势竟飞来? 风雨灵雌泣渊底。自从掌握归山人,勾连铁锁羁烟尘。山石裂开鸣碧玉,土华蚀尽浮苍鳞。天官下敕百灵守,呼吸云雷任驱走。或云其来遥汉始,留侯佩从赤松子。千载相传有定名,造物忌令书大史。君不见,干将莫邪离复合。气冲牛斗森灭没,长鲸掉尾沧海阔。"③

吴全节承担最多的是奉祀活动,贡奎为其行为称赞:"吴侯南州奇,脱身谢儒冠。异人授函笈,从容步金銮。禋礼崇岳祀,洁香命驰鞍。持此一寸衷,耿耿报国丹。春云碧草动,晴雪苍松寒。堂有鹤发亲,眼照五采鸾。举觞寿希龄,莱衣珊珊珊。兹乐余固同,刲兹平生欢。赠师何以言? 清飙散毫

① 张宪:《玉笥集》卷五《题王克孝二十四孝图》,四库全书本,第 1217 册,第 427—428 页。
② 贡奎:《贡奎集》,邱居里、赵文友校点,吉林文史出版社 2010 年版,第 46 页。
③ 贡奎:《贡奎集》,邱居里、赵文友校点,吉林文史出版社 2010 年版,第 52 页。

端。"①还为其父亲写挽诗。②

吴全节还有一件非常重要的事情,那就是东岳庙的建立。从张留孙决议建造东岳庙到吴全节最终完成这个事情,东岳庙的建造不仅仅是对于玄教,对于整个道教而言都是一件重要的事情。当东岳庙建成时,贡奎赋诗为之祝贺:"尊岳开新庙,高承万雉翔。宝花严像设,玉烛耀龙光。野润春浮霭,斋严午积香。真人端杰见,卫道岂微茫?髙士何年契?虚堂竟日留。老惭今日会,狂忆向时游。种树供栖鹤,开池待狎鸥。尘居真可隐,江海谩乘舟。"③而对于吴全节父亲饶国公、其侄子吴养浩,贡奎都有赋诗。

二十、元明善

元明善(1269—1322年),字复初,北魏拓跋氏后裔,大名清河(今属河北)人。仁宗潜邸时,元明善曾做过太子文学。元明善、张养浩、曹元用被称为"三俊",著有《清河集》,《元史》有传。"真人吴全节,与明善交尤密,尝求明善作文。"④吴全节拜托元明善作文的有《汉番君庙碑》,记载了番君庙的起源、发展:"延祐四年(1317年)三山王君都中为守,乃重作之庙,旁又作芝山道院,馆道士以为庙守。番君庙者,祀汉长沙吴文王芮也。方秦毒虐天下,秦吏亦乘而毒虐,其民存者嚣然,咸思覆秦杀吏,独番阳令得江湖间民心,号曰番君。……庙成,图之以寄郡人玄教嗣师吴真人,曰:此真人昔尝劝我者,今成矣。庙当有记,真人属笔于明善,遂作汉番君庙碑。"⑤

此外,吴全节和元明善还奉敕完成《龙虎山志》编纂工作:

> 臣全节言:皇庆二年(1313年)三月辛巳,臣全节诣集贤院,言信州路龙虎山前奉敕重作太上清正一万寿宫成,有旨以其图来上。臣全节谨以封上山图,请具录为志。太保臣曲出、集贤院大学士臣邦宁以闻,敕翰林院侍讲学士臣明善编述《龙虎山志》。志成,以授臣全节者。臣全节窃惟兹山,邈在江右。实神明之都宅,人物之奥区。道德之家,发迹自汉,以世相授,承流至今。然而传闻异辞,纪载无法。虽有名胜,隐郁弗宣。风气之宜,理者有待。臣全节诚惶诚恐,稽首顿首皇帝陛下:有相之道,无为而成。曰清净以临民,本玄玄之为教。自祖宗继承之

① 贡奎:《贡奎集》,邱居里、赵文友校点,吉林文史出版社2010年版,第43页。
② 贡奎:《贡奎集》,邱居里、赵文友校点,吉林文史出版社2010年版,第90页。
③ 贡奎:《贡奎集》,邱居里、赵文友校点,吉林文史出版社2010年版,第76页。
④ 宋濂等撰:《元史·元明善传》第14册,中华书局1976年版,第4173页。
⑤ 苏天爵编:《元文类》卷二十,四库全书本,第1367册,第239—240页。

际,盖上下四十余年。嗣天师臣与材子弟父兄传绪者三世,大宗师臣留孙出入禁闼承恩者四朝。施及微臣,嗣陪秘祝。香火瓜华之盛,衣冠章绶之荣。①

元明善还为吴全节"内观象"作赞。

至大四年辛亥还朝,燕居环枢堂,作内观象。

俨然服儒,邈矣宗聃。阳耀乔林,霜洁重潭,专兮春温,愀兮秋严。夷尔岩崖,中自隅廉。斯则画史,笔所形似。渊然其存,我善模拟。寓迹高玄,道裕孝忠。惟直惟诚,克溥而公。恬于用世,器也何宏。将高天放,材也何英。缅怀古人,若李长源,吁嗟名臣,终惭绮园。②

二十一、柳贯

柳贯(1270—1342 年),字道传,博学多才,擅长书法,于书无所不读,和虞集、黄溍、揭傒斯并称为"元儒四杰"。他写有《次韵吴闲闲真人咏梅》诗:"岩峣珠阙凤池滨,梁背苍龙此树身。花下亦逢修月户,林中别有主云神。么禽寂寂时窥梦,古雪离离未放春。谁识西湖香影外,绿华承尊供仙人。"③还记载了吴全节奉敕祭祀情况:"极中景福大如川,臣子灵承志赫然。祭泽寻常先及物,威颜咫尺不违天。即今汉乐多崇祀,若昔殷家有历年。归美象成严报上,颂辞忙付玉人镌。"④为吴全节父亲写挽诗:"周世群支合,秦封故邑开。者英今几叶,爵秩比三台。正倚椿年永,何知薤露哀。海山云缥缈,真待乐天来。"⑤

二十二、杨载

杨载(1271—1323 年),字仲弘,浦城人,与虞集、范梈、揭傒斯并称"元诗四大家"。杨载对吴全节的评价颇高:"具严威命领祠官,历祀名山不厌难。上帝乘龙游下土,真人骑鹤降虚坛。已刊白玉为封检,更铸黄金作祭冠。国寿延洪千万岁,愿祈谷熟小民安。""子绍重黎有大功,父宜封建至三

① 李修生主编:《全元文》第 24 册,江苏古籍出版社 2014 年版,第 415 页。
② 朱存理编:《珊瑚木难》卷三,四库全书本,第 815 册,第 89 页。
③ 柳贯:《柳贯诗文集》,柳遵杰点校,浙江古籍出版社 2004 年版,第 87 页。
④ 柳贯:《柳贯诗文集》,柳遵杰点校,浙江古籍出版社 2004 年版,第 101 页。
⑤ 柳贯:《柳贯诗文集》,柳遵杰点校,浙江古籍出版社 2004 年版,第 65 页。

公。丝纶诏下皇恩重,黼黻衣成古礼崇。视草乍闻辞玉府,献桃曾见到珠宫。□□□□□□□,便与彭篯得寿同。"①

由于吴全节喜欢宝剑,为了取悦吴全节,甚至有道士偷窃宝剑献与吴全节②;玄教传教信物就有宝剑,杨载提及吴全节对宝剑敬之如神:"闲闲真人藏古剑,敬之如神不敢忽。宾客时来求一观,辄有悲风起仓卒。人言此是金铁精,良工煅炼久始成。动摇天地合变化,摩荡日月含光精。昔年有蛟起江中,口吐烈焰烧长空。下民昏溺上帝怒,雷电往击皆无功。尝持此剑斩蛟首,流血滔滔浸庐阜。传记传闻时既久,不意世间今尚有。吾过下里多恶氛,魑魅魍魉能食人。请君为我绝此怪,一洗宇宙长清新。"③

杨载还为吴全节父亲作祝寿诗,吴全节父亲死亡时,杨载也写挽诗以作纪念:"厚德修天爵,崇资拜地官。粲然周典礼,伟甚汉衣冠。共喜悬金印,俄闻盖玉棺。史臣书宠数,光照碧巉岏。"④

二十三、范梈

范梈(1272—1330 年),字亨父,一字德机,清江(今江西樟树)人,元诗四大家之一。范梈和吴全节交往颇多,日常生活中经常品茗、赏花:"梅仙之宫在何许,五尺青天隔风雨。冰雪肌肤绰约人,铁石心肠软媚语。行藏一粒粟中寄,品格百花头上数。所以商廷和鼎功,大濩登之六代舞。呜呼!安得东皇锡白社,胙以金陵为尔土。"⑤赋诗吴全节退朝:"柳外朝冠古进贤,云间观户旧通仙。蓬莱岂隔三千里,华颂宜过一万年。香并衮龙浮瑞日,声随箫凤下晴天。文臣不愿金茎赐,但想黄封到竹边。"⑥

通过范梈的描写也能了解吴全节归省、居所事情。如《送吴真人持诏宁亲》:"飘然持玉节,去犯苍山稠。紫凤把细华,逶迤仙岩陬。遂经三茅岑,已登阁峰头。还家拜封君,玉册珊瑚钩。笑问游子衣,不独五色优。门县朱雀旐,坐拥金明裘。开筵浥芳醴,枭鸱进庶羞。承颜开淑训,慰尔道路修。尔归奉天子,万岁更千秋。……"⑦

① 杨载:《杨仲弘集》卷七《送吴真人二首》,四库全书本,第 1208 册,第 55 页。
② 揭傒斯:《庐陵玄潭观旧藏许旌阳斩蛟剑兴国有一道士过庐陵窃之至于京师以献吴真人邀予赋诗遣还本观》,《揭傒斯全集》,李梦生标校,上海古籍出版社 1985 年版,第 58—59 页。
③ 杨载:《杨仲弘集》卷五《古剑歌为吴真人作》,四库全书本,第 1208 册,第 34 页。
④ 杨载:《杨仲弘集》卷三《挽饶国吴文康公诗,二首》,四库全书本,第 1208 册,第 17 页。
⑤ 范梈:《范德机诗集》卷五《次韵,赋吴尊师漱芳亭白、红梅花二首》,四库全书本,第 1208 册,第 116 页。
⑥ 范梈:《范德机诗集》卷七,四库全书本,第 1208 册,第 145 页。
⑦ 范梈:《范德机诗集》卷一,四库全书本,第 1208 册,第 77 页。

二十四、萨都拉

萨都拉,又名萨都剌(1272—1355 年),字天锡,号直斋,雁门(今山西代县)人。萨都拉诗书画兼善,被称雁门才子。

萨都拉记载了吴全节扈从北上的情况:"扈跸千官取次行,道人先踏雪泥晴。关南日暖龙颜近,岭北风高鹤背轻。丞相早行霜滑马,将军夜宿火连营。一年两度经过处,惟有青山管送迎。"①还赋诗送吴全节,如《宿台城寄吴宗师》:"金陵城外凤皇台,夜夜吹箫独自来。不见仙人倚歌和,白鹤飞下还飞回。"②还有《和闲闲吴真人二首》:"几度驱车上京国,五更归梦绕云林。丹炉火伏虎昼卧,石钵云寒龙夜吟。天上神仙王子晋,丹凤楼前驾鹿车。红门下马见天子,袖有一卷养生书。"③

在这两首诗里,萨都拉都把吴全节比作仙人王子乔。"王子乔者,周灵王太子晋也。好吹笙,作凤凰鸣。游伊、洛之间。道士浮丘公接以上嵩高山。三十余年后,求之于山上,见柏良曰:告我家七月七日待我于缑氏山巅。至时,果乘白鹤驻山头,望之不得到。举手谢时人,数日而去。亦立祠于缑氏山下及嵩高首焉。妙哉王子,神游气爽。笙歌伊洛,拟音凤响。浮丘感应,接手俱上。挥策青崖,假翰独往。"④从中可以看出,萨都拉对吴全节的评价极高。

二十五、揭傒斯

揭傒斯(1274—1344 年),字曼硕,号贞文,龙兴富州(今江西丰城),元诗四大家之一,也是儒林四杰之一,参与修辽、金、宋三史,任总裁官,有《文献集》留世。

揭傒斯家贫,延祐初因被程钜夫、卢挚推荐,获授翰林国史院编修官。吴全节曾经在皇帝前推荐过卢挚,因此,揭傒斯和吴全节的接触就理所当然,关系也就更为密切。

吴全节接任玄教大宗师,揭傒斯第一时间祝贺:"特进神仙府,丹台日月边。阳和随道长,符印与心传。星象通南极,天光彻上玄。床头白羽扇,曾

---

① 萨都拉:《雁门集》,上海古籍出版社 1982 年版,第 190—191 页。
② 萨都拉:《雁门集》,上海古籍出版社 1982 年版,第 185—186 页。
③ 萨都拉:《雁门集》,上海古籍出版社 1982 年版,第 186 页。
④ 刘向:《列仙传》卷上,《道藏》第 5 册,第 68 页。

作渡江船。"①吴全节上朝也有诗相贺:"春迎玉帛万方贤,云拥笙歌上界仙。随仗儿童皆睹日,衔香父老不知年。洪钧一气包舆地,绛阙诸宫丽碧天。惟有道人三祝罢,珠玑争落紫微边。"②

揭傒斯多次写诗为吴全节祝寿,有《寿栎山诗一首为吴真人生朝作,寿栎山,其里山名》《寿吴大宗师》《寓兴五首,寿吴大宗师》等。吴全节系列画像中的《青城象》,揭傒斯为之题跋;吴全节奉旨回家为其父母祝寿时,揭傒斯有《卢沟风雨送别图》:

> 吴城季真人奉旨还江东为两亲八十寿,诸公卿大夫士咸送饯至卢沟,风雨骤至。集贤商学士作卢沟风雨送别图,其能为文辞者从而赋之。遂作五言一首。
>
> 真人紫霞衣,朝下五云阙。倾城车马出,风雨河上别。河水去悠悠,修梁白于雪。执手复何时?南行向彩闱。天上双玉壶,归奉两庞眉。庞眉俱八袠,开国彭蠡涯。彭蠡三百里,摩荡天与地。南有寿栎山,万古横积翠。下是真人家,贡洞皆紫气。上堂拜家庆,下堂望京师。帝非好神仙,乐与真人居。真人多至言,上可致唐虞。唐虞不难致,真人但早还。秋风吹白鹤,谈笑度河关。忠孝与恩义,两尽诚独难。相送河水南,相望河水北。殷勤一杯酒,此别宁易得。举手长揖辞,苍然忽如隔。③

二十六、王结

王结(1275—1336年),字仪伯,易州定兴人。深研性命道德之学,其《易》学作品深得吴澄认可。历侍成宗、武宗、仁宗朝,屡陈时政。官至翰林学士,知制诰,曾参修国史,拜中书左丞。他有《次韵奉答伯生学士闲闲宗师》一诗赠与吴全节:"珪璧陶匏荐帝郊,黄流玉瓒缩菁茅。日升旸谷神人悦,星拱天枢上下交。毓德经帷瞻内相,礼贤鼎肉继中庖。鸑鷟讵有冲霄翼,容我疏林返旧巢。欢娱菽水旷晨昏,接武鹓联荷异恩。自愧尘缨污凤沼,定知云木叹牺尊。文章阁老推高雅,德宇仙翁俨粹温。授我环中千古

① 揭傒斯:《十一月七日吴特进初度,时方嗣玄教太宗师》,《揭傒斯全集》,李梦生标校,上海古籍出版社1985年版,第151页。
② 揭傒斯:《揭傒斯全集》,李梦生标校,上海古籍出版社1985年版,第57页。
③ 揭傒斯:《揭傒斯全集》,李梦生标校,上海古籍出版社1985年版,第97页。

意,共探月窟蹑天根。"①

二十七、周权

周权(1275—1343 年),字衡之,号此山,处州人。袁桷很是器重他,"谓其诗意度简远,而议论雄深,可以选预馆职,力荐诸朝,弗就"。推荐他就馆,他予以拒绝。擅长诗文创作,欧阳玄对其诗歌也备为推崇,有《此山诗集》留世。应该是游京师期间,和吴全节有所接触。有《呈闲闲宗师吴公》一诗:"上界仙官紫宸客,朱颜雪额双瞳碧。超然心与造化游,回头风雨人间窄。金函玉印来帝傍,赞书屡下紫泥香。珠裳宝璐映星月,苍精含景生寒芒。年光老我红尘里,遥睇蓬莱隔弱水。金丹何日乞刀圭,聊跨白鸿三万里。"②

二十八、黄溍

黄溍(1277—1357 年)出身世家,少有诗名,才华横溢,是著名理学家、文学家、书画家,和虞集、揭傒斯、柳贯被称为"儒林四杰"。他和吴全节的交往甚久,当有人对吴全节质疑的时候,他马上言辞激烈地为吴全节道士身份却跻身仕途的行为辩护,甚至用庄子"夏虫不可以语冰"来讥讽对方迂腐:"客有谈玄教嗣师闲闲公于仆者,曰:夫闲,无为也,无事也。公固方外士,亦既登钧天之庭,而主列仙之籍。乌乎!闲。仆闻而笑曰:嘻!蠛蠓不足以语扶摇之高,蛭蝚不足以语溟渤之广,安得执迂儒曲士之见,以窥夫强名者哉?请赞公之道,以祛子之惑,可乎?客曰:唯唯。乃为之赞,曰:谓之仕也,而委廊庙于泥涂;谓之隐也,而等山林于蓬庐。众方昭昭,我且于于。孰知夫大白若辱,大方无隅?出入逍遥,与道为俱。放情八纮之表,游心万汇之初。是固轩裳所不能系,丘壑所不能拘。夫闲之又闲者,非斯人之徒也欤?"③

二十九、胡助

胡助(1278—1355 年),字履信,号古愚。吴澄对其评价甚高。胡助曾扈从上都,和同样扈从的吴全节交往甚多。

胡助写给吴全节最多的是祝寿诗,有《寿吴闲宗师》《寿吴宗师》《寿吴宗师七十》《寿吴宗师二首》《四用韵赞虞公为宗师书看云记》,而《看云步虚词寿吴宗师十首》颇有代表性:

---

① 王结:《文忠集》卷三,四库全书本,第 1206 册,第 221 页。
② 周权:《此山诗集》卷五,四库全书本,第 1204 册,第 29 页。
③ 黄溍:《黄溍全集》上册,王颋点校,天津古籍出版社 2004 年版,第 122 页。

南极光华世寿昌，羽衣满袖是天香。蓬莱殿上神仙客，长见红云拥玉皇。

青霄万里出琼英，神运无方孰可名。鲁观朝来书瑞应，一阳生处即长生。

冥冥云汉鹤飞高，密勿真藏岂用劳。燕坐空同千百岁，丹霞万树熟蟠桃。

真人羽化有还丹，寓意看云闲更闲。舒卷从时皆道妙，宁分天上与人间。

万象阴阳一气分，要从静处见天君。太虚同体无凝滞，始识吾身是白云。

动静无端长又消，妙观元化共逍遥。文章准易传千古，唯有青城一老樵。

手招归鹤同栖处，目送飞鸿见起时。几度尘寰作霖雨，闲心祇有老天知。

山林归梦是耶非，海枣如瓜别有期。看尽浮空千万态，不知倚杖立多时。

一片闲云孰与俦，长空湛碧自周游。星移物换人间世，倒影寒潭万古秋。

云锦溪山紫翠围，仙宫缥缈护玄扉。林稍片片飞来湿，知是从龙行雨归。①

胡助、虞集、吴全节等都扈从北上上京，他们经常聚在一起论诗谈画，胡助针对吴全节的看云系列多次作诗。扈从路上他们就互相诗文酬和，观赏吴全节《看云像》。"宣室从容昔进谟，玉烟剑气鹤飞孤。千年骨换丹砂熟，几局残棋白石枯。天上仙人承露掌，山中老子看云图。碧窗隐几清秋日，万籁萧萧听到无。"②"八分古隶轶君谟，思入风云态不孤。墨润长惊双凤翥，笔干时见一槎枯。诸儒滦水清秋会，老子函关紫气图。自昔通家成故事，核玄讲易世间无。"③胡助还为吴全节看云道院作序："特进上御大宗师吴公命其徒作道院于江左山中，表之曰看云，志将归也。奎章阁侍书学士虞先生为文以记之，明理学之原而发老易之奥，可谓至矣。金华山人胡助辄因其绪余而

---

① 胡助：《纯白斋类稿》卷十四，四库全书本，第 1214 册，第 635—636 页。
② 胡助：《纯白斋类稿》卷八《三用韵答吴宗师见和》，四库全书本，第 1214 册，第 601 页。
③ 胡助：《纯白斋类稿》卷八《四用韵赞虞公为宗师书〈看云记〉》，四库全书本，第 1214 册，第 601 页。

为之铭。"①

三十、程端学

程端学(1278—1334 年)，字时叔，号积斋。鄞县(今浙江宁波)人。泰定元年(1324 年)登进士第。元统二年(1334 年)，迁太常博士，不久卒。著有《积斋集》。

程端学有和吴全节的诗《和闲闲吴上卿，题筠轩斋》："踵门奕奕万车徒，一曲瑶琴一卷书。肠胃近来清似洗，寄身朝市即林居。""清才如许值明时，却把闲身寄托题。百事尽收空似镜，窗前破寂一声鸡。"②

三十一、马祖常

马祖常(1279—1338 年)，字伯庸，元代色目人，著有《石田文集》。马祖常和王寿衍关系交好，和吴全节交往也颇多。吴全节不仅送牡丹花给虞集，也送给了马祖常；吴全节还送给马祖常古篆："黄帝外臣仙籍吏，名香远寄白云峰。山人焚罢谈玄理，散作仙霞一万重。"③

马祖常不仅为吴全节父亲写挽诗，而且也加入到为吴全节祝寿的队伍中："太乙坛高夜气寒，三芝八桂影栏干。宝云蠹兽青金鼎，素霭凝冰白玉冠。竹雪珊珊承步响，松花拂拂落衣干。高真御气仙官应，南极星骑五色鸾。"④还多次用吴全节韵脚和诗："罗浮庾岭大荒滨，燕蓟冰姿好寄身。地胜不招金谷客，赋成重写洛川神。碧窗逗日留私煦，丹井呼泉渍古春。草木有知应自喜，白衣如我是山人。"⑤

吴全节系列画像都是请当时名士为其作赞，马祖常于1318 年为吴全节"朝元象"作赞，不仅可以证明吴全节对马祖常的认同，同时也证明二人关系之密切。

延祐五年(1318 年)戊午夏，奉旨建大醮于上京，作朝元象。

有翠翠之思而弗施，有肃肃之容而自仪。冠裳孔都，登降拜趋，载以德舆，丰以道枢。俾同我尚世之儒相，实民之望，岂囿于象者也？浚

---

① 胡助：《纯白斋类稿》卷十八《看云道院铭，并序》，四库全书本，第 1214 册，第 655 页。
② 程端学：《积斋集》卷一，四库全书本，第 1212 册，第 322 页。
③ 马祖常：《石田先生文集》，李叔毅点校，中州古籍出版社 1991 年版，第 107 页。
④ 马祖常：《石田先生文集》，李叔毅点校，中州古籍出版社 1991 年版，第 50 页。
⑤ 马祖常：《石田先生文集》，李叔毅点校，中州古籍出版社 1991 年版，第 74 页。

仪马祖常①

马祖常写给吴全节的诗还有《挽饶国吴公》《吴宗师送牡丹》《寄吴宗师谢古篆》等。

三十二、王都中

王都中(1279—1341年),字符俞,自号本斋,福建宁州人。父亲王积翁于1276年投降元朝,后奉命出使日本遇害。《元史》载王都中三岁即获封"即以恩授从仕郎、南剑路顺昌县尹",七岁时元世祖忽必烈怜悯他,"给驿券,俾南还,赐平江田八千亩、宅一区"②。十七岁时,元世祖因感念其父而封赠他"少中大夫、平江路总管府治中"。其后,王都中因为治理有方、政事清明而屡获升迁,先后任职福建闽海道肃政廉访使、浙东道宣慰使都元帅、正奉大夫、行户部尚书、两淮都转运盐使、河南行省参知政事、江浙行省参知政事等。史书对其高度评价:"都中历仕四十余年,所至政誉辄暴著,而治郡之绩,虽古循吏无以尚之。当世南人以政事之名闻天下,而位登省宪者,惟都中而已。"③

吴全节和王都中是密友,二人交往颇多。王都中在京都时,和吴全节把酒言欢,醉后更是泼墨绘画,在吴全节住处画竹石画作:

> 砚池花落丹水香,步虚白日声琅琅。江南道士爱潇洒,新粉素壁如秋霜。王郎酒酣衫袖湿,醉眼朦胧电光急。玄龙云重雨脚斜,白兔秋高月中泣。倦游借榻日观东,恍惚夜梦三湘中。鹧鸪声断江路远,青松雨暗春濛濛。④

吴全节地位超然,深受恩宠,恩及父母,其父母被封为饶国公、饶国公夫人,"延祐元年,公寿八十,天子遵成宗,锡赐如故事。延祐四年,复降玺书,复其家,命守臣王都中,表乡曰'荣禄',里曰'具庆'"⑤。

---

① 朱存理编:《珊瑚木难》卷三,四库全书本,第815册,第90页。
② 《元诗选》对这个观点予以辩驳,指出"按章嘉传,称元俞母张氏、父积翁殉国时,元俞已七岁矣,且留侍京师,而元史谓生三岁即以恩授从仕郎、南剑路顺昌县尹,七岁从其母叶诉阙下,种种舛错,至以张为叶,尤可笑也"。《元诗选》认为王都中获赏赐田八十亩,而《元史》卷184记载为八千亩。
③ 宋濂等撰:《元史》第14册,中华书局1976年版,第4232页。
④ 萨都拉:《雁门集》,上海古籍出版社1982年版,第347页。
⑤ 袁桷:《袁桷集校注》第4册,杨亮校注,中华书局2012年版,第1511—1512页。

李存《芝山文惠观记》一文详细记载了王都中和吴全节的交往,甚至文惠观还奉侍二人画像:

> 芝山文惠观者,因重修长沙吴文惠王之庙而作也。初,王庙郡治西北,岁久而圮。延祐间,三山王君都中来为郡,从而新之。且曰:是宜有朝夕司管钥者,不然,则圮毁随之矣。然有其人居之庑下,则亵无其人责之民,则不专,皆非所以昭事神明之道也。于是辟庙西隙地一亩,创屋数十楹,而扁之曰芝山道院。谋召羽流居之,且以书抵京师,告玄教大宗师吴公曰:庙在公父母之邦,而神又公之先世也,公得无情哉?于是大宗师欣然檄方君志远主之,未几,王公以代去,大宗师复檄玄妙朱君某兼领之。朱君捐已帑增西庑,且因饶民之德王公也,而又感激夫大宗师之拳拳,于是祠也,像二公而奉之。①

王都中逝于 1341 年,其第五子王季境回乡守孝,五年后即 1346 年,王季境进京拜访了父亲诸友。在其回维扬时,欧阳玄、张翥、虞集、张起岩等纷纷赋诗送别,其中也有吴全节的送别诗:

> 季境舍人归维扬,朝中名公各赠以诗,看云八十翁闲闲吴全节作唐律一首以授之。
>
> 相君五马牧饶时,玉树秋香生桂枝。日丽凤毛延世泽,风培鹏翼运天池。平山堂北看红药,析木津头识紫芝。文献通家遗逸老,涂鸦赠别写乌丝。至正六年丙戌三月廿又三日。②

三十三、李存

李存(1281—1354 年),字明远,自己改名为仲公,饶州安仁人,出身世家,师从陆学陈苑。李存四岁丧母,父万顷,为"进士制置司参议官之极从大夫",体弱多病,李存"因通医术"。和祝蕃、舒衍、吴谦被称为"江东四先生"。

李存参加科举考试不第,遂隐居。由于李存长期隐居在江西一带,那里既是陆九渊讲学地方,也是江南道教发展重镇,加之他"遍求奇书及阴阳、名、法、神仙、浮图百家言",对待佛教、道教采取了开放的接纳态度,因此,李

---

① 李存:《俟庵集》卷十三《芝山文惠观记》,四库全书本,第 1213 册,第 669 页。
② 赵琦美编:《赵氏铁网珊瑚》卷五,四库全书本,第 815 册,第 406 页。

存和道士交往非常密切,他记载了许多江南道士,是了解当时道教发展、道士素养的一手珍贵资料。其中记载最多的是吴全节,在他文集中,和吴全节有关的记载有十九篇之多。有《寄吴宗师》《庆吴宗师降香南归帐词》《和吴宗师眼明识喜诗序》《和吴宗师泝京寄诗序》《寿吴宗师》《次韵吴宗师和元参议道宫墨竹诗》《寿吴闲闲》《次吴宗师见寄韵》《挽饶国夫人》等文章。

李存对玄教的发展评价是符合史实的:"他日修本朝国史,方外之传,丘、马以后,便及开府大宗师。"①他的这个观点无疑是吻合当时道教发展的基本情况的,而《元史·释老传》也是在丘处机传后就是张留孙、吴全节传记。玄教的创立者是张留孙,他在元世祖忽必烈的支持下创立的玄教。玄教在灾统治者支持下建立道派,发展迅猛,但是依附于政权的道派,随着政权的消亡,道派会随着衰落,玄教没有摆脱这样的命运。仅仅传了几任、短短几十年就消亡了。玄教在张留孙发展下,势力在上都、大都以及江南得到了长足的发展。但真正把玄教社会影响力推到顶峰的,则是第二任大宗师吴全节。吴全节推荐、提拔儒生,并于1331年把《陆九渊语录》进献给元文宗图帖睦尔,这使得学习陆学的李存对吴全节产生了极大的认同。他对吴全节以及玄教的显赫一时表示极大认同:"大宗师身在京国,近日月之光者逾五十年,朝廷之尊崇锡赉,教门之荣盛,父母兄弟子侄之光显,缙绅士夫文辞之褒美,高碑大碣,照耀山谷,长篇短歌,布满海内者,无不有矣。矧大宗师量逾江海,从谏如流,敬君爱亲,提拔林谷寒微之士,不遗余力,视货贿如土芥,天下所共闻也。"②吴全节对儒生引荐之功,被称为儒仙,李存把吴全节比为虎溪三笑中的慧远:"应酬驰骛百无成,爱客须分实与声。君似远公邀共社,我如高固盍逃盟。……"③

李存对吴全节的友情也很珍视:"梅花如粟已知春,笑此支离一病身。岂意云霄珠履客,未忘乡井布衣人。歌风台下舟航稳,拟剡亭中翰墨新。却怪青莲老居士,衔杯方始见天真。"④

李存也记载了吴全节的一些基本生活情况。如吴全节患有眼疾多年才恢复:"大宗师吴公,有目眚者数年。他日,得善医复明,喜而识之以诗。又他日,书以寄示其故山。于是和之者甚众,集而成卷,而仆得序其端焉。……大宗师公将八袠矣,犹善饭,爱人之心,森森乎未已。今也若云雾开而日月明,亦岂非其中之所养,有以大过于寻常万万者乎!宜其咏歌以自

① 李存:《俟庵集》卷二十九《复通宗师吴闲闲》,四库全书本,第1213册,第811页。
② 李存:《俟庵集》卷二十九《复通宗师吴闲闲》,四库全书本,第1213册,第810页。
③ 李存:《俟庵集》卷九《次闲闲吴宗师韵》,四库全书本,第1213册,第646页。
④ 李存:《俟庵集》卷九《次韵吴宗师沛县舟中见寄》,四库全书本,第1213册,第642页。

喜,而人为之喜也。"①

吴全节嗜酒:"乃公性嗜酒,巨量如长川。每逢亲故来,一一干琼船。夫人善将理,筋力弥清坚。朝昏总众务,内外靡不宣。我皇降厚泽,暂许云兔还。奉觞再拜余,颜色双明娟。吾闻至德士,往往昭其天。……相见酒如渑,宾客填华筵。缺然安所效,引领歌青篇。向来帷幄中,不隔崆峒巅。达者自天祐,追欢当有年。"②吴全节喜欢给朋友送酒的原因可能和他自身喜欢喝酒有着密切的关系。

李存还为吴全节母亲写挽诗,"承夫教子岂徒哉?紫诰金花特地开。盐米岂曾知爵齿,酒浆何止及舆台。剑光北斗成双化,翠影青山见再来。翁媪此生无可奈,后人慈孝自成哀"③。

三十四、欧阳玄

欧阳玄(1283—1357 年),字符功,号圭斋,湖南浏阳人。中延祐复科进士第三名,与王约并称元代"鸿笔"。

欧阳玄为吴全节衡岳像题跋:"至元中,世祖皇帝尝命公主祠衡岳。后留朝□□,过之必蹑飞景于层颠,览浴曦于远海。作衡岳象。江汉分扬舲,洞庭分饮马,逍遥乎天柱之上,游宴乎紫盖之下,坐碧蘦以忘年,荫长松以清夏。朱草产乎离明,寿星见乎轸野,为世治之祯祥。宜天锡之纯嘏,接飞霞于十洲。宾出日于半夜,公侯造膝,猿鹤不避,王人荐璧,云月为藉。以予观是翁,识鉴邃者凝于神,光□同者邻于化,置之端委庙堂,则范长生之风轨。若夫山中宰相,固陶弘景之流亚也。广陵欧阳玄。"④

《重修九宫山钦天瑞应宫记碑》记载的也是吴全节和欧阳玄参与的文化事。"特进上卿、玄教大宗师臣全节言:今海内名山福区,道家祝厘之所,宫观弛而复新者五,兴国路九宫山钦天瑞应宫其一也。皆未有赐碑以赐","钦天瑞应宫之碑,属笔于翰林侍讲学士臣玄,申命中书左丞臣懋德书丹,参知政事有壬篆额以赐。"⑤

三十五、吴师道

吴师道(1283—1344 年),字正传,著有《礼部集》。与柳贯、黄溍等往来

① 李存:《俟庵集》卷十九《和吴宗师眼明识喜诗序》,四库全书本,第 1213 册,第 715 页。
② 李存:《俟庵集》卷三《寿吴宗师》,四库全书本,第 1213 册,第 619—620 页。
③ 李存:《俟庵集》卷八《挽饶国夫人》,四库全书本,第 1213 册,第 639 页。
④ 朱存理编:《珊瑚木难》卷三,四库全书本,第 815 册,第 91 页。
⑤ 欧阳玄:《欧阳玄全集》下册,汤锐校点整理,四川大学出版社 2009 年版,第 552 页。

密切,而这两个人和玄教关系颇好,吴师道和玄教、吴全节也有交往。有《送吴闲闲真人还山寿亲二首》:"翠蕤芝盖袭灵芬,名在钧天四海闻。重见盖公隆汉室,由来番国入吴君。三秋胜日双亲寿,一沼清游万里云。肯诧光荣动闾井,祇将忠孝答殷勤。"①

三十六、李孝光

李孝光(1285—1350 年),字季和,号五峰,温州人。以文章闻名,和杨维桢并称"杨李"。著有《五峰集》。

吴全节自号看云道人,作品有《看云集》,其诗歌深得吴澄、虞集的好评。李孝光《题宗师吴闲闲诗卷》也是对吴全节诗作的肯定:

> 簇仗神官踏绿烟,玗琪华静白麟眠。梦骑黄鹄飞绕日,手弄紫云行补天。歌咏太平追雅颂,扶持圣主属神仙。宫中应受长生诀,珠笈琼章映御筵。②

李孝光有《为吴宗师题〈高年耆德门〉》一诗,该诗颇为难解。这首诗的内容好似是画作的题跋诗,从诗歌内容来看,好像是为吴全节一家的受封、聚会而作:

> 秀眉鹤发度期颐,膝下儿孙锦作围。赐酒金盘通蕊气,高门银榜散春晖。天文清润三辰正,圣□神明二老归。万古君家敦孝友,垂鱼玉带出深衣。③

而和吴全节诗歌韵律而作的作品颇多,可见,吴全节不仅参加了很多聚会活动,而且在聚会中还是核心人物,起着主导作用。《次吴宗师韵,寄赵闲远真士》:"天光水镜忽同流,却忆吹笙驾玉虬。鸡下五更知旦气,鹤归千岁问天游。白云为放神峰出,落月能兼河汉秋。会见仙官陪紫府,却逢明主对青丘。"④

---

① 吴师道:《礼部集》卷七,四库全书本,第1212册,第62页。
② 李孝光:《五峰集》卷十,四库全书本,第1215册,第181页。
③ 李孝光:《五峰集》卷十,四库全书本,第1215册,第168页。
④ 李孝光:《五峰集》卷十,四库全书本,第1215册,第170页。

三十七、张起岩

张起岩(1285—1354 年),字梦臣,出身仕宦世家,为元朝科举考试第一届状元,文学、书法造诣极高。著有《华峰漫稿》《华峰类稿》《金陵集》等。《元史》有传。为吴全节"观泉象"作赞。

> 大德间,奉诏求贤江南,过匡庐,观飞瀑山中人,作观泉象。
> 荫长松兮坐盘石,观流泉兮聊以永日,逝如斯而来无穷兮,犹道体之不息。相天元之真一兮,沛为浸而为泽,周流太虚兮,雨露乎九域,混混不舍昼夜兮,由其本而真实。合一原之自然兮,兹逍遥以独得。我闻至人,应物无迹,渊然浩然,请以比德。济南张岩①

三十八、许有壬

许有壬(1286—1364 年),字可用,著名文学家,"善笔札,工辞",著有《至正集》《圭塘小稿》。叶盛指出许有壬与方外之士吴全节有着深厚的友谊,认为许有壬虽"交游满天下,而独于吴闲闲最厚":

> 古人托交方外,固多有之。夫士生两间,可事可友大夫士之贤者亦多矣,奚方外哉? 要亦有说。元御史中丞、中书左丞许文忠公,交游满天下,而独于吴闲闲最厚。公自政府得请归,闲闲遗以云林小影曰:"我不能去,以我像行,是从公于迈也。"后公赴召入京,闲闲即率其徒治具相劳旅馆中。公既陛见将归,造闲闲,不告以故,但酒至为引满。闲闲曰:"快意若是,岂欲去而留别耶?"公明日遂行。大抵相识非难,相知为难,而知己为尤难耳。所以古之人有甚不得已者,至欲以麋鹿为友,以草木为友,岂非有激而云然。则使与之而得人,恶可以其方外而遂已耶?②

许有壬和吴全节日常往来,亲近如斯:"鄙人冒朱紫,因循成白头,衣锦不尚絅,褅带宜承羞。归来作褐父,敝缦寒无忧。老仙独不弃,谓可同

---

① 朱存理编:《珊瑚木难》卷三,四库全书本,第 815 册,第 92 页。
② 叶盛:《水东日记》卷二十八《许文宗交吴闲闲》,魏中平校点,中华书局 1980 年版,第 276 页。

真游。"①

二人经常在崇真宫品茗、畅述。"崇真宫里几徘徊,底事诗仙望不来?槛拥翠云惟枸杞,庭闲青昼有莓苔。平生多误依刘至,老子真如访戴回。善视黄花多备酒,今春已负牡丹开。"②许有壬和吴全节诗歌酬和之作颇多,对其诗歌韵脚也非常熟悉,在他给其他人的赠诗中,多次使用吴全节诗歌韵脚,如《和闲闲承赐土尊韵》《题山阴丁炼师阳明楼,追和闲闲宗师韵》《赠南岳万寿宫文天爵提点用闲闲韵》《寿宁宫用闲闲韵》《寄题信州真庆宫用闲闲韵》《送张伯康降香龙虎山,修天寿醮,用闲闲韵》《寿宁宫用闲闲宗师韵》等。

至元四年(1338 年),吴全节七十大寿,元顺帝"命肖其像,使宰执赞之,识以明仁殿宝宠之。赐宴于所属崇真万寿宫,近臣百官咸与,大合乐以飨,尽日乃己","诏艺文监广成局长臣绍先肖其象","中书参知政事、知经筵事臣有壬为之赞,集贤直学士臣侯斯书。其赞之辞,一如其师开府大宗师留孙故事"。许有壬在《特进上卿玄教大宗师吴公画像赞》中评价吴全节为"人以为仙,臣以为儒"③,这确实抓住了吴全节的特点,该说也得到了当时文人士大夫的普遍认可。吴全节画像赠与许有壬,许有壬不管是生病还是心情放松状态,都对吴全节画像进行观赏,见《力疾对吴闲闲大宗师像焚香危坐而成诗》一诗:

> 宵人本是山泽癯,涉世政坐饥寒驱。五年黄阁事何补? 种作老病丛孱躯。滦京归来十浃日,药里不可离须臾。平生结客半寰宇,未免操瑟从齐竽。可人底事期不来,承庆堂深谁敢呼? 迩来亦复诗作祟,清减益见风标孤。杜门却扫难拆简,岂意惠然来画图。相看一笑但臆对,妙契未许卮言斟。清冰寒玉照林表,和气春风生坐隅。斋居顿觉尘氛远,高致已逼沉痾苏。
>
> 我方归思剧迅矢,公自有分居方壶。过从此去计必少,梦中道路多萦纡。便当卷奉江湖去,愿得始终如蠨蛐。④

许有壬《小楼对闲闲宗师象因次旧韵寄之》:

> 鼎食不解肥我癯,多病亦为山林驱。巾车孤舟任所适,何往不可容

---

① 许有壬:《许有壬集》,傅英、雷近芳校点,中州古籍出版社 1998 年版,第 66—67 页。
② 许有壬:《许有壬集》,傅英、雷近芳校点,中州古籍出版社 1998 年版,第 229 页。
③ 许有壬:《许有壬集》,傅英、雷近芳校点,中州古籍出版社 1998 年版,第 438 页。
④ 许有壬:《许有壬集》,傅英、雷近芳校点,中州古籍出版社 1998 年版,第 97 页。

微躯！莫言五十未为老,纵有七十来须臾。今年两耳得差胜,饱听万籁吹笙竽。闲人多事迫诗债,野老败兴时招呼。小楼今日好风色,目断天末冥鸿孤。一时幽兴岂容负,况对蓬岛神仙图。篆烟凝坐共心赏,尽醉更把空尊斟。怀人未免有芥蒂,处世已觉无廉隅。分江小鼎煮粟粒,诛茅别墅营屠苏。远山但藉一枝杖,中流谁办千金壶。菊篱秋香晚未减,松窗月色寒相纡。我行不武分敛迹,安得甘草资蛮貙。①

当吴全节仙逝后,许有壬撰写挽词,不仅怀念了他们之间三十年的深厚情谊,而且也对吴全节过世沉痛不已:

> 至正六年(1345 年)十月七日,特进上卿、玄教大宗师闲闲吴公薨于大都崇真万寿宫承庆堂。中朝士大夫骈沓走吊,莫不哀伤。哀伤之不足,又形诸歌辞。诸弟子裒为卷轴,征序其首,以倡嗣音,以广其哀焉。有壬交游三十年,昔在政府,尝奉敕赞公像,有"人以为仙,我以为儒"之语,士论不谓过也。得请归,公遗云林小影曰:"我不能去,以我像行,是我从公于迈也。"……年益高,体日健胜,目障而复明。恭迓龙虎台归,历造故旧,戒其徒番,次肆设饮必尽欢,坐是得疾。……平生勇于为善,不以方外自疑。故凡政令之得失,人才之当否,生民之利病,阴有以裨益于时者,人不知也。与人交,终始不渝,至其子孙犹周恤之。平居宴坐,扣以国初事,历历缕缕? 世家源派,隆替颠末,按谱敷陈,有不及者,经久复扣,一语不爽。二亲之存,屡归为寿? 其殁也? 得请襄事,以能丧闻,疏封赠谥,备极恩荣。夫神仙之事,不得而知,吾儒辟之,以其乱大伦也。若公事君而忠,事亲而孝,谓之乱伦可乎? ……诸弟子奉冠剑归葬有日,请益切,故为述三十年之契,以写不能自已之情,而举其出处之概,以导绋讴斥苦之和者焉。②

吴全节于 1346 年仙逝,从 1316 年两人就开始相识相交并最终成为知己,那么最迟在吴全节四十八岁时,二人已经开始交往。许有壬也提及吴全节曾得目疾,说他"目障而复明",李存《和吴宗师眼明识喜诗序》也记载吴全节眼病非常严重,导致失明,后才得以复明:"大宗师吴公,有目眚者数年。

---

① 许有壬:《许有壬集》,傅英、雷近芳校点,中州古籍出版社 1998 年版,第 100 页。
② 许有壬:《许有壬集》,傅英、雷近芳校点,中州古籍出版社 1998 年版,第 438—439 页。

他日,得善医复明,喜而识之以诗。"①李存也提及自己四十岁时"平居常若有累累然过眼如黑花。其读书,字如麻豆大者,才数行,辄欲少瞑休,而后可再观焉。甚矣! 其早衰哉? 昔孙思邈氏有言:人目昏,苟收视三年则益明。虽信之,惭不能行也"。虞集晚年时期也是遭遇眼病,在为吴全节画像第三次作序时已经有点力不从心。

三十九、张翥

张翥(1287—1368 年),字仲举,"封潞国公,晋宁襄陵(今山西省襄汾县)故关镇人。其父为元朝官吏,从征江南,任饶州(治所在今江西省波阳县)安仁县典史,后为杭州钞库副使。张翥少时受业于江东大儒李存,研习陆九渊一派的道德性命之说。后随父至杭州,又从仇远学习诗词,尽得其门径,遂以诗文知名于当时"。②著有《蜕庵诗集》。

张翥和吴全节关系密切。吴全节及其父亲生辰时,收获大量文人的祝寿诗,吴全节把这些诗汇为一卷,馈赠张翥,张翥答谢:"自信平生有道缘,频烦白鹤寄瑶笺。锦分帝子机中织,诗入真人诰内编。(余诗亦在刻中)弱水蓬莱三万里,庆云阊阖九重天。拟抽玉刺从飙御,一到环枢问列仙。"③

玄教盛极一时,弟子众多,张翥还为吴全节徒孙丁自南作品赋诗:"羡君学道上清宫,亲得先生早发蒙。枸杞未逢朱孺子,丹砂须向葛仙翁。窗前点易寒研露,坛上焚香夜礼空。化鹤归来定何事,从师千载住崆峒。"④

四十、杨敬悳

杨敬悳,字仲礼,曾出任江浙行省儒学提举。他有《和吴闲闲宗师宿西山》一诗:"芝草琅玕覆石坛,玉箫吹月翠微间。倚松静听泉鸣间,隐几闲看云出山。"⑤

四十一、陈旅

陈旅(1287—1342 年),字众仲,号荔溪,莆田人。虞集、马祖常、赵世延对其大为赞赏。著有《安雅堂集》。陈旅曾赋诗为吴全节祝寿:"九朝冠佩泰阶平,国有儒仙作上卿。碧海宵晴迎日出,黄庭春暖看云生。竹间自洗金鹅

① 李存:《俟庵集》卷十九《和吴宗师眼明识喜诗序》,四库全书本,第 1213 册,第 715 页。
② 施常州:《元代诗词大家张翥生平考证》,《西华师范大学学报》2004 年第 6 期,第 51 页。
③ 张翥:《蜕庵集》卷四《答谢看云宗师寿帙绮段之赠》,四库全书本,第 1215 册,第 63 页。
④ 张翥:《蜕庵集》卷三《题闲闲吴宗师徒孙丁自南卷》,四库全书本,第 1215 册,第 52 页。
⑤ 杨镰主编:《全元诗》第 33 册,中华书局 2013 年版,第 378 页。

蘽,花外长留翠凤旌。莫学华阳贞白老,乞身神武听吹笙。"①陈旅还记载了吴全节侄孙吴颢保存其系列画像的事,此不详述。还有《吴宗师赤城阻雨次甘泉韵》等赠诗。

四十二、郑元祐

郑元祐(1292—1364 年),字明德,遂昌(今浙江丽水人),吴中硕儒,有《侨吴集》《遂昌杂录》作品。郑元祐由于长期居住吴中,因此,他和吴全节交往不多,写给吴全节的诗仅有三首,一首是为吴全节贺寿:"臣工俎割紫鳞肪,辞藻辉飞白玉堂。五色云中扶日毂,九霞杯里酹天浆。又从禹范开皇极,重拾尧䴕纪岁阳。古桂长承新雨露,绵绵根柢发天香。"②还有两首诗是和吴全节诗而作。

四十三、朱德润

朱德润(1294—1365 年),字泽民,号睢阳山人,又号岜杰。归德府(今河南商丘睢阳区)人。曾任国史院编修、镇东行中书省儒学提举等职。"朱德润在中国艺术史上是一位容易被忽视的艺术家,身处元朝艺术人才辈出的时代,他的诗文、绘画才华被赵孟頫等艺术大师所掩盖,直到今天我们翻开尘封的史料、逐一研读朱德润的存世名作,才再一次领略到在元代红极一时的外交画师朱德润的光芒。"③朱德润曾出使高丽,也曾扈从北上,有《送吴宗师南还颁香》一诗送给吴全节:"猴山白鹤初辞驾,老子青牛早度关。龙袖捧香传帝座,凤城联珮出仙班。玄风已振江湖外,大道常存天地间。曾拜累朝恩命重,肯忘忠报隐家山。"④

四十四、杨维桢

杨维桢(1296—1370 年),字廉夫,号铁崖道人,晚年自号东维子、抱遗老人,会稽人。与陆居仁、钱惟善合称为元末三高士。杨维桢的诗极富个性,被称为铁崖体。"元之中世,有文章巨公起于浙河之间曰铁崖君。声光殷殷,摩戛霄汉,吴越诸生多归之,殆犹山之宗岱,河之走海,如是者四十余年乃终。"⑤有《东维子文集》《铁崖先生古乐府》行世。

---

① 陈旅:《安雅堂集》卷二《寿吴宗师》,四库全书本,第 1213 册,第 28 页。
② 郑元祐:《郑元祐集》,徐永明校点,浙江大学出版社 2010 年版,第 95 页。
③ 李天垠:《元代宫廷之旅:沿着画家朱德润的足迹》,故宫出版社 2015 年版,"前言"第 1 页。
④ 杨镰主编:《全元诗》第 37 册,中华书局 2013 年版,第 143—144 页。
⑤ 宋濂:《宋濂全集》第 3 册,黄灵庚编辑校点,人民文学出版社 2014 年版,第 1352 页。

杨维桢与黄公望、张雨等道士交往密切，在京师时与吴全节有一面之缘，后又于钱塘再会。杨维桢虽然思想上时有异端倾向，但是儒家思想还是占据他思想的核心，因此，儒道融通并一以贯之的吴全节就得到了杨维桢的认同。他在《与吴宗师书》中，从孔子问道于老子的典故开始，不仅对吴全节行为进行了自己的解读和评价，而且也是自己三教观的表达：

> 我朝抑黜百家，尊上孔氏，而老氏之宗仍俾其徒，申教章以禅治化，故今孔老氏之学并行而不悖。……今天子留志史学，以馆阁之才为不足，遣使草野以聘处士之良，而于足下阔去廉陛，赐之燕坐，访问至道以及乎历代图史成败祸福之迹，足下片言，又足以予夺可否，虽一时称良史才者不能过。比之鼻祖职藏室，益又有光矣。传曰："学老子者绌儒学，儒学亦拙老子。"某儒者徒也，孔子不能不师老子，某其敢绌老子而以足下之道为异，而不资求其所至者钦？某早年以试艺上春官，识足下于京师。足下还山，而某亦去官，又与足下会于钱塘湖上。然未能获一议论之交，一文字之往复。近因足下高徒某南归番阳，庸是上淑孔子师老子之原，而知足下之道未尝余悖者，书之以达掌记。惟足下不以儒学为绌，而有以先王礼乐道德之未坠者教余，则幸甚。①

杨维桢于泰定四年（1327 年）中进士，他言"早年以试艺上春官"，在大都与吴全节相见，因此，两人最早相见当为 1327 年。

四十五、楚石梵琦

楚石梵琦（1296—1370 年），字楚石，晚号西斋老人，浙江象山人。获封佛日普照慧辨禅师封号，被尊为"明初第一流宗师"。著有《楚石集》《北游集》《西斋集》《楚石梵琦禅师语录》等。写有《呈宗师吴真人》一诗给吴全节。

四十六、贡师泰

贡师泰（1298—1362 年），字泰甫，号玩斋，宣城（今安徽宣城）人。出身世家，父贡奎，亦为诗文大家。有《玩斋集》存世，《元史》有传。

为吴全节祝寿，俨然成为当时文化盛事，众多文人为其寿辰作诗以贺，贡师泰也不例外："帝遣真仙位上卿，五城迢递接蓬瀛。云浮紫气旌幢润，日射红光剑佩明。池馆昼闲教鹤舞，江湖岁晚结鸥盟。轩辕曾访长生术，应信

---

① 杨维桢：《杨维桢集》第 4 册，邹志方点校，浙江古籍出版社 2017 年版，第 1111 页。

崆峒有广成。"①

吴全节号看云道人,其居住地为看云楼,其人、其楼相互映照:"四面窗开缥缈间,无心飞去又飞还。晚来尽卷西郊雨,却伴长松老鹤闲。"②

吴全节系列画像题跋多为当时名士,贡师泰也为其画像题跋。

《崇真宫醮罢敕画吴宗师像》:

> 海日曈昽照九衢,霓旌霞旆拥高居。尚方敕画仙官像,中使传宣学士书。剑气朝寒垂白练,丹光夜暖出红蕖。石坛醮罢清如水,犹听松阴起步虚。③

在现存的吴全节十四画像中,并不包括贡师泰题跋的这幅画;朱存理等抄录的吴全节画像也仅有十六幅画的题跋内容,也没有贡师泰题跋画像。这样的话,吴全节的画像就不仅仅是存世的十几幅,而是更多,只是可惜已然散佚。

四十七、李源道

《元诗选》对李源道有简单介绍:"源道,字仲渊,号冲斋,关中人。宦学三川,历四川行省员外郎。与弟叔行乐成都风土,卜居蚕茨,买田百余亩,因所居植竹十万个,覆以白茅,颜曰'万竹亭',兄弟对床吟哦其中。后入为监察御史。延祐中,迁翰林直学士,出为云南肃政廉访使。累迁翰林侍读学士,出为云南行省参知政事。"④李源道于1315年为吴全节"咏归象"题跋。

四十八、陈基

陈基(1314—1370年),字敬初,台州临海人。黄溍弟子,《明史》有传。著有《夷白斋稿》。他有写给吴全节的祝寿诗:"化国真人庆日长,五云晴色映金堂。草征汉室芝房瑞,露浥尧时宝瓮浆。桂观燕居凌倒影,行宫斋宿候朝阳。咏歌恩泽期天保,传到人间雨露香。"⑤

---

① 贡师泰:《贡师泰集》,邱居里、赵文友校点,吉林文史出版社2010年版,第227页。
② 贡师泰:《贡师泰集》,邱居里、赵文友校点,吉林文史出版社2010年版,第268页。
③ 贡师泰:《贡师泰集》,邱居里、赵文友校点,吉林文史出版社2010年版,第220页。
④ 顾嗣立编:《元诗选·三集》,中华书局1987年版,第287页。
⑤ 顾瑛编:《草堂雅集》卷一《次韵吴宗师生日感恩诗》,四库全书本,第1369册,第188页。

四十九、王沂

王沂,字师鲁,出身仕宦世家,参与编定辽、金、宋三朝史。吴全节自号看云道人,作品集为《看云集》,云意象和吴全节密切相连。针对云意象,王沂专门为吴全节赋诗,名为《看云赋》:

> 太虚清明,极灵无声。风雨霜露,性命咸贞。日余惟星,月遡亏盈。昭回在上,独云多形。或鱼鳞之错错,或车盖之鞯鞯。泰山崇朝,六合同气。目不容瞬,倐若掣帜。已霑溉乎稚秭,复覆荫乎弱稚。马驰辒辌是知,朔方氛祲正祥。占台书常,何质无而神有,而隐显巨细之叵量也。元隐子于是延伫而睇之。①

吴全节经常扈从,跟随皇帝在两都之间辗转,当吴全节离开时,王沂写诗表达对吴全节的思念之情:"蓬莱仙仗正徘徊,扈跸年年宰相来。惯见龙沙连白海,却吟红药与青苔。云扶豹尾班才上,日转螭头讲未回。准拟相逢又初度,菊潭供酿待华开。"②还有用吴全节韵脚作诗《用吴闲闲韵题解辰公诗卷》。

五十、丁复

丁复,字仲容,号桧亭,天台人。延祐初游京师,与杨载、范梈等拟授馆阁之职。丁复不等批复,离京南还,寓居金陵。有《桧亭集》留世。

丁复为吴全节七十岁生辰所作的祝寿诗《赠张晋贤侍夏真人,庆吴大宗师七十》:"玉皇香案仙臣老,金母瑶池乌使来。五色云霞宫里锦,九天沆瀣掌中杯。朝廷礼数恩波洽,海宇欢荣寿域开。张果子孙商岭皓,此时相与醉蓬莱。"③

五十一、薛汉

薛汉(?—1324年),字宗海,永嘉(今浙江温州)人。聪慧,擅长书法。泰定元年(1324年)选国子助教。薛汉鉴赏能力深得赵孟頫赞同,与虞集、邓文原、柳贯关系密切,跟随皇帝扈从北上,这些都与吴全节生活有极大重合,二人的交往是显而易见的事情。

薛汉有《闲闲宗师生朝》一诗:"天正子月一阳回,春入环枢已放梅。寿酒淋漓倾九酝,仙阶缥缈接三台。函关昔日青牛渡,华表他年白鹤来。更向何方觅鳌岛,帝垣东畔是蓬莱。"①

五十二、吴景南

吴景南跟随雷思齐学习,和吴全节是师兄弟,二人在吴全节奉旨南祀时见面。吴全节于(1335 年)应约为吴景南《南窗吟稿》作序,指出其诗"清俊藻丽,自成一家"②。

五十三、程养全

程养全(1297—1354 年),字子正,又号白粥道人,德兴人。有庆贺吴全节眼疾得愈的诗《庆吴闲闲宗师双目复明》:"心事从来契窈冥,冰炉悬碧老逢迎。几年似有云烟隔,一旦还依日月明。重睹殿庭丹陛远,更瞻霄汉泰阶平。时和主圣身长健,不待求仙渡海瀛。"③

五十四、黄复圭

"复圭字君瑞,安仁人。至正兵起陷贼,作诗大骂被害。"④"黄复圭,字均瑞,安仁人,博学以诗鸣。至正兵起,复圭陷贼庭,为诗骂之,贼怒,将剖其腹,骂曰:腹可剖,赤心不可剖。遂死之。"⑤由之可知,黄复圭性烈,勇敢,颇有侠气。才华横溢,与张翥、危素等齐名。他有《奉赠吴宗师》一诗:"使节光华礼乐崇,皇华原隰辔玲珑。五风十雨祠三岛,万岁千秋祝两宫。醮起碧鸡山月白,仗移黄鹄禁云红。召南庶类深仁泽,行见驺虞发五狨。"⑥从诗中内容,应该是吴全节奉祀时,黄复圭为之写的颂诗。

五十五、张知言

张知言,字公允,师愚次子。⑦ 张师愚是编纂《宛陵群英集》者之一。其有《和吴闲闲送张元谷羽士》一诗:"得道长生学贺元,跫然空谷足音传。六

---

① 杨镰主编:《全元诗》,第 23 册,中华书局 2013 年版,第 52 页。

② 朱存理编:《珊瑚木难》卷七,四库全书本,第 815 册,第 211 页。

③ 杨镰主编:《全元诗》第 40 册,中华书局 2013 年版,第 193 页。

④ 陈衍辑撰:《元诗纪事》卷十八,李梦生校点,上海古籍出版社 1987 年版,第 433 页。

⑤ 《江西通志》卷八十八,四库全书本,第 516 册,第 50 页。

⑥ 杨镰主编:《全元诗》第 51 册,中华书局 2013 年版,第 72 页。

⑦ 汪泽民、张师愚同编:《宛陵群英集》卷九,四库全书本,第 1366 册,第 1043 页。

龙朝罢香盈袖,独鹤归来月满天。叶玩山中仙子篆,书裁坛上老人编。玉章绣句吴门赠,好刻琅玕纪岁年。"①

五十六、危山矅

危山矅有给吴全节庆寿的诗《寿吴宗师》:"两度裁诗记此辰,蓬莱紫气又氤氲。羽衣金节承殊渥,玉检丹书策上勋。花里捣琼朝进露,竹间放鹤晚看云。吾师若有仙凡骨,千载神丹早见分。"②

还有倪道原、赵次钰、徐伯通等都有赠诗,不再赘述。

从上述吴全节交游情况来看,可以得出以下几个结论:

第一,吴全节与当时名士、儒生交往极多。

从这个交游人员构成中可以看出,吴全节被称为儒仙不是没有道理的。他不仅积极参与到社会奉祀、搜访遗逸、扈从北上等工作,闲暇之余和儒生交往充分,联系紧密。吴全节和佛教徒交往极少,详见后述。

第二,从交往内容来看,唱酬、雅集活动最多,排在第一位。

元代雅集活动频繁,尤其是每年的扈从北上,在远离汉文化的上都,儒生、道士趣味相投,经常聚集在一起,举行各种诗画活动;到了政治、经济、文化发展繁荣的大都,雅集活动更是必不可少;奉祀活动的旅途见闻也为雅集活动注入了新鲜血液。因此,吴全节十四画像、各种赠诗、寄诗等比比皆是。以送别诗为例以资证明。如李存《和吴宗师滦京寄诗序》:

> 元统二年(1334年)夏,玄教大宗师吴公从驾上都,叹帝业之弘大,睹朝仪之光华,赋诗二章。他日,手书以寄其乡人李某,且曰:苟士友之过从者,宜出之,与共歌咏太平也。于是闻而来观者,相继传录于四方者尤众。咸以为是作也,和而庄,丰而安,婉而不曲,陈而不肆,其正始之遗音乎? 夫大宗师以出尘之姿绝俗之气,主朝廷祠祭之事,犹不肯以终食之顷,少忘于弦歌之间。……今国家之大,际乎天而极乎地,开经筵以崇圣学,设科举以兴俊髦,向之驰马而试剑者,皆彬彬然文学之士矣。③

扈从诗为元代文学注入了新的内容,参与到政治中的道士还承担招贤、

---

①　杨镰主编:《全元诗》第51册,中华书局2013年版,第396页。
②　杨镰主编:《全元诗》第52册,中华书局2013年版,第325页。
③　李存:《俟庵集》卷十八,四库全书本,第1213册,第705页。

济渎的工作,如《次闲闲吴真人,赠溪月真人奉旨求贤,韵二首》:"明良相际迪鸿猷,风马云车遍九州。草野与闻苍玉佩,关山惯见黑貂裘。长悬高士陈徐榻,同泛神仙李郭舟。颇笑当年老工部,拂衣犹自羡沧洲。""绛节真人下五城,朔风吹鬓欲星星。已穷栗里幽人径,定到王官隐者亭。千古麒麟开汉阁,一朝鸾凤集虞庭。圣恩滂沛今如此,未信辽东老管宁。"①《奉赠舒真人代祀三山还朝》:"山田席上茱萸酒,数别匆匆十二年。秋月襟怀公似昔,春云才思我非前。辞家久作金门客,代祀亲逢碧海仙。乡党交游正倾倒,又骑孤鹤上遥天。"②

由于玄教发展迅猛,需要的道徒甚众,因此,选取南方道众加入或参与到玄教的一些道教事务中,如赵嗣祺,"方是时,开府、上卿张公以大宗师主教事,今特进、上卿吴公为嗣师,咸加礼遇,因挽置馆下,声誉日起"。③ 冯绍先"学道龙虎山中,及壮,侍玄教大宗师吴公成季于朝。未几,被玺书提举饶州安仁县崇文宫事"④。

加上很多儒生、道士入京以广见闻,增加机会,赠别诗也就此大量产生。如果是名道,赠别诗会非常多,形成诗集,李存就为赠别诗作序,如《复送薛玄卿入京序》《钱陈又新真人赴京序》《赠章德辅游京师序》《送道士刘彦基入京序》等就是。

但就吴全节的送别诗来看,有虞集《送吴真人序》、柳贯《吴玄德真人出祠阁皂山,常大举参政实奉命从往,玄德有诗次韵,通呈二公》、揭傒斯《卢沟风雨送别图》、萨都拉《寓升龙观时,吴宗师持旨先驾至大都,度湾川,遂次韵,赋此以寄,并柬顺咨先生》、邓文原《送吴宗师南祀归二首》、贡奎《送闲闲南归》、杨弘道《送吴真人》、朱德润《送吴宗师南还颁香》、程钜夫《子昂为闲闲画竹石作别》、范梈《送吴真人持诏宁亲》、蒲道源《送吴闲闲真人》、杨载《送吴真人二首》、王沂《和许参政寄怀吴宗师韵四首》、危素《和吴尊师龙兴纪游二十一首》等。

第三,日常生活的记录。

吴全节和文人交往非常亲密,并非仅仅停留在公事、雅集等事情上,他们交往的广度涉及到了生活的方方面面。吴全节好饮,因此,答谢他赠送美酒的较多;吴全节喜欢送人花、大鳖、笔墨、纸张等日常生活品,他对别人的关心换来的也是别人对他的感恩之情;吴全节曾经眼睛失明,后得以痊愈,

---

① 李存:《俟庵集》卷八,四库全书本,第 1213 册,第 637 页。
② 李存:《俟庵集》卷九,四库全书本,第 1213 册,第 642 页。
③ 黄溍:《黄溍全集》下册,天津,天津古籍出版社 2008 年版,第 635 页。
④ 李存:《俟庵集》卷二十五,四库全书本,第 1213 册,第 770 页。

因此,奉贺之作中的喜悦之情是溢于言表的;吴全节以及吴全节父母寿辰等收获了大量的祝寿作品……因此,吴全节和文人的交往是广泛而亲近的,是立体而接地气的,也更像是真正的亲密朋友关系,而非停留在单一的精神交流方面。

这种真诚而亲密的交往,使得吴全节和这些儒生关系极为亲厚,他们之间互相认同、赞赏。作为一个方外之士,吴全节不仅积极参与政事,而且恩惠家人,其社会影响力以及人格魅力是一般文人甚至一些大儒也难以企及的,因此,从以上交游考述中可以感知到吴全节鲜活地活在这些诗词歌赋中。

吴全节由于地位尊隆,因此,他的交游内容不能作为玄教徒交游一以概之,但是,他的交游颇有代表性,从中不仅可以窥知玄教的社会网络、与文人交往的广度和深度,而且也是反映当时社会、玄教发展的一个重要风向标、晴雨表,值得深度解读和研究。

第四章　玄教宫观研究

玄教研究着眼点就在教众以及宫观上。教众、弟子的研究是玄教发展的根基，而宫观不仅是教众落足之处，也是把握玄教发展、传播地域的重要途径之一。袁冀在《元代玄教宫观教区考》一文中指出，玄教主持或创建宫观"竟多达三十八处"。他按照行政区划，一一列出。[1] 笔者把这三十八处宫观用表格列出，按其原来 1—38 序号依次标出，后补部分以"补：39——49"标出；每个行政区划数量发生变化的，以"改：X 个"标出。袁冀先生没有提及、笔者补充的，会以注释形式出现。

行政区划	数量	宫观	时间	人物
大都路	3 个	1 崇真万寿宫	至元十四年(1277 年)	元世祖忽必烈建
		2 东岳仁寿宫	至治二年(1322 年)建成	张留孙、吴全节建
		3 西山平坡精舍[2]		毛颖达
	改：4 个	补：39 太和宫（大都崇真宫附近）		彭大年[3]
上都路	2 个	4 崇真万寿宫		
		5 南屏山精舍		
潭州路	4 个	6 南岳庙		张留孙、吴全节、李奕芳
		7 寿宁宫		李奕芳

---

① 袁冀：《元史论丛》，联经出版事业公司 1978 年版，第 175—195 页。
② 西山平坡精舍是为刘秉忠、毛颖达掌遁教之秘祠，应该也是忽必烈令人建造的。上都的南屏山精舍亦然。
③ 熊梦祥：《析津志辑佚·寺观》："太和宫在天师宫北，去关王庙义井头东第二巷内。本宫提点彭大年所建，有危素所撰碑。"(北京古籍出版社 1983 年版，第 93 页)

行政区划	数量	宫观	时间	人物
潭州路	4个	8 昭圣宫		李奕芳
		9 岳麓宫		张嗣房①
杭州路	4个	10 开元宫		王寿衍、薛廷凤、马志和
		11 佑圣宫		王寿衍、孙益谦、薛玄曦
		12 宗阳宫		陈日新
		13 延祥观		王寿衍、孙益谦、薛廷凤
	改:5个	补:40 紫琼观②	延祐间	吴全节建
绍兴路	1个	14 龙瑞观③		周德方
湖州路	1个	15 开元道院	延祐元年(1314 年)	王寿衍
常州路	1个	16 通真观		徐懋昭、张德隆
镇江路	4个	17 紫府观		薛廷凤
		18 乾元宫		余以诚、薛玄曦、薛廷凤
		19 元妙观	大德五年④	余以诚、薛廷凤
		20 凝禧观		余以诚、薛廷凤

---

① 袁冀文中写的是"张嗣芳尝提点是宫",张嗣芳是误写,当为张嗣房。(袁冀:《元史论丛》,联经出版事业公司 1978 年版,第 180 页)

② 《西湖游览志》:"紫琼观,在盐桥南荷池上。元延祐间,真人吴全节建。"(田汝成辑撰:《西湖游览志》卷十七,尹晓宁点校,上海古籍出版社 2017 年版,第 166 页)

③ 袁冀引用《广莫子周君碣铭》,认为周德方奉吴全节令主持龙瑞宫,从而认定龙瑞宫是玄教宫观。此观点颇值得商榷。周德方是杜道坚弟子,和张雨、赵嗣祺一样,都是茅山宗弟子,和玄教关系极为密切,但是把他们当成玄教徒不确。因此,龙瑞宫不应该被列为玄教宫观。(《广莫子周君碣铭》一文见黄溍:《黄溍全集》下册,王颋点校,天津古籍出版社 2008 年版,第 605 页)

④ 《至顺镇江志》记载为大德五年。见俞希鲁编纂:《至顺镇江志》上册,杨积庆、贾秀英等校点,江苏古籍出版社 1999 年版,第 406 页。

行政区划	数量	宫观	时间	人物
扬州路	1 个	21 广陵玄妙观	至正辛巳(1341 年)	董宇定
信州路	8 个	22 真庆宫		张留孙创建,吴全节改建,何恩荣
		23 德元宫		何恩荣创建 陈彦伦
		24 元成宫	延祐五年(1318 年)	夏文泳建
		25 玄静庵	至正六年(1346 年)	张德隆建
		26 仙源观	至元二十二年(1285 年)	徐懋昭建
		27 达观堂		
		28 仁靖观①、神德宫	泰定二年(1325 年)	吴全节建
		29 神翁观		徐懋昭建 张善式②主持
	改:14 个	补:41 元禧观③		张嗣房、何斯可建
		补:42 环溪堂④		张德隆建

① 《龙虎山志》记载为"仁静观"。(王卡主编:《三洞拾遗》第 13 册,黄山书社 2005 年版,第 130 页)

② 张善式曾做过观主,见张雨《龙虎山张一元一宿而去》:"神翁观主来相访,既去犹如梦见之。闭户著书吾党事,对床听雨昔人诗。万羊何与分忧责,一物终能系盛衰。回首孤云自天末,竹阴凉坐看蛛丝。""张一元"应是"张一无"笔误。(张雨:《张雨集》上册,彭万隆点校,浙江古籍出版社 2015 年版,第 251 页)

③ 吴澄:"信之山水固奇秀,而龙虎山都其最。山之西十余里,厓石嵌嶵,下瞰溪津,洞穴百数,有名者二十四,号为仙岩。……至若仙岩之卓诡殊特,自应乘其旺气,而开府之徒孙张师嗣房始建观于岩之阴,面玉屏、钵盂、天马诸山,名元禧观。师恢廓慷慨,刚直自立。人有过,辄面折;人有急,周之无吝情。……尝从开府入觐仁宗皇帝,制授体道通玄渊静法师,主潭州路岳麓宫,乃以元禧观事属其徒何斯可。致和元年,制授斯可明素通玄渊道法师,主仙岩元禧观。"(吴澄:《吴文正集》卷四十八《仙岩元禧观记》,四库全书本,第 1197 册,第 496—497 页)

④ 陈旅:"冲真明远玄静真人张公德隆造余而言曰:广信之贵溪,有山若大象然。山阴雨瀑喷薄,飞舞于青林丹崖之间,流为两川,透折弥迤。两川所环,而有良田美地,则吾张氏之居在焉。吾尝筑堂川上,名曰环溪,云漪抱堂,清气回合,盖将于此祀吾先,合吾族也。愿记诸石,以示吾后人。"(陈旅:《安雅堂集》卷八,四库全书本,第 1213 册,第 101 页)

续表

行政区划	数量	宫观	时间	人物
		补：43 崇贤馆①		薛玄曦建
		补：44 天隐堂②		詹处敬建
		补：45 茂修馆③		王景平建
		补：46 通真院④	元贞中	张留孙建
饶州路	4个	30 万寿崇真观⑤	大德九年（1305 年）	吴全节建
	改：5个	31 明成观	延祐六年（1319 年）	吴全节建
		补：47 明胜观⑥		吴全节建
		32 文惠观	至元三年（1337 年）	吴全节重建
		33 芝山道院		吴全节建
隆兴路	1个	34 玉隆万寿宫		陈义高、王寿衍、陈日新

---

① 吴澄："龙虎山之北十里许有白云岭，岭峻而径巇，凡之龙虎者，必由斯径也。贵贱老少缓步以涉，无不气促而力惫。上清外史薛玄卿静中观动，而闵其劳也，乃于岭之东构二亭，岭之西构一馆，俾得憩息焉。又买田若干亩，收其岁入，供汤茗之资，以待过客，而沃其喉吻之焦，其心亦仁矣哉！"（吴澄：《吴文正集》卷四十八《崇贤馆记》，四库全书本，第 1197 册，第 501 页）

　　陈旅："孙先生讳景真，字久大，信之贵溪人。……至元三年，有旨加教门高士，使复主真元宫，遂新宫之道纪堂。其秋，于故宅旁近得地曰榆原，顾而喜曰：吾其遂首丘之心乎？于是作榆原真馆，割田若干亩入焉。又以田益上清宫、真元宫、崇禧院、崇禧观、莜岭之崇贤馆各若干亩。"（陈旅：《安雅堂集》卷十，四库全书本，第 1213 册，第 131—132 页）

　　袁桷："薛君玄卿，自京师归上清，二年矣。……暇日游小领，领分为两，侧足以上，过者戛桑。然龙虎山为治所，其教行南北，故凡驿骑之旁午，商贾之辐凑，皆本于龙虎，而道必繇于小领。玄卿坐其旁，见行者之至是，皆假以憩息，良悯其劳，贵贱固一等也，遂筑馆于领之西，曰'崇贤'，作亭于领之东，曰'振衣'，命道人日具茗水，承接以休其心。"（《袁桷集校注》第 3 册，杨亮校注，中华书局 2012 年版，第 1007—1008 页）

② 黄溍："君讳彦俭，字鹏举，姓詹氏，世为鄱阳望势。……泰定三年，集贤以君名闻，特授玄和明素葆真法师、提点观事。今上皇帝至元元年，荐被玺书，迁提点龙兴玉隆万寿宫，辞不赴。其丈室四旁多古梅，扁曰梅雪。观之东，有处敬所作天隐堂，而其西有景平所作茂修馆。"（黄溍：《黄溍全集》下册，王颋点校，天津古籍出版社 2008 年版，第 604 页）

③ 黄溍：《黄溍全集》下册，王颋点校，天津古籍出版社 2008 年版，第 604 页。

④ 《龙虎山志》："通真道院，元元贞中，宗师张留孙建。"（王卡主编：《三洞拾遗》第 13 册，黄山书社 2005 年版，第 131 页）

⑤ 后改名崇文宫。

⑥ 《龙虎山志》："明胜观在安仁县青山，嗣宗师吴全节敕葬于此。"（王卡主编：《三洞拾遗》第 13 册，黄山书社 2005 年版，第 130 页）

续表

行政区划	数量	宫观	时间	人物
抚州路	1个	35 保安观		黄处和
	改:3个	补:48 戴溪庵①		薛玄曦建
		补:49 留云观②		曾吾省建
地址不详	3个	36 看云观③		吴全节建
		37 玄元万寿宫		倪文光建④
		38 浙西崇真宫	至元二十九年（1292年）	忽必烈赐予吴全节

从上表可知，玄教宫观有以下三个特点：

第一，玄教在大都、上都的宫观以统治者赐予为主，主要承担的是政治任务。崇真宫作为玄教重要的宫观，在玄教历史上具有重要的意义。而东岳庙则是玄教一力建造的，在建造过程中多次拒绝统治者的经济支援，因此，东岳庙的建造初衷颇值得研究；

第二，玄教弟子大本营是龙虎山，玄教弟子隐居之地也多选择龙虎山，因此，龙虎山附近玄教徒自建宫观最多；

第三，南宋灭亡后，杭州原有的大量的道观、御前道观就成了一个亟须解决的问题，因此，杭州的道观多归玄教徒提点，但都属于重修或修复的，自建宫观很少。

"欲观一教之盛衰，必观其教堂之多寡，盖教堂之数，恒与教徒之数为比例。"⑤诚如陈垣先生所说，玄教弟子众多，社会影响力大；宫观数量亦多，广泛分布在江南诸路，对当时社会尤其是社会基层影响甚大。玄教以及玄教宫观本身具有的特性，使得大都宫观具有举足轻重的地位，因此，需要对大

---

① 李存："上饶薛君玄卿，既葬其亲于临川白马山之阳，复构屋数十楹于墓道之南。择材质良，惟工时闲休，工力共力，旬月告就。邃厥中以为神栖，主人仆从，各有居处，内庖外厩，靡不饬备，黝垩鲜辨，垣墙周固。俾乡之愿而有恒者居守之，且为之田，以为岁时展省休止之所。旁有溪流，相传戴氏昔居其上，而溪遂以姓，名因扁曰戴溪之庵，而来征余为之记。"（《俟庵集》卷十三《戴溪庵记》，四库全书本，第1213册，第668页）
② 《龙虎山志》："留云观在金溪县东，崇熙道士曾醒吾建。"（王卡主编：《三洞拾遗》第13册，黄山书社2005年版，第131页）
③ 看云道院在崇文宫（后赐名万寿崇真观）西，崇文宫在饶州路，所以，看云道院应归于饶州道路宫观，而非地址不详。（见虞集：《虞集全集》下册，王颋点校，天津古籍出版社2007年版，第739页）
④ 倪文光是否玄教徒，颇有争议，因此，玄元万寿宫是否属于玄教宫观，待定。
⑤ 陈垣：《南宋初河北新道教考》，上海书店1989年版，第78页。

都宫观进行细致而深入地研究,以揭示玄教的产生、发展进程。

第一节　崇真宫研究

"忽必烈不只是创造出了作为'点'的两个首都,也创造出了作为'面'的首都圈。这个首都圈成为所有支配的核心地区。'大元汗国'的大可汗,在其中巡历,一举掌握军事、政治、行政、经济、产业、物流及交通。"[①]元朝建造的两大都城上都、大都,尤其是大都,不仅对于元朝的重要意义是不言而喻的,而且对于汉族人也是具有深远影响的。

一、崇真宫建造

"玄教兴起以后其本宗门人主要修建 28 座宫观,其中以两都崇真宫最为重要。"[②]玄教宫观远远超出 28 座,但是崇真宫确实是玄教大本营,承担着玄教重要的政治、宗教活动。崇真宫是由统治者直接为玄教建立的,东岳庙则是张留孙、吴全节一力建造的,是玄教展示自己力量而建立的属于自己的宫观;西太乙宫、太和宫也是玄教一力建造的,有着较为重要的影响力。

"相传至三十六代宗演,当至元十三年(1276 年),世祖已平江南,遣使召之。至则命廷臣郊劳,待以客礼。"(至元十三年)夏四月乙丑朔,"召嗣汉天师张宗演赴阙",八月到达京师。至元十四年(1277 年)春正月,"赐嗣汉天师张宗演道灵应冲和真人,领江南诸路道教","命嗣汉天师张宗演修周天醮于长春宫,宗演还江南,以其弟子张留孙留京师"。朱思本、李存记载亦然。"至元丙子(1276 年),开府公从三十六代天师应诏入觐。"[③]"皇帝即位之明年,诏江南张天师入朝。八月丁丑,天师行。"[④]张留孙得到忽必烈认可后,忽必烈于至元十四年(1277 年)在大都为张留孙建造崇真宫。"国朝初得江南,嗣汉三十六代张天师宗演入朝,张公留孙在行,奉敕留禁近,始赐名,上赐其后位特进、开府仪同三司、玄教大宗师者也。至元十四年(1277年),作崇真宫以居之。"[⑤]但是《龙虎山大上清正一宫重建三清殿坛楼三门

---

① 杉山正明:《忽必烈的挑战:蒙古帝国与世界历史的大转向》,周俊宇译,社会科学文献出版社 2013 年版,第 142 页。
② 林巧薇:《元朝至民国时期北京东岳庙的道派传承与住持传继》,《世界宗教研究》2018 年第 4 期,第 116 页。
③ 李修生主编:《全元文》第 31 册,凤凰出版社 2004 年版,第 398 页。
④ 李存:《俟庵集》卷十七,四库全书本,第 1213 册,第 693 页。
⑤ 虞集:《虞集全集》下册,王颋点校,天津古籍出版社 2007 年版,第 1009 页。

碑》记载与之有出入。该碑刻记载张留孙随忽必烈北上途中,祈雨、治病皆有效验,太子元妃赐重锦法衣一袭。"(至元)十五年(1278 年)春,从狩日月山,还授凝真崇静通选法师,始置正一之祠于上都。"①这和《元一统志》记载上都崇真宫的建造是一致的:

> 至元十五年(1278 年)置祠上都。寻命平章政事段贞度地京师,建宫艮隅,永为国家储祉地。辟丈室斋宇,给浙右腴田,俾师(张留孙)主之。赐额曰崇真万寿宫。元贞丙申(1296 年)春二月守司徒集贤使阿刺浑撒里、集贤大学士李兰肹言崇真万寿宫成,制诏翰林文以识石,翰林学士王构撰记。②

大都崇真宫的建造时间晚于上都崇真宫:"先是京师无正一祠宇,乃敕有司度艮隅吉地建崇真万寿宫。"建成后,收到了很多赏赐:"中宫遣内侍授尚方所藏玉真仙像二、玉寿星像一、玉数珠百;又命领将作院事大司徒。"③

张留孙 1276 年才留在大都、留在忽必烈身边,1277 年就在两京建造甚至完全建造崇真宫是不太可能实现的。《元一统志》记载 1278 年在上都建造崇真宫,但直到 1296 年,历时十八年,崇真宫才真正扩建成功,名为崇真万寿宫。只是这里的崇真万寿宫指的仅是上都的,还是大都也包括在内,目前还难以判断。

虽然崇真宫建设是由忽必烈命令建造的,但是毕竟是道观的建造,因此,唐洞云奉张留孙之命,参与扩建崇真宫:"(唐洞云)大德初入京,玄教大宗师开府张公留孙雅见器遇,时奉旨建崇真万寿宫,命董缮,克称厥任。寻设荆襄道教都提点所,选为掌书记,会提点升总摄,仍厄是职。"④

崇真宫建在城市的东北方艮位,这个选址是符合统治者要求的:"天师宫在艮位鬼户上。其内外城制与宫室、公府,并系圣裁,与刘秉忠率按地理经纬,以王气为主。故能匡辅帝业,恢图丕基,乃不易之成规,衍无疆之运祚。自后阅历既久,而有更张改制,则乖戾矣。盖地理,山有形势,水有源泉。山则为根本,水则为血脉。自古建邦立国,先取地理之形势,生王脉络,以成大业,关系非轻,此不易之论。自后朝廷妄用建言,不究利害,往往如是。若五华山开金口,决城濠,泄海水,大修造,动地脉,伤元气而事功不立。

---

① 《龙虎山志》,王卡主编:《三洞拾遗》第 13 册,黄山出版社 2005 年版,第 73 页。
② 李兰肹等撰,赵万里校辑:《元一统志》上册,中华书局 1966 年版,第 42 页。
③ 《龙虎山志》,王卡主编:《三洞拾遗》第 13 册,黄山书社 2005 年版,第 73 页。
④ 欧阳玄:《欧阳玄全集》下册,汤锐校点整理,四川大学出版社 2009 年版,第 558 页。

比及大议始出,则无补于事功矣。"①

崇真宫非常重要,但是资料较少,从考古可知,其规模甚大。大都崇真宫面积较大,"从地图上量得基址东西方向 192 米,约合元代 122 步,南北方向 218 米,约合元代 138 步,基址规模约为 70 亩"。"从道观的基址规模看,大都城内道教建筑的基址规模多在 30 亩以内,用地超过 50 亩的道观仅都城隍庙与崇真万寿宫两处。都城隍庙乃刘秉忠建设大都之初亲自选址,规制宏敞,位于大都西南隅顺承门里,恰在大都新城与南城往来交通的节点上,大都地区百官、庶人凡遇水旱疾病之灾无不前往祈祷。城隍之神被尊封为佑圣王,城隍庙在大都城的社会生活中具有重要地位。崇真万寿宫则属玄教宫观,毗邻大内,地位显赫。而大都城内其余道观多祭祀民间神祇,基址规模均不足 30 亩,规模最小的杜康庙建于光禄寺内,专为酿御酒而设,仅一座殿堂而已。从道观的基址规模可以清楚地看出等级上的差异。"②

忽必烈有用崇真宫来统一全国道教的意图,早在至元七年(1270 年),忽必烈改赐祁志诚居住的云州金阁山云溪观为崇真宫。③ 玄教建立后,在两都建的宫观也都称崇真宫,这里面蕴含的政治动机呼之欲出。统治者、玄教不仅在大都、上都分别建造崇真宫,而且还封赐各地建造崇真宫,这对于提升玄教社会地位以及在地方上进一步加强玄教的掌控力有着重要的意义。"至元二十九年(1292 年),赐崇真宫于浙西。"④也有改别的宫观为崇真宫的:"介豫章江山间,多古神仙窟宅,而许旌阳之迹最显著。旌阳,晋人,晚得道,以灵剑殱逐蛟蜃,辑宁吾民,遂阴役鬼工,铸铁柱,置郡牙城南,钩锁地脉,使永永无害。今铁柱延真宫是其处也。地胜故法隆,而其徒亦滋以盛。宫有华隐堂,真静大师杨君湛然实居之。嗣其法者,周君克恭,尤修行成信。既谢提点宫事,则谋相宅,别营真馆。得琉璃门外亢爽之墟,考筮惟吉,崇基杰构,坚密遂严若化若涌,而殿庭藏室,广庑高闳,象乎明灵之都矣。甫就功,会玄都大宗师张公代祀名山,为著额'崇真观',登诸祀籍,即命杨、周之徒,是承是主,以毋易世迷宗,示有先也。"⑤

吴全节于大德九年在老家安仁创建崇真观,经过崇真观——万寿崇真

---

① 熊梦祥:《析津志辑佚》,北京古籍出版社 1983 年版,第 33 页。
② 姜东成:《元大都城市形态与建筑群基址规模研究》,清华大学 2007 届博士论文,第 221、243 页。
③ 陈垣编纂:《道家金石略》,文物出版社 1988 年版,第 598 页。元世祖忽必烈改赐宫观名字、直接命名宫观名字为崇真宫的行为绝非个案,元成宗即位后,把各路"天庆观"统一改名为"玄妙观"。可见,这种赐名、改名背后是有着政治目的在内的。
④ 虞集:《虞集全集》下册《河图仙坛功德碑铭》,王颋点校,天津古籍出版社 2007 年版,第 1009 页。
⑤ 柳贯:《柳贯诗文集》,柳遵杰点校,浙江古籍出版社 2004 年版,第 291 页。

观——崇文宫等一系列的封赠,更能看出统治者有意在南方设置一个崇真宫,这样"上都崇真宫——大都崇真宫——安仁崇真宫"三个不同地域崇真宫的设置,形成以大都崇真宫为中心,向北、向南分别构筑出玄教重要的落脚点,这个落脚点同时也是统治者收拾民心、掌控地域的很好的场所。

(大德)九年(1305年),作崇真观于安仁县,赐名曰万寿崇真观。①

(至大)三年(1310年),公(吴全节)奉圣旨,设醮于龙虎、阁皂、句曲三山,制赠公大父鉴昭文馆大学士、资善大夫,追封饶国公、谥文靖。祖妣陈氏封饶国夫人;父翰林学士克己加授荣禄大夫、大司徒、饶国公,母舒氏饶国太夫人;仍赐对衣、上尊。有旨命公奉赞书归乡,荣其亲,因命设醮于安仁县之崇真观以庆成。②

皇庆元年(1312年),仁宗皇帝命设大醮于大都南城长春宫,公(吴全节)奉旨投金龙玉简于嵩山、济渎。是年,勅翰林学士元明善修龙虎山志,著序进入,改赐崇真观额为崇文宫。③

元统元年(1333年)秋,皇帝御明仁殿,特书闲闲看云四大字,赐玄教大宗师特进上卿臣吴全节。闲闲,盖其所自号也;看云,又尝筑宫于云锦山,曰崇文,复构楼一区,以为他年佚老者也。于是模刻诸梓,饰以金碧。④

阁皂山也建有崇真宫,见《阁皂山万寿崇真宫加大崇真万寿宫诏》⑤《临江路阁皂山万寿崇真宫住持四十六代传箓嗣教宗师杨伯晋阶加太玄崇德翊教真人》⑥。

统治者在全国多处设置崇真宫,其政治目的昭然若揭,就如臂使指一样,可以把南方更好地控制在自己的掌控范围内。

二、崇真宫提点及道众

1. 张留孙

张留孙是崇真宫第一任主人,当他七十岁时,"复命图像,镇崇真宫,赠

① 虞集:《虞集全集》下册,王颋点校,天津古籍出版社2007年版,第1009页。
② 虞集:《虞集全集》下册,王颋点校,天津古籍出版社2007年版,第1010页。
③ 虞集:《虞集全集》下册,王颋点校,天津古籍出版社2007年版,第1010页。
④ 李存:《俟庵集》卷十二《御书赞》,四库全书本,第1213册,第660页。
⑤ 袁桷:《袁桷集校注》第4册,杨亮校注,中华书局2012年版,第1581页。
⑥ 袁桷:《袁桷集校注》第5册,杨亮校注,中华书局2012年版,第1688页。

玺文曰'皇帝之宝',命翰林学士承旨赵孟頫为赞,两宫传赐"①。在崇真宫大设宴席为张留孙祝寿,这一褒奖行为延续到了吴全节。张留孙告老没有获得准许,最后仙逝于大都崇真宫。

2. 陈义高

元贞元年(1295年),崇正灵悟凝和法师陈义高"可授大都崇真万寿宫提点"②。

3. 吴全节

大德二年(1298年),吴全节被制授冲素崇道玄德法师、大都崇真万寿宫提点。

大德四年(1300年),(元成宗铁穆耳)命有司作三清殿及观门、廊庑于崇真宫,设醮庆成,上斋而临幸,赐张留孙、吴全节黄金白金,重币有差。

4. 夏文泳

大德四年(1300年),夏文泳"始至京师,与大宗师、特进、上卿吴公同侍开府公左右,日相切磨,而学益以进。八年(1304年),开府公以上命,遣公抚视诸道流于大江之南,比还,制授元道文德中和法师、崇真万寿宫提点"③。大德十一年(1307年)九月,夏文泳授"大都崇真万寿宫提点"④。

5. 张德隆

玄教大宗师继任似乎会经过固定的流程:A. 崇真宫提点、B. 玄教嗣师、C. 玄教大宗师,因此,张德隆不仅提点崇真宫,而且应该还做过玄教嗣师。

6. 于有兴

于有兴曾做过安仁县崇文宫提点,后来到京师,担任崇真宫提点,并成为玄教第五任大宗师。

7. 孙益谦

任士林曾记载,"其授受雷法最著者……次则大都崇真万寿宫提点孙益谦……"⑤大德十一年(1307年),孙益谦"可授大初玄逸观复法师,大都崇真万寿宫提点"⑥。

8. 薛玄曦

延祐四年(1317年),薛玄卿制授大都崇真万寿宫提举,居三岁,升提点

---

① 袁桷:《袁桷集校注》第4册,杨亮校注,中华书局2012年版,第1568页。
② 王卡主编:《三洞拾遗》第13册,黄山书社2005年版,第57页。
③ 黄溍:《黄溍全集》下册,王颋点校,天津古籍出版社2008年版,第702页。
④ 王卡主编:《三洞拾遗》第13册,黄山书社2005年版,第59页。
⑤ 任士林:《松乡集》卷三,四库全书本,第1196册,第535页。
⑥ 王卡主编:《三洞拾遗》第13册,黄山书社2005年版,第59页。

上都崇真万寿宫。[①] 1326 年南还。

胡棣作《和答薛元卿见寄时元卿住京之宗师堂堂匾有"蓬莱真境"四字》一诗,可知在崇真宫,有蓬莱真境堂供薛玄曦居住:"太乙传青火,元都达紫微。朝回蓬岛住,敕赐镜湖归。炼火丹腾鼎,书光帛练衣。琼林台上月,照彻海人机。"[②]

9. 陈日新

陈日新"岁从车驾行幸,尝至上都察罕海,道中有旨祷雨,大应。故武宗皇帝、仁宗皇帝、兴圣太皇太后皆知公道术,宣授某法师、提举崇真万寿宫"[③]。大德十一年(1307 年)九月,陈日新制授"大都崇真万寿宫提举",皇庆元年(1312 年)六月,陈日新授"大都崇真宫提点"。[④]

10. 毛颖达

大德十一年(1307 年),毛颖达被授"纯素弘道冲妙法师、上都崇真万寿宫提点"。皇庆元年(1312 年)六月,毛颖达由上都崇真宫提点授为大都崇真宫提点。[⑤]

从陈日新、毛颖达制辞可知,陈日新、毛颖达二人同时被升为大都崇真万寿宫提点。

11. 薛廷凤

"曰薛廷凤、舒致祥、张德隆、薛玄羲、徐天麟、丁应松,皆奉两宫崇真祠事。"[⑥]

12. 舒致祥

13. 徐天麟

徐懋昭弟子,曾主持仙源观。[⑦]

14. 丁应松

15. 董宇定

玄教第六任大宗师董宇定亦应做过崇真宫提点。

---

① 黄溍:《黄溍全集》下册,王颋点校,天津古籍出版社 2008 年版,第 633 页。
② 余辉:《新发现元人胡棣〈伯友诗集〉考论》,《元史及民族与边疆研究集刊》第 37 辑,第 239 页。
③ 虞集:《虞集全集》下册,王颋点校,天津古籍出版社 2007 年版,第 1042 页。
④ 王卡主编:《三洞拾遗》第 13 册,黄山书社 2005 年版,第 60 页。
⑤ 王卡主编:《三洞拾遗》第 13 册,黄山书社 2005 年版,第 59 页。
⑥ 袁桷:《袁桷集校注》第 4 册,杨亮校注,中华书局 2012 年版,第 1569 页。吴澄《上卿大宗师辅成赞化保运神德真君张公道行碑》记载"主御前宫观者,薛廷凤、丁应松、张德隆、薛玄羲",没有提及舒致祥和徐天麟。
⑦ 黄溍:《黄溍全集》上册,王颋点校,天津古籍出版社 2008 年版,第 360 页。

三、崇真宫道众

崇真宫作为大都、上都两个非常重要的道教宫观,很多道士曾经居住、生活在这里,目前所见史料中,明确记载在崇真宫的道众不多,绝大多数都没有留下文字资料。

1. 丁元善

宋褧《阳明楼,崇真万寿宫道士丁元善》:

> 道士由来不火食,仙人况复好楼居。镜湖秋水望不极,禹穴晴岚浓有余。岩下茯苓供采药,窗前柿叶待临书。紫鸾玄鹤应相迟,会碾飚轮赴碧虚。①

宋褧直接指出丁元善是崇真万寿宫道士,丁元善不单纯是一个玄教徒,而是在崇真宫居住一段时间才会冠以"崇真万寿宫道士"之名。张雨在写给薛玄曦的手札中提及丁元善曾经奉祀武当:"盖前月十七日,初翁周详别祠,安奉礼毕矣。执事累书见赐,自冬而春,春而夏,于兹二载,亦可起之时。想能翻然践盟,又岂喋喋者狂妄而邅迫之哉?李总领有意参随,此便携之出山,方丈须此旧人守锁钥耳。丁元善武当回此,却过天台其三茅关,请并其书同往。彼亦待一会于杭,则还都也。胡士恭自北来,旦夕亦去。延真衷曲,见诸养吾兄书,开玄老人之意尤勤勤也。"②

贡师泰有《题丁元善炼师阳明楼》诗:"贺老家西百尺楼,好山多处称仙游。丹光散作霞千缕,剑气吹成月一钩。窗外鹤归辽海暮,袖中龙起鉴湖秋。道人久直黄金殿,可使归来雪满头。"③许有壬《题山阴丁炼师阳明楼追和闲闲宗师韵》:"人间朝彻对扶桑,不比中庭月一方。白日青天当正午,碧桃瑶草被余光。云间万象无陈迹,鹤返三山有报章。咫尺兰亭遗址在,好寻仙子共流觞。"④贡师泰、许有壬提及丁元善、阳明楼和鉴湖、山阴等相连,可知,丁元善居住在浙江绍兴,阳明楼风景颇佳。

丁元善和纳延关系交好,有《阳明洞丁元善尊师携酒招省郎穆萨君过余夜饮》一诗记述他们的聚会:"仙人酿松华,留客中夜酌。微风树间来,细雨

---

① 宋褧:《燕石集》卷七,四库全书本,第 1212 册,第 427 页。
② 张雨:《张雨集》中册,彭万隆点校,浙江古籍出版社 2015 年版,第 490 页。
③ 贡师泰:《贡师泰集》,邱居里、赵文友校点,吉林文史出版社 2010 年版,第 246 页。
④ 许有壬:《许有壬集》,傅瑛、雷近芳校点,中州古籍出版社 1998 年版,第 275 页。

灯前落。清诗忆弥明,高兴怀康乐。移尊过西轩,匡坐听笙鹤。"①胡助《题丁元善阳明楼》:"阳明福地神仙宅,缥缈楼居锁翠微。瑶草长松凝古雪,桃花流水驻春晖。黄庭已换群鹅去,华表方看独鹤归。人世千年一弹指,蓬莱清浅是邪非。"②

朱思本也有《都中春暮,次韵酬丁元善》一诗赠丁元善。

2. 郑守仁

顾嗣立收录了郑守仁的诗,并对其做了简单介绍:

> 守仁号蒙泉,天台黄岩人。幼着道士服,长游京师,寓蓬莱坊之崇真宫,不事干谒,斋居万松间。一夕大雪填门,蒙泉读书僵卧自若,京师号为独冷先生。至正间,出主白鹤观。诗多失传,仅见《玉山雅集》。③

顾嗣立对郑守仁的简介完全来自顾瑛主编的《草堂雅集》,只有最后的"诗多失传,仅见《玉山雅集》"是顾嗣立所加。郑守仁并非玄教徒,而是学道于天台山吕虚夷处。吕虚夷是天台崇道观道士,曾"诣庆元报恩寺吴尊师咬祈风雨,役使鬼神之法",于大德丁未(1307 年),祷雨有应,遂居住庆元(今浙江丽水)大瀛海道院。④ 黄溍《题大瀛海道院》、陈旅《题庆元大瀛海道院图》、卞思义《大瀛海道院为吕啬斋作》、马臻《为啬斋吕高士寄题大瀛海道院》都是为吕虚夷居住的大瀛海道院题词。"至正元年(1341 年),庆元旱,五月己酉,祷雨郡治,云起西北,状如天神执仗,官吏惊呼再拜。顷之,大雨,临江路同知总管府事赵侯由松招之主福顺观,建大阁以奉四明洞天之神。"⑤由记载可知,吕虚夷道术高明;危素在为其作传时,直接命名吕虚夷为"玄儒";吕虚夷还著有《老子讲义》《啬斋文集》,编著《瀛海记言》等作品。吕虚夷具有的儒道互融、擅长道法、颇有文采等这些特质,恰恰也是玄教最大特色,因此,继承师父衣钵的郑守仁,更容易得到玄教的认同和重用。

郑守仁颇有文采,著有《蒙泉集》。由于扈从北上,因此,遍历北方风光,使得其诗诗风奔放、雄浑:"深秋黄道翠华开,辇路清光被草莱。一地行宫成玉陛,九天明月照金台。班趋文武红云合,乐奏箫韶彩凤来。至正明仁希历

---

① 纳延:《金台集》卷二,四库全书本,第 1215 册,第 288 页。
② 胡助:《纯白斋类稿》卷十,四库全书本,第 1214 册,第 610 页。
③ 顾嗣立编:《元诗选三集》,中华书局 1987 年版,第 717 页。
④ 吴澄:《吴文正集》卷四十八,四库全书本,第 1197 册,第 498 页。
⑤ 危素:《说学斋集》卷一,四库全书本,第 1226 册,第 661—662 页。

代,词臣乐颂太平回。"①"夜深烽火东城鼓,步绝金莲春笋泥。千载王风天转北,六朝文物日沉西。江浮汉地淮山小,鸟没吴云宫树底。独足不回鹓鹊去,云台今此让乌栖。"②"两冬为客住龙沙,长忆西湖处士家。昨夜不知身万里,短窗明月梦梅花。"③

郯韶《郑蒙泉炼师子午谷图》:"子真今住子午谷,乃在蛟门西复西。绕屋长松落晴雪,倚天绝壁立丹梯。春回大壑三芝秀,月满空山一鹤栖。归去看图望瀛海,定应沐发候天鸡。"④从郯韶诗名以及内容来看,该画可能是郑守仁所画,所画内容可能是其居住的地方。如果此说成立的话,那么,郑守仁不仅擅长诗歌,而且也善绘画。

郑守仁也积极参与到各种雅集活动中,两次参加贡师泰的聚会中。第一次是至正十一年(1351年)的游虎丘活动。"至正十年(1350年)秋,翰林待制宣城贡公泰甫奉使江南。明年春,使还过吴,而闻国子司业之命,遂避传舍,寓白鹤真馆。不终日,而吴门之大夫士修容于下执事者冠盖相望。于春之暮,风日柔畅,相与登海涌峰,颒剑池,坐生公之台,据小吴之轩,览长洲之故苑,抚姑苏之台榭,而瑶林绿甸、川鱼云鸟之出没飞动者,皆在栏楯之下。于是却丝竹,进泓颖,斟咏淋漓,竟夕忘返。公既属睢阳朱泽民氏笔之为图,复用泽民壁间旧题五言四韵为诗以倡之;而苕溪剡九成、沈自诚、新安胡茂深、赤城郑蒙泉、公之坦张士恭、甥阮文锐、余伯氏敬德咸属和焉,总凡若干首。"⑤这次聚会不仅诗歌唱酬,而且还被绘为图像以传。

第二次是至正十九年。"至正十九年(1359年),户部尚书贡公师泰奉旨督漕闽广。是年十月度钱塘,将浮东鄞,遵海而南,道过上虞。时朱右洎王霖叔雨各出所著文辞,累数十篇,读尽日夜,更仆不罄。公曰:予承命远役,得与子倾倒,喜幸过望。惜不及待陈白云、徐季章尔。舟次余姚,白云、季章继见,而季章偕叔雨、自行同送鄞城,候潮泛白沙岛上,且越旬朔。临别,又与郑蒙泉、舒汝临、僧贵朽石十余人款钱舟中,殽核维旅,酒行无算,情好益洽。"⑥贡师泰也做《跋白沙送别联句》记载该事:"予奉诏总漕闽南,道过四明。承天台郑蒙泉、韩谏行、毛彝仲、燕山马元德、会稽王好问、括苍王叔雨、四明舒汝临、僧朽石、上虞徐季章、华阴杨志中诸君款钱,至白沙犹不忍

① 顾瑛编:《草堂雅集》卷十《和吴大宗师九日迎驾龙虎台韵》,四库全书本,第1369册,第387页。
② 顾瑛编:《草堂雅集》卷十,四库全书本,第1369册,第386页。
③ 顾瑛编:《草堂雅集》卷十,四库全书本,第1369册,第387页。
④ 顾瑛编:《草堂雅集》卷十,四库全书本,第1369册,第369页。
⑤ 陈基:《夷白斋稿》卷十三,四库全书本,第1222册,第249页。
⑥ 朱右:《白云稿》卷四,四库全书本,第1228册,第54—55页。

别。遂留宿舟中,饮酒联诗,明日乃去。何其情之甚厚也!予时以醉卧,及觉,则诗已成矣,故不及联。他日,复迟予东海之上,握手道旧,临风把酒,亦庶见吾党交义,非世俗所能知也。因识其后。时门生刘中亦侍坐焉。"①

郑守仁和文人交往颇多,顾瑛、纳延、宋沂、刘仁本、郯韶、吕诚、袁士元等都有交往。

顾瑛《游锡山纪行诗并序》记载了他和郑守仁的相聚及诗歌酬和:"至正辛卯(1351年)八月二十有四日,余避冗往游锡山谒倪征君。时征君留毗陵,遂与客登惠麓。适蒙泉郑高士将过金陵,邂逅泉上,饮茗赠诗而别。凡三宿回复,缆舟闻阊门外。凡得纪行诗若干首,录贻诸诗友,因赓唱迭和,遂成卷轴。今次叙之,以识岁月。异日开卷抚事,则今日山水之适、朋旧之胜,如在眉目间,不能不为之兴感也。顾瑛书"②。

吕诚欢送郑守仁北上:"一道荣光指北辰,七星文剑烂如银。上皇频赐双茎露,阿母时迎九色麐。灵籍满旗飘婀娜,卿云团盖护轮囷。天门夜奏金龙简,愿祝无为寿圣人。"③

袁士元有《送郑道士蒙泉之燕》诗作:"潇洒诗家老郑虔,云孙千载学神仙。抱琴始听归林下,飞舄还看上日边。石室夜寒丹灶火,金銮晨拥御炉烟。鉴湖一曲如容乞,约我西风理钓船。"④

纳延游历上都时,和郑守仁相遇,写诗以赠:"履雪台州老郑虔,相逢滦水话当年。草堂听雨秋将半,石鼎联诗夜不眠。遥忆东湖来梦里,起看北斗落窗前。刘郎独爱长生诀,日日天坛待鹤还。"⑤

宋沂和郑守仁诗歌酬和,《白鹤观次韵郑蒙泉,呈朱仲文陈庶子》:"谁写《黄庭》一两章,碧桃花发日初长。欲求大药黄金鼎,先解明珠白玉珰。漠漠春阴连海气,迟迟云影度天光。群公共爱幽栖好,芝草瑶花杂众芳。"⑥

刘仁本《次韵玄一山人盛熙明八月十五夜同宿郑蒙泉提点别馆》:"种药长镵手倦抛,白云明月礼三茅。未须姹女藏龟息,还许山人借鹤巢。玉屑千钟和露饮,琼田万顷带冰敲。却怜飞舄东湖上,寄寄新诗方外交。"⑦

郑守仁还拜托朱德润为四明孝子金子文撰述《招孝子辞并序》,丁复也

① 贡师泰:《贡师泰集》,邱居里、赵文友校点,吉林文史出版社2010年版,第365页。
② 杨镰主编:《全元诗》第49册,中华书局2013年版,第89页。
③ 吕诚:《来鹤亭诗》卷一《送道士郑蒙泉北上》,四库全书本,第1220册,第573页。
④ 杨镰主编:《全元诗》,中华书局2013年版,第45册,第239页。
⑤ 纳延:《金台集》卷二《雨夜同天台道士郑蒙泉话旧,并怀刘子彝。蒙泉时奉祠上京崇真宫,子彝尝于四明东湖筑天坛道院,以待蒙泉东归》,四库全书本,第1215册,第288页。
⑥ 顾瑛编:《草堂雅集》卷八,四库全书本,第1369册,第343页。
⑦ 刘仁本:《羽庭集》卷三,四库全书本,第1216册,第51页。

有《送郑蒙泉入茅山二首》诗歌相送,从这些作品可知,不管是在京都还是江南,郑守仁和文人交往不断,1359年尚在人世。

3. 项子虚

贡师泰《题崔元亨送项太医叙后》:

> 大都崇真宫吴大宗师有弟子曰项子虚氏,善转铅汞为丹砂,服之可长生不死。齐其余,犹能起人于垂尽,其术亦微矣。子虚既化去,得其传者盖鲜。予至钱唐,见曹枢密、崔照磨所序项元斋切脉治病,往往神效,问之,则子虚之仲弟也。呜呼!术得其传,其施于人者犹若是,况修己治人之道哉![1]

项子虚是吴全节弟子,医术高超,这在玄教弟子中并不多见。项子虚曾治好了揭傒斯的危重病情,深得揭傒斯赞赏。"天台项子虚,乃是列仙俦。卖药都市中,疑是韩伯休。欲见不可得,不见忽相求。神清骨秀耸,苍松倚丹丘。又如霜空月,下照千丈流。时有揭子者,卧病城南陬。驰往施寸匕,大暑生清秋。人言死复生,仰视行云浮。长揖忽不见,思之生白头。"[2]

项子虚医术入神,下手立验,在当时颇有名声,袁桷《曰生堂记》:

> 天台道士项君子虚,通岐黄书。其治病不择富贫,辄徒步以往,处药候脉有源委。盖所居乡有老医,能理伤寒,受其说。伤寒首经络,未有不通是而能为医者。治所居室,名之以"曰生",且求记于余。……余尝闻道家者言,陶弘景增《本草》飞走虫鱼类例,有杀生心。此盖诱俗鄙俚之论。牺牲养人,千万世不能以易。艺不如古人,挟一囊以自行,巢氏之说毕具,于所挟矫诬滋甚,矧有若予前所言者,其为医之祸最速矣!子虚气正而色刚,立志不苟,视财帛如粪土,耐习劳苦,师全真之说,养心若保赤子。其未通者,必有以日广。活人愈多,仰俯不怍,斯其为德也大矣!庸侯以纪?至治三年(1323年)九月,袁桷记。[3]

虞集《悦生堂记》、贡师泰《子虚道人歌》、马祖常《项子虚链师归旧隐》、

---

① 贡师泰:《贡师泰集》,邱居里、赵文友校点,吉林文史出版社2010年版,第355页。
② 揭傒斯:《大驾既幸上都率奎章诸生之留京者读书宫南史馆中得大热疾势危甚项均子虚视之一药而起为赋五言一首为谢》,《揭傒斯全集》,李梦生标校,上海古籍出版社1985年版,第196页。
③ 袁桷:《袁桷集校注》第3册,杨亮校注,中华书局2012年版,第1003—1004页。

宋褧《天台道人歌，赠项子虚》等都有记载。

4. 冯石泉

王恽记载崇真万寿宫都监冯石泉祈晴有验，可知冯石泉道术颇高："大都辛丑夏仲暑，雨大作，沾霪不辍，至五旬之久。泥涂坎陷，车马不通，潢潦涨漫，浸贯川泽，小民咨怨，农夫告病。崇真万寿宫都监石泉冯君乃谋于道众曰：'吾辈奉正一法，以祈禳为业，睹其如是，虽不吾以，安可坐视而弗救耶？'"①随后做法七日，果验。于是羽客儒流咸作诗赞扬，深获声名。

5. 葛太常

曾棨曾赴崇真万寿宫拜访葛太常："崇真宫阙禁城东，蓨住真人向此中。凤去猴山虚夜月，鹤归华表怨秋风。飞花入户丹房静，古木垂萝碧殿空。此处忽逢勾漏令，将因暇日问参同。"②

6. 张晋贤

1339 年，丁复记载夏文泳身边有张晋贤侍奉，张晋贤就居住在崇真万寿宫："玉皇香案仙臣老，金母瑶池乌使来。五色云霞宫里锦，九天沆瀣掌中杯。朝廷礼数恩波洽，海宇欢荣寿域开。张果子孙商岭皓，此时相与醉蓬莱。"③

7. 魏道士

许有壬《和伯生韵赠崇真宫魏道士》："身已支离鬓已丫，夕斛沆瀣晓餐霞。人间白发不能黑，方外青山便是家。上谷荒林惟有石，天台流水久无花。崇真宫里相逢处，欲扣真诠日又斜。"④只是目前仍不得而知，这个魏道士何许人也。

8. 毛叔达

　　京师之崇真宫毛真人叔达，与予好也，为其弟子长乐林真士请记其曲密之房。予坚辞请，不置，则问其制何居？曰：房在龙虎山上清宫洞玄院中。院造于其祖耕隐刘公，而房尤号雄伟。⑤

危素《先天观诗序，辛卯，至正十一年（1351 年）》记载：

---

① 王恽：《王恽全集汇校》第 5 册，杨亮、钟彦飞校注，中华书局 2013 年版，第 2061 页。
② 曹学佺编：《石仓历代诗选》卷三百五十，四库全书本，第 1391 册，第 755 页。
③ 丁复：《桧亭集》卷八《赠张晋贤侍奉夏真人，庆吴大宗师七十》，四库全书本，第 1208 册，第 373 页。
④ 许有壬：《许有壬集》，傅英、雷近芳校点，中州古籍出版社 1998 年版，第 227 页。
⑤ 张以宁：《翠屏集》卷四《曲密之房记》，四库全书本，第 1226 册，第 640 页。

《先天观诗》一卷,自翰林学士承旨楚国程文宪公而下,总若干人。方曾尊师贯翁为此观,择山水之胜,而亭台高下位置各适其宜,游山之君子不及至者以为恨。……自薛真人玄卿以来诗若干首,则尊师十数世孙毛遂良叔达所求。初,叔达至京师,俾素赋之。素辞不敏,安敢继诸公之作,求免于瓦砾之讥。后十年,叔达将请于其师遁教宗师刘真人耕隐,刻梓以传,又属素序之。惟尊师行义甚高,与开府玄教宗师张公居同邑,定交贫贱时。张公既遭逢国朝,宠遇甚盛,数招之不至,其没也,仅藏宋高宗书《阴符经》及此卷尔。张公祭之以文曰:"伟哉斯人!秉是正直。"则尊师之为人可知已。①

从危素和张以宁记载可知,毛叔达名毛遂良,曾拜上清宫洞玄院刘耕隐为师,刘耕隐被称为"遁教宗师"。刘耕隐与张留孙为老乡,相识于贫苦少时,他多次拒绝张留孙出山之请,潜隐山中,清贫自得,深得张留孙认同和好评。刘耕隐所建洞玄院在明代依然存在:"吾山上清宫之洞玄院,居宫之奥,地僻而林水最幽。东则象山,岧嶷其支,隆然特起,院据其会;西则琼林台郁然,前则雷坛、丹井在焉。其重屋奥室,皆耕隐刘真人元盛时所建也。其徒吴尚絧辟堂之奥室以静,曰复命之旨,扁曰静复山房。"②

毛叔达和张翥、张雨交好。张翥有《石田山房为毛叔达作》一诗:"荦确初开百亩荒,四明山麓有丹房。种来玉子双双白,凿破云根寸寸方。赤水洞天宜避世,全椒道士可休粮。会寻瀑布声中去,一洗吾生浩劫忙。"③前面已经指出,石田山房是朱思本弟子毛永贞所建,张翥这首诗是在石田山房所作。

张雨有《龙虎先天观十四韵为毛叔达作》相赠:"往读戴子记,蚤阅先天图。若非古楼观,定自小方诸。何年发奇璞,瑑研无遗余。后来更面势,旧制亦权舆。罗峰祭杂沓,盘径复纡徐。行经濯足涧,疑泛石鱼湖。崖倾索梯峻,林缺表亭孤。鸣泉参凤匏,归云幂绮疏。云上仙风来,散华时与俱。不知甘露集,瑶草缀流珠。悬圃垂光精,灌溉渴蟾蜍。往往服食久,道师冰雪如。常哦七言章,盍哜三皇书。为扫毛公坛,迟我双飞凫。"④

被称为"京师之崇真宫毛真人叔达",那么毛叔达就不是进京时短暂居住在崇真宫,因为入京居住在崇真宫的道士颇多,不可能就被称为崇真宫真

---

① 危素:《说学斋稿》卷四,四库全书本,第1226册,第741页。
② 张宇初:《静复山房记》,《岘泉集》卷三,《道藏》第33册,第216页。
③ 张翥:《蜕庵集》卷三,四库全书本,第1215册,第48页。
④ 张雨:《张雨集》上册,彭万隆点校,浙江古籍出版社2015年版,第33页。

人或道士，所以，毛叔达应该在崇真宫待过一段不短的时间。

毛颖达，掌遁教事，是崇真宫提点；毛叔达，崇真宫真人，拜师遁教宗师刘耕隐，因此，毛颖达和毛叔达之间相似之处颇多，二者之间似有亲缘关系，只是由于资料所限，尚难以给出明确的判断。

四、崇真宫功能

作为玄教御赐宫观，崇真宫承担了许多功能。

1. 斋醮功能

至元三十年(1293 年)崇真宫设醮斋意：大元皇帝绍隆丕构，抚御多方。欲期中外之安，致有忧勤之虑。爰资道荫，用介福宁。拟于今月初三日，就大都崇真万寿宫，设金箓醮筵二百四十分位，涓日既良，预期以告。①

皇庆元年(1312 年)，仁宗皇帝命设大醮于大都南城长春宫，公(吴全节)奉旨投金龙玉简于嵩山、济渎。是年，敕翰林学士元明善修龙虎山志，著序进入，改赐崇真观额为崇文宫。②

延祐四年，开府年七十，……集贤大学士李公某传诏醮崇真宫……③

泰定改元(1324 年)甲子之春正月，诏宝教大宗师玄德真人吴全节……玄教嗣师真人夏文泳，率法师道士几千人，修建金箓周天大醮于大都崇真万寿宫，为位二千四百，昼夜凡七。④

(泰定)二年(1325 年)，公(吴全节)奉旨设大醮于长春宫，又设大醮于崇真宫，护教之诏如故事。⑤

至顺二年(1331 年)，公(吴全节)进宋儒陆文安公九渊语录，世罕知陆氏之学，是以进之。有旨设醮于长春宫，公告老，请以弟子夏文泳嗣玄教，诏留公。三年，有旨设普天大醮于长春宫，又设大醮于崇真宫。⑥

①　王恽：《王恽全集汇校》第 7 册，杨亮、钟彦飞校注，中华书局 2013 年版，第 2888 页。
②　虞集：《虞集全集》下册，王颋点校，天津古籍出版社 2007 年版，第 1010 页。
③　袁桷：《袁桷集校注》第 4 册，杨亮校注，中华书局 2012 年版，第 1483 页。
④　陈垣编纂：《道家金石略》，文物出版社 1988 年版，第 863 页。
⑤　虞集：《虞集全集》下册，王颋点校，天津古籍出版社 2007 年版，第 1010 页。
⑥　虞集：《虞集全集》下册，王颋点校，天津古籍出版社 2007 年版，第 1011 页。

在玄教创立之前，斋醮科仪主要是在长春宫举行的。宪宗四年（1254年），李志常奉蒙哥汗命在燕京长春宫作普天大醮，"登坛者五千人，皆清高洁白、深通秘典、严持斋法、有道之士"。这次普天大醮规模宏大，中统二年（1261年），"有旨就上都长春宫作清醮三昼夜，为民祈福"①。1273年，"长春宫设周天金箓醮七昼夜"。元世祖忽必烈召张宗演来京后，就让张宗演在长春宫举行斋醮："命嗣汉天师张宗演修周天醮于长春宫，宗演还江南，以其弟子张留孙留京师。"②甚至玄教建立以后，在长春宫也举行过多次斋醮。1278年，"敕长春宫修金箓大醮七昼夜"。天历二年（1329年），"命道士苗道一建醮于长春宫"③。"至顺三年（1332年）三月，赵国公臣常不兰奚、中书平章政事臣亦列赤、御史中丞臣脱盈纳等钦奉皇帝圣旨、皇后懿旨，命特进、神仙大宗师臣苗道一修罗天大醮于大长春宫。"④也有长春宫、崇真宫同时举行斋醮的。张志敬"至元二年（1265年），圣旨就长春宫建设金箓大醮三千六百分位"⑤。1311年，张留孙周天大醮于南城长春宫⑥。

作为后来者，虽有统治者的大力支持，但是玄教还是要在道教界拥有话语权，在文人中获得更大的拥趸，在社会上拥有更大的影响力，因此，在崇真宫进行斋醮科仪对玄教来说是非常重要的道教活动。为了加强这种影响力，在元贞三年（1297年）张留孙修醮事，就有祥瑞出现，是为瑞鹤。泰定甲子（1324年），吴全节在崇真宫举行斋醮活动，引起祥瑞，吴澄《瑞鹤记》一文记载，该事在清朝亦被传录："崇真宫　在大兴县南，元至元中建，真人张留孙、吴全节相继居此，俗呼为天师庵。泰定元年（1324）有瑞鹤临祠坛，学士吴澄有《瑞鹤记》。"⑦由此可知硕儒在历史史实的记载、传播、流布中所起到的重要作用。

受到佛道论辩打击的全真教同时受到来自道教界内部的冲击和挑战，直到1332年，虞集也写了《瑞鹤赞》一文，为全真教张目，也能窥知全真教和玄教之间的竞争。虞集的记载颇为翔实："而臣道一率其属奉迎道周，羽盖杂华雾以缤纷，法曲绕旌霓而高亮。百官在列，万姓聚观。乃有青鸾白鹤，飞舞太空，雅噭长鸣，去人寻丈。若群真之并驾，从瑶岛以来迎，盘桓后先，

① 王恽：《王恽全集汇校》第8册，杨亮、钟彦飞点校，中华书局2013年版，第3359页。
② 宋濂等撰：《元史》第1册，中华书局1976年版，第188页。
③ 宋濂等撰：《元史》第2册，中华书局1976年版，第743页。
④ 虞集：《虞集全集》上册，王颋点校，天津古籍出版社2007年版，第318页。
⑤ 王磐：《玄门嗣法掌教宗师诚明真人道行碑铭》，李道谦集：《甘水仙源录》卷五，《道藏》第19册，第758页。
⑥ 陈垣编纂：《道家金石略》，文物出版社1988年版，第894页。
⑦ 李卫等监修、唐执玉等纂修：《畿辅通志》卷五十三，四库全书本，第505册，第204页。

及坛而止。众目瞻睹,惊叹神异。"①虞集还记载了全真教之前斋醮时发生的祥瑞:"臣闻至元纪元,岁在甲子(1264 年),实命诚明张真人建大醮于兹宫,有瑞鹤之应焉。"②元世祖时发生的祥瑞事件,耶律铸有《题长春宫瑞应鹤诗二首》:"蕊宸华供列仙班,灵境清沉白日闲。鹤驾竞来趋北极,嵩呼原不离南山。玉皇宫殿红云里,金母池台碧雾间。休应是彰皇化处,镇长春色在人寰。""千年物外还丹使,岂不衔珠首重回。遶绕空香辞阆苑,竞随虚驾到蓬莱。(宫有蓬莱门)仙家得表明时兆,寿域元从此日开。不是瑶台无恋处,九苞金凤感将来。"③

全真教分别于 1254 年、1332 年斋醮,出现祥瑞,这可能和全真教四次佛道论辩有关。④ 1258 年的失败不仅使得全真教发展受到了极大的打击,而且其教主之位也不再是教内产生,而是和玄教一样,由统治者任命,这样,具有广泛群众基础的全真教就被统治者掌握住,全真教势力主要在北方,这样,统治者对北方的控制权更大了。由于全真教受到过政治打击,因此,虞集在为全真教教主苗道一举行斋醮引起的祥瑞作赞的时候,落笔点不在祥瑞本身,不在全真教身上,而是落在了统治者身上:"臣闻至元纪元,岁在甲子,实命诚明张真人建大醮于兹宫,有瑞鹤之应焉。今七十年矣,前太常徐琰见诸赞咏。臣切思之:至元甲子,世祖皇帝在位之五年,今兹之岁,则今上皇帝之第五春也。玄征之感,同符世祖,不亦盛乎?于乎! 我圣皇敬天尊祖之诚,仁民爱物之惠,前圣后圣,其揆若一。则吾圣元宗社无疆之福,讵可量哉?"⑤这种赞颂,不太可能是虞集本人的自作主张,而应是受全真教的要求而创作的,其蕴含的政治意味非常突出。

玄教从创立伊始,就和政治同行,和全真教的发展路径完全不一样,因此,在阎复和吴澄的作品中看不到向政治投诚的内容,如吴澄的《瑞鹤记》中提及的是"宗师静虚凝神,对越无二。朔南玄教之士服其服、职其职,供给于斋宫者千人。步趋进退,璆锵以鸣;赞咏倡叹,疏缓以节。穆穆以愉夫上皇者,靡所不用其极。将事之时,有鹤自东南而来者三,俯临祠坛,飞绕久之,

---

① 虞集:《虞集全集》上册,王颋点校,天津古籍出版社 2007 年版,第 319 页。
② 虞集:《虞集全集》上册,王颋点校,天津古籍出版社 2007 年版,第 319 页。
③ 耶律铸:《双溪醉隐集》卷四,四库全书本,第 1199 册,第 436 页。
④ 元代佛道论辩具体举行了几次,学界说法不一,有二次、三次、四次的说法。程佩在《蒙元时期佛道四次论辩之真相探寻》中指出 1255、1256、1258、1281 年举行了论辩,结果都以全真教失败而告终。(《云南社会科学》2013 年第 2 期,第 163 页)不过,1256 年那次论辩没有举行,实际上只有三次。
⑤ 虞集:《虞集全集》上册《瑞鹤赞,并序,应制》,王颋点校,天津古籍出版社 2007 年版,第318 页。

乃翱翔而去。成事之旦,有鹤自青冥而下者二,复临祠坛,飞鸣久之,乃骞翥而上。预祠之臣目观心异,佥欲刻文以彰瑞应"。在描述了瑞鹤出现场面后,吴澄落脚点在对玄教、大臣以及皇帝的整体歌颂,没有偏颇:"且闻先朝祠事,亦尝臻此诚感诚应。今昔同符,宗师严持教法,群工恪奉上意,有以协一人之诚、召灵物之瑞,其美不可以不书。"①

同样出现两次瑞鹤祥瑞,同样有记载和歌颂,但是对祥瑞的溯源确实出现了偏差,这是很有意思的文化现象和政治现象,值得进一步研究。

袁桷《白鹤诗序》记载:"泰定元年(1324 年)春,二月,有旨醮于崇真万寿宫,特进宗师吴公主祠事。越四日,有白鹤三集云中,指殿前。五日,复至。旭日晏温,执事有恪,皆承睫仰视,一口赞庆。……惟今天子践祚之初,询贤考能,敛福以锡庶民。吁天请命,实不私于己。祠祭之事,遵叙以行,罔有偏好。昔汉宣帝励精图治,严蒇祠事,时则有白鹤集于庙庭。异代同符,稽诸行事,实过于彼。而祝厘奉祀以承上命者,罔敢暇逸,吴公盖有之焉。绝地天通,昔之圣人将以止夫! 机祥之说,天人之际,合于自然,盖有不期然而然者。不然《诗》《书》所称,其得而废之与?"②

2. 张天师、道士及儒生入京歇息地方

张天师北上时居住在崇真宫。张与材《启圣嘉庆图序》:"玄天以水德镇北方,有国家者,实嘉赖之。……山之真庆宫提点张洞渊,因金水新事,发启圣旧编,集而为《嘉庆图》。……时皇庆壬子夏五,嗣天师张与材,书于大都之崇真方丈。"③

> 泰定二年正月壬午日……制加(张嗣成)翊元崇德正一教主知集贤院道教事……至元,再召(张嗣成)入见上于明仁殿,时京畿旱,诏祷雨崇真宫,大应。④

道士进京后也会居住在崇真宫。净明忠孝道黄元吉入京后,居于崇真宫。戴道安,字和甫,幼龄即出家为道士,性疏旷。受命于其师王文卿⑤,北上赴京,参拜张留孙。后受制为龙瑞宫提点,奉香于武当、桃源。"和甫在崇

---

① 吴澄:《吴文正集》卷三十五,四库全书本,第 1197 册,第 370 页。
② 袁桷:《袁桷集校注》第 3 册,杨亮校注,中华书局 2012 年版,第 1154 页。
③ 《玄天上帝启圣灵异录》,《道藏》第 19 册,第 645 页。
④ 《道藏》第 34 册,第 832 页。
⑤ 戴道安师父王文卿只是和宋代灵惠冲虚通妙真君王文卿(1093—1153)同名,而非一人。

真,度弟子天台徐信初,厚礼翰林待制虞君伯生,俾教之。"①徐信初,曾经跟随上官与龄、冯瑞京一起奉葬陈日新于贵溪,"提点舒致祥、张德隆、于有兴来求铭。立石墓道者,董袭常也。上官、舒、张、于、冯、董,皆公以次相传之弟子,徐,从游者也"②。可见,戴道安在崇真宫居住时间较长,而且还收授弟子,弟子却不归属于玄教,而是保持自己道派传统,这也从一个侧面证明张留孙对于各个道派的接纳和宽容,并不强求其他道派加入玄教。

3. 雅集地点

吴全节在大都崇真宫建造了冰雪堂、漱芳亭,这些都成了文人品茗、茶叙、诗文唱酬的聚集之地。

> 玄教吴尊师即崇真万寿宫之右,筑室三间,载绸载缪,西南其户,土榻陶春,石煤种燠,四方宾客晏坐其中,题曰冰雪相看。③
>
> 漱芳亭。初,燕地未有梅花,吴闲闲宗师全节时为嗣师,新从江南移至,护以穹庐,扁曰"漱芳亭"。④

范梈曾作《次韵赋吴尊师漱芳亭白、红梅花二首》:

> 梅仙之宫在何许,五尺青天隔风雨。冰雪肌肤绰约人,铁石心肠软媚语。行藏一粒粟中寄,品格百花头上数。所以商廷和鼎功,大濩登之六代舞。呜呼! 安得东皇锡白社,胙以金陵为尔土。
>
> 惟梅本是群仙侣,别有芳姿照微雨。人尝误作杏花看,我亦戏作莲花语。即色非空还是色,遽数不终须悉数。偷服丹砂抹玉唇,赭颜谪向春风舞。呜呼! 安得东皇锡赤社,胙以朱陵为尔土。⑤

许有壬《至正辛未春,环枢堂海棠开,偕冯公励参议陪紫清夏真人饮其下。今年花发,事务方殷,欲寻旧盟,跬步牵絷。堂西漱芳亭甃方池种芙蕖,连岁约观,而皆不果;六月初日,祷雨一过,则红衣落尽,翠房森蠢矣。口占长短句,奉紫清一笑》:

①　袁桷:《袁桷集校注》第 4 册,杨亮校注,中华书局 2012 年版,第 1481 页。
②　虞集:《虞集全集》下册,王颋点校,天津古籍出版社 2007 年版,第 1042 页。
③　任士林:《松乡集》卷二《冰雪相看堂记》,四库全书本,第 1196 册,第 517—518 页。
④　陶宗仪:《陶宗仪集·南村辍耕录》上册,徐永明、杨光辉整理,浙江古籍出版社 2013 年版,第 342 页。
⑤　范梈:《范德机诗集》卷五,四库全书本,第 1208 册,第 116—117 页。

漱芳亭下小方塘,清散水芝香,回首翠成房。忍不待、佳人奉觞。紫垣朝暮。红尘车骑,遮断白云乡。老我重寻芳,又浑似、今年海棠。①

张雨《九日采菊,有序》:

庚午(1330 年)秋闰月菊华,九日盈把。因忆皇庆癸丑(1313 年)间,寓京师,崇真馆明复真人馆前盛种菊,太常博士虞翁生共饮,杨仲弘初为编修官,醉卧菊丛中,脱巾赋诗,其语云:"六尺坐具花中敷。"盖十有八年矣。明复、仲弘往矣,翁生清贵而仙心落落,余则山林朽骨未化者耳,感而成章。②

邓文原《崇真宫观梅》、马祖常《崇真宫西梨花》都记载在崇真宫赏花雅事。

相较于处在文化中心的大都崇真宫,上都的崇真宫则处在远离汉文化的北地边城,文化、饮食、气候等在带给文人、玄教道众新奇的感受后,思乡之情、文化不适之感都使得文化基因一致的文人和玄教道众聚会在一起,通过文化雅集来排遣复杂的心绪,因之,大都崇真宫也就成为文人雅聚的一个重要地点。袁桷于至治二年(1322 年)就曾经住在上都崇真宫。袁桷经常扈从北上,1322 年道士免于扈从,袁桷见上都崇真宫寂静无人,倍感寥落:"至治二年三月甲戌,改除翰林直学士。四月乙丑,出健德门,买小车卧行,八日至开平,舍于崇真宫。有旨,道士免扈从。宫中阒无人声,车驾五月中旬始至。"③

绘画。元代又在墙壁上绘画之风,崇真宫也不例外。揭傒斯《题上都崇真宫陈真人屋壁李学士所画墨竹》:"玉京滦水上,仙馆白云乡。虚壁数竿竹,清风生满堂。微吟弄寒影,静坐仁幽香。有客仍无事,淡然方两忘。"④

李衎(1245—1320 年),字仲宾,号息斋道人,大都人,善墨竹,与赵孟頫、高克恭并称元初画竹三大家。袁桷、虞集、吴全节、元明善、揭傒斯、纳延、倪仲恺等诸人都曾为此画题诗。

虞集《题上都崇真宫壁,继复初参政韵》一首:"故人一去宿草寒,而我几度南屏山。琳宫素壁见题字,辄堕清泪如洄湾。文章百年世何有? 如以钝

---

① 许有壬:《许有壬集》,傅英、雷近芳校点,中州古籍出版社 1998 年版,第 862 页。
② 张雨《张雨集》上册,彭万隆点校,浙江古籍出版社 2015 年版,第 107—108 页。
③ 袁桷:《袁桷集校注》第 3 册,杨亮校注,中华书局 2012 年版,第 863 页。
④ 揭傒斯:《揭傒斯全集》,李梦生标校,上海古籍出版社 1985 年版,第 110 页。

拙镌屡颜。瞥然有感亦易散,奈此细读多高闲。沉思不见托魂梦,何异落月留梁间? 走为麒麟飞为鸾,黄金作玦玉作环。重来岂无造化意? 我以白发迟公还。"①至正九年(1349 年),纳延作有《题崇真宫陈炼师壁间竹梅邀倪仲恺同赋》,说明是与倪仲恺同时题诗:"空谷天寒雪如堵,短篷载酒沧江浦。系船偶傍竹篱边,一树梅花才半吐。别来京国久相思,梦断愁闻画角吹。忽见新图写幽趣,令人却忆剡溪时。寄语南城倪博士,取琴对此弹秋水。中林月上不须归,共倒清尊醉花底。"②

作诗。叶新民《从元人咏上都诗看滦阳风情》、邱江宁《南人北上与元代南方文人的"两都"书写》、李嘉瑜《上京纪行诗的"边塞"书写——以长城、居庸关为论述主轴》、刘宏英《元代上都崇真宫的文学活动考论》、刘宏英《元代上京纪行诗的研究状况及意义》、李军《论元代的上京纪行诗》、刘宏英博士论文《上京纪行诗研究》、王双梅博士论文《元大都文学活动研究》等论著较多,但是这些研究忽略了一点就是考虑道教尤其是玄教的地位变化。玄教在吴全节时发展到极致,社会影响力甚巨。但是随着吴全节的仙逝,玄教虽然依然获得了一系列的封号,但是参与政事程度越来越弱,社会影响力越来越小,这从文人作品中出现次数越来越少就可以窥知。因此,笔者这里稍举上都崇真宫不同时期作品的基调来例证之。

"昔在上都,唱和皆不移刻。"③前期作品,基调明朗欢快,强调的是异国风情、帝国宏业。到了后期,整个基调就变得深沉,不复以前的明丽。袁桷《崇真宫阒无一人经宗师丹房惟蒲苗杨柳感旧有作》:"双斛青蒲苗,中庭绿杨枝。门锁碧窗寂,徘徊心不怡。辛勤四十载,逢辰构崇基。寒日淡无华,朔风助之悲。想此鸾鹤侣,长啸悟成亏。往昔玉局翁,言罢白云随。怀贤感夙昔,悼念成涕洟。夜梦忽邂逅,掀髯歌紫芝。"④

纳延也有在崇真宫的观览行为,并作诗。如《次上都崇真宫呈同游诸君子》:"鸡鸣涉滦水,惨淡望沙漠。穹庐在中野,草际大星落。风高马惊嘶,露下黑貂薄。晨霞发海峤,旭日照城郭。嵯峨五色云,下覆丹凤阁。琳宫多良彦,休驾得栖泊。清尊置美酒,展席共欢酌。弹琴发幽怀,击筑咏新作。生时属承平,幸此帝乡乐。愿言崇令德,相期保天爵。"⑤《崇真宫夜望司天台》:

①　虞集:《虞集全集》上册,王颋点校,天津古籍出版社 2007 年版,第 61 页。
②　纳延:《金台集》卷二,四库全书本,第 1215 册,第 267 页。
③　仇远:《金渊集》卷五《润州许使君寄饷新酿,以流金笺为贽,且供诗稿》,四库全书本,第 1198 册,第 49 页。
④　袁桷:《袁桷集校注》第 3 册,杨亮校注,中华书局 2012 年版,第 864—865 页。
⑤　纳延:《金台集》卷二,四库全书本,第 1215 册,第 287 页。

"珠宫滦水上,轩窗白云开。中宵听落叶,似是风雨来。褰衣视星象,历历环天台。我将揽河汉,乘槎共裴回。"①

到了清代时,崇真宫已经发生了很大变化,时人对崇真宫和玄教的关系已不太了解,毕竟在明初时,人们对吴全节这个烜赫一时的玄教大宗师业已不熟悉了:

> 臣按畿辅通志,宫在大兴县南,至元中建;真人张留孙、吴全节相继居此,俗呼天师庵。泰定三年(1326 年),有瑞鹤临祠,学士吴澄有瑞鹤记。今查有崇真万寿宫,乃明万历丁巳敕建。山门内为龙虎门,内供文昌,为崇贞保运之殿,榜曰丽天经世。东配汉武侯诸葛亮,为卧龙之殿;西配宋丞相文天祥,为鸣凤之殿。其后为九天殿。又有李太后礼斗台,台有四门,东西配俱雷部。再后大阁,榜曰太极肇运阁,供天师像。宫有明时碑二座,其一为没字碑,未知即元时遗址否?然既有天师,或非无因也。门曰龙虎,其或取龙虎山之义乎?②

第二节 东岳庙研究

元代时,大都有四个东岳庙:"岳庙 南北二京有四处:一在燕京阳春门,即今朝枝庙,无碑。一在长春宫东,有礼部尚书元明善所撰碑文。一在燕京太庙寺西,有王澹游所撰碑文。一在北城齐化门外二里许。天师宫张上卿创起,后俱是吴宗师闲闲一力完成。有翰林学士赵孟頫子昂奉敕撰张上卿道行碑,在街南大园内树立。其庙宇神像,翚飞伟冠,实为都城之具瞻。致其巧思,特出意表,真一代绝艺也。"③为玄教所建的东岳庙在朝阳门,全真教的长春宫(后改名为白云观)在东城区,二者不仅都是当时著名宫观,而且距离不远。玄教一力建设的东岳庙在社会影响力方面远远超过白云观。

目前学界对东岳庙的研究,为笔者进一步研究东岳庙提供了扎实的基础,但是对于一些基本问题还是没有涉及。张留孙为什么要建立东岳庙,而非其他宫观?张留孙为什么拒绝皇帝支持,而要用一己(教)之力来建设东

---

① 纳延:《金台集》卷二,四库全书本,第 1215 册,第 288 页。
② 励宗万:《京城古迹考》,北京出版社 1964 年版,第 9—10 页。
③ 熊梦祥:《析津志辑佚》,北京古籍出版社 1983 年版,第 54 页。

岳庙？东岳庙历代提点是哪些高道？资料所限,本节试图对这些问题进行解答。

一、玄教与东岳庙建立

东岳庙的建立以虞集《大都路东岳仁圣宫碑铭·应制》一文记载较为详实:

> 延祐中,故开府仪同三司、上卿、玄教大宗师张留孙买地于大都齐化门外,规以为宫,奉祠东岳天齐仁圣帝。仁宗皇帝闻之,给以大农之财,辞不拜,第降诏书护作。方鸠工而留孙殁,后某年,今特进、上卿、玄教大宗师吴全节大发累朝赐金,以成其先师之志。至治壬戌(1322年),作大殿,作大门。殿以祀大生帝,前作露台,以设乐门,有卫神。明年,作东西庑,东西庑之间,特起如殿者四,以奉其佐神之尊贵者。列庑如官舍,各有职掌,皆肖人而位之。筑馆于东,以居奉祠之士。总名之曰东岳仁圣宫。泰定乙丑(1325年),鲁国大长公主自京师归其食邑之全宁,道出东门,有祷于大生帝,出私钱巨万,俾作神寝,象帝与其妃夫人媒寺之容。天历建元(1328年,元文宗),今上皇帝即大位,遣使迎大长公主于全宁,还及国门,皇后迎母于郊,主礼神拜觊,而后即其邸。天子乃赐神寝名曰昭德殿云。宫广深若干亩,为屋若干楹,高大弘丽,足以久远。岁时内廷出香币致祭,都人有祷祈,咸得至焉。有敕命臣集撰文,勒诸丽牲之碑。[1]

虞集的记载基本把东岳庙的建造过程记述了下来:

第一,延祐中,张留孙自己出资买地建造东岳庙,可惜还未成形,张留孙逝去。"事既彻闻,仁宗命政府庇役。开府辞曰:'臣愿以私钱为之。倘费国财,劳民力,非臣之所以效报也。'上益加赏,遂敕有司护持,毋得沮挠。"[2]吴全节接续完成东岳庙的建设,和张留孙一样。吴全节把自己获得的累朝封赏拿出来,建设东岳庙。[3] 东岳庙的建设是玄教或者说是玄教第一、二任大宗师拿出私财而建的,他们拒绝元仁宗官方的经济支持。

---

① 虞集:《虞集全集》下册,王颋点校,天津古籍出版社2007年版,第820页。
② 吴澄:《吴文正集》卷五十,四库全书本,第1197册,第513页。
③ 陈旅:《重建杭州开元宫碑》指出开元宫重建之时(至治元年),"今未尝取秋毫于上,役一民于下。"(陈旅:《重建杭州开元宫碑》,四库全书本,第1213册,第137页)和东岳庙一样,开元宫重修也是王寿衍以及当地官员、士绅一起完成的,没有让国家、老百姓出钱。

第二,1322 年,东岳庙祭祀东岳大帝的殿建成;1323 年四子殿建成,诸神像各如其序。玄教徒居于观内东部。

第三,1325 年,鲁国大长公主自己出私钱参与东岳庙的建设,建造昭德殿,赵世延为之撰写了《昭德殿碑》。结合元代帝位更迭的血雨腥风,曹彦生撰文指出鲁国大长公主参与东岳庙建设原因:"对于一直在京城,亲睹宫廷风云变幻的祥哥剌吉来说,敕令女嫁怀王可谓凶多吉少、前途叵测。故泰定二年鲁国大长公主祥哥剌吉离开大都这一是非之地归全宁,并选择东出齐化门祈祷于东岳仁圣宫大生殿,出私钱巨万以作神寝的行为,联系后来元文宗即位,帝后迎母于东岳庙并由皇帝赐名昭德殿的特殊礼仪,我们会豁然开朗:皇权争斗的焦点正是鲁国大长公主祥哥剌吉焦虑的所在。东岳庙昭德殿表面是为东岳大帝帝后建的寝宫,实为女儿未来之属而建。鲁国大长公主东出齐化门祈祷东岳大帝再北走通县、喜峰口、滦平、大宁、全宁的回家路线是有意选择的,在东岳庙大生殿祈祷、许愿的事情,几年后得以实现,当事人皇帝、帝后亲临东岳庙,不能不让人反问:诺大的大都京城何以选择齐化门外荒郊中的东岳庙作为迎接姑姑、母亲的见面场所,如果从道教还愿的角度理解,问题便迎刃而解,这就是鲁国大长公主建东岳庙昭德殿的因缘所在。"[1]

第四,东岳庙被多次奉祀,但是否成为国家祭祀的道教宫观,具有和崇真宫、长春宫相似的官方地位,尚需进一步研究。

二、东岳庙塑像

目前东岳庙供奉七十六司:

北京东岳庙七十六司供奉在岱宗宝殿及其东西朵殿、东西配殿以及瞻岱门之间,连檐通脊的廊庑内。殿前檐设木栅栏门,两侧悬挂白底黑字小篆体楹联,上方挂"掌某某司"匾额,惟独真官土地司没有"掌"字,相传是因为该司地位级别较高,便不再用"掌"字。各司由北向南,按昭穆(2)位顺序排列。依次为:1.掌教签押司 2.掌生死司 3.掌生死勾押推勘司 4.掌斋僧道司 5.掌修功德司 6.掌看经司 7.掌注生贵贱司 8.掌三月长斋司 9.掌勾生死司 10.掌取人司 11.掌掠剩财物司 12.掌增福延寿司 13.掌官职司 14.掌追取罪人照证司 15.掌词状司 16.掌曹吏司 17.掌行瘟疫司 18.掌飞禽司 19.掌

---

① 曹彦生:《鲁国大长公主与北京东岳庙》,《中国道教》2003 年第 5 期,第 39 页。

山林鬼神司 20.掌宿业疾病司 21.掌畜生司 22.掌水府司 23.掌十司 24.掌十五种善生司 25.掌十五种恶死司 26.掌无主孤魂司 27.掌行雨地分司 28.掌风伯司 29.掌较量司 30.掌堕胎落子司 31.掌阴谋司 32.掌欺昧司 33.掌僧道司 34.掌城隍司 35.掌贼盗司 36.掌山神司 37.掌土地司 38.掌精怪司 39.掌魍魉司 40.掌门神司 41.掌枉死司 42.掌索命司 43.掌推勘司 44.掌行污司 45.掌放生司 46.掌杀生司 47.掌施药司 48.掌善报司 49.掌恶报司 50.掌忠孝司 51.掌忤逆司 52.掌所生贵贱司 53.掌注福司 54.掌胎生司 55.掌卵生司 56.掌湿生司 57.掌化生司 58.掌水族司 59.掌长寿司 60.掌促寿司 61.掌催行司 62.掌黄病司 63.掌毒药司 64.掌积财司 65.掌还魂司 66.掌见报司 67.掌正直司 68.掌子孙司 69.掌引路司 70.掌磨勘司 71.掌都察司 72.掌苦楚司 73.掌举意司 74.掌悯众司 75.掌速报司 76.真官土地司 各司神像都如真人大小,多的有十二三尊,少的也有七八尊,共716尊。①

明确记载东岳庙七十二司的是明代,和现在的七十六司存在差异:"正统中,益拓其宇,两庑设地狱七十二司。后设帝妃行宫,宫中侍者十百,或身乳保领儿婴以嬉,或治具,妃将膳,奉匜栉为妃装,纤纤缝裳,司妃之六服也。"②元代东岳庙没有明确记载建造了多少司,只能通过当时史料试着分析。

袁桷《东岳兴造疏》:"三宫空洞之中,上通寥廓;四海幅员之广,实有主维。古称岱宗,仁并木帝。伸为神,屈为鬼,端假去来;生者养,死者藏,必资旋转。三千余里之太岳,七十二司之真官。爰谨鸠工,用严象设。居士垂鹤发而成胜果,讵止一年;怀州号龙兴而阐珍符,永祈万岁。丹青之费虽广,黑白之业可消。烦孔方兄之点头,须楮先生之落笔。五谷熟而人民育,造化功深;三阶平而阴阳和,生成道广。"③

揭傒斯《安福州东岳庙记》:"五岳自古皆秩祀于天子,而东岳独为天下宗。今郡县不置庙则以为阙。延祐四年(1317年)冬,吉安路安福州达鲁花赤瞻思丁始建东岳庙于城东门外之秀岭,知州郭恢台等协其谋,佐吏及州民

① 陈巴黎 http://blog.sina.com.cn/s/blog_4b4a1cfa0101b6il.html。
② 刘侗、于奕正:《帝京景物略》,孙小力校注,上海古籍出版社2001年版,第98页。刘侗、于奕正两人也认为玄教东岳庙塑像是刘元所作。
③ 袁桷:《袁桷集校注》第5册,杨亮校注,中华书局2012年版,第1783—1784页。

197

之乐善者相其财,地利材良,工胥劝功,明年秋,庙成。重门复殿,高广丽深,翼以列祠七十有二。"①

晏逢贞《东岳庙重建两庑记,至正四年(1344 年)》:"岱山,五岳之宗,历代封禅,岁时致祭,加号东岳天齐仁圣帝。皇元混一区宇,奄有四海,郡邑莫不立庙,匾其额曰东岳行宫,又置七十二司,侍从百官,各司其事……"②

袁桷、揭傒斯、晏逢贞记载的东岳庙都是七十二司,加之道教经典也提倡七十二司之说,如王文卿《雷说》:"夫雷霆者,天地枢机。天枢地机,名枢机二台,位列东西,总摄雷霆七十二司。阳雷阴霆,枢阴机阳,雷善霆恶。雷善生气,霆恶煞气。生气煞气,二气总会,有激剥之厉。"③《徐仙翰藻》中也记载"泰山七十二司众生受度。"④吴全节擅长雷法,对这种观点不可能不熟悉,因此,大都东岳庙极大可能是七十二司。

当然,也有七十四司的提法。卢希古为蒲县东岳庙重修撰写碑记时写道:"大德癸卯(1303 年),心思不虔,地遂以震,行宫一倾为瓦砾之场,父老视之慨然兴叹!……而延祐丙辰(1316 年)地复震,栋宇再摧。岁次戊午(1318 年),(曹)居义与同舍友乔居进及弟子张士柔,复作大殿五楹,前为香亭,以祠仁圣帝,后宫以祠圣妃,东、西庑七十有四楹,以祠诸神。"⑤目前山西蒲县东岳庙留存的反而是七十二司。

不管是七十二司还是七十六司,这是一个庞大的塑像群体,是一个不小的工程,短时间内难以一蹴而就。《元史》记载东岳庙塑者是刘元:"后大都南城作东岳庙,元为造仁圣帝像,巍巍然有帝王之度,其侍臣像,乃若忧深思远者。始元欲作侍臣像,久之未措手,适阅秘书图画,见唐魏征像,矍然曰:'得之矣,非若此,莫称为相臣者。'遽走庙中为之,即日成,士大夫观者,咸叹异焉。"⑥刘元本是道士,曾拜师"阿尼哥国公学西天梵相,神思妙合,遂为纪艺。凡两都名刹,有塑土范金,抟换为佛,一出元之手,天下无与比"⑦。受这种观点影响,学界目前多认为东岳庙神像为刘元所塑。

《元史》只是记载了刘元为东岳庙塑像,但并没有指出是哪个东岳庙,当时已有全真教创建的东岳庙。而且,早在《元史》完成前,虞集就撰写了《刘

---

① 揭傒斯:《揭傒斯全集》,李梦生标校,上海古籍出版社 1985 年版,第 328 页。
② 李修生主编:《全元文》第 58 册,凤凰出版社 2004 年版,第 126 页。
③ 《道藏》第 29 册,第 215 页。
④ 《道藏》第 35 册,第 492 页。
⑤ 张世贤主编:《东岳庙志》,山西人民出版社 2005 年版,第 340 页。
⑥ 宋濂等撰:《元史》第 15 册,中华书局 1976 年版,第 4546 页。
⑦ 陶宗仪:《陶宗仪集·南村辍耕录》上册,徐永明、杨光辉整理,浙江古籍出版社 2013 年版,第 594 页。

正奉塑记》一文,明确指出,刘元是为属于全真教的东岳庙而塑像的。

> 至元七年(1270 年),世祖皇帝始建大护国仁王寺,严梵天佛象,以开教于天下。求奇工为之,得刘正奉于黄冠师。……今上皇帝尤重象教,尝敕正奉非有旨,不许擅为人造它神象者,其见贵异如此。……大都南城长春宫都提点冯道颐始作东岳庙于宫之东,谋其徒曰:不得刘正奉名手,无以称吾祠。且正奉尝从吾徒游,将无靳乎? 即诣正奉言之。正奉以前敕未之许也。是时庙未成,民间以灵异、祸福相恐动,事未甚显灼。冯去后,正奉果恍惚若有所感者,病不知人者三日。或为之祷,乃起谓其门人子孙曰:速为我御我且之东岳庙。至庙,疾良已。会立庙事奏御,正奉祝曰:愿亲造仁圣帝像。既而疾大安,又进秩二品,益喜曰:是神之赐也。因又造炳灵公、司命君象,而佐侍诸神有弗当其意,悉更之;盖几有神助者。延祐四年(1317 年)春,予游长春,因即而观焉。凡廊庑时共称好者,皆市井物怪,情状盖易以悦人。及仰瞻仁圣帝,巍巍乎帝王之度矣;余皆称其神之所以名者。予尤爱其盛服立侍,侃侃若不胜忧深思远之至者。……正殿仁圣帝,两侍女,两中侍,四丞相,两介士。其西炳灵公,两侍女,两侍臣。其东司命君,两道士,两仙官,两武士,两将军。皆正奉之手,善观者知非他工所可杂其间也。①

虞集于延祐四年(1317 年)去全真教东岳庙参观时,对刘元精湛的雕塑艺术赞叹不已。刘元为东岳庙共创作了两组全体塑像,一是东岳大帝、侍女、中侍、丞相、介士等共十一个塑像,这是东岳庙最重要、核心的塑像;另一组分列东西,东边的是东岳大帝第三子炳灵公及侍女、侍臣,西边的是司命君及道士、仙官、武士、将军,共十四人。刘元为全真教东岳庙共塑像二十五个,其中东岳大帝是刘元翻阅图书、以唐代魏征为原型创造出来的。虞集参观全真教所建东岳庙两年后,张留孙才着手买地,为建造东岳庙做准备。张留孙 1321 年羽化时,玄教的东岳庙刚开始动工,这离虞集看到全真教东岳庙已经过去了四年之久。

虞集对玄教极其熟悉,和玄教徒交往密切,和全真教也多有交往,虞集的记载是可信的。因此,到清朝时,就已开始纠偏刘元为玄教东岳庙塑像的观点:

---

① 虞集:《虞集全集》下册,王颋点校,天津古籍出版社 2007 年版,第 742 页。

朝阳门外之东岳庙,始自元时。赵子昂所书《张留孙碑》尚在东阶下,其神像旧云出刘供奉塑。康熙中毁于火。考《道园学古录》《刘正奉塑像记》,则刘所塑东岳庙神像,在长春宫东,与此无涉。其误自《燕都游览志》始,竹垞因之。[①]

刘元是否为玄教东岳庙塑像,答案应该是否定的。一是作为著名的雕塑家,仅有刘元和阿尼哥入了正史,其身份地位之高由此可见一斑;加之刘元成为"御用"雕塑师,被限制自由雕塑,所以,如果刘元为玄教东岳庙雕塑的话,这应该是一件值得书写的事。但查诸元代史书及史料,都没有发现相关记载。第二,即使刘元方面没有记载,那么作为玄教第二任大宗师、烜赫一时、交游广泛的吴全节,如果邀请刘元为新建成的东岳庙塑像,这样锦上添花的事情是值得大书特书的,虞集为吴全节做的传记《河图仙坛功德碑铭》中完全没有提及此事;吴全节诗文唱酬的作品中也没有提及此事。第三,玄教东岳庙建成之时,刘元已经七十余岁。延祐四年(1317 年)时,刘元已经七十岁了,张留孙羽化时,刘元已经是七十四岁的老人了。1322 年,东岳大帝殿建成,刘元已经七十五岁了。刘元有关史料还见于《元代画塑记》,其中先后记载延祐四年(1317 年)八月十一日、延祐五年(1318 年)十月二十五日,刘元奉命为青塔寺塑像。到了延祐七年(1320 年),为兴和路寺塑像时,则是刘元弟子代劳,"塑工命刘学士之徒张提举、画工命尚提举。二人率诸工以往"[②]。最大的可能就是因刘元年龄过大而令其弟子代劳的,因此,亦有可能因为这个原因导致刘元并没有为玄教东岳庙塑像。

三、东岳庙鼎盛与经济、民俗关系

熊梦祥记载了元代时东岳庙的受欢迎程度:

> 每岁自三月起,烧香者不绝。至三月烧香酬福者,日盛一日。比及廿日以后,道涂男人□□赛愿者填塞。廿八日,齐化门内外居民,咸以水流道以迎御香。香自东华门降,遣官函香迎入庙庭,道众乡老甚盛。是日,沿道有诸色妇人,服男子衣,酬步拜,多是年少艳妇。前有二妇人以手帕相牵阑道,以手捧窨炉,或捧茶、酒、渴水之类,男子占煞。都城

---

① 国家图书馆藏:《天咫偶闻》卷八,第 10 页。
② 文廷式辑、吕东超点校:《元代画塑记》,北京师范大学出版社 2016 年版,第 308、309、310 页。

北,数日,诸般小买卖,花朵小儿戏剧之物,比次填道。妇人女子牵挽孩童,以为赛愿之荣。道傍盲瞽老弱列坐,诸般椿丐不一。沿街又有摊地凳盘卖香纸者,不以数计。显官与怯薛官人,行香甚众,车马填街,最为盛都。①

小柳司气太指出,白云观在燕九节时节很热闹,参与人众,但是其香火收入远远不如东岳庙:"东岳庙所奉神圣,勿论儒释道三教……又天府行政之地,故兼察善恶,是所以七十二司十八地狱之存在也。故其道士掌祈祷符咒之术,可谓巫祝之流,故每年庙会(三月十五日至二十九日)每月庙会(十五日)辄瞻礼进香,络绎于途。其信者团体,有掸尘会者,善男信女,出资以掸玄庙内塑像上所积之灰尘为事业。又有献花会者,购置纸花于各殿也。又有献纸会者,购进纸帐,以供殿宇窗棂裱糊之需也。又有放生会者,购买飞禽若干笼,放置于正殿前者也。白云观则无此等事。燕九九皇两节,赛者固多,然以全年概之,不及东岳庙颇远矣。故其进香收入自亦寡少,恐十分之一乎?"②

元代时,全国各地都在新建、重建东岳祠,其中供奉的各个神像都和人们的生活密切相连,涵盖范围之广,八仙都是远远不及的,各个阶层、各个诉求都能在东岳庙庞大的神灵体系中找到对应、获得慰藉。因此,东岳信仰受众群体广、群众基础佳,不是没有原因的,其和民俗关系也就变得更为密切。每到东岳大帝寿诞,上自统治者颁香、下到贩夫走卒求告,东岳庙的香火很是鼎盛。

东岳庙之盛还和通惠河的开凿有关。通惠河和京杭大运河相连,漕运是元代经济重要的组成部分:"齐化门外有东岳行宫,此处昔日香烛酒纸最为利。盖江南直沽海道,来自通州者,多于城外居止,趋之者如归。又漕运岁储,多所交易,居民殷实。"③元世祖忽必烈时期 1292—1293 年开通通惠河,"最早开挖的通惠河自昌平县白浮村神山泉经瓮山泊(今昆明湖)至积水潭、中南海,自文明门(今崇文门)外向东,在今天的朝阳区杨闸村向东南折,至通州高丽庄(今张家湾村)入潞河(今北运河故道),全长约 82000米"。④ 而通惠河的开凿和张留孙也有密切关系:"二十九年,开通惠河,上问:'果便利?'对曰:'漕为国本,孰敢议非?是诚减民力,取实效,民必趋

---

① 熊梦祥:《析津志辑佚·祠庙仪祭》,北京古籍出版社 1983 年版,第 54—55 页。
② 小柳司气太:《白云观志·附东岳庙志》,刘莹整理北京联合出版公司 2019 年版,第 220 页。
③ 熊梦祥:《析津志辑佚·古迹》,北京古籍出版社 1983 年版,第 116 页。
④ 北京辽金城垣博物馆编:《北京元代史迹图志》,北京燕山出版社 2009 年版,第 288 页。

之.'由是河役卒不为民病。"①因此,张留孙买地齐化门外,紧挨通惠河之地建东岳庙,不知是否是已经考虑到了漕运带来的物品丰饶和经济的发展对宫观的影响作用,如是的话,那么,张留孙颇有经济头脑,具有战略眼光。

四、东岳庙道众及宗教行为

东岳庙建成后,吴全节虽然长居崇真宫,但作为东岳庙的直接建设者,他对东岳庙的感情还是很深的:"尊岳开新庙,高承万雉翔。宝花严像设,玉烛耀龙光。野润春浮霭,斋严午积香。真人端杰见,卫道岂微茫?""高士何年契?虚堂竟日留。老惭今日会,狂忆向时游。种树供栖鹤,开池待狎鸥。廛居真可隐,江海谩乘舟。"②

除了深厚的私人感情,吴全节还奉祀东岳庙:"休奉东封远献书,神宫咫尺九重居。香飘秘殿人颙若,灵降方坛乐翕如。水上被除祠候燕,雨中归牧梦占鱼。此时最忆风云地,濯濯清沂咏叹余。""定计归来已束书,高斋虚寂似禅居。好花送与春风共,病目愁看宿雾如。四月落林多野笋,半陂流水足溪鱼。今春又过今秋早,一饭趑趄不愿余。"③张雨也撰写有吴全节东岳庙祭祀的诗文,如《吴大宗师岳宫行香次韵》:"元日朝元回羽队,东华门外踏春阳。还趋岱岳祠宫阒,遥识仙官剑佩香。国有蓍龟金作鉴,年登耆艾发如霜。老人星在微垣内,可是人间化日长。"④吴全节和东岳庙的关系很是密切。

作为东岳庙的实际建立者,吴全节对东岳庙的感情自不待言。而把东岳庙打上文艺雅趣之地的则是玄教第六任大宗师董宇定和王用亨。前文已有阐述,兹不赘述。

东岳庙资料和崇真宫相比,更为稀少和分散,从许有壬诗文中可以发现,在董宇定、王用亨之后,张囷亮曾任东岳庙提点。许有壬避暑东岳庙时,用揭傒斯韵脚赋诗,赠与张囷亮。从诗名《避暑岳祠追和揭学士韵呈张囷亮题点》可知,张囷亮为东岳庙提点:"都门东二里,有宫如上清。炎气涨人海,乃见白玉京。园果出新脆,冰盘明水晶。虚闲境既辟,低垂气为平。连栋深月窟,玄林挹琼英。遗世固独立,爱客仍多情。树影正已斜,蝉声断复萦。

---

① 袁桷:《袁桷集校注》第 4 册,杨亮校注,中华书局 2012 年版,第 1567 页。
② 贡奎:《京城东岳庙落成诗简吴宗师二首》,《贡奎集》,邱居里、赵文友校点,吉林文史出版社 2010 年版,第 76 页。
③ 虞集:《虞集全集》上册,王颋点校,天津古籍出版社 2007 年版,第 157 页。
④ 张雨:《张雨集》上册,彭万隆点校,浙江古籍出版社 2015 年版,第 253 页。

听尔羽衣曲,陋披子晋笙。人生贵适意,何物为宠荣! 明朝又城府,狗苟复蝇营。"①揭傒斯也曾赋诗赠与张困亮。许有壬还曾于至正己丑年(1349 年)与代祠武当的张困亮炼师相见。"困亮主京师东岳祠,园杏千株,人境俱胜。送客东门,若自公有暇,即造焉。亮修洁能诗,见则徜徉忘返。别一年矣,当予避客时,毂击肩摩,中天复已暝,乃邂逅相遇,岂偶然哉! 遂不忍以疾辞,赠之诗曰:杏园陈迹梦暄妍,马上相逢岂偶然? 每忆可人如隔世,不闻新句又经年。花迎驿路飞红雨,香到朝山散紫烟。王事游方归有日,迟君洹水白鸥前。"②

许有壬《城楼暮霭,以下八首咏东城之景》:"玄都道士不栽桃,却爱生红闹树梢。此去东风吹不散,仙家自有凤麟胶。"③可见,东岳庙已经成为大都一个重要的雅集地点,为元代文艺活动提供了一个道教地点。

五、玄教独自建造东岳庙探源

吴澄指出,张留孙想建东岳庙是缘于京师没有东岳庙:"大都新筑,规模宏远,祖社朝市、庙学宫署,无一不备,独东岳庙未建。玄教大宗师张开府留孙职掌祷祠,晨夕亲密,钦承上意,买地城东,拟建东岳庙。"④熊梦祥明确记载大都有四个东岳庙,而且全真教建立的东岳庙还以刘元塑像技艺精湛而深受好评,1317 年虞集还亲临东岳庙,一睹塑像风采。吴澄该文作于东岳庙落成(1322 年)之后,吴澄不知道京师有东岳庙这个事实,属实牵强。他这样写的原因是他认为全真教等所建东岳庙没有得到统治者敕封,不算真正体现上意的东岳庙:"五岳自古皆秩祀于天子,而东岳独为天下宗。今郡县不置庙则以为阙。"⑤而张留孙想建东岳庙可能就是来自"钦承上(元仁宗)意"的契机。因此,在建设东岳庙过程中,张留孙、吴全节虽然多次拒绝元仁宗经济支援,但是东岳庙开建伊始,就被打上了统治者的烙印,具有浓郁的皇家色彩。

元仁宗以儒治著称,开科举措施使他得到了无数儒生的爱戴和期许,元仁宗身边形成了一个儒士圈,李孟、姚燧、赵孟頫、张养浩、刘敏中、程钜夫、

① 许有壬:《许有壬集》,傅英、雷近芳校点,中州古籍出版社 1998 年版,第 67 页。四库全书本《至正集》卷六记载的是《避暑岳祠追和揭学士韵呈张困亮提点》,而傅英、雷近芳校点《许有壬集》中的诗名则为《避暑岳祠追和揭学士韵呈张困亮题点》,后者误。
② 许有壬:《许有壬集》,傅英、雷近芳校点,中州古籍出版社 1998 年版,第 280 页。
③ 许有壬:《许有壬集》,傅英、雷近芳校点,中州古籍出版社 1998 年版,第 368 页。
④ 吴澄:《吴文正集》卷五十,四库全书本,第 1197 册,第 513 页。
⑤ 揭傒斯:《揭傒斯全集》,李梦生标校,上海古籍出版社 1985 年版,第 328 页。

元明善、袁桷等都是其中代表人物。① 元仁宗不仅善画能写,而且对汉族文化以及中国历史非常了解,汉化程度很深,所以熟知泰山封禅、东岳大帝的历史和典故。把泰山封禅作为官方祭祀活动中一个重要的组成部分,不啻为一个神道设教的好方法。

东岳大帝信仰在宋代时就在全国流行,蒙元统治者对泰山、东岳大帝都非常重视。元宪宗对东岳庙非常重视。1251 年 6 月,元宪宗蒙哥继位,继位仅四个月,同年十月,蒙哥就命李志常奉旨代祀岳渎。蒙哥这么着急去东岳祭祀,是有着政治的需求的。窝阔台死后,在窝阔台系和托雷系之间产生了继任者的争夺。托雷系的蒙哥最终继承帝位,但依然处在窝阔台一系的威胁之下,"在这种情况下,争取汉人的支持成为当务之急,因此宪宗蒙哥一方面命皇弟忽必烈总治漠南一带,加强对汉地的统治,另一方面征召全真道掌教李志常入觐,意图借助全真教在汉地的影响获取中原民心"。②

忽必烈及其后继者对泰山神及对其赐号、建庙等活动更加重视:

> 元世祖中统四年(1263 年),元廷以岳渎诸庙多毁于金末兵火,命掌教宗师诚明真人张志敬分别修复。张志敬委泰山道士张志纯提举东岳庙事务。
>
> 至元三年(1266 年)四月,元世祖诏命重修东岳庙,构建仁安殿,以奉祀泰山神。
>
> 至元二十八年(1291 年)二月,世祖诏封泰山神为"天齐大生仁圣帝",并遣官致祭。
>
> 至元二十九年(1292 年)三月,御史台呈文中书省,称:"近为东岳庙荒废不曾修理,合从朝省选差有德道士,主管祠事。"中书省据集贤院道教所呈文,令遣道士为岳庙住持提点道官,收管得钱,增修庙宇。
>
> 元惠宗至正四年(1344 年)九月,惠宗颁旨,宣谕保护东岳庙产。
>
> 至正十三年(1353 年)四月,提点东岳庙事、道士范德清发起重修东岳庙延禧殿与诚明堂。次年告竣,殿堂廊庑焕然一新。③

泰安市博物馆仅列举了元朝时泰山东岳庙与统治者关系,罗列并不

---

① 杨海梅:《元仁宗文人圈及其辞赋研究》,陕西师范大学 2012 届硕士论文。
② 张琰:《泰山全真道与社会研究》,中国人民大学 2011 届博士论文,第 42 页。
③ 泰安市博物馆的《大事记》,见泰安市博物馆官网 http://www.daimiao.cn/contents/190/5356.html。

完全，其中就失收元仁宗对泰山东岳庙的保护措施：皇庆二年（1313年）正月□日，山东东西道廉访司的公文："本道封内有太山东岳，已有皇朝颁降祀典，岁时致祭，殊非细民诮渎之事。今士农工商，至于走卒、相扑、俳优、娼妓之徒，不谙礼体，每至三月，多以祈福赛还口愿，废弃生理，聚敛钱物、金银、器皿、鞍马、衣服、疋段，不以远近，四方辐凑，百万余人，连日纷闹。……岳镇海渎，圣帝明王，如蒙官破钱物，令有司岁时致祭，民间一切赛祈并宜禁绝。"①政策支持，使得东岳庙建造在元仁宗时期掀起了一个小高潮。

1. 延祐改元（1314年），长兴州东岳庙落成："知州吕公澍、同知州事马公镕，禀令从事，顾瞻祠庭，库陋颓靡，大惧歉民望，贻神羞，无以称塞明诏，谋更新之。而土木之费，无从所出，乃捐禄廪，以为众倡。于是，前白云宗僧正明奉，前释教提控僧亨会，暨诸山尊宿，纲纪葺事。而邦人护趋祠下，莫不称力而受任，分曹而责成，输材赴工，百堵俱作。……经始于皇庆元年（1312年）十二月，落成于今年四月。"②

2. 延祐二年（1315年），温州路达鲁花赤重修东岳庙："属工诛茅，凿山拓址，弘建殿宇。殿之前为坛，坛之前为池。翊以两庑，冠以山门，又为会岳楼于殿之东，金碧光灿，像设严整。"③

3. 延祐四年（1317年），吉安路建东岳庙："延祐四年（1317年）冬，吉安路安福州达鲁花赤瞻思丁始建东岳庙于城东门外之秀岭，知州郭恢台等协其谋，佐吏及州民之乐善者相其财，地利材良，工胥劝功，明年秋，庙成。重门复殿，高广丽深，翼以列祠七十有二。"④

4. 山西临汾蒲县东岳庙，创建年代不详。延祐戊年，"（曹）居义与同舍友乔居进及弟子张士柔，复作大殿五楹，前为香亭，以祠仁圣帝，后宫以祠圣旨妃，东、西庑七十有四楹，以祠诸神。"⑤

5. 玄教张留孙、吴全节创建的东岳庙。

北京东岳庙、山西蒲县东岳庙都建于元仁宗时期，也是目前影响较大的东岳庙，其中尤以玄教所建东岳庙为最。

在元仁宗授意下，张留孙准备兴建东岳庙，那么，元仁宗为什么会如此

① 《元典章》，陈高华、张帆、刘晓、党宝海点校，天津古籍出版社、中华书局2011年版，第3册，第1949页。
② 孟淳：《长兴州修建东岳行宫记》，李修生主编：《全元文》，江苏古籍出版社2001年版，第21册，第778—779页。
③ 章矗：《东岳行宫碑》，李修生主编：《全元文》第32册，凤凰出版社2004年版，第137页。
④ 揭傒斯：《揭傒斯全集》，李梦生标校，上海古籍出版社1985年版，第328页。
⑤ 张世贤主编：《东岳庙志》，山西人民出版社2005年版，第340页。

推崇东岳庙呢？神道设教是一个很重要的原因。通过东岳庙在全国的兴建，利用原有的东岳信仰人群，就可以很好地掌控舆情。陈巴黎明确指出，是元仁宗授意张留孙建造东岳庙的："在中国，封建官僚统治深受宗教思想的影响，一方面制定出严格规范的现行政策、法律，另一方面更关注于把所有事物纳入一个条理有序的系统，即所谓的'神道设教'。道士掌管天界职位，有役使兵将的法力，因此，他们的社会作用与执掌人间世俗权力的官僚并无多大区别。与之相应，政府官僚也不仅仅是世俗中央政权在地方的代表，他们也有权召唤、保举或罢免地方神，修建祠庙或破除庙宇，成为皇帝在地方行使宗教权利的代表。在大都修建东岳庙，建立完备的冥府官僚系统，实现世俗皇权对幽冥世界的统治，恐怕是仁宗的真实意图。"[1]

元仁宗除了政治需要属意玄教兴建东岳庙，那么，张留孙、吴全节为什么都拒绝统治者的经济资助而一定要出私财来建造东岳庙呢？这可能和玄教贵盛一时有关。

前文已经论及，当张留孙获得"上卿"称号时，吴澄就对此颇有微词。面对吴全节盛情邀约其为刚创建的东岳庙撰文的请求时，吴澄依然表现出"诤友"的态度。吴澄首先指出，东岳是重要的祭祀活动，有着特定的规定："天子祭天下名山，岳为众山之宗，岱又诸岳之宗也，东岳泰山之有祠宜矣。而古今祠祭礼各不同。岳者，地祇也，祭之以坛壝而弗庙。五岳四渎立庙自拓拔氏始，当时惟总立一庙于桑干水之阴，逮唐乃各立一庙于五岳之麓。若东岳泰山之庙遍天下，则肇于宋氏之中叶。古者祭五岳之礼视三公，盖天者，帝也；地者，后也；诸神、诸祇，皆帝后之臣也。天之日月，地之岳渎，臣之最贵者，三公为臣之极品，故祭之礼与公齐等，祭之秩次如公，而非以公爵爵之也。唐先天、开元间，谓汉以来王亦爵也，位公之右，于是封岳祇而爵之曰王。宋大中祥符间，致隆岳祠，犹以王爵为未崇极，于是尊岳祇而号之曰帝。意在乎尊之而已，礼之可不可，有不暇计。吁咈哉！若神僭窃同天地，所以起大贤之慨也。既庙之，又爵之；既爵之，又像之，地祇而肖像若人焉，至于今莫之或改也。"[2]然后声明，该文一字都不能改动："但此文关系古今大典礼，倘不鄙弃，于内不可有所改换。盖一字失当，恐贻将来识者之嗤诮，而其文不可以传。"[3]吴全节不仅请托吴澄为东岳庙撰写碑文，同时还拜托吴澄为

① 《东岳文化与大众生活：第四届"东岳论坛"国际学术研讨会论文集》，广西师范大学出版社2009年版，第180页。
② 吴澄：《吴文正集》卷五十，四库全书本，第1197册，第513页。
③ 吴澄：《吴文正集》卷十一，四库全书本，第1197册，第137页。

张留孙羽化后祠堂仁靖观撰文。吴澄《南山仁寿观记》一文已写过该观[1]，但是吴澄还是毫不犹豫拒绝请求："仁静观中先开府之祠以'玄宇'为扁，所该甚广。今崇真宫所建，上复加'仁靖'二字，则'玄宇'但是代祠堂二字之名，四字联属，义不通贯，窃疑未安。大概此等名称垂示久远，惟当正大平常，不可如近时人家花圃、亭榭、馆舍，取其名之新巧奇异也。……先开府之盛德，真能若是。近日月如在山林，接微贱不异贵显，冲慈俭不自高大，默契玄凡之道。后之人崇其祀，亦当以荣夸为戒，庶其与开府之盛德相称也。"[2]这和元好问用典对全真教行讽诫的含蓄风格不同，吴澄态度明确而坚定。虽然吴澄为东岳庙所作碑文完全没有问题，但他私下写的信却委实不客气，这可能就是东岳庙没有把吴澄碑文立石的根本原因所在。

除了吴澄，一定还有其他的批评或揶揄声音，徐懋昭就是因此而南返。（详见徐懋昭部分，此不赘述）所以，张留孙、吴全节一方面享受着统治者给予的极大恩遇所带来的各种好处，一方面也要消化甚至抵抗这些质疑的声音。那就是要做一些真正属于道士应当做的工作：建立宫观、培养弟子（这个短期内没办法做到）、参与一些宗教实践等活动。

建立宫观。两都的崇真宫都是统治者建好后赐予玄教的，他们连自己的大本营都不是自己建造的，而在龙虎山以及其他地方建造的宫观又没有太大的社会影响力，因此，建造一个属于自己的宫观应该是摆在玄教面前的一个非常重要的、能够证明自己、让自己有底气的任务。当元仁宗流露出这样的念头时，张留孙迅速行动起来，买地，为建造东岳庙做准备。建造宫观不仅是一个道派或道教支派的立足之地，也是展示自己实力的很好体现。

培养弟子。玄教缺乏自己创建的理论体系，加之事务繁忙，弟子需要龙虎山支持，因此，玄教就像无源之水，需要外面不停地"输血"，这不能不说也是梗在玄教心头难以下咽的一根刺。所以，道法造诣颇深、儒家思想熟稔的玄教宗师就会想尽一切办法在收徒、授徒上做一些力所能及的事情，吴全节目前留世的十四画像就有"远程"教学的目的蕴含在内。[3] 其次，就是在玄教弟子谱系上的与众不同。为了培养对玄教的认同感、加强对道派的归属感，玄教的弟子谱系是一个"环形"结构，而非一般道派的直线型谱系。

因此，表面风光无限的玄教，实际上内心却存在着不安全感，东岳庙自己出资、自己建设，一定要自己建造一个影响力巨大的宫观，这才是张留孙、

---

① 吴澄：《吴文正集》卷四十七，四库全书本，第 1197 册，第 486—487 页。
② 吴澄：《吴文正集》卷十一，四库全书本，第 1197 册，第 137—138 页。
③ 申喜萍：《道教修炼视阈下的〈吴全节十四像并赞卷〉》，《世界宗教研究》2019 年第 6 期，第 89—102 页。

吴全节拒绝来自最高统治者支持的最大原因所在。

即使如此,东岳庙的皇家烙印还是鲜明存在的。佟洵从东岳庙在元代属于御用的道教宫观论证了这一点:"自东岳庙始建之初就受到元朝历代皇帝,以及皇亲国戚的青睐。东岳庙的修建与元朝统治者对道教崇奉是分不开的。东岳庙虽然是道教宫观,但是在元朝时期它主要服务于帝王,是元朝皇家御用的道场。"①高寿仙则提出,东岳庙属于"官私并举":"大都东岳庙的修建,虽然得到皇室的大力支持,但并非国家修建的礼制建筑,而带有明显的私人性质。建筑用地并非朝廷拨赐,而是张留孙自行购买的。工程的具体进行,完全由吴全节自行主持,并非朝廷相关机构的参与。修建经费主要来自张留孙、吴全节历年积存的'私钱',并未接受国家财政的资助。至于鲁国大长公主的捐助,显然也是一种个人行为。当然,由于作为道教宗师的张留孙、吴全节地位尊崇,这项私人性的工程得到皇帝的高度肯定,除了钦赐殿名外,还谕令虞集、赵世延分撰碑文,从而使其染上了一层浓重的官方色彩。"②

综合以上观点可知,东岳庙一直在官方的关注之下,但张留孙、吴全节则想在官方状态下,极力赋予东岳庙一个"私人身份"。

第三节　西太乙宫研究

一、西太乙宫

宫观因人而彰,张秋泉以及张秋泉的影响力和西太乙宫是相得益彰的。元代道教发展迅猛,不管是全真教还是玄教,其道众众多,高道辈出,使得很多道众没有进入到学界的视野中来。在统治者支持下建立起来的玄教,首先要完成的就是建立宫观。崇真宫不仅承担了和全真教白云观一样的国家斋醮、祭祀的政治功能,也起到了当时文人聚会的艺术沙龙的作用。而东岳庙则是因应国家需要而建立起来的,因此,这两个玄教宫观引起了人们较多的关注和研究,而对于其他宫观的研究则关注较少。1972年北京西直门内后英房的考古发现,使得西太乙宫以及西太乙宫曾经的主持人陈秋泉进入学界视野。林梅村《元大都西太乙宫考——北京西城区后房和后桃园元代

① 佟洵编著:《道教与北京宫观文化》,宗教文化出版社2008年版,第80页。
② 高寿仙:《国家祀典、儒家理念与民俗信仰的冲突与交融——以北京东岳庙为中心的考察》,《黄河文明与可持续发展》第5辑,河南大学出版社2013年版,第69页。

遗址出土文物》一文对于发掘出来的西太乙宫遗址、张秋泉以及出土的元代磁州窑梅瓶、西太乙宫的另外两个提点进行了考论。[①] 除此之外,尹志华《张留孙及其在元大都创立的道教支派——玄教》一文中也简单介绍了西太乙宫及张秋泉。[②]

西太乙宫又名昭瑞宫、太一宫、太乙延福宫、太乙宫,熊梦祥记载是张秋泉所建:"西太乙宫在和义门内近北,张秋泉所建。"但接着又指出,西太乙宫供奉张留孙、吴全节,"其所建宫宇,计年而成,其施助不言而至源源。宫正殿正西祠张上卿、吴宗师。实开山之主也。后以年迈归,以所蓄书画财物,尽数付与吴宗师"[③]。熊梦祥这段话颇令人困惑:张秋泉、吴全节都是西太乙宫的建造者? 但是有一点明确的是,吴全节担任大宗师期间曾经重修过西太乙宫,"作东岳仁圣宫于齐化门外,重修太一延福宫"[④]。

目前元代文献中没有记载吴全节担任过西太乙宫提点,担任西太乙宫提点的有张秋泉和薛用章,明确记载居住在西太乙宫的有饶礼诚、张彦辅。

1. 西太乙宫提点张秋泉

《昭瑞宫提点张惟一特授全德靖明弘道真人太一宫提点》:

> 神以知来,至教匪存于象设;人惟求旧,褒封首锡于龙飞。念屃赑之宣勤,默储祥而介福。坤元具训,涣号扬纶。昭瑞宫提点张惟一,泉石古心,冰霜雅操。侍晨长乐,澹焉若朴而妙感彰;澄观穆清,廓乎不惊而众虚集。惟才全者德不竞,而正靖者明愈昭。阐道王庭,葆真冲馆。噫! 有国之母以长久,尔尚谨于祝厘;立天之道曰阴阳,当益思于观复。恭承嘉命,助赞无为。可。[⑤]

这是张秋泉正式被任命为西太乙宫提点的制辞。邓文原《杭州福神观记》一文明确了张秋泉担任西太乙宫提点时间:"大德丁未(1307 年),全德靖明弘道真人张公惟一,荣被玺书,领西太乙宫事。公以祠官祝厘,便蕃锡宠,黄冠羽服,邈自山林来游京国者,公与语,辄少许可。有以钱唐崔君汝晋名闻,公喜溢颜面曰:'福神观吾有属矣。支倾补坏,惟汝晋其能。'……始延

① 林梅村:《元大都西太乙宫考——北京西城区后房和后桃园元代遗址出土文物》,《博物院》2018 年第 6 期。
② 尹志华:《张留孙及其在元大都创立的道教支派——玄教》,《北京联合大学学报》2003 年第 2 期。
③ 熊梦祥:《析津志辑佚》,北京古籍出版社 1983 年版,第 94 页。
④ 虞集:《虞集全集》下册,王颋点校,天津古籍出版社 2007 年版,第 1010 页。
⑤ 袁桷:《袁桷集校注》第 5 册,杨亮校注,中华书局 2012 年版,第 1683—1684 页。

祐戊午(1318 年)八月,未期年而大备。张公惟一奏曰:'明道冲正玄逸法师、西湖福神观主持提点臣崔汝晋,重建福神观成,乞降纶音辉,贲林谷,以振玄风,以崇毖祀。'制曰可。惟张公克知崔君,君亦不负所知。古之人神交气应,有不一接言笑,而意已孚者,信若此者哉。吾当观老氏之道,以虚无为宗,以清静无为为用。"①从邓文原记载可知,张惟一又名张秋泉,其被敕封为太乙宫提点,时间是 1307 年,他推荐崔汝晋重建福神观,从中可知张惟一的影响力。

2. 西太一宫提点薛用章

赵孟頫书法作品《洞玄灵宝自然九天生神章经》,简称《道经生神章卷》》,楷书,纸本,纵 34 厘米,横 1231.5 厘米。上有张雨、吴全节、赵雍题跋。赵雍的题跋提及西太乙宫提点薛用章。

> 右先平章文敏公暮年之笔也。故特进上卿闲闲吴公与先平章至交,其徒孙西太一宫提点薛用章得之。因来吴兴,携以见示。瞻阅载三,悲喜交集,不能去手。用章其宝藏之,其宝藏之。至正十一年(1351年)岁辛卯秋七月廿日,赵雍书。②

张雨为这部书法的第二次题跋也提及了一些薛用章资料:"用章法师自京师来钱唐,辱交十余载,所藏公翰墨至多,皆雨题识。继为六丁雷电下取,而是经适从而归之,欣戴有逾于昔,而雨之于是经俱若有所托于永久者矣。遂详始末重题于后。嗣真盖雨旧法名云。至正九年(1349 年)乙丑岁夏五。张雨谨书。"③

只是薛用章资料太少,目前只找到这两条资料,从中可知薛用章 1351年时尚是西太乙宫提点。从赵雍和张雨记载可知,薛用章是吴全节徒孙;和张雨交往时间很长,二人关系亲厚;薛用章文艺素养颇高,喜欢书画收藏,曾收藏赵孟頫多幅作品,最迟于 1349 年已把《道经生神章卷》收入囊中。1351年,薛用章已经继任西太乙宫提点。假定 1351 年薛用章继任西太乙宫提点之位,那么到元朝灭亡的 1368 年,有十七年之久,薛用章可能一直担任西太乙宫提点;也有可能薛用章中途逝去,由玄教其他道众继任提点。

3. 西太乙宫道众饶礼诚

---

① 邓文原:《邓文原集》,罗琴整理,浙江人民出版社 2016 年版,第 237 页。
② 徐邦达:《古书画过眼要录:元明清书法 1》,紫禁城出版社 2006 年版,第 88 页。《全元文》失收赵雍该文。
③ 徐邦达:《古书画过眼要录:元明清书法 1》,紫禁城出版社 2006 年版,第 88 页。

揭傒斯《武冈扶丘山紫府延寿宫宋张真人守静所居也至今祷雨旸辄应其徒纯真子饶君礼诚延祐中入京师为今玄教大宗师吴公所知居太乙延福宫十五年将南还山中诗以送之》:"洞庭之南,扶丘之山,绵连九疑控百蛮。昔在嘉定之世,真人张氏隐居学道于其间。祈晴即晴雨即雨,奔走郡县劳蹄攀。锄云架雾开紫府,采芝种术留朱颜。夜驱猛虎守庭户,昼役鬼物除榛菅。真人乘云上天去,但有青鸾白鹤长往还,云霆尚兴司丰艰。尔来一百五十岁,弟子饶君通道气。一往京华十五年,太乙宫中独超异。不求逸少写黄庭,欲逐浮丘揽香袂。南望凄其忆故宫,黄河日与梦俱东。河流到海不复返,故宫长在白云中。天地无停机,日月无淹轨。归去乘,白云里。"①延祐年号只有延祐元年到延祐七年(1314—1320 年),因此,饶礼诚开始居住西太乙宫应在 1314—1320 这七年之内。十五年后,不晚于 1335 年,饶礼诚离开该宫。

4. 西太乙宫道众张彦辅

张彦辅曾拜师于吴全节:"太一道士张彦辅,族本国人,从玄德真人学道。"②张彦辅于"1326—1327 年,为大都太乙宫宫侍。许有壬两次诗文提及"。③ 如许有壬《太乙宫侍张彦辅炼师不至和继学韵二首》:"联镳日晏出黄扉,目断长空倦鸟飞。不是道人归不早,我曹多事自忘归。""京国三年负草亭,眼中空翠拥云屏。琳宫今日见秋意,风色萧萧月满庭。"④张雨有《和虞公赠张彦辅侍宸》:"耽耽千柱压城西,西祀祠官倏忽归。莫把琼芳迎太乙,朝陪羽仗谒凝晖。白云青嶂天机熟,老树颠崖目力微。敕写扶桑朝日晕,天光倾向紫金衣。"⑤只是"太乙宫宫侍"具体指代什么道阶道品,不得而知,笼统把张彦辅划归到道众中。

张彦辅善画,目前唯一留世的作品为《棘竹幽禽图》。画上题款为:"子昭偕周正己过太乙宫,彦辅张君为作《棘竹幽禽图》以赠之。时至正癸未(1343 年)三月十七日。濮人吴孟思书。"至迟在 1343 年,张彦辅还在太乙宫。夏文彦对张彦辅介绍为:"六(疑为:太)一道士张彦辅,多居京师,善画山水。"⑥夏文彦指的应该是居住在西太乙宫的道士张彦辅,而非太一道士张彦辅,只有这样才合情合理,不然,张彦辅为什么要舍去发展状态良好的玄

---

① 揭傒斯:《揭傒斯全集》,李梦生标校,上海古籍出版社 1985 年版,第 251—252 页。
② 虞集:《虞集全集》上册,王颋点校,天津古籍出版社 2007 年版,第 153 页。
③ 万青力论文,转引自洪再新:《元季蒙古道士张彦辅〈棘竹幽禽图〉研究》,《新美术》1997 年第 3 期,第 13 页。
④ 许有壬:《许有壬集》,傅英、雷近芳校点,中州古籍出版社 1998 年版,第 331 页。
⑤ 张雨:《张雨集》上册,彭万隆点校,浙江古籍出版社 2015 年版,第 266 页。
⑥ 夏文彦:《图绘宝鉴》,四库全书本,第 814 册,第 623 页。

教而去俯就日益衰落的太一道呢？太一道以遁术为统治者服务，但是毛颖达长期担任遁教秘术，已经取代了太一道的基本职能，而太一道也确实逐渐衰微，极大可能最后并入到玄教、正一教中。

揭傒斯记载，商琦为宫殿东西两壁创作壁画《题集贤商学士所画太乙崇福宫东西壁山水图为张真人作》："东壁山连西壁山，东西相望几屏颜。浮云晓散分楼观，流水晴闻隐珮环。雁荡天台明镜里，琴床棋局翠微间。集贤学士烟霞笔，写向仙家意自闲。"①太乙宫考古发现"距后英房遗址 125 米的后桃园遗址出土元代壁画残片，当即商琦所绘西太乙宫山水壁画。"②"在西太乙宫正殿之西建张留孙祠堂。"③可知，西太乙宫西配殿奉祀玄教开山祖师张留孙像。东岳庙也建有张留孙、吴全节两位祀堂。把有功于教派、有功于当地宫观的高道建造祀堂、立像以祭的模式在当时道教界内部非常盛行。

二、张秋泉其人

《析津志辑佚》有对陈秋泉的记载：

> 秋泉本戴石屏之后，少年习吏，微责，弃俗而游京师。自历涉艰，曾无悔色。为人美丰姿，长髯，真一代之奇士。宜乎晚节可观。初，秋泉居京，当时名公巨卿，无不倾盖相亲。为人偊偋，有旷愁高蹈之志。所藏法书、名画甚富。章子有平章尤为亲厚。初，在天师宫放逸自居，怀孟太后有疾，求医药符箓之士于朝，遂取于吴宗师。师令其应旨而往，符药俱验，果能阐扬，大称懿旨。厥后恰逢九五之祚，一时向仰，非复寻常真人之比。故其所建宫宇，计年而成，其施助不言而至源源。……后以年迈归，以所蓄书画财物，尽数付与吴宗师。独携米南宫所宝研山石回。当朝诸名公若虞伯生，俱有研山诗。④

熊梦祥长期生活于北京，又是和道士生活在一起，因此，对道士也颇为熟悉。他直称张秋泉为"一代之奇士"，这评价颇高。进京之初，他在崇真宫居住，与章子有平章关系亲厚，与文人交往密切。在为太后治病取得疗效并

---

① 揭傒斯：《揭傒斯全集》，李梦生标校，上海古籍出版社 1985 年版，第 116 页。
② 林梅村：《元大都西太乙宫考——北京西城区后英房和后桃园元代遗址出土文物研究》，《博物院》2018 年第 6 期，第 6 页。
③ 林梅村：《元大都西太乙宫考——北京西城区后英房和后桃园元代遗址出土文物研究》，《博物院》2018 年第 6 期，第 16 页。
④ 熊梦祥：《析津志辑佚》，北京古籍出版社 1983 年版，第 93—94 页。

获取巨大声誉后,开始建造西太乙宫。由于他的影响力,"故其所建宫宇,计年而成,其施助不言而至源源"。该宫仿造东岳庙格局,塑张留孙、吴全节像以奉祀。全真教建造宫观大多有这个惯例,像白云观建有丘处机塑像等。

熊梦祥指出张秋泉是戴石屏之子,林梅村认为不符事实,认为张秋泉或是戴觉民之子。[①] 张秋泉和赵孟頫、袁桷、杨载、揭傒斯、刘将孙、张养浩都有交往。前有董宇定杏林美名,其后张秋泉的桃树、梅花也得到了时人的认同。

杨载《次韵张秋泉真人碧桃》:"道院桃开一树春,往来勾引看花人。挥毫欲赋巫山女,振佩疑逢洛浦神。翠萼临风摇不定,珠蕤承露缀如新。煌煌更结千年实,凡木何由窃比伦。""一枝如玉照芳春,几度凭阑欲殢人。翠被夜寒愁洒泪,珠帘月冷怕伤神。刘郎陌上裁仍旧,王母池边赏又新。不是梨花飘雪树,望中清绝更无伦。"[②]

袁桷《次韵张秋泉盆梅三首》、张养浩《雪后过张秋泉盆花盛开,索诗为赋》等赠诗,可见张秋泉与当时名士的交往,他在京师建立的社会网络层次极高。

张秋泉还应擅长绘画。袁桷有《次韵张秋泉墨兰》诗:"虚窗秋思集,晨兴憺无余。墨池漾清泉,天葩散纷敷。爱此岩中君,赠以碧玉腴。微云解苍佩,缥缈疑空无。远谢丹白昏,讵畏霜霰濡。守黑志有在,谈玄道非殊。愧彼夷与齐,絜腹不受污。湘累慨永古,世人陋其迂。临风嗅余清,是岂真缁徒。乃知万化寂,妙巧窥分铢。幽蜂缀疏蕊,点点游晴虚。闭门谨视之,黄尘政纷如。"[③]高彦敬曾经做《庐山图》送给张秋泉,见袁桷《题高彦敬桑落洲望〈庐山图〉,为秋泉作》《秋泉、德生、仲章、梅叔、章周、仪之皆次余韵,题〈庐山图〉再次韵以谢》,从袁桷记载中可知,张秋泉应该也擅长诗文。

张秋泉和刘将孙之父交往颇多,刘将孙有《送道士秋泉序》:

> 虽然,事固有不能如意者,昔吾先君子须溪先生游南岳之兴,岂不十八九年。盖屡招山僧、客道流刻期为约,固有闻风先路迎候者。又尝约长沙平远公,信信必不负。然或治装而间于军旅,或出门而避于风雨,卒不能践其志。此余于秋泉今日之游岳也,感念深矣。秋泉固岁岁来赴先君子之期者。平生夜话,想像湘山之上,岳麓之下,邺侯如黄石

① 林梅村:《元大都西太乙宫考——北京西城区后英房和后桃园元代遗址出土文物研究》,《博物院》2018年第6期,第10页。
② 杨载:《杨仲弘集》卷六,四库全书本,第1208册,第46页。
③ 袁桷:《袁桷集校注》第1册,杨亮校注,中华书局2012年版,第175—176页。

之子房,海蟾为道中之过客,松风萝月,石上云间,可以左揖袂而右拍肩。苍然白云,变化何许,秋泉之行山中也,其感念宁不有如予者乎?吾闻仙者可遇而不可得见,故常狡狯出没,为婴儿以嬉也。秋泉之往也,其见山中草木樵牧,无不以异人待之,即乞食予块,买药得虫,巫拜勿疑。①

张秋泉真正引起巨大关注的是其所持的研山石。赵孟頫《赋张秋泉真人所藏研山》:"泰山亦一拳石多,势雄齐鲁青巍峨。此石却是小岱岳,峰峦无数生陂陀。千岩万壑来几上,中有绝涧横天河。粤从混沌元气判,自然凝结非镌磨。人间奇物不易得,一见大叫争摩挲。米公平生好奇者,大书深刻无差讹。傍有小研天所造,仰受笔墨如圆荷。我欲为君书《道德》,但愿此石不用鹅。巧偷豪夺古来有,问君此意当如何?"②

玄教中著名高道张雨,诗书画兼能,他写给张秋泉从子戴士安的诗《次韵虞道园,怀张秋泉真人,短歌赠其从子戴士安,研山盖其传宝云》,直接指明了张秋泉是戴氏子弟的事实:"曾见研山如见画,苍龙一泓在其下。真人气岸雄且坚,此石精英可方驾。掉三寸舌帝者师,入不言兮出不辞。手把琼芳迎太乙,江南草木回春姿。更借龙泓涓滴水,天藻亭中笔新泚。题诗何必见安道,从子风流政如此。"③

揭傒斯《研山诗,并序》:

> 山石出灵璧,其大不盈尺,高半之;中隔绝涧,前后五十五峰,东南有飞礑横出,方平可二寸许,凿以为砚,号为砚山。在唐已有名,后归于李后主。主亡,归于宋米芾元章,刻其下,述所由来甚详。宋之季,归于天台戴运使觉民。后又归于其族人。宰相贾似道求之弗与,携持兵乱间,寝处与俱,逐获全。大都太乙崇福宫张真人,本戴氏子,今年春赍书得之,请予赋诗。其辞曰:
> 何年灵璧一拳石,五十五峰不盈尺。峰峰相向如削铁,祝融紫盖前后列。东南一泓尤可爱,白书玄云生霡霂。在唐已著群玉赋,入宋更受元章拜。天台濒洞云海连,戴氏藏之余百年。护持不污权贵手,离乱独与身俱全。帝旁真人乘紫霞,尺书招之若还家。阴崖洞壑寒谽谺,宛转

---

① 刘将孙:《养吾斋集》卷十四,四库全书本,第 1199 册,第 126 页。
② 赵孟頫:《赵孟頫集》,钱伟强点校,浙江古籍出版社 2016 年版,第 69 页。
③ 顾瑛辑:《草堂雅集》卷五,四库全书本,第 1369 册,第 289 页。

细路通褒斜。昆仑蓬岛与方壶,坐卧相对神仙居。硬黄从写黄庭帖,汗青或抄鸿宝书。

秦淮咽咽金陵道,此物幸不随秋草。愿君谷神长不老,净几明窗永相保。①

张秋泉在当时的影响力和其研山石是密切相关的,赵孟頫、揭傒斯、张雨等都对之赞叹有加,张留孙生辰时也有人献石以祝寿。对奇石、怪石的欣赏一直是文人雅士津津乐道之事,张秋泉把自己的珍藏都捐了出来,独独留下了这块研山石,其对这块奇石、妙石的喜爱自是不言而喻的。

在崇真宫、东岳庙、西太乙宫之外,大都还有玄教徒彭大年建立的太和宫。

虞集在《九万彭君之碑》中提及彭大年是彭九万(1284—1335年)从子:"其弟子陈子靖、龚致虚请予观之,师尊康克明、袁用宏以所遗冠剑藏之,其友戴衍,其从子从之学道者大年请予书其遗事而识之。"从彭九万的身世就能勾勒出彭大年的世系。彭九万出身世家,族出唐吉州刺史玕,拜师崇仁上方观观主陈复宗,颇受器重。彭九万内丹修炼水平极高,"君得神仙术,闭门修之三月,觉有气汩汩从中起,稍引之,其动如风,其暖如火,以次周其身,如贯珠然,久之有归,如明镜止水,身心泰然,若与太虚为一。或啸咏以乐,或简默以居,凡俗疑其为狂病云"。对佛理也颇有研究,"释氏之宗,本卑因果之说,而其徒修仪范,为世人求福田、灭罪业。其文甚多,君见而笑之,取其所为金刚供仪者,一笔数千言,依其节奏而开以法要,佛理粲然,凡情豁焉"。② 从虞集记载可知,彭九万不管是在修炼内丹还是在理论水平上,都是极高的,这对于彭大年修道是非常有利的。

彭大年还是王寿衍弟子,延祐五年戊午(1318年)曾代王寿衍祷于百寮山上,有验:"适天旱,县令耆老来请雨,(王寿衍)命弟子彭大年祷于百寮山上,甘雨随应。"③彭大年这次祷雨引起了轰动,形成诗卷,张雨也赋诗赞之,《题彭大年祷雨诗卷和仲举韵延祐己未(1319年)开玄道院作》:"羽衣秋薄剪湘荷,茅屋山宫补绿萝。白石资方青䭕饭,洪厓借乘雪精骡。松云暖忆春游岳,冰草寒怜晓度河。使节南归如见念,峰头笙鹤好相过。"④

"到了元代,岳镇海渎祭祀盛极一时,《元史·本纪》中频繁记载,相关

① 揭傒斯:《揭傒斯全集》,李梦生标校,上海古籍出版社1985年版,第115页。
② 虞集:《虞集全集》下册,王颋点校,天津古籍出版社2007年版,第1045—1046页。
③ 王祎:《王祎集》中册,颜庆余整理,浙江古籍出版社2016年版,第475页。
④ 张雨:《张雨集》上册,彭万隆点校,浙江古籍出版社2015年版,第222页。

石刻史料层出不穷,在中国历史上是绝无仅有的。而这又恰恰出现于北方少数民族统治的元朝,且岳镇海渎也是首个被蒙元统治者采行建制的汉地传统国家祀典。"①元代社会早期,道教频繁参与岳镇海渎,而其中以玄教参与次数、参与频度为最。彭大年就参加祭祀东海、东岳的活动。

张翥《送彭大年真人祀东海、东岳、东镇》:

> 国典崇常祀,名山仰岱宗。圣王钦所遣,使者肃惟恭。礼自唐虞秩,神知造化钟。天门开巇嵽,日观上巃嵸。零雨行清道,浮云起荡胸。宿斋分鹤帐,朝飨发鲸钟。吹溢安歌进,灵来卫仗从。御香分暗霭,佩玉响璁瑢。美荐怀椒糈,精诚莫璧琮。东流瞻巨海,列镇到诸峰。瀛岛遥相望,仙人或此逢。岳祇调虎豹,水怪帖鱼龙。星坠祠光白,烟涵瑞气浓。振衣临潗㶁,飞盖拂长松。庶物消余沴,洪河复故踪。年祥报齐鲁,地宝出雷潓。嘉泽群方洽,明时百职供。回车宜访问,弥节可从容。世祚祈千亿,元功赞九重。禁庭归福处,有待颂东封。②

许有壬《饯彭大年真人代祠东岳东海》:

> 登太山,小天下,观于海,难为水。吾师分香出黼扆,岱宗东海在秩祀。宸衷所系皆繁社,人间无物不沾被。代祀茂典即竣事,余力应能究斯理。峻极于天阔无涘,升高望洋竟何止！莫论儒道有同异,归来试为吾举似。师母吾蕲愤吾启,要效涓埃报天子。③

从这些资料中不仅可以研究元代祭祀地点、祭祀路线,而且还可以通过玄教不同时期参与祭祀的活动来整体把握玄教的发展状况。

彭大年与张翥交往较多,彭大年仙逝时,张翥写挽诗以表达哀思。《大年仙人乐天遗雷符一卷为题》:"一夕空飞解剑形,先生神气即风霆。已还天阙朝群帝,别写雷符使六丁。辽海鹤归云邈邈,葛陂龙化水冥冥。只今有子能传业,来奉祠官篆檄灵。"④《送述古彭大年真人》:"袖有神方炼紫荷,几年

① 马晓林:《元代岳镇海渎祭祀考述》,《中国史研究》2011年第4期,第131页。
② 张翥:《蜕庵集》卷五,四库全书本,第1215册,第83页。
③ 许有壬:《许有壬集》,傅英、雷近芳校点,中州古籍出版社1998年版,第125页。
④ 张翥:《蜕庵集》卷三,四库全书本,第1215册,第52页。

瑶篆著功多。仙人海上骑黄鹤,道士山中认白骡。枣木斗盘藏霹雳,杨枝瓶水洒天河。只应小阅开皇劫,一剑秋空处处过。"①张翥卒于 1368 年,因此,可推知,彭大年卒于 1368 年前。

彭大年还曾在大都崇真宫附近建太和宫:"太和宫在天师宫北,去关王庙义井头东第二巷内。本宫提点彭大年所建,有危素所撰碑。"②只是有关太和宫资料太少,难以把太和宫的基本情况勾勒出来。

① 张翥:《蜕庵集》卷三,四库全书本,第 1215 册,第 52 页。诗又名《送彭大年远游》,见顾瑛编:《草堂雅集》卷四。
② 熊梦祥:《析津志辑佚・寺观》,北京古籍出版社 1983 年版,第 93 页。

第五章　玄教与政治之两淮荆襄篇

忽必烈支持创立新的道派玄教,其重要的目的就是实现政治"统合"。新道派的建设,不仅需要大量的优秀道士,也需要新的宫观建设。对于忽必烈而言,要把人口众多、地域广阔的汉人、汉地掌握在一起,形成归心力。在元朝发展的不同阶段,忽必烈对不同地域的重心是不同的。在元朝建立后,他先后构建了三个或三重重要的政治、军事、文化、经济空间。在元代发展的不同历史时期,这三重空间的重要程度是不一样的,但是不管侧重程度怎样变化,基本都没有超出这三个空间范围之外。

第一重空间是大都。作为京师所在地,大都是一个国家最为重要的空间,绝不容有失。因此,忽必烈在大都为玄教建造崇真宫,设立道官,主要由玄教主领;还要求玄教徒扈从北上,积极参与到祈禳、祭祀等活动中。崇真宫不仅是玄教甚至江南道派的京师大本营,还是汉族人沟通、交流的一个重要的场所;除了崇真(万寿)宫,东岳庙、西太乙宫也是玄教在大都重要的宫观。

第二重空间是两淮、荆襄地区。这个地域是玄教主领地区,兵家必争之地的襄阳就在这一区域,其中最重要的太和山(武当山)是这一地域最重要的道教圣地。忽必烈对武当山非常重视,他在位期间,任命了多个武当山道士为御前法师;吴全节、夏文泳、唐洞云等多次奉祀武当山,吴全节还为武当山玄武显圣的画作作序。武当山的道观不是玄教建立的,但是玄教对武当山道观却有很大的管理权。通过玄教奉祀、宫观赐额等手段,忽必烈和其后的统治者把这个处于南北地域之间的战略要地牢牢掌握在自己手上。

第三重空间是江南,以南宋政治、文化、经济中心的临安(杭州)为主要地域。忽必烈时时担心江南造反,不仅把南宋皇室人员转移北上,而且让玄教主管杭州御前道观和在民间影响甚巨的净明忠孝道,以之稳定江南秩序。

从这三个圈层空间来看,忽必烈及其后继者通过奉祀、制授道士荣誉称号、赐宫观匾额、雅集等活动,以玄教为中介构筑了三个相互呼应的"政治空间",这三个空间不再是一个个独立无涉的行政区划,而是形成了一个错综复杂的、基本辐射黄河、长江甚至珠江流域的巨大的"政治空间"。这个空间的构建,为其稳定时局、安抚人心起到了巨大的作用。

第一重空间见前述,此不赘述。

第二重空间就是玄教受命主领地域:以两淮荆襄地域为主。

第一节　两淮荆襄等路道教都提点

宋元战争初期的三大战场是巴蜀战场、荆襄战场和江淮战场。[①]“南宋在与北方的金、伪齐、蒙古(元)等政权的长期对峙过程中,自西向东,逐步形成川陕、荆襄和江淮三大战区,共同承担南宋的陆上国防任务。其中江淮战区,又可以再分为两淮战区(淮南东路、淮南西路)和沿江地区(长江下游)。”[②]“在长期对峙过程中,基于中国筑城防御的传统,两淮、荆襄、川陕三大战区形成了完整的城镇防御工事体系。”[③]两淮荆襄战场的战略意义不言而喻。

巴蜀和云南由于处于长江上游,加之占领较早,因此,忽必烈的中心还是放在了战略意义、经济基础都更为重要的长江中下游地域,即两淮荆襄地域,也就是除巴蜀战场之外的荆襄战场和江淮战场。“宋室南渡之后,江淮既是南宋政权的首脑之区,又‘皆为边境’。所以,对于以江立国的南宋王朝,江淮地区具有十分重要的战略意义。”[④]而襄阳又是战略中的战略:“夫襄阳者,天下之腰膂也。中原有之可以并东南,东南得之亦可以图西北者也。”[⑤]蒙古军在荆襄战场上历时时间久,伤亡大,1259 年忽必烈曾亲自参加荆襄战争;1274 年,忽必烈又派伯颜再次征讨荆襄,大战前夕,还利用蒙古保护神大黑天和真武大帝传说进行舆论宣传……至元十二年(1275 年)五月,原南宋湖北制置副使高达,归附后为参知政事,忽必烈对其安抚人心寄予很大希望:“今欲保守新附城壁,使百姓安业力农,蒙古人未之知也。尔熟知其事,宜加勉葆。湖南州郡皆汝旧部曲,未归附者何以招怀,生民何以安业,听汝为之。”[⑥]因此,从忽必烈特意扶植、建立玄教,并让其主管两淮荆襄之地,可以窥知忽必烈的江南政治主张,那就是依靠汉族人来治理汉族人,

---

① 陈世松等著:《宋元战争史》,内蒙古人民出版社 2009 年版,第 61—109 页。
② 周燕来:《把浅——南宋两淮军事防御体系研究·导论》,陕西人民出版社 2012 年版,第 1 页。
③ 刘炜、王铭杰、阮建、赵西萍:《中国古代南北对峙区域城镇防御空间分析——以荆襄地区城镇为例》,《城市规划》2018 年第 4 期,第 66 页。
④ 陈世松等著:《宋元战争史》,内蒙古人民出版社 2009 年版,第 97 页。
⑤ 顾祖禹:《读史方舆纪要》第 7 册,贺次君、施和金点校,中华书局 2005 年版,第 3484 页。
⑥ 宋濂等撰:《元史》第 1 册,中华书局 1976 年版,第 166 页。

以实现其"统合"的政治目的。

一、江淮荆襄道教设立及发展

对江淮荆襄等处道教都提点所的研究成果极少,万钧《江淮荆襄等处道教都提点所小考》一文详细考察"'江淮荆襄等处道教所'的设立年代、管辖范围、职官、印信、行事及其贡献等,以发见元代玄教的教团管理模式"。[①] 该文还指出,玄教管理地方是"江南北路、淮南东路、淮南西路和荆襄路四路"[②],随着改朝换代,这四路具体指哪些行政区划,则没有明确指出。林巧薇在讨论这个问题时指出,"此地域范围包括淮河以南、长江以北的江淮地区和荆襄地区"。[③] 对该地域明确指出的是郑素春,他认为淮东指的是江苏东北部、淮西指的是安徽省中北部、荆襄指的是湖北省。[④]

万钧指出,张留孙早在至元十五年(1279 年)就担任"江淮荆襄等路道教都提点"一职,故此"江淮荆襄等路道教都提点所"的设立年代至迟应在此时。"张留孙在大德十年(1306 年)之前一直担任'江淮荆襄等处道教都提点'一职,长达 28 年。继任者吴全节于大德十年(1306 年)上任。吴全节之后的接任者是张留孙的另一弟子、玄教第三代宗师夏文泳。"[⑤]玄教历代大宗师都先后做过江淮荆襄等处道教都提点一职。

实际上,张留孙管理的地域范围在初期存在一定的差异:

序号	时间	圣旨主题	圣旨内容
1	至元十五年五月(1278.5)	授都提点	张留孙被授凝真崇静通玄法师、江南诸路道教都提点
2	至元十五年九月(1278.9)	领荆淮道教	**管领**江北、淮东、淮西、荆襄等路新附州城道众勾当,余如故
3	至元十五年闰十一月(1278.11)	授玄教宗师	特赐玄教宗师,依旧**总摄**淮东、淮西、荆襄等路道教勾当、江南诸路道教都提点如故

---

① 万钧:《江淮荆襄等处道教都提点所小考》,《宗教学研究》2014 年第 3 期,第 54 页。

② 万钧:《江淮荆襄等处道教都提点所小考》,《宗教学研究》2014 年第 3 期,第 56 页。

③ 林巧薇:《试论元代集贤院与地方道教事务管理的关系》,《世界宗教文化》2015 年第 6 期,第 37 页。

④ 郑素春:《元代全真教主与朝廷的关系》,见萧启庆主编:《蒙元的历史与文化:蒙元史学术研讨会论文集》下册,学生书局 2001 年版,第 717 页。

⑤ 万钧:《江淮荆襄等处道教都提点所小考》,《宗教学研究》2014 年第 3 期,第 55 页。

序号	时间	圣旨主题	圣旨内容
4	至元二十五年七月(1288.7)	商议集贤院道教事	授玄教宗师、总摄江淮、荆襄等路道教都提点、同集贤院商议道教事
5	元贞元年七月(1295.7)	加真人同知集贤院道教事	授玄教宗师、志道弘教冲玄真人、总摄江淮、荆襄等路道教都提点、同知集贤院道教事
6	大德三年七月(1299.7)	加大宗师	授玄教大宗师、志道弘教冲玄真人、总摄江淮、荆襄等路道教都提点、同知集贤院道教事
7	大德十年六月(1306.6)	特赐上卿	特赐上卿玄教大宗师、志道弘教冲玄真人、总摄江淮、荆襄等路道教所、同知集贤院道教事
8	大德十一年十月(1307.10)	加大真人	特赐上卿玄教大宗师、志道弘教冲玄仁靖大真人、知集贤院事、领诸路道教事
9	至大二年十一月(1309.11)	加特进	特进上卿玄教大宗师、志道弘教冲玄仁靖大真人、知集贤院事、领诸路道教事
10	皇庆元年二月(1312.2)	加勋号	特进上卿、辅成赞化玄教大宗师、志道弘教冲玄仁靖大真人、知集贤院事、领诸路道教事
11	延祐二年五月(1315.5)	加开府	开府仪同三司、辅成赞化保运玄教大宗师、志道弘教冲玄仁靖大真人、知集贤院事、领诸路道教事

　　1278 年五月,张留孙被授予的是掌管江南诸路道教都提点,实际上是全面取代了张天师的执掌范围。至元十四年(1277 年),张宗演被授"演道灵应冲和真人",没有记载其管领的具体范围。① 张宗演因北地苦寒而返回南方,可能只是借口,真实原因是元世祖忽必烈选择了张留孙。张留孙既没有依仗、更没有根基,和江南诸方势力没有太多瓜葛,易于为统治者掌控。所以,忽必烈给予张留孙的权限就是正一派执掌的整个江南地区,这应该是忽必

---

① 《龙虎山志》,王卡主编:《三洞拾遗》第 13 册,黄山书社 2005 年版,第 34 页。

烈借道教来管理江南的政治施为。四个月后,江北两淮荆襄归附元朝,忽必烈就把治理的重任交给了张留孙,但是张留孙依然继续管领江南诸路道教事。这种情况一直持续到1288年七月,在给张留孙加封"商议集贤院道教事"时,张留孙不再担任江南诸路都提点,而"同集贤院商议道教事"。至元二十九年(1292年),第三十七代天师张与棣被授"管领江南诸路道教"①,但最大可能是早在张留孙不再担任江南诸路道教都提点时,该事务就由天师系接掌。

在1278—1288年间,江南诸路道教事务都归张留孙管辖。1306年,张留孙由总摄江淮、荆襄等路都提点升级为总摄江淮、荆襄等路道教所同知,而江淮荆襄等路道教都提点一职由吴全节继任;1306年张留孙不再总摄江淮荆襄等路道教所同知,而升为"领诸路道教事",吴全节"总摄江淮、荆襄等处道教都提点"②;从这个改变可知,张留孙或者说玄教的势力进一步加强,对于全真教和正一教主领地域的道教事都可以总领,最少在名义上是这样认定的。这种总领情况至少持续到1315年。

二、玄教职官品级及承担工作

1. 总摄江淮荆襄等路道教所同知、(总摄)江淮荆襄等路道教都提点

张留孙、吴全节、夏文泳担任(总摄)江淮、荆襄道教等路道教都提点时间可以找到史料记载,按照玄教惯例,张德隆、于有兴、董宇定应该也先后担任过总摄江淮、荆襄等路道教都提点之职。

序号	时间	人物	职务
1	元贞元年(1295年)	张留孙	总摄江淮、荆襄等路道教都提点
2	大德十年(1306年)	吴全节	总摄江淮、荆襄等处道教都提点
3	大德十一年(1307年)	吴全节	总摄江淮、荆襄等处道教都提点
4	至大二年(1309年)	夏文泳	江淮、荆襄等处道教都提点
5	皇庆元年(1312年)	夏文泳	江淮、荆襄等处道教都提点
6	至正六年(1346年)	夏文泳	总摄江淮、荆襄等处道教都提点
7	至正九年(1349年)③	张德隆	总摄江淮、荆襄等处道教都提点
8	至正十六年(1356年)	于有兴	总摄江淮、荆襄等处道教都提点
9		董宇定	总摄江淮、荆襄等处道教都提点

① 《龙虎山志》,王卡主编:《三洞拾遗》第13册,黄山书社2005年版,第36页。
② 《龙虎山志》,《三洞拾遗》第13册,黄山书社2005年版,第50—51页。
③ 夏文泳羽化于1349年,张德隆于同年接任大宗师之位,因此,至迟张德隆于1349年担任"总摄江淮、荆襄等处道教都提点"。于有兴、董宇定同此例。

2. 荆襄等路道教都提点所掌书记

对荆襄等路道教都提点所掌书记的研究一直空缺,刘固盛、王凤英《荆州玄妙观元碑〈中兴路创建九老仙都宫记〉考论》一文填补了该空白,是研究唐洞云的开创性作品。

在多方力量支持下,唐洞云在湖北荆州创建了九老仙都宫,在当地有着重要的影响。唐洞云于大德初入京,深受张留孙器重,“寻设荆襄道教都提点所,选为掌书记,会提点升总摄,仍庀是职”。吴澄《御香赍江陵路玄妙观记》一文记载唐洞云至迟于皇庆二年(1313 年),已经担任“总摄道教所掌书记”一职。[①] 其后,唐洞云承担了奉祀江南道教名山的活动。皇庆中,唐洞云制授“诚明中正玄静法师、江陵路玄妙观住持提点、紫府真应宫住持兼领本路诸宫观事”,天历二年,制授“中贞明教玄静真人”。欧阳玄记载,唐洞云先后奉祀武当、龙虎、三茅、阁皂等山,“荆门之玉泉、中兴之玄妙、崇福,常德之桃川”等[②]。除此之外,唐洞云还奉祀过“江淮之徐州”。[③]

通过对《全元文》《全元诗》的研读,目前只找到唐洞云为“总摄道教所掌书记”。其后关于这个职位人选没有找到相关资料。前文已述,1343 年唐洞云尚在人世,这一时期,统治者治理中心早已放到了江南地域。在统一、完整的国家体系内,两淮、荆襄的战略地位大大降低。因此,荆襄等路道教都提点所掌书记一职已经没有保留的必要,唐洞云有可能是元代唯一的荆襄等路道教都提点所掌书记。

第二节　玄教管理下的武当山道教

至元六年(1269 年),忽必烈宣扬玄武神出现于京师的祥瑞:“国家肇基朔方,以神武定天下。……越六年十二月庚寅,城之西高梁河之南,金水中有蛇出焉。长尺余,首耀金彩,背负青章,见者异之,咸奉香迎拜。蛇驯而近人,引颈顾眄,蜿蜒入盘,嗅香久之而去。明日,复有神龟玄文绿质,游泳岸曲,若出而效灵者。众以为龟蛇天地之关轴,当隆冬闭藏之候,鳞介所蛰,今迭出互见,必有由而然。太府监玉牒尺不花被中官命,监工役西郊,适睹此事,遂入奏闻。皇后使访问博物大臣,以玄武神见为对,遂出内帑物,俾即其

---

① 吴澄:《吴文正集》卷四十七,四库全书本,第 1197 册,第 486 页。

② 欧阳玄:《欧阳玄全集》下册,汤锐校点整理,四川大学出版社 2009 年版,第 559 页。

③ 刘固盛、王凤英:《荆州玄妙观元碑〈中兴路创建九老仙都宫记〉考论》,《世界宗教研究》2015 年第 6 期,第 91 页。

所见之地构祠焉。特遣玉牒尺不花庇□葳役,以行工部尚书段天佑鸠工视师,复绘图以进。皇帝若曰:神圣能阴庇吾民,可不吉蠲祀享以答灵贶乎?乃诏大其栋宇而为之宫。既成,赐名曰昭应。仍敕词臣文于石。"①对这次祥瑞的记载还有许有壬、王密等。

"尽管武昌路人口不多,治所城池也不大,但作为元初世祖首次南征之地,又同时是湖广行省衙门的治所和蒙古威顺王藩镇宿卫驻地,再加上这里自古以来就是东望江淮、西接荆汉襄、南连三湘和北系汴洛的战略重镇,因而也顺理成章地成为元朝控制整个江淮和汉水流域的政治、行政和军事中心。"②隶属武昌路的武当山的战略地位更加得以凸显。

武当山主祀玄武神,因之,武当山的地位逐渐提升,道士也得到封赏,被征召进京。前已述及,叶云莱、刘道明、华洞真都于1286年获封御前承应法师封号,其受重视程度由此可见一斑。"至元二十三年(1286)法师叶希真、刘道明、华洞真,承应御前,充武当山都提点,奏奉护持圣旨,累降御香,祝愿祈福。"③刘道明是《武当福地总真集》编纂者,该书编成于至元辛卯(1291年)年。刘道明在编纂《武当福地总真集》时,对叶希真、刘道明都有记载,而对华洞真则没有记载,殊为奇怪。如对叶云莱的介绍:"叶云莱,名希真,号云莱子,处州括苍人也。辛亥年(1251年)三月初五日巳时生,唐天师叶法善之族裔。生于建宁,得清微道法之妙。兵迁古穰,入武当山。至元乙酉(1285年),应语赴阙,止风息霆,祷雨却疾,悉皆称旨。至元丙戌(1286年),钦受圣旨,领都提点,任武当护持自公而始。后捧御香还山,翛然而逝。"④

武当道士备受尊崇之时,武当山也开始大兴土木,进入了宫观建设的一个高潮时期。这些宫观通过张留孙上奏从而获得赐额。"皇元受命,与天地合德,大兴老氏之教,扶运翼世,以迎休祥。山之有道之士汪思真奋然特起,辟草莱,剪蒙翳,一举而新之。先大宗师上卿张留孙,初总摄江淮荆襄道教,奏以其山叶希真入待秘祠。天子,大信其道,至元廿三年(1286年),诏改其观为五龙灵应宫,以希真主之。居八年(1294年),而侯道懋继之。"⑤

刘道明的记载更加详细,从中可以感受到宫观的宏伟:"玄帝升真之时,五龙披驾上升。……至元十六年(1279年),玄教宗师江淮总摄张真人,改

① 徐世隆:《元创建昭应宫碑》,《玄天上帝启圣灵异录》,《道藏》第19册,第641—642页。
② 刘迅:《元代武昌的道教名观——武当万寿崇宁宫考略》,赵卫东主编:《全真道研究》第二辑,齐鲁书社2011年版,第224页。
③ 刘道明集:《武当福地总真集》卷上,《道藏》第19册,第648页。
④ 刘道明集:《武当福地总真集》卷下,《道藏》第19册,第667页。
⑤ 揭傒斯:《大五龙灵应万寿宫碑》,陈垣编纂:《道家金石略》,文物出版社,第946页。

升宫号。其宫在大顶之北，五龙顶之东，隐仙岩之南，青羊涧之西。虎龙踞盘，林峦环拱；方安五井，中列二池；殿宇巍峨，仪像森列；一山突出，有若地轴之形。正殿当中，金碧交粲，专以崇奉玄天上帝圣容。帝御五龙玄袍，龙眉凤目，日彩月华，披发跣足，皆以异香纯漆塑而成之。玉女金童，擎剑捧印，二卿朝服拱侍庭下；四大天丁，执䥫秉旌，扈从环卫。四壁绘降生成道事迹，后列苍龟巨蛇，水火升降之势。历阶而上，三殿品立。中曰明真殿，奉圣父、圣母元君；南曰桂籍殿，奉元皇帝君；北曰蓬莱殿，设真师十圣。上即灵应步云楼。其余殿庭罗列，兹不赘录。每岁上巳重九，行缘受供，谒者辐凑，潇洒清绝，莫此为最。……至元乙亥（1275 年），全真汪思真复振宗风。至元丙戌（1286 年），建宁叶希真领都提点任此。皆辟荆开基之士，故并书之。"①像这样的建造还有紫霄宫②、佑圣观③等。

忽必烈之后，元代的其他统治者对武当山采取了继续支持的态度，对真武进行封赠。大德八年（1304 年）加封玄天元圣仁威上帝；④延祐元年（1314年）诏书，圣父静乐天君明真大帝加封为启元隆庆天君明真太帝、圣母慈胜天后琼真上仙加封为慈宁毓德天后琼真上仙；⑤泰定三年（1325）武当山火神被加封为灵耀将军、水神被加封为灵济将军。⑥宫观不断得到赐额，道士不断得到封赠，其中最为著名者为张守清，他被任自垣评价为"独冠武当"。

张洞渊，字守清，1284 年来到武当山，师从鲁大宥、汪真常。张守清"乃构虚夷峻，挞木穹谷。刊在穷厓，即岩为宫。广殿大庭，高堂飞阁。庖库寮次，既严且备。炫晃丹碧，缪轕云汉。像设端伟，钟鼓壮亮。引以石径，荫以杉松。积工累资巨万，计历二十余载乃成。垦田数百顷，养众万指"。"至大三年（1310 年），今上皇帝、仪天兴圣慈仁昭懿寿元皇大后闻师道行，遣使命建金箓醮，征至阙，及祷雨辄应。赐宫额曰天一真庆万寿宫，提点甲乙住持。""延祐改元（1314 年）春二月，大司徒臣罗源，奉皇太后旨命，乘驲奉香币，还山致祭。冬十月，集贤大学士臣陈颢，请加赐宫额，曰大天一真庆万寿宫。"⑦1315 年，"武当山天一真庆宫"赐额为"武当山大天一真庆万寿宫"。

---

① 刘道明集：《武当福地总真卷》卷中，《道藏》第 19 册，第 655 页。
② 刘道明集：《武当福地总真卷》卷上，《道藏》第 19 册，第 656 页。
③ 刘道明集：《武当福地总真卷》卷上，《道藏》第 19 册，第 656 页。
④ 任自垣、卢重华：《明代武当山志二种》，杨立志点校，湖北人民出版社 1999 年版，第 13 页。
⑤ 任自垣、卢重华：《明代武当山志二种》，杨立志点校，湖北人民出版社 1999 年版，第 13—14页。
⑥ 任自垣、卢重华：《明代武当山志二种》，杨立志点校，湖北人民出版社 1999 年版，第 14—15页。
⑦ 《元赐武当山大天一真庆万寿宫碑》，《道藏》第 19 册，第 643 页。

而张守清于皇庆元年(1312 年)、皇庆二年(1313 年)三次祷雨,皆验。赵世延有诗描写该事:"京师大旱连三年,地蒸热气如云烟。林林佳木尽槁死,毋论禾黍生秋田。武当真人张洞困,为道有心如铁坚。食犆衣恶夜不眠,两眸奕奕光射天。天子有诏承相宣,召君祷雨纾烦煎。君不默不语,奏达虚皇前。将吏驱蛟龙,雷电相后先。垂垂雨脚昼夜喧,平地拥水如通川。稚禾出吐芃芃然,小草大草争芳妍。都人士女喜欢愿,谓君有道真神仙。我今为赋喜雨篇,勒之金石传千年。"①

张守清还编纂玄武显圣图集以呈:"山之真庆宫提点张洞渊,因金水新事,发启圣旧编,集而为嘉庆图。图释以文,得梓锓以行世,将以上扬鸿业,光昭神庥。"②张与材、张仲寿、赵孟頫、赵炸、虞集、鲍思义等为之作序,吴全节序文为:

> 玄武著灵尚矣。武当山乃昔修炼上升之地,故昭灼显异,他祀莫并也。圣朝混一区宇,至元间,龟蛇冬见于高梁河,遂即其地作大昭应宫,以表其异。今张洞渊,原神所由,为嘉庆图,以信后传远。夫神与人相依而行,人非神,何以尊? 神非人,何以发扬显休,大暴于天下,则是图也,岂徒然哉。延祐改元(1314 年)夏五,玄教嗣师吴全节顿首书③。

赵孟頫创作过真武神像三十幅:"玄帝像,吴兴赵公子昂写其梦中所见者,而上清羽士方壶子之所临也。青城山樵者虞集述赞之。吴兴赵公,前代公族。神明气清,静处贞独。乃梦天人,被发跣足。玄衣宝剑,坐临崖谷。再拜稽首,仰视退伏。念昔敬事,存思庄肃。敢意接对,光耀心目。如闻教言,知子诚笃。尔善绘事,追步顾陆。凡吾真仪,子善记录。审而传之,与世瞻瞩。傍有介士,玉板金篆。曰帝告汝,锡尔荣禄。冉冉而升,梦亦遂觉。明月在户,香彩遍屋。取火亟写,神运掌握。豪分无失,三十其幅。丹青即成,斋戒韫椟。"④

武当山处于南北交界地带,风景秀丽,加之统治者的提倡,因此,游览武当山、赋诗武当山的作品比比皆是。黄溍《送王尊师祀武当》、王士熙《送唐宗师祀武当》、郭翼《送人游武当》、危伯明《过紫霄宫怀王尊师》、刘因《武当野老歌》、刘辰翁《铜像铭》,这些是武当山志书中辑录的文学作品,内容并不

---

① 赵世延:《赠张洞困祈雨歌》,杨镰主编:《全元诗》第 19 册,第 340 页。
② 《玄天上帝启圣灵异录》,《道藏》第 19 册,第 645 页。
③ 《玄天上帝启圣灵异录》,《道藏》第 19 册,第 645 页。
④ 虞集:《虞集全集》上册,王颋点校,天津古籍出版社 2007 年版,第 326 页。

丰富。检诸史书,赋诗远比志书上记载的要多。如揭傒斯《送华尊师以天寿节奉诏祀武当》《送张真人代祀武当龙虎两山》、袁桷《送祝丹阳使武当山》、邵复亨《题徐中孚高士代祀武当桃源中朝诸公诗卷》、许有壬《送张渊亮炼师》、柳贯《送道士祝丹阳祠武当山》、马祖常《张元杰祠龙虎武当》《祝丹阳祠武当》《送可升法师祠武当山》、程钜夫《送武当张真人赴召祈雨南归》、胡助《送徐中孚祠武当归桃源》《送祝丹阳炼师祠武当山三首》、黄溍《送祝炼师祠武当山》《送王法师祠武当山》、范梈《送张炼师归武当山》、王沂《送道士徐中孚之武当》、杨载《寄武当山人张真人》《武当山张真人》、张仲深《游武当别峰次姜可玉韵》、陈旅《送张真人代祠武当龙虎山》、黄玠《送钱若虚游武当》等。这些数量繁多的作品也反映出武当山在文人、社会上的影响力,是当时文艺作品中一个有机组成部分。

统治者通过玄教的赐额、奉祀等活动,对两淮荆襄自己主领的地域的管控能力还是收到了效果。每到真武诞辰或其他纪念日,都会举行丰富的民俗活动,参加者众:"三月三日,相传神始降之辰,士女会者,数万。"①这对培养人们对玄教、对统治者的认同感起到了很好的作用。

---

① 程钜夫:《大天一真庆万寿宫碑》,《道藏》第 19 册,第 643 页。

第六章　玄教与政治之江南篇

元代江南指的是湖广行省、江西行省、江浙行省、四川、云南。^①"汉人、南人之分，以宋金疆域为断，江浙、湖广、江西三行省为南人，河南省唯江北淮南诸路为南人。"^②广义的江南指的是长江流域以南的地方，包括湖广行省、江西行省、江浙行省。阁皂宗、龙虎山、茅山"三山符箓"以及南宋灭亡后留下的"御前宫观"等就处于这三个行省的管辖范围之内。

南宋被灭，忽必烈实现了南北统一，不啻是一大伟业，但是，怎么治理、管控江南却是摆在忽必烈面前的一个非常重要的任务。"元朝人的叛乱次数，以世祖和顺帝（1337—1367 年）二朝最多"^③，面对这种局面，忽必烈对和礼霍孙、管如德的发问就充分说明了他对这种局势的忧心忡忡："俺闻江南百姓率怨俺行事，惟思大宋旧政，既得民心，胡为又失国？"^④"江南之民，得无有二心乎？"^⑤

加之江南经济富庶，其对整个国家的经济具有举足轻重的地位。"国家经费所入，多藉于东南，而浙省居最。"^⑥"洪惟圣朝，混一区夏，幅广员长。经费所入，江浙独当其十之九，岁给馈饷二百五十余万。自国初肇立海运，殆今六十七年，波涛不惊，奸宄屏息，兵食既足，邦本乃固。"^⑦"国家定都于燕，控制万里外，军国百司之调度，皆仰给于江之南。"^⑧当代学者丁超更是给出了一个精确数字，可以帮助了解江南经济占据全国的比例："仅就粮食供应

---

① 黄清连：《元代江南的叛乱（1276—1294）》，《历史语言研究所集刊》1978 年，第 49 本第 1 分册，第 42 页。

② 钱大昕：《十驾斋养新录》卷九，《嘉定钱大昕全集》第 7 册，孙显军、陈文和点校，江苏古籍出版社 1997 年版，第 238 页。

③ "中央研究院"：《历史语言研究所集刊》1987 年第 58 本第 4 分册，第 38 页。

④ 郑思肖：《郑思肖集》，陈福康校点，上海古籍出版社 1991 年版，第 175—176 页。

⑤ 宋濂等撰：《元史》第 13 册，中华书局 1976 年版，第 3872 页。

⑥ 朱德润：《善政诗序》，见李修生主编：《全元文》第 40 册，凤凰出版社 2004 年版，第 530 页。

⑦ 朱德润：《平江路问弥盗策》，见李修生主编：《全元文》第 40 册，凤凰出版社 2004 年版，第 472 页。

⑧ 杨维桢：《杨维桢集》第 4 册，邹志方点校，浙江古籍出版社 2017 年版，第 1036 页。

而言,江浙行省的税粮数量占到全国总额的 36％,而江浙、江西、湖广三省的税粮占到全国总额的 53％,是当之无愧的'半壁江山'。"①因此,元代大力发展漕运,以实现南粮北运。作为京杭大运河末端的杭州,其重要性可想而知。

"元朝(公元 1280—1368 年)作为一个侵略者的政权,是从北方统治着中国的,但是,在整个这一朝代中,其统治集团对南方的富裕,表现了某种恐惧,并对南方的各种潜力感到惊慌。"②因此,作为南北统一的大帝国,忽必烈及其后继者对江南非常重视。忽必烈利用玄教对江南进行"统合",第一就是把原有的分权状态的"三山符箓"汇归到龙虎山,以便统一管理;第二就是把在江南社会影响力大的净明忠孝道收附在玄教管理之下;第三就是把南宋留下的杭州的"御前宫观"也归附在玄教手中。

朱越利《读〈茅山志〉札记五则》一文的第二则是"从三山鼎峙到混一三山"的研究,从《茅山志》记载材料梳理了宋时阁皂山、茅山和龙虎山三山符箓鼎峙的局面到元末三山混一的过程。③ 该文援引宋哲宗敕令,"绍圣四年(1097 年),敕江宁府即所居潜神庵为元符观,别敕江宁府句容县三茅山经箓宗坛,与信州龙虎山、临江军阁皂山,三山鼎峙,辅化皇图",指出,"北宋时逐渐形成三山鼎立的局面"。

《茅山志》中提及三山符箓鼎立的记载还有:

> 黄澄,毗陵人,隶业丹阳之仙台观。崇宁初,有敕,改玉晨观为崇宁万寿宫,先生充住持。未几,徽宗玺书召,赴阙,敕差住持金山神霄万寿宫。累授太素大夫、冲素静一先生,领玉堂高士左右街都道录兼管教门公事,食实封一千二百户,赐紫金方符。请老还山,告逝于玉晨所建东庵。初,三山经箓龙虎正一、阁皂灵宝、茅山大洞,各嗣其本宗。先生请混一之。今龙虎、阁皂之传上清毕法,盖始于此。④

宋理宗时,于嘉熙三年(1239 年),制授第三十五代天师张可大提举三山符箓。"符箓诸派于元成宗大德八年(1304 年)最终混合为正一派,与元

---

① 丁超:《元代京畿地理》,北京出版社 2016 年版,第 194 页。
② 冀朝鼎:《中国历史上的基本经济区与水利事业的发展》,朱诗鳌译,中国社会科学出版社 1981 年版,第 117 页。
③ 朱越利:《道教考信集》,齐鲁书社 2014 年版,第 382—384 页。
④ 刘大彬造:《茅山志》卷十六,《道藏》第 5 册,第 621 页。

政权有意无意地引导也不无关系。"①

朱越利先生对三山混一并最终混合成为正一派的勾勒具有重要的学术价值，但由于该文是对《茅山志》材料的研读，因此，没有对其他文献资料进行分析；加之文章过于简洁，面对这么宏大的题目，总有意犹未尽之感。因此，笔者结合元代其他一手材料，尝试指出，在由三山符箓鼎立到三山混一的历史过程中，玄教徒所作出的努力和贡献。

江南诸道派逐渐归于一家，那么三山符箓就应该逐渐归于一家，或三山不再并重而是一山独大、其他两山影响逐渐减小，依附于其中一家；还有，就是地域性的划分逐渐形成，这种地域的形成得到官方、道派以及民间的基本认可。这两个条件在元代逐渐形成，并得到人们认可。

序号	人物	时间	制　授
1	第三十五代天师张可大	嘉熙三年(1239年)	提举三山符箓兼御前诸宫观教门公事，主领龙翔宫
2	第三十八代天师张与材	大德八年(1304年)	制授正一教主，主领三山符箓，管领江南诸路道教事②
3	第三十九代天师张嗣成	延祐四年(1317年)	主领三山符箓，掌江南道教事
		泰定二年(1325年)	加授翊元玄德正一教主，知集贤院道教事
4	第四十代天师张嗣德	至正十三年(1353年)	主领三山符箓、掌江南道教事
5	第四十一代天师张正言	至正十三年(1353年)	主领三山符箓、掌江南道教事

元代时，龙虎山首领不仅得到天师封号，开始主领三山符箓，而且掌管江南道教事务，这就为江南诸多道派汇流做好了所有准备工作，提供了各方支持。但是真正起到推动、促进合流作用的还是玄教。

玄教在江南诸道派汇流、整合的过程中，主要就是对三山符箓中的其他两山阁皂宗、茅山宗的统领，以及对在江西影响甚大的净明忠孝道的管理。统治者对三山非常重视，多次派玄教对三山进行祭祀活动。

---

① 朱越利：《道教考信集》，齐鲁书社2014年版，第384页。
② 《汉天师世家》卷三，《道藏》第34册，第831页。

序号	时间	人物	奉　祀
1	至元十七年（1280年）	中使咬难	遣中使咬难历江南名山访求高士，且命持香币诣信州龙虎山、临江阁皂山、建康三茅山，皆设醮①
2	至元二十四年（1287年）	张宗演	遣使持香币诣龙虎、阁皂、三茅设醮，召天师张宗演赴阙②
3	至大三年（1310年）	吴全节	公奉圣旨，设醮于龙虎、阁皂、句曲三山③
4	延祐元年（1314年）	吴全节	公奉旨设醮于龙虎、阁皂、句曲三山④
5	延祐五年（1318年）	夏文泳	奉上旨代祀龙虎、三茅、阁皂三山⑤
6	泰定三年（1326年）	吴全节	修醮事于龙虎、三茅、阁皂三山⑥
7	至元三年（1337年）		遣使降香于龙虎、三茅、阁皂诸山⑦

阁皂宗、茅山宗归属于正一派，同时，净明忠孝道、神霄派、清微派、天心派等也归属于正一派，正一派正式成为和全真道并峙的大道派。

第一节　阁皂宗的沉寂及吴全节的影响

阁皂山，道教第三十三福地，因"山形如阖，山色如皂"，以是得名。阁皂山道教历史悠久，张道陵、葛玄、丁令威等都在此隐修。唐代时，道士程信然创草堂居之，后毁于大火。熙宁丙辰，再焚再葺。正和八年，始赐号崇真宫，"大抵葛仙遗迹为多，故崇宁间封冲应真人，诰命在焉。北有令威观基，久失。入门即御书合十一楹，藏颐陵赐书百一十八幅，章圣封泰山芝草二本，皇祐《新乐图》一卷，绍兴宸翰十轴。阁后设传箓坛，盖法许授箓者，惟金陵之茅山，信州之龙虎，与此为三"，"凡殿宇皆翼以修廊，道士数百人，环居其

---

① 宋濂等撰：《元史》第1册，中华书局1976年版，第225页。
② 宋濂等撰：《元史》第1册，中华书局1976年版，第295页。
③ 虞集：《虞集全集》下册，王颋点校，天津古籍出版社2007年版，第1010页。
④ 虞集：《虞集全集》下册，王颋点校，天津古籍出版社2007年版，第1010页。
⑤ 黄溍：《黄溍全集》下册，王颋点校，天津古籍出版社2008年版，第702页。
⑥ 宋濂等撰：《元史》第3册，中华书局1976年版，第670页。
⑦ 宋濂等撰：《元史》第3册，中华书局1976年版，第839页。

外,争占形胜,治厅馆,总为屋一千五百间,江湖宫观未有盛于此者。士大夫川浮陆走,无不迂途而至"。① 周必大描写的是庆元二年(1196 年)阁皂山辉煌的盛景。

阁皂山宫观虽多次遭遇火灾,"而自咸通火,熙宁火,德祐火"②,但是在宋朝时依然达到了发展的鼎盛:"阁皂山崇真宫中,有竹轩曰苍玉轩者,宋淳熙中,陈宗师元礼之所作也。宗师文雅名一时,凡公卿大夫士,无不与之游,为之赋诗者多至三百人。其尤著者,平园周公必大、艮斋谢公谔、诚斋杨公万里、野处洪公迈、晦庵朱公熹、枢密罗公点、待制徐公谊、尚书沈公诜、阁学萧公邃、月湖何公异、舍人张公涛、司封田公渭、知监徐公得之、盘园任公诏、澶渊胡公思成,皆见于宗师墓铭,尚书章公颖之所撰也。"③在元代时,阁皂宗虽然依然秉持着与茅山、龙虎山一样的授箓功能,但是其影响力远远不能和宋时相比。

元朝时,阁皂宗第四十六代传箓嗣教宗师、万寿崇真宫住持杨伯晋升加太玄崇德翊教真人:

> 性出于无始,存存为成性之门;道合于有为,生生乃得道之奥。式观载籍,爰有至人。吐故纳新,以调其神;斋心服形,以制其炁。于以济众,因兹延龄。具官杨伯晋,守朴丹丘,潜珍琳馆。止息以蹻,陋熊经鸟申之迂;藏珠于渊,握龙变虎腾之要。开九钥之秘记,传八景之玄文。问年今见其复丁,会月密推其纳甲。天台之召,司马损数术以理身;罗浮之迎,轩辕彻声色而合德。朕悉兹理,卿无复言。聿加缛命之殊,以重羽流之选。噫!居安易之序,所当明天地之根;修身德乃真,宜益究坎离之用。赞敷皇极,懋协鸿禧。可。④

《阁皂山行法箓》记载李宗师在每年正月十五日进行法箓传承,可证阁皂宗传承依然不辍,只是社会影响力大不如前:

> 圣旨节该:
> 张宗师奏:"临江路阁皂山有的万寿崇真宫葛仙翁八景玄坛里住持

---

① 周必大:《崇真宫记》,参见俞策、施润章编撰:《阁皂山志》,江西人民出版社 1996 年版,第 25 页。
② 刘辰翁:《须溪集》卷一,四库全书本,第 1186 册,第 418 页。
③ 虞集:《虞集全集》下册,王颋点校,天津古籍出版社 2007 年版,第 765 页。
④ 袁桷:《袁桷集校注》第 5 册,杨亮校注,中华书局 2012 年版,第 1688 页。

李宗师,每年正月十五日,一番做好事、行法箓有来。俺依着体例里行
呵,怎来?"教奏来。么道。如今只依着在先体例里,做好事、行法箓者。
其间不捡是谁,休倚气力沮坏者……猪儿年七月十七日,昔博赤八剌哈
孙有时分写来。①

除了杨伯晋、李宗师外,阁皂宗道士陈宇心在当时亦有声名。
何中《跋阁皂山道士陈宇心所藏白玉蟾墨迹》:

> 神仙者流,诗文字画皆信意所到,由其天资高迈,自然非人所及。
> 故新宫之铭,东老之诗,传之至今。玉蟾墨迹,留阁皂为多。回禄之余,
> 鲜有存者。宇心陈高士独能藏玉蟾赠其师郭常清诗一卷。诗非食烟火
> 人语,固不可得,而宇心以此为传家之宝,益不可得矣。……至顺二年
> 十有一月二十八日何中大虚题②

何中《知不知斋铭为阁皂何高士作》:

> 太和块圠,均气图形。形而曰人,五官营营。与接为构,莫先视听。
> 由外而入,或摇其正。以视名见,以听名闻。知以见闻,交错纠纷。维
> 至人者,所知则异。知而不知,在见闻外。其高戾天,其深渊沉。洞贯
> 三极,其知此心。为圣为神,在此而已。知不知上,妙契根柢。緊主人
> 翁,斋居思元。予铭何算,夫岂其然。③

从何中记载可知,陈宇心收藏有白玉蟾作品,居住在知不知斋。
朱思本再次重游阁皂山时,写了《重游阁皂山三十韵》,记载了当时阁皂
山的道士杨景山、蔡楚山、陈观心、徐心一:

> 缩地求蓬岛,寻源访羽人。阁形千古异,皂色四时春。……一别岁
> 月久,重来物象新。山灵如喜客,方士转情亲。杨蔡松乔侣,陈徐巢许
> 邻。丰姿出尘俗,德望靡缁磷。笑整谢公屐,还酾陶令巾。追随忘远
> 近,登顿觉逡巡。……琴筑涓涓响,旌幢树树陈。空阶环薜荔,精舍荈

① 《元典章》第2册,陈高华、张帆、刘晓、党宝海点校,天津古籍出版社、中华书局2011年版,
第1139页。
② 俞策、施润章编撰:《阁皂山志》,江西人民出版社1996年版,第58页。
③ 俞策、施润章编撰:《阁皂山志》,江西人民出版社1996年版,第59页。

荆榛。胜事难穷尽,幽栖岂隐沦。何当分半亩,共作葛天民。时宗师杨景山,提点蔡楚山,提举陈观心,宫倅徐心一,故云。①

杨伯晋、陈宇心、杨景山、蔡楚山、陈观心、徐心一在当时道教界影响力不大,有关资料较少,不仅没有办法把自身修道经历呈现出来,而且更是没有办法把阁皂宗在元代的发展历史呈现出来,从而从一个方面说明,元代阁皂宗社会地位不显,高道不多。

元代时,阁皂山宫观不是毁于火灾,而是毁于人祸。至元二十九年(1292 年)阁皂山遭遇邓克明的破坏,使得多数宫殿毁掉。

> 邓克明,新淦人。自少无赖,恣横乡里。红巾贼陷临江,克明与弟志明亦聚众而起,陷乐安、崇仁等县,自称元帅。后降于陈友谅,遂陷建昌。道顺昌、光泽,以攻建宁,不克,还据抚州。明兵逼抚州,克明出降。明将邓愈遣志明还新淦,收其部曲。志明据麻岭、沙坑、牛陂为寨,明兵攻破之,与克明并诛死。②

阁皂山建造的宫观也寂寂无名,不管是在数量上还是在名气上,都乏善可陈。袁桷记载了阁皂山万寿崇真宫加大崇真万寿宫的诏书:"朕慨慕希夷,式瞻殊胜。蜿蜒磅礴之所,兹神必灵;虚静恬淡之徒,其用弥广。眷彼仙翁之化境,曰惟江右之名区。历年滋多,嗣教不坠。形而下者谓之地,兹实景山;神而明之存乎人,载加美号。承天之大,与国无疆。"③而新建宫观则来自于吴澄《玉华峰仙祠记》的记载:

> 吾家之南,有山名华盖,祠浮邱、王、郭三仙,远迩祷祈,奔趋如市,竟岁弥月,无休息时。……清江郡东南之三十里,玉华一峰,耸立拔起。水旱疾疫,有求辄应。里俗相传,亦曰王、郭二仙所慿,则与华盖所祠,同此仙也。然华盖有屋以祠,而玉华之祠无屋。山近郭氏,敬神好善,父子再世,拟构仙殿而未果。及孙汝贤、汝敬,继承先志,乃聚木石,乃兴工役。泰定乙丑(1325 年)九月丙辰垦辟基址,十月乙未,竖架楹栋。山形险绝,俯晓岩壑,跂翼翚飞,冠冕其巅。不劳人力,若或阴相。俾陈

---

① 杨镰主编:《全元诗》第 27 册,中华书局 2013 年版,第 79—80 页。
② 柯劭忞:《新元史》,余大钧标点,吉林人民出版社 1995 年版,第 3307 页。
③ 袁桷:《袁桷集校注》第 4 册,杨亮校注,中华书局 2012 年版,第 1581 页。

道人掌其洒扫,吾友人皮滑、范椁为之请记。……而郭氏兄弟近亦有出而从事于时者,克成其父之志,孝也。予又重皮、范之请,是以记之云尔。①

宋朝时,为阁皂山、阁皂道士赋诗多达几百首,而元代,则仅有吴澄和刘将孙两个人为阁皂山《陵云内集》作序。

吴澄《阁漕山陵云内集序》：

> 甘叔怀心契百世之师,杨林文身际万乘之君;此阁漕之人物、阁漕之文章,所以卓绝殊尤,而他山莫与齐也。山云彭氏辑山中高人诗以继甘、扬之后,名曰《陵云内集》,其渊然之光,油然之润,足以辉映此山矣。虽然,此山之重,以葛仙师重也。仙距今骎骎一千年,隐处自修于其间者何啻数十百人,而未闻再有一葛,何也? 岂其瑞世者多,而遗世者寡欤? 吾将问诸山灵。②

刘将孙《题阁皂山凌云集》：

> 江西阁皂山水之外,多名贤之赋。东南百年又盛。自唐以来,神仙如伊周昌,将相如宋子嵩,东京诸公皆有之。近世周益公之辞藻、朱文公之理学、杨诚斋之风节,与人交皆不数数,独为阁皂笔墨,先后辉映。其缠绵倾倒如此。不但以其地,则山中人有以取知于诸公者,固尔也。由是杨休文被遇于淳佑,以羽客客金门,侍闲燕,赋诗雍容甘泉侍从间。如真西山言论风指,刘后村江湖宗工,皆为知己。岂独他山未有,亦轶古人矣。此阁皂山之所以重也。葆光堂之徒张三省以《凌云集》来示,慨然曰:"先祖师山云惓惓于是也,今绪成之,愿为之序。"予因著其源委如是。……卷中一卷,又闲闲诗也。能言者则可以为之徒矣。观者毋但玩之而已,有之,似之。③

元代时,阁皂山的诗集形成却是和奉祀的吴全节有关的:"延祐二年(1315 年),玄德吴真人奉旨修祀至其宫,憩于所谓苍玉轩者,乐其幽胜,而

---

① 吴澄:《吴文正集》卷四十六,四库全书本,第 1197 册,第 481—482 页。
② 吴澄:《吴文正集》卷二十三,四库全书本,第 1197 册,第 243 页。
③ 刘将孙:《养吾斋集》卷二十五,四库全书本,第 1199 册,第 236 页。

深感夫昔贤之事也,勉其徒葺之,而以其事示集。"①

吴澄《跋吴真人阁漕山诗》:

> 闲闲吴真人至大、延祐钦承诏旨,两至阁漕名山。天宠焜煌,照耀下土,山之一草一木,靡不衣被恩荣矣。祝厘余暇,泛应从容,珠璧之珍,绮縠之文,灿烂于诗章吟句间,又有以增益其辉光。张君省吾亲受笔墨之教,纸尾拳拳,欲省吾不溺于伎,而知进于道,其意盖深远矣哉!②

袁桷《阁皂山青玉轩晦庵容斋诸贤觞咏之地虞伯生作记吴成季令赋诗》:

> 江南琳馆萧闲地,一一新文付集贤。真诰总传天外语,禁经未数酒中仙。步虚岩近琅玕响,礼斗坛空薜荔缘。诸老会文题咏绝,谁将凤觜续离弦。③

柳贯《吴玄德真人出祠阁皂山,常大举参政实奉命从往。玄德有诗,次韵通呈二公》:

> 极中景福大如川,臣子灵承志赫然。祭泽寻常先及物,威颜咫尺不违天。即今汉乐多崇祀,若昔殷家有历年。归美象成严报上,颂辞忙付玉人镌。④

刘将孙《题吴闲闲诗卷》:

> 东坡尝赋诗,羡无为子以王事而得山水之乐。今闲闲真人阁皂降香,为山中赋咏,写成卷,以付葆光张省吾。又非无为子可得而几也。笔光墨润,飞动毫楮。诗辞秀丽潇洒,兼有天人之福。文章技道,有本有原。所以教省吾者,无不可以三隅反也,把玩爽然。⑤

---

① 虞集:《虞集全集》下册,王颋点校,天津古籍出版社 2007 年版,第 765 页。
② 吴澄:《吴文正集》卷五十八,四库全书本,第 1197 册,第 578 页。
③ 袁桷:《袁桷集校注》第 2 册,杨亮校注,中华书局 2012 年版,第 523 页。
④ 柳贯:《柳贯诗文集》,柳遵杰点校,浙江古籍出版社 2004 年版,第 101 页。
⑤ 刘将孙:《养吾斋集》卷二十五,四库全书本,第 1199 册,第 239 页。

朱思本《奉和留题阁皂山诗韵寄呈太宗师元德真人》：

> 忆昔从师似梦中，明禋盛典已无同。栖迟雾豹真吾事，上下云龙赖此翁。金薤琳琅清晓露，玉阶环佩紫宸风。留侯早弃人间事，回首神仙是故宫。①

虽是三山符箓中的一员，但到了元代时，阁皂宗的地位明显下降，辉煌不在。从以上引用不多的元代和阁皂有关的资料中，多是应吴全节奉祀阁皂山时的诗歌唱酬。

第二节　茅山的沉浮与汇归

茅山宗在宋朝影响甚大，元初时，杜道坚和忽必烈的接触也使得茅山宗依然保持着社会影响力。随着玄教的发展和不断完善，统治者的意愿基本能够通过玄教得以实施，茅山宗的影响力逐渐衰微，表现之一是杜道坚的影响力逐渐减小，其所主领宫观逐渐被玄教接管；其二就是茅山宗重要的传法信物"九老仙都君印"的归属问题掌握在玄教手中。

一、杜道坚及其宫观、影响力

杜道坚（1237—1318 年），字处逸，号南谷子，太平当涂人。出身名门，晋杜预之后。十七岁，出家为道士。拜师葛蒙庵，葛蒙庵为南宋御前道士，和统治者关系颇为深厚，这对杜道坚的影响颇大。杜道坚后来深得茅山宗第三十八代宗师蒋宗瑛器重，成为茅山道士。杜道坚还与赵孟頫父亲赵与訔关系亲厚，这也使得赵孟頫对杜道坚感情深厚。至元十三年（1276 年），元兵南渡，"玉石虑毁于昆冈，黎庶惧沦于涂炭。弓刀曷措，莫救乡闾；衣食无从，忍填沟壑"②，杜道坚冒死求见伯颜，求其不杀城中居民，从而保得城中居民生命安全，这和丘处机际遇成吉思汗保全民众性命一般无二。第二年（1277 年），杜道坚随伯颜北上，觐见忽必烈。杜道坚指出："当世之务，大要有三：曰求贤，曰养贤，曰用贤。"得他举荐的"将相之才，莫不称旨，后皆为名臣"。杜道坚所作的这一切，深得忽必烈爱重，"时帝欲委道坚以执政，力辞

① 杨镰主编：《全元诗》第 27 册，中华书局 2013 年版，第 66 页。
② 赵孟頫：《赵孟頫集》，钱伟强点校，浙江古籍出版社 2016 年版，第 240 页。

不拜"。① 赵孟頫在为杜道坚撰写墓志铭时,对于杜道坚和忽必烈见面记载极其简单:"世祖皇帝方纲纪四方,并包九有,思修文而偃武,躬屈已以求贤,聆师之来,奏闻立召。望云就日,喜见尧天;布武升阶,高谈王道。皇明嘉其古直,屡赐恩光;真人感激圣知,莫知云报。"② 因此,朱右此处所用的"执政"二字,具体何指,不得而知。似乎忽必烈想要重用杜道坚,但是杜道坚没有接受,予以婉拒。至于是"执政"江南道教、其他道派都由杜道坚主领,还是划定一定的地域,和龙虎山等道派争衡,尚难以确定。

第一,玄教在两淮、荆襄地域发挥了应有的作用,基本上实现了忽必烈的政治主张。从忽必烈政治策略来看,他利用潜邸时期的儒生集团,在和阿里不哥的争斗中取得了决定性胜利;在取得两淮、荆襄胜利时,忽必烈选择玄教管理该地域道教;在攻略江南、实现全国统一后,忽必烈欲扶植杜道坚"执政"以杭州为代表的江南道教,是符合忽必烈一贯的政治策略的。第二,是为了限制汉人势力的发展过大。全真教影响力过大,引起统治者猜忌。忽必烈亲自主持过佛道论辩,以全真教失败告终,其目的就是为了把全真教的势力和影响力压制下来;同样的,忽必烈没有选择第三十六代天师张与材,而是另外创建玄教,其怕张与材利用天师身份扩大影响力也是一个很重要的因素。因此,选择杜道坚作为自己在江南的"代言人",忽必烈有可能是有这个想法的。第三,杜道坚在某些方面和丘处机非常相似,以儒融道,拯救人民于水火;另一方面杜道坚来自南宋都城"政治空间"临安,又曾经获得宋度宗的敕封,封号为"辅教大师"。作为具有宋代封号的道士,如果他归顺的话,其政治意义自然不言而喻。不仅如此,杜道坚主领的宗阳宫在宋时原为德寿宫,曾为宋度宗潜邸居住之所,因此,宗阳宫的文化意义更胜于其他道观。赵孟頫的归顺和其他南方文人的归附相比,二者之间的意义就不可同日而语,宗阳宫的宫主杜道坚如果能够"执政"的话,那么,江南道派的归附意味会更加凸显。

而杜道坚没有接受的原因有可能和赵孟頫仕元后的经历有关。赵孟頫仕元后,很多人尤其是南宋遗民不齿其为人,纷纷与之交恶,杜道坚亲眼目睹这种情况,他不可能不引以为鉴;杜道坚主持提点的宗阳宫举行的雅集活动,早期的遗民情绪极为明显③,从某个方面来说,杜道坚的遗民思想也较重。他对待遗民邓惟善持支持、帮助态度,也能反映出他的思想。邓惟善为

---

① 朱右:《白云稿》卷三,四库全书本,第 1228 册,第 42 页。
② 赵孟頫:《赵孟頫集》,钱伟强点校,浙江古籍出版社 2016 年版,第 240 页。
③ 石勖言:《元代杭州宗阳宫文人群体考述》,《民族文学研究》2017 年第 6 期,第 108—119 页。

宋度宗承宣使入内都知,后因宋亡而选择出家修道,以宅为观,建纯真观,杜道坚对之敬佩不已,拜托任士林为其纯真观作记。[1] 在多种元素作用下,杜道坚很快南返,为朝廷搜访遗逸之士。大德七年(1303 年),复被旨授杭州路道录、教门高士。

杜道坚成为茅山弟子后,广为游历,主持吴兴计筹山升元报德观;南返后,住持杭州宗阳宫、建通玄观。皇庆元年(1312 年),这三个道观均正式获得官方认可,并由他来住持。延祐五年(1318 年),张留孙请杜道坚主持四圣延祥观。可惜,杜道坚同年羽化于宗阳宫。

杜道坚深刻感受到茅山社会影响力的下降,命徒孙赵嗣祺游历京师,以获得玄教支持,赵嗣祺从而成为闻名遐迩的高道。因此,杜道坚一系的发展后继乏力,其主持提点的四圣延祥观、佑圣观后都由玄教主领。

二、吴全节与"九老仙都君印"

吴全节有《题白云观》行书作品一幅:

> 题白云观
> 王仙出岫本无心,惹起浮名亘古今。天阳龙章红雾湿,地连鹤顶白云深。千年洞府藏丹鼎,一径松萝锁绿阴。金篆坛前成大礼,袖香冲雨快登临。
> 至大三年(1310 年)夏五月六日吴全节书于牧斋真人华阳道院之方丈[2]

"关于玄教第二代大宗师吴全节的一份新资料'行书白云观七律手卷'里面是吴全节手书《题白云观》七律诗一首,并附落款。该诗并未被收录在《元诗选》中,20 年前由故宫博物院的施安昌先生获得,施先生将此文献转与中国道教协会的王宜峨研究员,由王先生提供给笔者做相关研究。"[3]《元诗选》没有收录该诗,《全元诗》收录吴全节诗作五十二首,最后一首就是《题白云观》这首诗。[4] 从郭硕知介绍可知,这幅书法作品宽 26.2 厘米,高 73 厘

---

① 任士林:《松乡集》卷一,四库全书本,第 1196 册,第 506—507 页。
② 转引自郭硕知:《吴全节〈题白云观〉——对一份新发现文献的解读》,《中国道教》2012 年第 3 期,第 40 页。
③ 转引自郭硕知:《吴全节〈题白云观〉——对一份新发现文献的解读》,《中国道教》2012 年第 3 期,第 40 页。
④ 杨镰主编:《全元诗》第 23 册,中华书局 2013 年版,第 34 页。

米,现藏美国,施安昌把摹本带回国内,由郭硕知对之进行研究。

该书法作品创作于华阳道院。华阳道院是牧斋真人王道孟所建。王道孟(1242—1311年),字牧斋,赐号养素通真明教真人,上清第四十四代宗师。大德二年(1298年),王道孟因治蝗、祷雨有验而受到统治者重视,遂在元符万宁宫东面开始建造华阳道院,"凡为屋五十余楹,象三茅君于主殿"①,历时六年建成,由此可知华阳道院规模之一斑。赵孟頫曾应吴全节之请为华阳道院做碑铭,吴全节也为华阳道院作诗:"鳌载三峰拥客槎,采真访古意无涯。云山夜雨棠梨树,宇宙春风棣萼花。龙洞远分丹井水,鹤松高映赤城霞。宗师应帝光前绪,仙馆新开第一家。"②

该书法作品作于1310年,时年,吴全节奉旨祭祀茅山、阁皂山和龙虎山:"至大庚戌(1310年),予以祀事至茅山。因阅其山之旧志,遗阙甚多,尝以语之四十四代宗师牧斋王真人。未几,真人传真,山志无所闻。后五年(1315年)复祀其山,又以语之嗣宗师刘真人。十又三年为泰定丙寅(1326年),天子用故事醮其山,予实代礼,始获睹其成书。"③吴全节在茅山举行了金箓大醮,和王道孟还就《茅山志》辑录问题进行了磋商,但是王道孟于第二年(1311年)逝去,未能完成该任务。王道孟和文人交往较多,元明善、胡助、王理、凯烈拔实、王谦、储能行、金钥等都和他有交往。

除了《题白云观》书法外,以白云观为题的还有《白云观诗》:

> 《白云观诗》,大正书,青纸二幅。"为宋闲云作,泰定丙寅(1326年)下元日,闲闲道人吴全节书于崇禧鉴止。"④

白云观,又名白云崇福观:"白云崇福观在白云峰下。华阳宫知宫王景温退居于是。温以其名闻德寿宫,敕赐观额,累迁道职,遭遇四朝。宁宗皇孙时尝从受戒法即位,赐号虚静真人。徽猷阁学士戴溪撰观记。"⑤戴溪于嘉定四年(1211年)为白云崇福观撰写碑记:"句曲江左名山,洞天福地,以茅君隐而仙,是称茅山。有积金峰当西一面,积金之支,右转而特起者,白云之峰也。"从这个记载可知崇福观建在白云峰上,故冠以白云二字。"绍兴中,华阳道士王景温披榛棘,凿岩崖,室于峰之下。俄以行志修洁闻,乃即其居

---

① 刘大彬造:《茅山志》卷二十七,《道藏》第5册,第674页。
② 刘大彬造:《茅山志》卷三十,《道藏》第5册,第693页。
③ 刘大彬造:《茅山志》序,《道藏》第5册,第549页。
④ 顾复:《平生壮观》,林虞生校点,上海古籍出版社2011年版,第119页。
⑤ 刘大彬造:《茅山志》卷十七,《道藏》第5册,第625页。

锡崇福观额,暨白金、庄田饶益之,俾展其成。"①崇福观颇有名气,李孝光有两首写给白云观的诗:其一诗序为:"潘名雅言,尝住大茅峰下,后住白云观,今年七十六。诗为王季玉忌日作。王名景温,季玉其字也。始树白云崇福观,每十二月十二日祠祭忌日。"②

从《茅山志》记载可知,玄教共有五次奉旨祭祀茅山(见下表),吴全节参加了三次,这两幅书法分别作于他第一次、第三次祭祀茅山之时。

序号	时间	玄教人物	茅山宗师	地点
1	至大三年 (1310年)	吴全节 时张留孙为玄教大宗师	王道孟	元符万宁宫上清宗坛,修建金箓宝斋三昼夜
2	延祐元年 (1314年)	吴全节 时张留孙为玄教大宗师	王道孟	元符万宁宫上清宗坛,福国裕民金箓宝斋三昼夜
3	延祐五年 (1318年)	夏文泳 时张留孙为玄教大宗师	刘大彬	福国裕民金箓宝斋三昼夜
4	泰定三年 (1326年)	吴全节 时吴全节为玄教大宗师	刘大彬	元符万宁官上清宗坛,开建金箓宝斋,祈天永命,福国裕民
5	天历三年 (1330年)	舒致祥 时吴全节为玄教大宗师	刘大彬	元符万宁宫上清宗坛,修建金箓宝斋三昼夜

吴全节第一次去茅山祭祀时是1310年,距吴全节被制授"江淮、荆襄等处道教都提点"已过去四年时间,但他对茅山的管控能力没有体现出来,应该还处于较弱状态:"至大三年(1310年)夏,天子命玄教嗣师吴真人醮祀江南,始于句曲。君出迓京口,真人曰:'香币上所祝而手以授余,余将之无敢不恪。暑雨方淫,诘朝当抵元符,雨淖或霈,亦惟神羞。'君曰:'敢敬诺。'翌日,雨垂不下,既奠香币,大雨行事之日复止。"③在统治者支持下,玄教势力得到了大力发展,其对茅山掌控能力逐渐加强,延祐六年(1319年)应吴全节之请,朝廷把崇禧观赐号曰崇禧万寿宫④,吴全节于1326年再次奉祀茅山时,就于崇禧观创作《白云观诗》。

---

① 刘大彬造:《茅山志》卷二十六,《道藏》第5册,第672页。
② 李孝光:《次潘尊师韵》,《五峰集》卷十,四库全书本,第1215册,第179页。
③ 刘大彬造:《茅山志》卷二十七,《道藏》第5册,第674页。
④ 刘大彬造:《茅山志》卷四,《道藏》第5册,第575页。

"'九老仙都君印'成为茅山上清派的重要传法信物,为茅山历代宗师所藏,直到元末茅山四十五代宗师刘大彬还曾藏有此印,此后玉印辗转为玄教宗师吴全节所获。这种具有象征意义的法印为玄教所得,在某种意义上似乎可以说明,玄教与茅山宗的关系十分密切,或者在实际上已经掌握了对茅山上清派的领导权。"①该文章在关注茅山和玄教的关系上开学术风气之先,但论述过于简略,结合《茅山志》材料,对这个观点还可以进一步展开研究。

从《特赐玉印剑还山省札》记载可知,九老仙都君玉印为宋徽宗所赐,是茅山上清派传法信物,是官方及教内双重认可的传法信物。第四十二代宗师翟志颖收藏的玉印、玉剑于 1275 年丢失,第四十三代宗师许道杞于 1279 年找到了玉剑,但直到 1317 年,玉印才重见天日。虽然玉印上交到江浙行省,他们亦知玉印对茅山的重要意义,但是并没有把玉印还给茅山宗,而是奉旨把玉印交到张留孙手上,"印和剑将到这里放着,有这是先生每法箓里头用的,恰待教人与的张上卿去,既这般呵,如今唤将张上卿这里来,分付与他,交他发付与三茅山宗师收掌,依旧流传法箓好事里用者"②。玉印由张留孙转交给刘大彬:"四十五代宗师洞观行妙玄应真人,姓刘名大彬,号玉虚子,吴郡钱唐人。延祐四年(1317 年)得九老仙都君玉印,有司闻于朝。仁宗皇帝特旨还赐宗坛,以传道统。"③玉印虽然被要求归还茅山,但是具体什么时候归还,则没有明确记载。元仁宗卒于 1320 年,也就是说至迟在 1320 年,该玉印已经归还茅山。上引刘文提及的玉印为吴全节所得,其依据来自《元风雅》:"吴宗师获玉印:三茅山道童遇白兔入穴,掘之得一玉印,乃九老仙都君印,宋宣和时物也。"《元风雅》记载和《特赐玉印剑还山省割》记载基本相似,只是玉印是交与张留孙手上:"延祐四年七月十八日晌午时分,见一个白面兔鼠走入宫里法堂后砖石穴中,寻不见兔儿,只见有印一颗,随即刷洗,认辨得即系祖传的玉印。"④其时,张留孙还健在,还是玄教大宗师,因此,玉印是由张留孙而非吴全节交到刘大彬手上的。

刘大彬作为茅山宗师,三次参与玄教奉祀茅山,1326 年也即吴全节第三次祭祀茅山时,刘大彬署名"上清大洞三景经箓弟子、四十五代嗣教宗师、

---

① 刘固盛、王凤英:《荆州玄妙观元碑〈中兴路创建九老仙都宫记〉考论》,《世界宗教研究》2015 年第 6 期,第 89 页。
② 刘大彬造:《茅山志》卷三十三,《道藏》第 5 册,第 703 页。
③ 刘大彬造:《茅山志》卷十二,《道藏》第 5 册,第 610 页。
④ 刘大彬造:《茅山志》卷三十三,《道藏》第 5 册,第 702—703 页。

元景真人";直到天历三年(1330年),舒致祥奉祀茅山时,刘大彬才署名"太上弟子嗣上清高玄大洞经箓、四十五代宗师、三天法师上景真人、行九老仙都君印职",这是刘大彬和玉印有着密切关系的记录。

吴全节分别作于1310年和1326年的书法作品,虽然都是和白云观有关,但是从其创作地点由华阳道院到崇禧万寿宫的改变,昭示着玄教对茅山宗掌控能力的加强,这和统治者赋予玄教的政治意图是完全相符的。

第三节 玄教与净明忠孝道关系

净明忠孝道,鼎盛于南宋时期,元代时依然有较好群众基础,其把忠孝和道教修炼相结合,形成独特的思想体系。元代时,刘玉(1257—1308年)、黄元吉(1271—1325年)是当时净明忠孝道较为著名者。刘玉以胡慧超、许逊降临面授为依托,对净明忠孝道进行了改革,使得净明忠孝道在元代得以进一步发展。至大元年(1308年),刘玉托教事于黄元吉,溘然长逝。其主要活动地点在西山(在今江西南昌)玉隆万寿宫、黄堂隆道宫、铁柱延真宫等。

一、玄教对玉隆万寿宫的掌控

玉隆万寿宫和其他道观一样,成为统治者祭祀服务的宫观之一:"至元丙子(1276年),宋社既屋,有司上江南名山仙迹之宜祠者于礼部,玉隆与居其一。故凡主是宫,率被受玺书如令。"①因此,玄教很早就对净明忠孝道进行了掌控。

许蔚对玉隆万寿宫提点做了一个梳理,可参看下表。只是漏掉了《龙虎山志》中记载金应兰在吴以敬之后做过玉隆宫提点之事,特补充之。

序号	许蔚排序	笔者排序
1	至元二十五年(1288年),陈义高,主持提点	至元二十五年(1288年),陈义高②,主持提点

---

① 柳贯:《柳贯诗文集》,柳遵杰点校,浙江古籍出版社2004年版,第294页。
② 陈义高一直跟随晋王,驻扎朔漠,因此,陈义高并没有担任玉隆宫提点太久,很快把宫事托付给副提点:"后七年戊子(1288年),被玺书提点玉隆宫,寻应召,以宫事付其贰。"(张伯淳:《养蒙文集》卷四《崇正灵悟凝和法师提点文学秋岩先生陈尊师墓志铭》,第1194册,第463页)

序号	许蔚排序	笔者排序
2	大德五年(1301 年),王寿衍,主持提点	大德五年(1301 年),王寿衍,住持提点①
3	大德十年(1306 年),吴以敬,主持提点	大德十年(1302 年),吴以敬,主持提点②
4		(增加)大德十年(1306 年),金应兰,主持提点③
5	陈日新(武宗、仁宗),提点	陈日新(武宗、仁宗),提点
6	谢洪之(朱思本诗集),提点	谢洪之(朱思本诗集),提点
7	至治元年(1321 年),朱思本,主持提点	至治元年(1321 年),朱思本,主持提点
8	泰定元年(1324 年),黄元吉,提点	泰定元年(1324 年),黄元吉,提点
9	泰定四年(1327 年),支宝慈,提点	泰定四年(1327 年),支宝慈,提点

---

① 王祎《元故弘文辅道粹德真人王公碑并序》:"辛丑(1301 年),制受龙兴路道箓、玉隆万寿宫住持提点,实嗣陈公之职。涖事之日,开堂演法,听者翕然,道价弥振。壬寅(1302 年),入朝,玺书加护玉隆。癸卯(1303 年),回杭,以佑圣观事传于孙真人益谦,而屏居开元。甲辰(1304 年),制授开元宫住持提点。丙午(1306 年),举吴真人以敬代,居玉隆。"(王祎:《王祎集》中册,颜庆余整理,浙江古籍出版社 2016 年版,第 473 页)
② 《龙虎山志》记载吴以敬于大德六年(1302 年)九月获得诏书,"可授观复冲靖灵悟法师,龙兴路道录,玉隆万寿宫住持提点"。大德十年(1306 年)九月,金应兰接替吴以敬担任"龙兴路道录,逍遥山福地玉隆万寿宫住持提点"。(王卡主编《三洞拾遗》第 13 册,黄山书社 2005 年版,第 58 页)吴以敬于大德十一年(1307 年)制授"龙虎山大上清宫正一万寿宫主持提点,兼管本山诸宫观事"。(王卡主编:《三洞拾遗》第 13 册,黄山书社 2005 年版,第 56 页)《龙虎山志》和王祎为王寿衍做的传记有出入,前者记载王寿衍于 1306 年举吴以敬"代居玉隆"。
③ 大德十年(1306 年),金应兰接替吴以敬担任"龙兴路道录,逍遥山福地玉隆万寿宫主持提点"。(王长主编《三洞拾遗》第 13 册,黄山书社 2005 年版,第 58 页)玉隆万寿宫在南昌附近逍遥山上:"郭景纯与许旌阳同时,尝为旌阳相宅,得豫章西山之阳曰逍遥山者居焉。"(柳贯:《柳贯诗文集》,柳遵杰点校,浙江古籍出版社 2004 年版,第 293 页)逍遥峰化贵溪龙虎山:"逍遥峰在仁福乡许旌阳炼丹处,上有许真君祠。祠牵古壁间如人掌迹者二,润泽如玉。"(《龙虎山志》,王卡主编:《三洞拾遗》第 13 册,黄山书社 2005 年版,第 118 页)"逍遥峰在贵溪县南七十里,晋许旌阳炼丹处。"(《逍遥山万寿宫志》,王卡主编:《三洞拾遗》第 15 册,黄山书社 2005 年版,第 390 页)可能是二地相距不远,地名相似等原因,所以出现把二者混为一谈的情况:"玉隆宫在逍遥峰上,元薛玄曦有《送朱本初之玉隆宫》诗。"(王卡主编:《三洞拾遗》第 13 册,黄山书社 2005 年版,第 129 页)该处记载有误,朱思本提点的玉隆万寿宫,和金应兰奉诏提点的玉隆万寿宫,都在逍遥山,而非逍遥峰。

除此之外,何恩荣、薛玄曦弟子陈彦伦也曾获封玉隆宫提点,只是没有就任:"今上皇帝至元元年(1335年),荐被玺书,迁提点龙兴玉隆万寿宫,辞不赴。"①据吴光正考证,朱思本"在玉隆万寿宫提点任上至少呆了十年以上"②,但也指出,朱思本何年羽化没有记载。如果按照以往惯例,前任主持提点亡故,才会任命下一任主持提点的话,那么,朱思本极大可能仙逝于1335年,同年,陈彦伦获得封赐。虽然陈彦伦没有赴任,但是玉隆万寿宫依然在玄教掌控之下,则是不争的事实。

黄元吉和玄教有着一定的接触:

> 黄君元吉,字希文,豫章丰城名族,父良俊,母吴氏,年十二入玉隆万寿宫……至治三年(1323年)又以其说游京师,公卿大夫士多礼问之,莫不叹异。明年太定改元(1324年),嗣汉三十九代张天师朝京,廷臣荐希文者曰:中黄先生刚介坚鸷,长于干裁。向尝都监其宫,治众严甚,人或不乐,而土田之入,庐舍之完,公而成功,昔为忤者更交誉之、亲之。其后从玉真先生得旌阳忠孝之教,盖折节就冲淡,为达人巨公前席,宜表异之。乃为书请希文为净明崇德弘道法师、教门高士、玉隆万寿宫焚修提点。未行,玄教大宗师留之崇真宫。期年,将以其名上闻奏,且上有玺书之赐。③

黄元吉十二岁就在玉隆万寿宫修道,1324年在京师获赐为净明崇德弘道法师、玉隆万寿宫焚修提点。黄元吉并没有马上离开京师,而是接受吴全节挽留,暂居崇真宫。许蔚认为黄元吉暂居京师的原因是:

> 泰定元年,黄元吉在京师得授玉隆万寿宫提点之后,却接受玄教大宗师挽留崇真万寿宫,并没有即刻返回玉隆,显然叫人费解,究其原因,大概一方面,由于当时玉隆万寿宫已有住持提点(即朱思本),提点则只不过是副职而已,并没有真正"主玉隆教席";另一方面,就玄教大宗师以其名上闻,且上有玺书之赐等可知,他留在京师很明显还是希望另得敕差,好执掌一方,不过,《中黄先生碑铭》接着说他在获赐玺书之后"俯然高居,唯以发明其师说为己事",大概其目的终究还是没有实现,故而

---

① 黄溍:《黄溍全集》下册,王颋点校,天津古籍出版社2008年版,第604页。
② 吴光正:《论元代玄教道士朱思本诗文创作中的儒士情怀》,《江汉论坛》2018年第11期,第75页。
③ 黄元吉编集:《净明忠孝全书》卷一,《道藏》第24册,第631页。

退而复求高名吧。①

这些恰恰说明,净明忠孝道是掌握在玄教手中,黄元吉对自身的处境无能为力。回不回玉隆万寿宫、什么时候回,黄元吉是做不了主的。

朱思本主持提点玉隆万寿宫获得一些赠诗,如许有壬《送朱本初住玉隆万寿宫》:"春风烟水片帆飞,去去难缁鹤氅衣。仙秩受来真是贵,世徒行遍正宜归。眼空云海天无际,心折京尘梦渐稀。日拜旌扬凭致恳,若孙方困簿书围。"②

袁桷《送朱本初住玉隆万寿宫》:

> 声华文采动公卿,忽绾乌绦出帝城。眯目簿书空汗漫,飞空楼阁正峥嵘。浮云变态西山尽,往事灰心北斗惊。肯作蕉池谈笑住,瑶坛笙鹤夜深清。③

柳贯《送朱本初法师赴豫章玉隆宫四首》:

> 北阙层云紫,西山薄雨青。荐厘称秘祀,承制领殊庭。
> 剑彩龙双角,衣文斗七星。绿章深夜上,神爽动秋冥。
>
> 籍在丹台上,神行剑气间。天香轻冉冉,云佩静珊珊。
> 便驾青鸾去,应骑白鹤还。名山地域记,须为刻屏颜。
>
> 锁蛟唯有柱,随鼠已无家。想到真仙宅,能回俗士车。
> 露坛春剪柏,云白夜敲茶。人境今双绝,长吟采物华。
>
> 久作江西梦,翻从蓟北游。云间朝士舃,霞外羽人丘。
> 泛爱非无别,深怀转益愁。山灵宜谢我,下濑有轻舟。④

张起岩、王士熙都也有诗歌相赠。

道教界同样也有诗歌相赠,如薛玄曦《送朱本初之玉隆宫》:"西山紫翠

---

① 许蔚:《断裂与建构:净明道的历史与文学》,复旦大学 2011 届博士论文,第 227 页。
② 许有壬:《许有壬集》,傅瑛、雷近芳校点,中州古籍出版社 1998 年版,第 183 页。
③ 袁桷:《袁桷集校注》第 2 册,杨亮校注,中华书局 2012 年版,第 616 页。
④ 柳贯:《柳贯诗文集》,柳遵杰点校,浙江古籍出版社 2004 年版,第 66 页。

簇芙蓉，师住逍遥第一峰。慎勿挽弓思射鹿，秖须铸铁学降龙。闲穿晓月锄美药，醉拂秋风卧古松。应忆京华旧游处，蓬莱坊畔五云重。”[①]马臻《送本初朱提点之玉隆主席五首》等。

朱思本主持提点玉隆万寿宫时间颇久，因此，留下的记载以及处理教务事情也较多。在他笔下，玉隆万寿宫风景秀丽，物产丰富：“西山多灵药，服食颜色好。在昔有洪崖，高举云得道。曹卢继芳躅，天地长不老。后来紫云翁，避世一何早。连云种参杞，带月拾瑶草。贵贱俱营营，终然恨枯槁。栖迟匪迷涂，被褐自怀宝。去去不可留，期之在蓬岛。”[②]

宫观修建。

> 至治元年（1321 年），临川朱君思本实事居其席。始至，见十一大曜，十一真君殿，祖师祠堂，摧剥弗治，位置非据，谋将改为，则以状请于教主嗣汉天师。会方教大宗师吴公亦以香币来祠，因各捐资倡首焉。而施者稍集，抡材庀工，有其具矣。盖宫制：二殿中峙，厢序参列于前，而分画其中，以左右拱翼。乃相藏室之北，撤故构新，作别殿六楹。东以奉十一曜真形之像，西以奉吴黄十一真君之像，夹辅面背，各有攸尊，亦既无紊于礼。又即十一真殿旧址筑重屋一区，上为青玄阁，下为祠。凡自唐以来，尝有所施，与尝主兴造之官僚，以及历代主持、同袍、士庶之有功有绩者，皆列主而祠。每三、七日集众焚诵，岁时洁羞荐飨，视子孙妥侑之意，无弗逮焉。经始于泰定二年（1325 年）之八月，阅三年而考其成。……朱君字本初，受道于龙虎山中，而从张仁靖真人扈直两京最久。学有源委，尝著《舆地图》二卷，刊石于上清之三华院云。[③]

朱思本《古心万炼师乐道好施玉隆殿阁摧圮，师将以己财作新之奉赠四韵》：

> 唐人曾诧万仙翁，此日云孙道益隆。古貌弥明讥石鼎，野心宏景画金笼。神交蓬阆苍茫外，兴入江湖杳霭中。更借广寒修月手，锦帷宫殿看成功。[④]

---

① 杨镰主编：《全元诗》第 35 册，中华书局 2013 年版，第 261 页。

② 杨镰主编：《全元诗》第 27 册，中华书局 2013 年版，第 34—35 页。

③ 柳贯：《柳贯诗文集》，柳遵杰点校，浙江古籍出版社 2004 年版，第 294—295 页。

④ 杨镰主编：《全元诗》第 27 册，中华书局 2013 年版，第 77 页。

《天宝观修造记》则可看出净明忠孝道在元代的影响力：

> 天宝观，天下十二洞天，依甲乙住持……至大庚戌（1310 年），本山徒弟住持提点支宝慈募缘修造。蒙江西行中书省平章龙川李公、参政东山杨公、参政（袁）峤真李公达达、万井柴公孤峰、万井罗公二山、同知邓公思敬、府判张公、松江兰国雄公、琚塘竹程公赤、敬轩陈公、牛角坑义堂万公、塘下（同）心熊公、丁塘杞山丁公高司、（震）轩万公本都、桂堂胡公由斋、胡公仲芳、田公拾田、介石毛公支宗、乡胡君正、四方檀信、豪僧、同袍施财修造，及宝慈衣盂、殿堂、从舍内外一新，洞天祠殿万古半山派。主会万四亭空、王圭文见本山柱基山飞水急，架石放水，堆土为山，抵塞水口，为山门风水计，辛勤一十余年悉遂成就，后之子孙继绳予斯志，修而葺之，幸勿绝己。替□种，开绝学，衍派度人，勤修香火，清规各守，和睦邻檀。又将自己续买到田租三十石、竹山一千余眼施入常住。又将田租五十硕、竹山一眼施入玉隆宫常住田，号亩俱载本山砧基。后之子孙毋违斯志，衣盂丰厚，重光前烈，庶几此山日见光，永为洞天，相同久长。师孙道生、支世隆、熊自道、道士程天祥、李道济、小师阙寿孙。
>
> 旹元泰定四年（1327 年），洞灵冲道广玄法师教门高士龙兴路逍遥山玉隆万寿宫提点宫事天宝极玄观住持支宝慈募缘修造记实。
>
> 宣授成德体玄贞一法师教门高士龙兴路逍遥山玉隆万寿宫住持提点领本路诸宫观事朱思本主盟。
>
> 银青荣禄大夫江西中书省平章政事李世安主盟。[①]

早在陈义高主领玉隆万寿宫之前，张留孙就有了管控净明忠孝道的想法：

> 介豫章江山间，多古神仙窟宅，而许旌阳之迹最显著。旌阳，晋人，晚得道，以灵剑臧逐蛟蜃，辑宁吾民，遂阴役鬼工，铸铁柱，置郡牙城南，钩锁地脉，使永永无害。今铁柱延真宫是其处也。地胜故法隆，而其徒亦滋以盛。宫有华隐堂，真静大师杨君湛然实居之。嗣其法者，周君克恭，尤修行成信。既谢提点宫事，则谋相宅，别营真馆。……甫就功，会玄都大宗师张公代祀名山，为著额"崇真观"，登诸祀籍。即命杨、周之

---

① 转引自许蔚：《断裂与建构：净明道的历史与文学》，复旦大学 2011 届博士论文，第 363 页。

徒,是承是主,以毋易世迷宗,示有先也。①

玄教在两都的宫观均被命名为崇真宫,因此,张留孙为铁柱延真宫别馆命名崇真观的真实想法也就昭然若揭了。

张留孙、吴全节从 1277 年到 1310 年,历时三十多年,为净明忠孝道信奉的神仙谱系请封:

> 至元十四年(1277 年),玄教大宗师张留孙,扈从世祖皇帝于两京,言信州自鸣山神有灵状,敢诣阙下,敕礼官崇显之。是岁,皇帝命侍臣李众、刘子中,降香赍银奁,旗以金锦,显其神。三十一年(1294 年),成宗皇帝有诏,遣使致祭岳渎,在昔登载者,如式崇奉。大德三年(1299 年),三十八代天师张□□平钱塘潮,言神以云雨昭著。自鸣山事见郡乘,宋元符始有庙号。由宣和迄咸淳,制书凡十五下。乞如今皇帝诏令。于是符于州,考证无异辞。至大三年(1310 年),玄教嗣师崇文弘道真人吴全节乃言曰:"吾徒食兹山有年矣。阖辟摩荡,絜阴阳是资。变以行神,神由以兴。今天子禋奉祠祭,吾教益昌。自鸣于龙虎,封畛相入,舍是其何言?"遂复请于朝,得加封为"明仁广孝翊化真君"。……延祐三年(1316 年)四月,会稽袁桷记。②

明仁广孝翊化真君的事迹见熊准《灵桐庙碑》:

> 江西既解围之四年,大司徒平章政事道童上言:前逆贼侵犯,逾年始平,虽吏民殚力所致,然百神效灵,不可诬昧,谨条陈事迹以闻。又二年诏封晋旌阳令许逊为帝君,而下有差。城之南灵桐显惠神石九郎既被封于信州,事下浙省,配祀黄四郎、五郎封忠辅真人、忠祐真人,熊登威烈侯、李汉卿敷泽侯,行省遣检校官哈珊、南昌县丞月朱木致牲币祭告。父老感激上恩,鼓舞欣忻,作新祠宇,端大严□,耆宿陈绍英等状录郡士范相所撰《灵迹纪》,诣宪司乞文,刻之柱石,昭示悠久。记言所祀鸣山忠烈仁孝王晋石勒弟勤之第九子,为信州路贵溪县孚惠庙,累封至明仁广孝翊化真君,事载国史。配祀

---

① 柳贯:《云从山崇真观记》,《柳贯诗文集》,柳遵杰点校,浙江古籍出版社 2004 年版,第 291 页。

② 袁桷:《袁桷集校注》第 3 册,杨亮校注,中华书局 2012 年版,第 1067—1068 页。

日天仙、地仙，晋御史黄辅之二子，新建县旧祀之方冈庙，事见《豫章记志》。①

吴小红《宋元时期龙虎山道士对民间信仰的利用和扶持——以贵溪自鸣山神为例》一文主要论述龙虎山对民间信仰的利用和扶持扩大其社会影响力，同时社会影响力的增强也使得龙虎山更加受到统治者的重视。② 正如吴小红指出的那样，龙虎山抑或说玄教不仅仅重视对民间力量的扶植，而且它们对于其他道派的神灵也是持支持的态度的。

历史再次重演，和茅山类似的事情不仅再次发生，而且有过之而无不及。净明忠孝道极具代表性的斩蛟剑被人偷出献于吴全节。揭傒斯《庐陵玄潭观旧藏许旌阳斩蛟剑兴国有一道士过庐陵窃之至于京师以献吴真人邀予赋诗遣还本观》："章江渡头白羽扇，千载传闻谁得见？惟有玄潭老剑精，万里相寻若惊电。冥冥旌阳九霄驾，神物无归思变化。当时同学十二人，犹有吴公在天下。吴公晓出明光宫，故人持剑忽相从。光芒惨淡蛟蛇血，精气翕忽神明通。自从拂拭遇知己，一尺玄冰剪寒水。半夜芙蓉迸匣开，白昼雷霆辗空起。吴公念念旌阳令，未说斩蛟心已敬。尚忆提携典午间，一扫长江如镜净。十余年来灾异多，天鸣地动震九河。须臾百化万灵窜，壮士搤臂徒悲歌。此时吴公按剑怒，誓斩长蛟献明主。剑光耿耿天不语，掷与玄潭镇千古。"③这件事情得到了许多文人酬和歌颂，成为文坛一件幸事，但是把净明忠孝道的象征性宝剑上交于玄教手中，这个事情就颇能说明问题。

第四节　玄教、玄武与江南"统合"

在与阿里不哥的争斗中，忽必烈依靠潜邸时期的儒士获得了胜利，甚至因其对儒士的重视而被尊为"儒教大宗师"④，这方面研究成果较多，以萧启庆《忽必烈潜邸旧侣考》为代表。⑤ 但也有对这种观点持保留态度

① 转引自许蔚：《断裂与建构：净明道的历史与文学》，复旦大学 2011 届博士论文，第 373 页。
② 李治安主编《元明江南政治生态与社会发展》，中国社会科学出版社 2019 年版，第 327—350 页。
③ 揭傒斯：《揭傒斯全集》，李梦生标校，上海古籍出版社 1985 年版，第 58—59 页。
④ 苏天爵辑撰《元朝名臣事略》卷十《宣慰张公德辉》，姚景安点校，中华书局 1996 年版，第 207 页。
⑤ 萧启庆：《元代史新探》，新文丰出版公司 1983 年版，第 263—302 页。

的。李治安指出,"忽必烈对儒学始终没有完全信奉和尊崇,而仅仅是有选择地学习和吸收"。① 加之李璮的叛乱,忽必烈对汉民族逐渐产生提防之心。

随着南宋的灭亡,长江流域的大量土地并入,国土面积和人口数量猛增,新归附的江南状况频出,黄清连《元代江南的叛乱(1276—1294年)》一文指出"元朝人的叛乱次数,以世祖和顺帝(1337—1367年)二朝最多"②;陶希圣《元代长江流域以南的暴动》一文则对江南的暴动作了梳理③,忽必烈采用了藏传佛教和玄教同时管理江南的方法。玄教对江南的管控不仅体现在对"三山符箓"的汇流中,也表现在玄教用真武这一颇具社会影响力的神灵把整个圈层"统合"在了一起。

从忽必烈三个圈层、分阶段管理、"统合"江南的政策来看,真武神一直贯穿其中,是不可或缺的一个重要元素。

序号	管辖地域	宫观	供奉神像	史　料
第一圈层	大都	崇真宫	真武	《龙虎山大上清正一宫重建三清殿坛楼三门碑》:上亦遣侍臣授水晶玄武像。国家谓东北为幽方,故列玄坛真像以镇之。④
		东岳庙	东岳大帝	
		西太乙宫	(极大可能)真武	西太乙宫或太乙宫固然容易让人想起太一、遁教等秘术,但是也非常容易和杭州孤山西太乙宫联系在一起,而杭州西太乙宫奉祀真武大帝。因此,大都西太乙宫极大可能奉祀真武神。

① 李治安:《忽必烈传》,人民出版社2004年版,第546页。赵文坦对金莲川潜邸时期的儒生以及被推荐儒生入仕情况作一梳理,指出:"元代史籍中诸如此类的赞语在所多有,论者往往根据这些赞语艳称忽必烈潜邸幕府得儒士之盛、忽必烈之礼贤下士,以及汉人士大夫如何争先恐后投奔忽必烈幕府。然对这一时期相关史料细加推敲,就会发现上述赞誉与史实并不相符。"(《忽必烈早期与汉族士人关系考察》,《山东大学学报》1997年第4期,第29页)
② 黄清连:《元代江南的叛乱(1276—1294)》,"中央研究院":《历史语言研究所集刊》1987年,第58本第4分册,第38页。
③ 陶希圣:《元代长江流域以南的暴动》,《食货》半月刊,新生命书局1936年版,第3卷第6期,第35—44页。
④ 王卡主编:《三洞拾遗》第13册,黄山书社2005年版,第73页。

续表

序号	管辖地域	宫观	供奉神像	史　料
2 江南	荆襄两淮	武当山诸宫观	真武	《武当福地总真集》 《玄天上帝启圣灵异录》
3 江南	杭州及江南其他地区	佑圣观	真武	任士林《杭州佑圣观玄武殿碑》 胡长孺《佑圣观捐施题名记》
		开元宫	真武	陈旅《重建杭州开元宫碑》
		宗阳宫	真武	
		四圣延祥观	真武	任士林《四圣延祥观碑铭》
		玉隆万寿宫	真武	《逍遥山万寿宫志》

在忽必烈二个圈层对江南进行控制时,能够看出忽必烈用了"真武"这个当时影响很大的神灵。作为起自北方的蒙古族,忽必烈朝就出现了玄武神的故实。徐世隆于至元七年(1270 年)二月、九月撰写《创建真武庙灵异记》《元创建昭应宫碑》两文,揭傒斯《大五龙灵应万寿宫碑》、许有壬《武昌路武当万寿崇宁宫碑铭》以及收录在《道藏》中的《玄天上帝启圣灵异录》等作品均有记载。曾召南指出,元朝虽然依然崇奉真武神,但是和宋朝崇奉原因已经不同:"兴起于北方的蒙古贵族,在经过几代征战以后,在宋末相继灭掉西夏、金和南宋,在中原建立起大元帝国。元朝各帝因受汉文化的洗礼,也继续崇信真武。但因蒙古来自北方,故不像宋皇室那样将真武作为疆土捍卫神,而是作为开基立业的肇基神加以敬奉。其肇基神的地位,早在蒙古尚未正式改国号为元之前的至元六年(1269 年)即被认定。这见于至元七年创建昭应宫所作的诸记载中。""正因为元朝以真武为肇基神,且崇信超过宋代,故真武神的庙祀更加普遍。"①

忽必烈把真武作为重要的神灵贯穿他用玄教治理汉地的始终,其中重要原因如下:

一、元代水德说与真武的崇信

元代是否有德运观,刘浦江《"五德始终"说之终结——兼论宋代以降传统政治文化的嬗变》一文是持否定态度的。他指出,宋儒对封禅的批判彻底祛除了这一盛世大典的神圣性,遂使后人不再相信它具有新型王朝"奉天承

---

① 曾召南:《宋元明皇室崇信真武缘由刍议》,《宗教学研究》1996 年第 2 期,第 40、41 页。

运"的象征意义,于是封禅就走到了穷途末路。蒙元时期,虽屡有汉人建言德运问题,但都未被采纳。① 这个观点指出了宋以后五德说发展的趋势,但是元代德运说的实际情况却与该文观点颇有出入。也有从元代图像角度分析,指出元代是金德观的:"元朝统治者在重大国家或宗教场合中采用白色为正色,有机地融合了蒙古传统、藏传佛教以及中国王朝世系传承。在中国王朝更迭的五行循环中,白色代表了金德,土生金,这证明元朝统治者在宋、辽、金三朝中,选择继承了自居土德的金国为正统。而在正史史籍中不见元朝其居金德的明确记载的原因,笔者猜想是由于元朝统治者担心这一摈弃赵宋而选取一个胡族王朝为正统的选择会遭到汉族官员的极力反对。"②

而曹金成《元朝德运问题发微:以水德说为中心的考察》一文的提法则更加符合元代政治发展基本概况:"元朝人对本朝水德的看法,可谓与蒙元一代相始终。这种说法,既有出于在朝文臣之笔者,也有来自在野庶民之口者,而且在元代南北地区皆有流传。可以说,水德是元人对本朝德运的一种比较主流的认识和定位,其中,元朝因肇基朔方、秉持水德而有玄武之征,由于在世祖朝得到了官方汉族士大夫的定位,故有元一代在朝野上下皆有着持续的影响。"③该文还指出,道士姬志真(宪宗六年,1256 年)最早提出水德说,耶律铸于元世祖忽必烈初期提出、徐世隆于至元七年二月、九月分别撰写《创建真武庙灵异记》《元创建昭应宫碑》两文,把元代水德说与真武联系在一起,这种观念广为传播,"世祖朝官方汉族士大夫定位的元人水德说亦得到了道教徒与更多汉族文臣的积极响应",如张守清、吴全节、张与材等都认可这种观点。

虽然有的学者认为汉化程度不高的统治者对于德运说可能难以理解,但是这并不是统治者不接受甚或拿来利用的理由。统治者对于儒家思想的理解程度也不高,但是这并不是儒家不能进入政治体系的原因,恰恰相反,忽必烈虽然反对科举考试,但是还是在全国建立国子学,推行儒家教育。同样地,水德说即使不为统治者所理解,但是,作为汉人知识分子,像徐世隆、

---

① 刘浦江:《正统与华夷:中国传统政治文化研究》,中华书局 2017 年版,第 74、80 页。
② 陈元:《台北故宫藏宋元明帝王画像与其隐喻的王朝正统性》,《中国文化》第 44 期,第 150 页。
③ 曹金成:《元朝德运问题发微:以水德说为中心的考察》,《中国史研究》2021 年第 3 期,第 152 页。笔者补充两条资料,以资证明不仅仅是上层认可水德说,一般的儒生、道士也认可该观点:"元肇基方朔,瑞应玄天,适符水德,嗣是灵贶游臻,封册累□,金水龟蛇之异现于高梁,后复现于武当。"该文是林谦为佑圣宫所作,林谦为进士,儒生;佑圣宫在今福建古田。(李修生主编:《全元文》第 39 册,凤凰出版社 2004 年版,第 7 页)
贡师泰《三真观碑》:"况我皇元肇基朔漠,水德之符,厥有攸徵,其主祠北方玄武之神,又岂无所本哉?"(贡师泰:《贡师泰集》,邱居里、赵文友校点,吉林文史出版社 2010 年版,第 438 页)

王磐、魏初、赵孟頫、许有壬等,他们经常奉敕撰文,像徐世隆撰写的碑文都把真武和水德说联系在一起,这种代表了"官方"声音的思想还是得到了儒生以及和儒生、和统治者关系密切的吴全节的认可。

南岳被封为"司天大化昭圣帝"①。至元二十八年(1289年),吴全节陪同张留孙奉祀南岳,"肆我皇元混一区宇,衡岳距天最远",所以张留孙"奉诏捧香诣祠恭告以致崇极之意"②。至元三十一年(1294年),吴全节获封"南岳提点":"长生天气力里皇帝圣旨:冲素崇道法师吴全节可授南岳庙提点。宜令吴全节准此。"③而且吴全节还出私财对南岳庙进行修建,前后历时颇久。④ 陈日新、李奕芳也曾做过南岳提点。吴全节、陈日新在玄教地位极高,他们分别提点南岳庙,可见,南岳庙在玄教初期,不管是对于统治者还是玄教都具有重要的作用和意义。加之南岳在五岳的官方祭祀范围之内,地位不低,但是有关南岳、南岳庙的记载极少,其存在感急剧下降,这和其地位是完全不匹配的。诚然,这和南岳的地理位置有关。它的军事战略地位不如两淮荆襄,经济地位和政治地位不如杭州,因此,被边缘化也是符合真实情况的。但是,"维衡有岳神,维德旺火,维位正离,实为南方巨镇"⑤。对于接受了儒生提出的"水德说"的吴全节来说,其有意识淡化南岳"火德"文化也应该在情理之中。加之南宋以火德作为德运⑥,为了避嫌,吴全节也会主动降低南岳在玄教中的地位。

起于北方的真武神和起于北方朔漠的蒙古族相当合拍,在为自己选择保护神的时候,真武就自然而然进入到了统治者的视野中。

二、真武与大黑天的关系

至元十四年(1277年)二月,忽必烈派遣亢吉祥、怜真加、加瓦为江南释教总摄。怜真加即是杨琏真迦,翻译不同。早在一年前,忽必烈诏命张宗演"领江南诸路道教"。杨琏真迦在原南宋首都临安进行了一系列的厌胜行为。至元二十一年(1284年),发掘宋陵;在至元二十二年(1285年)到至元二十四年(1287年)的短短三年时间,恢复佛寺三十余所;建立镇南塔等行为,激起了民愤。杨琏真迦在江南的倒行逆施,虽说是在忽必烈的支持下进

① 《(弘治)衡山县志》,江苏古籍出版社、上海书店、巴蜀书社2002年版,第111页。
② 《(弘治)衡山县志》,江苏古籍出版社、上海书店、巴蜀书社2002年版,第132页。
③ 王卡主编:《三洞拾遗》第13册,黄山书社2005年版,第50页。
④ 《(弘治)衡山县志》,江苏古籍出版社、上海书店、巴蜀书社2002年版,第136页。
⑤ 《(弘治)衡山县志》,江苏古籍出版社、上海书店、巴蜀书社2002年版,第132页。
⑥ 郑思肖:"火德续正统,东南气运昌。雒京都赤帝,鲁史笔天王。八极开清晓,群星避太阳。讴歌今有在,历数永无疆。"(郑思肖:《郑思肖集》,陈福康校点,上海古籍出版社1991年版,第23页)

行的,但最终没有达到统治江南的目的,反而引起极大民愤,因此,杨琏真迦倒台后,江淮等处行尚书省就对杨琏真迦进行了清算:

> 江淮等处行尚书省,至元二十八年(1291 年)四月榜文该:准本省签省嘉议大夫签江淮等处行尚书省事咨该,钦睹诏书开列条例,务在更张旧弊,惠济生民。除已钦依奉行外,近体知得杨总摄等倚恃权势,肆行豪横,将各处宫观、庙宇、学舍、书院、民户房屋、田土、山林、池荡及系官业产,十余年间尽为僧人等争夺占据。略举杭州太一宫、四圣观、林处士祠堂、龙翔宫、伍子胥庙,绍兴鸿禧观,及湖州安定书堂,镇江淮海书院等处,皆亡宋以前先贤名迹、江山形胜之地,远者百有余年,一旦皆被僧人强行抵赖,或称先系寺基,或云僧人置到,不经官府陈理,一旦使力逐出业主,将应有财赋钱粮等物据为己有。即得之后,不为修理爱护,拆毁圣像,喂养头疋,宰杀猪羊,恣行踩践,加之男女嘈杂,缁素不分,藐视行省、行台,欺虐官民良善,致使业主无所告诉。又民间金玉、良家子女,皆以高价赎买,以其资财有余,奢淫无所不至,由此南方风俗皆为此曹坏乱。近者罪恶贯盈,幸而败露,致蒙朝廷差官前来,抄出杨总摄并首领官一切党与人等公私物件。除在搬运他处,外据金玉宝玩、歌童舞女,不所胜数,其贪纵无厌,于斯可见。拟合将在前僧人强行占据诸人房屋、田土、山林、池荡,并宫观、庙宇、学舍、书院,照依归附时为主,尽行给还元主,实副江淮民望。据此,除外,合行出榜晓谕者。①

该榜文指出杨琏真迦等的胡作非为,并指出"南方风俗皆为此曹坏乱",从而也终结了忽必烈以"夷"治"华"的政治思路,最终形成以"夏"治"夏"、以"夷"治"夷"的政治主张。西藏等地就是以"夷"治"夷"的成功代表范例。而江南还是需要依靠汉族士人进行治理。

在攻打荆襄时,忽必烈把大黑天和真武进行政治上的"嫁接"。关于大黑天和真武关系的研究成果以韦兵《赵宋"家神":黑煞神源流及其与宋代政治文化关系》②和马晓林《蒙元时代真武——大黑天故事文本流传考》③为代

---

① 《庙学典礼》卷三《郭签省咨复杨总摄元占学院产业》,王颋点校,浙江古籍出版社 1992 年版,第 63—64 页。
② 韦兵《赵宋"家神":黑煞神源流及其与宋代政治文化关系》,《社会科学研究》2020 年第 3 期,第 149—159 页。
③ 马晓林:《蒙元时代真武——大黑天故事文本流传考》,《藏学学刊》第 10 辑,中国藏学出版社 2014 年版,第 85—99 页。

表,尤其是后者,从南宋张端义《贵耳集》、元代柳贯《待制集》和元僧释念常《佛祖历代通载》这三个不同时期不同版本的前后承接与变化,"认为这个故事是蒙古军借真武降笔的形式收买扶乩者而制造的"。王见川亦提出类似观点。[①] 因此,大黑天诃葛剌借助真武影响力进行襄樊的攻城,取得了不错的效果;[②]忽必烈也试图以此在江南进行统治,但是并没有得到江南人民的认可和接受,而只是成为蒙古人的崇拜英雄。"摩诃葛剌首次进入大都,契机为八思巴携其弟子阿尼哥、胆巴等从西藏返回大都,为表达政治上的忠诚、祈祷夺取江南战争的胜利,将一尊摩诃葛剌神像奉献给忽必烈并介绍这尊护法神的无比神威———供奉此神能够攻无不克、战无不胜。当时,忽必烈正在为攻打南宋的战事日夜焦虑。八思巴的建言,符合忽必烈的政治急需。将摩诃葛剌奉为军神、战神及护国神,除当时攻打南宋的战争需要外,还有更深层次的原因。蒙古立国之初,主要凭借强大的武力征服各地,除了指挥有方等条件外,还需要一种精神力量以鼓舞士气和威慑敌人。当时,宋人强化真武作为护国战神的一面,宋人前线军队中亦有祈求真武护佑的行为,择定一位与之相抗衡的护国战神,有利于蒙古统治者的军事攻势。"[③]

元代真武与大黑天的"融合"并不成功,也没有产生更大的影响力,但是这种"融合"本身却是值得思考和研究的。

① 王见川:《真武信仰在近世中国的传播》,《民俗研究》2010 年第 3 期,第 102—105 页。
② 刘迅:《元代武昌的道教名观——武当万寿崇宁宫考略》,赵卫东主编:《全真道研究》第 2期,齐鲁书社 2011 年版,第 221—245 页。
③ 张冰冰:《元代摩诃葛剌崇奉溯源》,《云南师范大学学报》2012 年第 6 期,第 141 页。

第七章　玄教余响：以李昌祺《幔亭遇仙录》为考察对象

　　由于和统治者关系极为密切，因此，当元朝被灭后，玄教在明代基本上只留下些微余响，和元朝时烜赫一时的状况形成鲜明对比。

　　朱存理（1444—1513年），明代著名书画鉴赏家、藏书家，他喜欢把看到的文献辑录、抄写下来，从而使得很多文献得以保存下来。吴全节的系列画像就是因他的抄录而得以保存下来："右像赞一卷，在城中人家借录，今归相城沈氏矣。然不知饶国诸孙某者出处，其楷法典雅可爱也。丙午（1486年）二月。"①画像后有吴颢题词，"至正四年（1344年）岁在甲申，二月既望，饶国诸孙颢谨录"。②朱存理又抄录原载于陈旅《安雅堂集》中的"跋吴颢书"："右吴颢秀才家书一幅，诗十首，寄上特进上卿玄教大宗师。颢，枢密院判公之孙，特进公之诸孙，故江浙儒学提举养浩君之子也。年才弱冠，书辞温安（陈旅文为：妥）典雅，诗律清丽而笔画秀整，真（陈旅文为：直）吴氏佳子弟也。"③这是元朝灭亡后明人对吴全节的记载，由此可知，玄教在明代基本上已经处于寂寂无闻的状态。

　　玄教以及玄教徒除了见于朱存理的抄录外，还见于冯明龙、李昌祺的小说作品中。

　　冯梦龙《旌阳宫铁树镇妖》在对许逊收服蛟精、镇之于井中之后，许逊留题为：

　　　　铁树开花，其妖若兴，吾当复出。铁树居正，其妖永除。水妖屏迹，城邑无虞。

---

①　朱存理编：《珊瑚木难》卷三，四库全书本，第815册，第95页。
②　朱存理编：《珊瑚木难》卷三，四库全书本，第815册，第95页。
③　朱存理编：《珊瑚木难》卷三，四库全书本，第815页，第95页；陈旅《安雅堂集》卷十三，四库全书本，第1213册，第165页。两文有个别字存在差异，差异当为朱存理抄录时出现的纰漏。

铁树镇洪州,万年永不休! 天下大乱,此处无忧。天下大旱,此处薄收。

紧接着,冯梦龙就还记载了吴全节针对该地而作的诗:

八索纵横维地脉,一泓消长定江流;
豫章胜地由天造,砥柱中天亿万秋。①

吴全节《铁柱宫留题》:

神君铁柱镇云湫,海宇风清蜃气楼。八索纵横维地脉,一泓消长定江流。恩衔彩凤来双阙,势压玄鳌莫九州。坐看蓬莱水清浅,千秋万岁赞皇猷。②

吴全节这首诗见于清光绪《逍遥山万寿宫志》,冯梦龙仅仅用了吴全节诗歌中的第二句而已。而对吴全节记述较多的是李昌祺的《幔亭遇仙录》。

李昌祺(1376—1451年)名祯,以字行,另有侨庵、运甓居士等别号,江西人。出身世家,其父颇有诗名。李昌祺26岁中进士,被选为翰林院庶吉士,参与《永乐大典》修撰,后擢礼部郎中,迁广西左布政使。永乐十七年(1419年)被撤职,罚役房山,后赦免回京。仁宗洪熙元年(1425年)重新起用,于正统四年(1439年)告病致仕,隐居家乡二十余年,"屏迹不入公府,故庐裁蔽风雨,伏腊不充"③。1451年病逝,终年七十六岁。李昌祺不仅为官清厉刚正,救灾恤贫,官声甚好,而且才华富赡,学识渊博,著有《运甓漫稿》《客膝轩草》《侨庵诗余》等。

李昌祺曾模仿瞿佑《剪灯新话》而作《剪灯余话》,在其自序中提及,他创作的动机是为了打发时间、宣泄情感:"矧余两涉忧患,饱食之日少,且性不好博奕,非藉楮墨吟弄,则何以豁怀抱,宣郁闷乎? ……若余者,则负遣无聊,姑假此以自遣,初非平居有意为之,以取讥之大雅……"④实际上,李昌祺创作《剪灯余话》不仅是为了排遣,还是为了实现他"善可法,恶可戒,表节

---

① 冯梦龙编:《警世通言》下册,严敦易校注,人民文学出版社1995年版,第668页。
② 《逍遥山万寿宫志》卷十九,王卡主编:《三洞拾遗》第15册,黄山书社2005年版,第537页。
③ 李昌祺:《剪灯余话》,周愣伽校注,上海古籍出版社1981年版,第116页。
④ 李昌祺:《剪灯余话·序》,周愣伽校注,上海古籍出版社1981年版,第121—122页。

义，砺风俗"①的劝善目的。

学界目前对李昌祺及其作品的研究，多集中在其对民生多艰的关注上、批评其爱炫耀才华，在作品中加入大量诗词，使作品显得冗长、艺术性降低等方面。但对《幔亭遇仙录》的研究则极少，乔光辉对"剪灯"系列研究颇有代表性，在论及该小说时也只是泛泛而论，仅有三百余字：

> 直接宣扬道教的则是小说《幔亭遇仙录》，该篇叙写杜僎成游武夷山"幔亭仙境"，遇清碧先生、闲闲宗师、开府真人等诸仙，宣扬道教清净无为和离尘脱俗的思想。隐士杜僎成为，得到仙人点化，最后也成了仙。故事似乎在告诉读者，隐居——遇仙——成仙这三个步骤是通向天国、得列仙班的捷径。小说中所列出的仙人，其实都是宋元时代著名的道人，其中圜一道人李玉成的诗说："至人收视息，恬淡养希夷。万物皆刍狗，此身真若遗。大道无终始，时运有盈亏。寄言学仙子，试向窍中窥。"则是典型的宣扬道教教义，劝人入道的诗。但"万物皆刍狗，此身真若遗"诗句也暗示了作者虽身在官场，却无法把握自身命运惶恐与不安。小说中对《春秋》经传的议论，暗示了道家与儒家的微妙关系。小说中的仙人肯定孔子的圣人地位，这反映了道家力图把儒家的某些思想纳入道教教义的历史事实。②

《幔亭遇仙录》是《剪灯余话》中描写"仙界"的小说，在李昌祺整个小说集中，具有重要的位置，因此，从道教学角度对《幔亭遇仙录》研究，对于整体宏观地把握李昌祺小说集的布局和设置，揭示李昌祺的审美理想、审美追求有着重要的学术价值；同时，也是从明代儒生视域了解、把握道士尤其是元代玄教徒基本特质的一个很好维度。

一、李昌祺与儒生杜本

《幔亭遇仙录》在《剪灯余话》卷三，小说不长，只有两千七百余字。讲述逸士杜僎成在武夷山闲暇漫游时，偶入"幔亭真境"仙境，其家族长辈杜本居住其中"清碧道院"。杜本不仅给杜僎成讲述《春秋诸传正义》，详细阐述其坚持、推崇的儒家思想，而且把十一位"仙人"一一介绍给杜僎成：不芒道人方从义、紫霄上相玉蟾白真人、闲闲宗师吴全节、贞居外史句曲张伯雨、上清外史

---

① 李昌祺：《剪灯余话·序》，周愣伽校注，上海古籍出版社1981年版，第121页。
② 乔光辉：《明代"剪灯"系列小说研究》，南京师范大学2000届博士论文，第137—138页。

薛玄卿、湖山水月道人宰渊、开府真人王溪月、圜一道人李玉成、虚一先生赵嗣祺、金浅羽人查广居,无为子张信甫。方方壶作画、其他人作诗,杜本在其上题写"幔亭游",形成诗书画于一体的"文会图",颇类似顾瑛的玉山雅集。

李昌祺选择杜本作为主人公的理由是什么呢?

> 杜本字伯原,其先居京兆,后徙天台,又徙临江之清江,今为清江人。本博学,善属文。江浙行省丞相忽剌术得其所上救荒策,大奇之,及入为御史大夫,力荐于武宗。尝被召至京师,未几归隐武夷山中。文宗在江南时,闻其名,及即位,以币征之,不起。至正三年(1343年),右丞相脱脱以隐士荐,诏遣使赐以金织文币、上尊酒,召为翰林待制、奉议大夫,兼国史院编修官。使者致君、相意,趣之行。至杭州,称疾固辞……本湛静寡欲,无疾言遽色。与人交尤笃于义,有贫无以养亲、无赀以为学者,皆济之。平居书册未尝释手。天文、地理、律历、度数,靡不通究,尤工于篆隶。所著有四经表义六书通编十原等书,学者称为清碧先生。至正十年(1350年)卒,年七十有五。[①]

> 江右杜君,讳本,字原父,号清碧先生。苦志于学,经史多手写成集。沉默寡言笑,尝一再游京师,王公贵人多乐与之交。已而武夷詹君景仁,由三公掾授浙东宪府照磨,延先生南入武夷,且买屋置田,为久远计。已而朝廷修三史,蒙古、色目、汉人、南人各举一处士,君以南人处士征,授翰林待制、奉训大夫。出至钱塘,以病归。其殁于至正十年秋八月,道远不能吊,令人感念云。[②]

从记载可知,杜本(1276—1350年),字原父、原功,号清碧先生,清江(今江西)人,元代著名理学家、文学家,擅长书法和绘画。杜本曾是修撰宋、辽、金史的人选,但因病没有成行。闽人詹景仁置办房产、田地,请杜本为其西席,杜本由此在武夷常住达三十年之久,《元史》有传。杜本除著有《四经表义》《六书通编》《十原》等书外,还有诗歌集《清江碧嶂集》一卷,编辑有《五声韵》《伤寒金镜录》《谷音》等作品。杜本在武夷影响颇大,弟子众多,"闽中十子"中的蓝仁、蓝智兄弟即其成名弟子。

在生平际遇、思想旨趣、追求境界上,李昌祺和杜本有着较多相似之处。

---

① 宋濂等撰:《元史》第16册,中华书局1976年版,第4477页。
② 郑元祐:《郑元祐集》,徐永明校点,浙江大学出版社2010年版,第371页。

第一，二人毕生都推崇儒家思想。李昌祺对杜本传播儒学思想、著述丰厚颇为赞同："吾昔居世，累辞征辟，而潜心著述，今皆散逸，独《春秋诸传正义》四十八卷仅存，平生精力，尽在此书……"①还就《春秋》一书和众仙人展开探讨；李昌祺也是秉承并贯彻儒家济世思想，《剪灯余话》不管情节如何离奇，最终落脚点还是在"善可法，恶可戒，表节义，砺风俗"的目的上。第二，二人在仕途上都颇为坎坷，曾有被贬官经历，最终也都选择归隐。杜本在武夷隐居三十余年，李昌祺隐居故乡二十余年。二人都（有资格）参加重大的文化盛事，李昌祺参与修撰《永乐大典》，杜本则作为汉人唯一代表参与修史，但是他予以拒绝，虽然最终没有参与修史之事，但是他的学识能力是毋庸置疑的。第三，二人追求旨趣相似。虽以儒家思想作为主导思想，但是二者都过着长达几十年的隐逸生活，追求的是远离官场、社会而一心著述、传道的生活方式。杜本明确表达自己甘愿隐居山林、逍遥自适："满窗风雨夜沉沉，独对青灯万古心。徒有故人怜白发，自无奇骨换黄金。茅檐暖日须看献，竹简遗经正用寻。岂愧执鞭非所好，甘随麋鹿放山林。"②其弟子蓝仁也认为其师杜本隐逸之士："平生不受天子禄，老向名山空著书。"③胡助对杜本隐逸生活也是赞不绝口："先生高尚芰荷衣，结屋藏书入武夷。泉石洗心无别事，皇王经世有遗思。据梧即咏秋清夜，隐几冥观昼永时。求志独修天爵贵，故应荷蒉接与知。"④

二、杜本与武夷山仙话

杜本隐居武夷三十余年，武夷又是遇仙的发生地，因此，杜本进入李昌祺视野就很好理解了。除此之外，在道教洞天福地中，武夷山是第十六洞天。武夷山有着丰富的道教仙话传说和资源。明代第四十三代天师张宇初在为《武夷山志》作序时，指出历朝均有对武夷仙话的记载：

> 建宁之武夷，为升真玄化洞天，按传记《晋鸿渐》，谓昔有神人受帝命，统录地仙，尝降于山颠，自称武夷君，山因以名。而白紫清传《列仙》则谓：秦人篯铿尝隐于是焉，携二子，长曰武，次月夷。其亦莫得而辩也。《汉郊祀志》：武帝尝祠武夷君于建，命祠官领之。山有汉祀坛遗址。或曰：秦始皇二年八月十有五日，上帝同太姥元君、魏真君子骞，设

---

① 李昌祺：《剪灯余话》，周楞伽校注，上海古籍出版社1981年版，第219页。
② 杨镰主编：《全元诗》第28册，中华书局2013年版，第176页。
③ 蓝仁：《蓝山集》卷一，四库全书本，第1229册，第781页。
④ 胡助：《纯白斋类稿》卷七《杜清碧思学斋》，四库全书本，第1214册，第597页。

会幔亭峰之顶,虹桥接空,鱼贯而上者千百人,呼乡人为曾孙,享以酒核,皆彩室绮栩,供帐华盛,灵乐迭奏,已而风雨且作,竟失所在。子骞始学道于山,从张湛、孙绰等十三人,遇控鹤仙人受道,皆仙去。下而唐宋迄元,得仙者常辈出。……凡洞穴坛墠,不可枚纪,每皆胜绝,孰不有仙真异人居之。是故若朱文公、蔡文节公、刘文简公,一时名贤巨儒,亦皆读书讲学其间。则九曲之胜,闻于四方者,亦岂偶然也哉?①

文中提及的白紫清就是白玉蟾,白玉蟾曾在武夷山上建造止止庵居住,他认为作为洞天之一的武夷山上先后有十三人得道升仙:"武夷山,一洞天也。神仙有无,或隐或显。昔此地镂铿饵紫芝,能乘风御气;神姹采黄术,能呼风檄雨。若张、魏诸真君,男女得仙者十三辈,不知何年中秋之夕,玉帝宴曾孙也。一杯既罢,箫鼓回空,当时诸君,霞裙霓袂,飘然已仙。"②

武夷山不仅是道教洞天,白玉蟾在武夷山时,朱熹也在武夷山讲学,白玉蟾的止止庵与朱熹的仁智堂很近,虽没有证明二人直接会面的资料,"理学大师朱文公塑像的募化疏文不是出自儒生之手,而是由道教南宗宗师白玉蟾来撰写","从一个侧面印证了道教南宗与朱子理学颇不寻常的关系"。③ 儒、道的亲密关系还是颇为契合李昌祺思想的,这给李昌祺构建他的仙话故事提供了一个良好的基础。

三、十一位道士的个案考察

在《幔亭遇仙录》中,共出现神仙十一位,依次是 1 不芒道人方方壶、2 紫霄上相玉蟾白真人、3 闲闲宗师吴全节、4 贞居外史句曲张伯雨、5 上清外史薛玄卿、6 湖山水月道人宰渊微、7 开府真人王溪月、8 圜一道人李玉成、9 虚一先生赵嗣祺、10 金浅羽人查广居、11 无为子张信甫。而后四位仙人则是晚出现的。

---

① 张宇初:《岘泉集》卷二,《道藏》第 33 册,第 208—209 页。
② 白玉蟾:《修真十书上清集》卷三十七《云窝记》,《道藏》第 4 册,第 772 页。
③ 盖建民:《白玉蟾金丹派南宗与朱熹理学关系新考》,《湖北大学学报》2016 年第 2 期,第 49 页。明代都穆记载朱熹和白玉蟾曾见过面,只是该记载更像是传说:"朱晦翁居白鹿洞,与白玉蟾善,一日登山值雨,有田父举手指空,雨为之不濡。门人问曰:何术也? 翁曰:偶然耳。他日,翁患膝创颇剧,玉蟾取水为洗之,随手而脱。翁惊再拜曰:师何神哉! 玉蟾:偶然耳。翁大惭,终不穷其术。翁为江西提刑,闻唐开府紫虚真人尚在某山中,使人持书乞为弟子,且曰:能以道相授者,当来,不尔不敢见。紫虚复云:道不可传,朱某必不至。门人请曰:仙师尝云传道必择世间忠孝之士,元晦真儒,奈何拒之? 紫虚曰:吾道贵诚,朱某不诚耳。弟子请其故,曰:朱某阴悦吾道而阳非之,是谓不诚,不可传也。"(都穆:《都公谭纂》卷下,商务印书馆 1937 年版,第 45 页)

1. 不芒道人方方壶

方方壶又名方从义,是元代著名道士画家,其作品堪当逸品。他拜师于四十二代天师张正常,学道于金月岩,长期在武夷山侍奉金月岩,直至其逝后才离开武夷山云游,方从义兼具正一派和全真道宗教实践。张正常临逝前把十八岁儿子张宇初托孤于方从义,方从义曾为"上清三洞经箓、大罗辅化仙卿、九天雷门祭酒",有"致虚贞白惟一真人"封号;其不仅绘画水平高迈,而且画作极多,据不完全统计,其作品有六七十幅之多。[①] 杜本亦善画,"杜本,字原父,画墨牛、葡萄,甚可观,亦善山水"[②],隐居武夷山,和长期修道武夷山、善画的方从义极为相似。李昌祺对方从义《枯木竹石图》大为赞赏:"空山百尺树,质性何贞坚。夭矫修篁侧,寂寞磐石边。亭亭任重姿,屹立思擎天。造化偶遗弃,值彼蓬莱仙。写之若怜才,峥嵘老龙骞。朔风振群木,节操欣独全。寄言玩物者,毋贵春花妍。"[③]

2. 紫霄上相玉蟾白真人

白玉蟾,本名葛长庚,字玉蟾,琼州人,有海琼子、海南翁、琼山道人紫清、武夷散人、玭庵、神霄散叟、灵霍童景、洞天羽人等字号。白玉蟾师承陈楠,陈楠师从薛式,薛式师承石泰,石泰师承张伯端,张伯端又上推到刘海蟾、吕洞宾、钟离权。张伯端、石泰、薛式、陈楠等四人,实行的是师徒之间口口相授的方式,没有形成教派,白玉蟾是金丹派南宗的真正创始人。

白玉蟾在武夷隐居,写了大量的诗文赞颂武夷,诗歌有《九曲棹歌十首》《武夷有感十一首》《满江红咏武夷》等,其《题武夷五首》,其中有三首都提及幔亭:

> 不见虹桥接幔亭,空余水绿与山青。客来剔出些奇胜,五曲溪头大隐屏。
>
> 龙骧仙掌岩头水,鹤唳幔亭峰上云。但得明窗尘一匕,跃身去谒武夷君。
>
> 芳草暗分流水绿,老松刚借远山青。独拈铁笛溪头立,吹与洞中仙子听。
>
> 显道真人去不回,幔亭不见旧楼台。曾孙倚着寒松立,日落风悲猿自哀。

---

① 申喜萍:《元代道士画家方从义考略》,《宗教学研究》2017 年第 1 期,第 95—103 页。
② 夏文彦:《图绘宝鉴》卷五,四库全书本,第 814 册,第 621 页。
③ 李昌祺:《运甓漫稿》卷一,四库全书本,第 1242 册,第 422 页。

山耸千层青翡翠,溪流万顷碧瑠璃。游人来此醉归去,几个亲曾到武夷。①

而其所作《武夷重建止止庵记》一文,确实称得上是"雄词""天藻",为文雄奇,气势雄阔。"若武夷千岩万壑之奇,千山万水之胜,莫止止庵之地若也。云寒玉洞,烟锁琪林,紫桧封丹,清泉浣玉,猿随羽客,鹤唳芝田。铁笛一声,群仙交集,螺杯三饮,步虚泠泠,盖可以歌太空紫虚之洞章,吟玉灵羽翮之仙曲。然则尘埃不碍眼,古今皆一时,而绛幔虹桥之事,犹宛然矣。奇哉,青草青,百鸟吟,亦可棋,亦可琴。有酒可对景,无诗自咏心。神仙渺茫在何许?武夷君在山之阴,孤舟只棹归去来,琼花满洞何处寻,岂非止止庵清绝胜妙处也?"②武夷山被列为第十六洞天,十六洞天就在止止庵。止止庵摩崖石刻上刻着"武夷山第十六洞天"。

3. 闲闲宗师吴全节

吴全节(1269—1346 年),字成季,号闲闲,又号看云道人,玄教第二任大宗师。他和当时众多名士交往,关系亲厚。毫不夸张地说,半个文坛文人都与其交好。吴全节把玄教推向了发展的顶峰。

4. 贞居外史句曲张伯雨

倪瓒对张雨艺术才华高度推崇:"贞居真人诗文、字、画皆为本朝道品第一,虽获片楮只字,犹为世人宝藏,况彦廉所得若是之富且妙邪?"③张雨为张九成六世孙,三十岁时"登茅山,受大洞经箓"。三十一岁时跟随王寿衍入京,获得"清容玄一文度法师"称号。在京期间,张雨由于才华、不拘一格而得到了众多文士的称赞。

5. 上清外史薛玄卿

薛玄曦十二岁入道,提点大都崇真万寿宫,制授为弘文裕德崇仁真人,主持佑圣观,兼领杭州诸宫观。诗文和书法兼善,深获好评。张雨和薛玄曦曾经约过一起游武夷,只是不知二人是否真正成行:"余杭山水著飞楼,楼外长林地转幽。十亩树阴闲濯足,一帘荷气晓梳头。山涛举代嵇康懒,张说论文薛稷忧。萧散人闲两外史,平生俱欠幔亭游。"④

6. 湖山水月道人宰渊微

宰渊微是杜本密友,二人情谊非凡,杜本隐居武夷时,曾写信邀请宰渊

---

① 白玉蟾:《修真十书上清集》卷四十,《道藏》第 4 册,第 785 页。
② 白玉蟾:《修真十书上清集》卷四十五,《道藏》第 4 册,第 798 页。
③ 倪瓒:《清閟阁全集》卷九,四库全书本,第 1220 册,第 300 页。
④ 张雨:《张雨集》上册,彭万隆点校,浙江古籍出版社 2015 年版,第 204 页。

微。宰渊微甚至把身后事都托付于杜本。柳贯有《宰渊微挽诗序》一文,从中可窥知宰渊微生平一二。

> 渊微炼师与京兆杜原父为方外友,前是二十年,予因原父识炼师,见其臞形华发,葛巾藜杖,相羊湖山云月间,无求于人而意每自得,以为依隐玩世,若吴宗元、元丹丘之伦,其制行未必过是也。原父比辞征,栖遁武夷山中,间以书来招炼师。炼师摄衣偪屦,欣然赴之,至未旬浃,一昔化去。炼师之以死托原父,与原父之能承其托,亮哉是心矣!……炼师扬产,而游方之外,其居虎林最久,交天下士最广。①

宰渊微也擅长雷法,“湛乎澄之而愈清,昭乎执之而有象。我自和以天倪,人乃见其神王。纳湖山于几席,运风雷于指掌。酌沆瀣以濯鼎,御气机之来往。此所以身潜九渊之深,名应少微之上。居与稚川相望,寿与广成相长也”。②

宰渊微还擅长占卜:

> 箕仙有验　虞邵庵先生布衣时,落落不偶,久客钱唐。一日,偕友人杨公仲弘、薛公宗海、范公德机,访方外宰渊微炼师于西湖之曲,求召鬼仙,以卜家藏。炼师即置箕悬笔,书符作法。有顷,箕动笔运而附降云:“某非仙,乃当境神也。”炼师叱曰:“吾不汝召,汝神何来?”神附云:“某欲乞虞公撰一保文,申达上帝,用求迁升耳。”众因劝先生其无辞神请,先生遂诺。翼日,文成,火于湖滨。逾旬,再诣炼师祷卜,神复降云:“某已获授城隍,谨候谒谢,公必贵显,幸毋自忽。”既而先生由校官至奎章阁侍书学士,赠江西行中书省参知政事,封仁寿郡公,谥文靖,以文章名四海。岂非先世积有余庆,天将报施于先生之躬,而鬼神预有知耶?③

作为道士,宰渊微不仅擅长道教斋醮科仪,同时和杨载、范梈、虞集、柳贯等名士也多有交往。

---

① 柳贯:《柳贯诗文集》,柳遵杰点校,浙江古籍出版社 2004 年版,第 354 页。
② 虞集:《虞集全集》上册《宰渊微先生画像赞》,王颋点校,天津古籍出版社 2007 年版,第 326 页。
③ 陶宗仪:《陶宗仪集·南村辍耕录》上册,徐永明、杨光辉整理,浙江古籍出版社 2013 年版,第 639—640 页。

7. 开府真人王溪月

王溪月(1270—1350 年)即王寿衍,曾拜见太子真金,"奉诏访求江南遗逸",领杭州路道教诸宫观事,住持开元宫。

8. 圜一道人李玉成

圜一道人以孝亲闻名,其逝后,由其朋友赵嗣祺请托柳贯为其撰写碑铭:

> 圜一道人……颀身广颡,疏眉秀髯,常所载履,草冠绳屦而已,然其风神旷朗,人望之如古仙剑客。性嗜游名山水,在数百里间,一笻径造,兴尽即还。……道人世居建之浦城,诸祖以上皆有仕籍于宋,族故大也。既冠而遭兵燹,间关离析,独幸与其母姚出万死一生中。早暮调适旨甘,节时燠寒,曰:"吾有母在,它无恤焉。"盖没身孝养弥笃。中徙县东乡泰宁里,耕稼樵渔外,托兴吟啸,言皆根理。天历二年(1329 年),其岁己巳,春秋七十又二,以疾卒家,九月十二日也。……道人讳玉成,姓李氏,自号"圜一翁",又别号"翠阳子"。祖讳源,父讳朴,皆业儒。道人葬后三年,其方外友虚一先生赵君嗣琪,自京师来钱塘,为予言道人世业行治如此,请予铭其隧。①

9. 虚一先生赵嗣祺

> 赵嗣祺,字虚一,龙泉人。幼学道玉虚,既壮,遍游名山,再参南谷杜真人。观光上国,名公巨卿无不敬爱,钦受宣命,赐印,视五品,甲乙住持实始于此。又数钦捧御香,驰驿淮蜀、荆襄、江浙、湖广、闽海、思播等处,后住集庆大元兴永寿宫、湖州计筹山升元观、平江白鹤观,累奉纶音,锡号玄明通道虚一先生、教门真士。至元后庚辰冬,解化于白鹤,藏剑履于计筹。②

赵嗣祺(1277—1340 年),杜道坚再传弟子。赵嗣祺"年二十四,学道于武夷山天游道院。高士张君德懋,凝神宴坐,未尝出山,张君携之至钱唐,谒其师真人杜公于宗阳宫"。③ 任士林记载了赵嗣祺在武夷山的修道:"天游

---

① 柳贯:《柳贯诗文集》,柳遵杰点校,浙江古籍出版社 2004 年版,第 230—231 页。
② 陈性定编集:《仙都志》卷下,《道藏》第 11 册,第 82 页。
③ 黄溍:《黄溍全集》下册,王颋点校,天津古籍出版社 2008 年版,第 635 页。

道院,在武夷溪第六曲仙掌岩之巅,屋若干楹,中以为堂……院创始丁酉岁,以癸卯既,郡人刘时中父、松溪潘悦成希征、张德懋实开山,承规以翼者,其徒赵嗣祺。德懋初游钱唐,尝学南谷杜尊师之门,以状求记,不得辞。"①

10. 金浅羽人查广居

查广居和杜本是方外好友。查广居是著名高道黄石翁弟子,擅长诗歌创作,深得杨载、范梈的好评,和揭傒斯、孙履常、柳贯等交往密切,中年早逝。其生平见柳贯所写《金溪羽人查广居墓表》:

> 查君,临川人,姓查氏,讳居广,字广居。少入金溪望仙观,受度为道士,复去之上饶龙虎山中,从庐阜黄尊师石翁学为诗。尊师爱其类己,授之教率,裁以尺度,君更感激自奋。尝东游至鄞海上,还渡浙,憩虎林山。久之,得杨推官仲弘诗七言今体,服其雄浩;又得范太史德机诗五七言古今体,服其清峻。皆手抄口诵,心领神解,期与之俱化。泰定丙寅,余以提举学事莅豫章,君将游匡庐,过之,与极论诗道,而余锐欲翼君以进,会时暑不果往,因橐其诗西之清江百丈山,求太史之庐而卒业焉。太史亦欣然定其可传者五十余篇,序为《学诗初稿》,以张君之志。……初与君同为诗者,危素太朴;后与君上下颉颃者,王渐玄翰、揭车子舟。余最善是四人,以为江右后来之秀。而素乃以书言君死矣,余为之西向哭。……君早孤,质厚而近迂,所交多畸人静士。雅嗜佳山水,杖屦所历,揽结奇秀,资之赋咏,无遁思焉。使幸至中寿,则不惮而及于古,独诗乎哉?君以天历己巳(1329年)秋得疾,卧铁柱延真宫。其冬十二月,道友邓居明与其徒葛世蕃迎归仁寿观,卒其月庚戌,年四十六。明年正月戊午,为窆葬犀原。临川处士孙君履常、奎章阁郎官揭君曼硕、武夷征士杜君原父,尤知君。②

查广居诗文造诣颇深,和危素、王渐玄翰、揭车子舟被称为江右后来之秀。《元风雅》收录查广居《题□》《二银女祠》《孝子行》三首诗。

范梈《赠广居查尊师远游》一诗:"查君学道恋名山,庐结东南紫翠间。更忆皇州春色好,却辞仙馆曙光闲。千年城郭逐人去,八月星河奉使还。莫

① 任士林:《松乡集》卷一,四库全书本,第1196册,第494—495页。
② 柳贯:《柳贯诗文集》,柳遵杰点校,浙江古籍出版社2004年版,第262—263页。

为昆仑无觅处,早将诗赋动江关。"①

11. 无为子张信甫

张新甫中年出家,性至孝,后隐居武当山:

> 无为子少时游方之内,应物而不滞于物,人谓其一代豪俊人也。中岁去而游方之外,葆真而全其真,形化而神不化,虽列仙山泽之臒,要不是过,何其异哉! 无为子故儒家,姓张氏,讳悌,字信甫。居鄞之象山,有别业在鄞城,扁舟往来,傲兀烟浪,自视如鸱夷子皮。然好结宾客,重交游,肴馔左右,具捐所有予人,无吝色。父尝以户门微罪,当逮诣吏,无为子奋前请系,曰:"父老,愿以身代虽万罪不敢辞!"父籍以免。奉亲能备孝养,而身与妻子衣麄食粝而已。②

四、李昌祺与玄教

从以上对十一位道士简略介绍可知,有著名高道,如方从义、白玉蟾、张雨等,也有默默无闻的道士,如李玉成、张信甫等。金元是道教进一步发展时期,高道众多,社会影响巨大,李昌祺是基于什么标准筛选出这十一位道士的呢?

序号	人物	道派	作品集	与杜本关系	与武夷关系	出处/碑铭
1	方方壶	正一派	画作:《高高亭图》《武夷放棹图》《东晋风流图》《神岳琼林图》		长期居住武夷	
2	白玉蟾	金丹派南宗	诗文集:《海琼集》《玉隆集》《上清集》《武夷集》		长期居住武夷	
3	吴全节	玄教	诗集:《看云集》			虞集《河图仙坛功能碑铭》
4	张雨	茅山派	诗文集:《贞居集》《玄品录》			虞集《崇寿观碑》刘基《句曲外史张伯雨墓志铭》

---

① 傅习编:《元风雅前集》卷九,四库全书本,第 1368 年版,第 67 页。
② 柳贯:《柳贯诗文集》,柳遵杰点校,浙江古籍出版社 2004 年版,第 234 页。

序号	人物	道派	作品集	与杜本关系	与武夷关系	出处/碑铭
5	薛玄曦	玄教	诗文集:《上清集》			黄溍《弘文裕德崇仁真人薛公碑铭》
6	宰渊微	茅山派		好友	短暂居于武夷	柳贯《宰渊微挽诗序》
7	王溪月	玄教	画作:《溪山对月图》			虞集《杭州路开元宫碑铭》 王祎《元故弘文辅道粹德真人王公碑》
8	李玉成					柳贯《圆一道人墓碣铭》
9	赵嗣祺	茅山派				黄溍《玄明宏道虚一先生赵君碑铭》
10	查广居		诗集:《学诗初稿》	好友		柳贯《金溪羽人查广居墓表》
11	张信甫					柳贯《无为子碣铭》

从上面列表可以看出,李昌祺的选择标准有三个:

第一,素材来自元儒四大家诗文记载。

方从义、白玉蟾没有碑铭、传记,王寿衍的碑铭是王祎所作,除此,吴全节、张雨两人的传记来自虞集,薛玄曦、赵嗣祺的碑铭来自于黄溍,宰渊微(宰渊微没有碑铭,柳贯的挽诗勉强作为"碑铭"来看)、李玉成、查广居、张新甫的碑铭是柳贯所撰。虞集、黄溍、柳贯和揭傒斯被称为"元儒四杰"。王寿衍的碑铭是王祎所撰,王祎曾师从于黄溍与柳贯,和宋濂并称江南二儒,参与编修《元史》,算是儒家四杰的继承者。

从李昌祺素材出处可以看出,他一以贯之地选择虞集、黄溍、柳贯记载的道士资料,绝非偶然。虞集曾编纂《经世大典》,柳贯为国史院编修,黄溍曾被邀编修辽金宋三史,但因母病故而未成行。从李昌祺的选择中可以看出他非常看重编修身份,这是他非常看重的文化标签,表明他对这个身份非常看重,这个身份是与文采、社会影响力、文化传续等密切相关的。同时,元儒四杰站在儒家文化立场上,不遗余力宣扬儒家思想及其道德规范,这也和李昌祺的思想完全吻合,所以,既非杜本好友,也和武夷没有关系,甚至也没有什么社会影响力,但是其碑铭出自柳贯之手,杜本也就出现在了《幔亭遇仙录》中。

而在小说中,杜本问其族人杜僎成故友"虞集、杨载、范梈各位君子后代的情况"。虞集、杨载、范梈、揭傒斯并称元诗四大家,揭傒斯也和虞集、柳贯、黄溍并称元儒四杰,但在小说中,杜本只问及虞、杨、范三人,不提及揭傒斯;而在十一位道士的选择中,也没有一例来自揭傒斯记载,不知何故,待考。

第二,文人雅集的需要。

方从义画,白玉蟾文,杜本书法,吴全节、张雨等则是作诗,诗、书、画绘为一卷,是文人聚会的最终成果呈现,是为雅集。作为文化修养极高的文人,李昌祺也选择了雅集形式来实现他的文人聚会梦想。

方从义善画,被称为"逸品";白玉蟾雄文大略,气势迫人,作品众多;吴全节擅长书法,有《看云集》;张雨诗、书、画皆能,受到倪瓒高度评价;薛玄曦擅长书法,著有《上清集》,揭傒斯、李存高度赞扬;王寿衍擅长绘画,虞集、程钜夫、袁桷等为其画作《溪月图》题跋;查广居拜师于黄石翁黄松瀑为师,从其学诗,艺术修养甚高,且和揭傒斯为至交好友,为"江右后来之秀"一员。即使是仙界,也是儒、道皆有,诗、书、画兼具的,绝非一般的仙道,具有浓郁的文化色彩,打上了李昌祺式的深刻文化烙印。

第三,儒道融合的标准。

玄教在统治者的支持下建立,迅速发展,社会地位高,和儒生关系密切。吴全节就是玄教第二任大宗师,他被称为"儒仙",从这个称号就可以看出吴全节和儒家关系之一般。"九朝冠佩泰阶平,国有儒仙作上卿。碧海宵晴迎日出,黄庭春暖看云生。竹间自洗金鹅蕊,花外长留翠凤旌。莫学华阳贞白老,乞身神武听吹笙。"①许有壬曾奉敕给吴全节的画像写赞语,其中有两句也是认定吴全节的儒道兼具的品性:"人以(公)为仙,我以(公)为儒。"②

同时拥有"儒仙"称号的还有张雨。郑元祐就称张雨为"儒仙",写有《寄贞居张儒仙》一诗:"露冷玄洲草木疏,砚泉分得涧循除。钩题石记修人表,笔削山经作志书。丹鼎晓温松节酒,茗瓯春点菊苗菹。残骸若有登真分,亦欲西游候羽车。"③

二十四孝在元代定型,孝为先的观念深入人心,即使出家修道,但是对

---

① 陈旅:《安雅堂集》卷二《寿吴宗师》,四库全书本,第1213册,第28页。
② 许有壬:《许有壬集》,傅英、雷近芳校点,中州古籍出版社1998年版,第438页。
③ 郑元祐:《郑元祐集》,徐永明校点,浙江大学出版社2010年版,第103页。

待父母依然至孝，薛玄曦、李玉成、张新甫就是其中代表。

薛玄曦"公性孝友，父殁，自京师奔赴而归，犯霜露、越草莽，哀号顿踣，若罔克生，专意致养，以慰其母，而恤其弟。母年八十有三，尝与公俱感微疾。既瘳而见母，喜极以悲。五年正旦之日，公将复见，惧伤母怀，使人请曰：愿母安意毋戚，继此当数来省也。自是么造山中之耆旧及常所与游者，若诀别然"。① "玄卿之于老氏寄迹焉尔，其心则儒也。儒之心，寒者思暄之，喝者思清之。虽见一牛之喘，闻孤兽之号，犹且恻然动不忍之心，而况于人乎？救饿必发廪，利涉必成梁，固也。廪未发而粥以食饿，梁未成而舆以济人，亦时措之宜而贤乎已，讵可谓之小惠而不为也耶？"②

王寿衍对至孝行为非常赞赏。"当世南人以政事之名闻天下，而位登省宪者，唯都中而已。"③王都中被称为一代良吏，他幼年失父，对母亲是至孝纯真，在其生母死后因至孝而引起枯萎的花重新开放的祥瑞之事。章嘉《本斋王公〈孝感白华图〉传》记载最为翔实。王都中亲绘《孝感白华图》，王寿衍为其题跋："母慈子孝觉天全，桃发花枝岂偶然？名士品题图画卷，他年当不负凌烟。玄览道人王寿衍。"④

举荐儒生入朝。王寿衍、赵嗣祺都曾奉旨访求江南儒士。王寿衍于壬辰"举永嘉徐侣孙、金华周世昌，引见于香殿，奏对称旨"⑤。赵嗣祺"访求岩穴之士，得一善，辄荐扬之。先生自奉甚约，终身不茹荤，而坐客常满，捣珍击鲜，为具必丰。尤喜推毂士类，赖其引重，而成名者甚众"。⑥

方从义一直侍奉居住在武夷山的师父金月岩，以师为父，金月岩逝后才开始北上游历，颇为类似"父母在，不远游"之意味。

这十一位道士中有九位都和儒家思想有着极为紧密的联系，李昌祺的选择标准也就不言而喻了。

在这十一位道士中，白玉蟾是南宋道士，不在考虑范围之内，剩下的道士中吴全节、薛玄曦、王溪月均为玄教教徒。

张雨先拜师于周大静，后跟随王寿衍入京，声誉大起。赵嗣祺在杜道坚要求下，游历京师，以广见闻，"方是时，开府、上卿张公以大宗师主教事，今

① 黄溍：《黄溍全集》下册，王颋点校，天津古籍出版社 2008 年版，第 634 页。
② 吴澄：《吴文正集》卷四十八《崇贤馆记》，四库全书本，第 1197 册，第 502 页。
③ 宋濂等撰：《元史》第 14 册，中华书局 1976 年版，第 4232 页。
④ 赵琦美编：《赵氏珊瑚网》卷十五《本斋王公孝感白华图传》，四库全书本，第 815 册，第 752 页。
⑤ 王祎：《马迹山紫府观碑并序》，《王祎集》中册，颜庆余整理，浙江古籍出版社 2016 年版，第 473 页。
⑥ 黄溍：《黄溍全集》下册，王颋点校，天津古籍出版社 2008 年版，第 635—636 页。

特进、上卿吴公为嗣师，咸加礼遇，因挽置馆下，声誉日起"。①

张雨和赵嗣祺都是在玄教的支持下，才声誉鹊起的。吴全节、薛玄曦、王溪月都出现在第一批，从这可以看出，李昌祺所选道士中，玄教人数虽然不多，只有三位，但是加上张雨和赵嗣祺这两位和玄教密切相关的道士后，就可以看出，玄教人数占据了半壁江山。李昌祺选择玄教的目的何在呢？

除了上述的玄教和儒家关系最为接近外，还有就是玄教在北京建立的东岳庙，其完整地构建了东岳大帝，主管阴间世界。"第二，东岳泰山，高四千丈二尺，洞周回一千里，名蓬玄空洞之天。此即太昊为青帝，治东岳，主万物发生，考校死魂鬼神之所。历代帝王报功封禅之岳，上应奎娄之精，下镇鲁地之分。系兖州奉符县。"②

李昌祺在《剪灯余话》中构筑了天上、地下、人间三个维度空间，《两川都辖院志》《连理树记》《鸾鸾传》《琼奴传》《芙蓉屏记》《秋千会记》属于人间空间；《何思明游酆都录》《贾云华还魂记》《泰山御史记》则归属地下空间；《幔亭遇仙录》《洞天花烛记》《月夜弹琴记》则属于是天上空间的作品。在人间空间这个维度的作品中，李昌祺刻画了鸾鸾、琼奴等多个节义女子形象；同时也写到了人间恶事，如《胡媚娘传》中黄兴借狐狸精谋财伤人、后被全真道士降服的故事；《秋夕访琵琶亭记》中则讲述了神霄派道士周玄真设灵宝炼度之事。周玄真和赵嗣祺均为杜道坚再传弟子。

地下空间即是阴间地域，《何思明游酆都录》记载了何思明站在儒家立场，坚决反对佛道二教，死而复生后，说："二教之大，鬼神之著，其至矣乎！囊吾僻见，过毁老、释，今致削官减禄，几不能生，小子识之。"③《泰山御史传》则讲述了宋圭因"公直以无私，刚严而有断。方笃志探诗书之赜，而含章着易象之贞。安贫以乐箪瓢，味道而甘布帛。显荣常在于身后，优除真拜于乌台。纠察每侍于帝傍，谠论仡闻于白简。期迈揽辔范滂之右，肯居乘骢桓典之间。正色而谀佞寒心，飞章而奸回破胆"④而得到掌管阴间的东岳天齐大王的赏识，被封为"泰山司宪御史"。其朋友秦轸罢官行经泰安时，与宋圭相遇，宋圭告知他阴间情况："惟是泰山一府，所统七十二司，三十六狱，台、省、部、院、监、局、署、曹，与夫庙、社、坛、觞、鬼、神，大而冢宰，则用忠臣、烈士、孝子、顺孙，其次则善人、循吏，其至小者，虽社公、土地，必择忠厚有阴德之民为之。而尤重词职。"并指出，阴间"大抵尚严，用人不苟"，并针对儒生因

---

① 黄溍：《黄溍全集》下册，王颋点校，天津古籍出版社 2008 年版，第 635 页。
② 李思聪集：《洞渊集》卷二，《道藏》第 23 册，第 838—839 页。
③ 李昌祺：《剪灯余话》，周楞伽校注，上海古籍出版社 1981 年版，第 154 页。
④ 李昌祺：《剪灯余话》，周楞伽校注，上海古籍出版社 1981 年版，第 236 页。

为润笔费，在为人撰写碑记"多为过情之誉，以真乱赝，以愚为贤，使善恶混淆"①，到了阴间会被送到拔舌地狱受苦，是为地上儒生"深戒"。这是地上世界混乱无序、道德不彰却没有受到必要的惩罚时，地狱空间的惩罚，这也是道教对儒家伦理的一个补充和完善。

天上世界的构筑则以《幔亭遇仙录》《洞天花烛记》《月夜弹琴记》为代表。宋谭节妇赵氏为了不受欺辱而被元兵杀害，因其节烈，死后位列"高仙"，"见莅南岳左右魏夫人所，享天上之乐矣"②。《幔亭遇仙录》则记载了十一位高道，当然，一直秉承儒家文化并坚持传播不怠的杜本也被称为神仙，永享逍遥幸福。

李昌祺对玄教在北京建立的阴间世界非常熟悉，这以《泰山御史传》为代表，和《幔亭遇仙录》中的天上世界互为表里。

李昌祺对道教非常熟悉，他对于道教历代列仙谱系非常熟稔。元代神仙大系当以赵道一主编的《历世真仙体道通鉴》最为体大丰赡，涉及神仙人物最多。该书是这样记载武夷君的：

> 武夷山有神人，自称武夷君……或云：昔有魏王名子骞，在同州立王城，对大王石东去十里，今即城基尚在。此人是坠地仙人，后于此山得道。又云：昔有张湛、孙绰、赵元奇、彭令昭、刘景、顾思远、白石先生、马鸣先生，并胡氏、李氏、鱼氏、王氏女子四人，通成十二人，同诣此山求道，偕至谒魏王，为地主。会天亢旱，魏王置酒酾祭仙祈雨，时控鹤仙人乘云鹤白马，从空中而下，遂霈雨泽。张湛等因获见。时张湛献仙人诗一绝云：武夷山下武夷君，白马垂鞭入紫云。空里只闻三奠酒，龙潭陂上雨雾雾。仙人得诗甚喜，又见张湛等骨气不常，访道精确，意其各有仙分，乃遣何凤儿往天台山取仙籍一卷，到山检视，其谪下凡间为庶类，合居此山八百年，后方得道换骨，归天仙人。③

《历世真仙体道通鉴》中提及张湛等十二人得道成仙，在《幔亭遇仙录》中杜僎成进入幔亭仙境，十一位道士仙人加上儒士杜本，也是十二人；张湛等人也是用诗歌形式来进行表达的，李昌祺设置的十二个神仙，在诗、书、画上各呈其才，未始没有受到《历世真仙体道通鉴》的影响。

---

① 李昌祺：《剪灯余话》，周楞伽校注，上海古籍出版社1981年版，第237页。
② 李昌祺：《剪灯余话》，周楞伽校注，上海古籍出版社1981年版，第139页。
③ 赵道一编修：《历世真仙体道通鉴》卷四，《道藏》第5册，第128页。

参考文献

一、原始文献

刘厚滋:《北平东岳庙碑刻目录》,国立北平研究院总办事处出版,1936年印行。

倪灿、黄虞稷、钱大昕等撰:《辽金元艺文志》,商务印书馆1958年版。

孛兰肹等撰,赵万里校辑:《元一统志》,中华书局1966年版。

宋濂等主编:《元史》,中华书局1976年版。

陈邦瞻:《元史纪事本末》,中华书局1979年版。

刘侗、于奕正:《帝京景物略》,孙小力校注,上海古籍出版社2001年版。

顾炎武:《昌平山水记》,北京古籍出版社1980年版。

叶盛:《水东日记》,魏中平校点,中华书局1980年版。

于敏中等编纂:《日下旧闻考》,北京古籍出版社1983年版。

熊梦祥:《析津志辑佚》,北京古籍出版社1983年版。

揭傒斯:《揭傒斯全集》,李梦生标校,上海古籍出版社1985年版。

顾嗣立编:《元诗选》,中华书局1987年版。

陈衍编:《元诗纪事》,李梦生校点,上海古籍出版社1987年版。

《道藏》,文物出版社、上海书店、天津古籍出版社1988年版。

周家楣、缪荃孙等编修:《光绪顺天府志》,北京古籍出版社1987年版。

陈垣编纂:《道家金石略》,文物出版社1988年版。

蒋易编:《元风雅》,江苏古籍出版社1988年版。

北京图书馆金石组:《北京图书馆藏中国历代石刻拓本汇编》,中州古籍出版社1989年版。

陈柏全编著:《江西出土墓志选编》,江西教育出版社1991年版。

马祖常:《石田先生文集》,李叔毅点校,中州古籍出版社1991年版。

《藏外道书》,巴蜀书社1994年版。

娄近垣编撰:《龙虎山志》,江西人民出版社1996年版。

苏天爵：《滋溪文稿》，陈高华、孟凡清点校，中华书局1997年版。

北京市档案馆：《北京寺庙历史资料》，中国档案出版社1997年版。

许有壬：《许有壬集》，傅英、雷近芳校点，中州古籍出版社1998年版。

李修生主编：《全元文》，江苏古籍出版社1999年版。

杨立志点校：《明代武当山志二种》，湖北人民出版社1999年版。

赵世瑜：《北京东岳庙和北京泰山信仰碑刻辑录》，中国书店出版社2004年版。

柳贯：《柳贯诗文集》，柳遵杰点校，浙江古籍出版社2004年版。

王卡、汪桂平主编：《三洞拾遗》，黄山书社2005年版。

王恽：《玉堂嘉话》，杨晓春点校，中华书局2006年版。

杨瑀：《山居新语》，余大钧点校，中华书局2006年版。

吴亚魁编：《江南道教碑记资料集》，上海辞书出版社2007年版。

虞集：《虞集全集》，王颋点校，天津古籍出版社2007年版。

黄溍：《黄溍文集》，王颋点校，天津古籍出版社2008年版。

徐一夔：《始丰稿校注》，徐永恩校注，浙江古籍出版社2008年版。

顾瑛辑：《草堂雅集》，杨镰、祁学明、张颐青整理，中华书局2008年版。

顾瑛辑：《玉山名胜集》，杨镰、叶爱欣整理，中华书局2008年版。

戴表元：《戴表元集》，李军、辛梦霞校点，吉林文史出版社2008年版。

程钜夫：《程钜夫集》，张文澍校点，吉林文史出版社2009年版。

戴良：《戴良集》，李军、施贤明校点，吉林文史出版社2009年版。

郑元祐：《郑元祐集》，徐永明校点，浙江大学出版社2010年版。

贝琼：《贝琼集》，李鸣校点，吉林文史出版社2010年版。

袁桷：《袁桷集校注》，杨亮点校，中华书局2012年版。

吴师道：《吴师道集》，邱居里、邢新欣校点，浙江古籍出版社2012年版。

朱存理纂辑：《珊瑚木难》，王允亮点校，浙江人民出版社2012年版。

何建明主编：《中国地方志佛道教文献汇纂》，国家图书馆出版社2013年版。

李元度修纂、王香余、欧阳谦增补、王香余续增：《南岳志》，刘建平校点，岳麓书社2013年版。

张昶：《吴中人物志》，陈其弟点校，古吴轩出版社2013年版。

杨镰主编：《全元诗》，中华书局2013—2015年版。

赵孟頫：《赵孟頫集》，钱伟强点校，浙江古籍出版社2016年版。

王逢：《梧溪集》，李军点校，北京师范大学出版社2016年版。

张光弼：《张光弼诗集》，施贤明、张欣、辛梦霞点校，北京师范大学出版社2016年版。

周霆震：《石初集》，施贤明、张欣点校，北京师范大学出版社 2016 年版。

王祎：《王祎集》，颜庆余点校，浙江古籍出版社 2016 年版。

刘大彬编、江永年增补：《茅山志》，王岗点校，上海古籍出版社 2018 年版。

邓文原：《邓文原集》，罗琴整理，浙江人民美术出版社 2016 年版。

二、专著

孙克宽：《宋元道教之发展》，（台湾）台中东海大学 1965 年版。

孙克宽：《元代汉文化之活动》，（台湾）中华书局 1968 年版。

孙克宽：《寒源道论》，（台湾）联经出版事业公司 1977 年版。

袁冀：《元史论丛》，（台湾）联经出版事业公司 1978 年版。

杨树藩：《元代中央政治制度》，（台湾）商务印书馆 1978 年版。

陈高华：《元大都》，北京出版社 1982 年版。

崔秀国：《东岳泰山》，中华书局 1983 年版。

陈国符：《道藏源流考》，中华书局 1985 年版。

周良霄：《忽必烈》，吉林教育出版社 1986 年版。

陈高华、史卫民：《元上都》，吉林教育出版社 1988 年版。

李传纪、易平：《江西古志考》，南海出版公司 1989 年版。

郭树森主编：《天师道》，上海社会科学院出版社 1990 年版。

张继禹：《天师道史略》，华文出版社 1990 年版。

李国涛、张小苏、毛守仁：《地狱景观：蒲县东岳庙览胜》，海天出版社 1990
    年版。

朱偰：《元大都宫殿图考》，北京古籍出版社 1990 年版。

陈高华：《元史研究论稿》，中华书局 1991 年版。

王明荪：《元代的士人与政治》，（台湾）学生书局 1992 年版。

詹鄞鑫：《神灵与祭祀——中国传统宗教综论》，江苏古籍出版社 1992 年版。

王光德、杨立志：《武当道教史略》，华文出版社 1993 年版。

幺书仪：《元代文人心态》，文化艺术出版社 1993 年版。

刘俊文主编，索介然译：《日本学者研究中国史论著选译·第七卷》，中华书
    局 1993 年版。

郑国栋、林胜利、陈垂成编：《泉州道教》，鹭江出版社 1993 年版。

苏鲁格、宋长红：《中国元代宗教史》，人民出版社 1994 年版。

史卫民：《大一统——元至元十三年纪事》，生活·读书·新知三联书店
    1994 年版。

卿希泰主编：《中国道教史》，四川人民出版社 1996 年版。

史卫民:《元代社会生活史》,中国社会科学出版社1996年版。

朱越利主编:《中国道教宫观文化》,宗教文化出版社1996年版。

陈得芝主编:《中国通史》第八卷,上海人民出版社1997年版。

叶新民:《元上都研究》,内蒙古大学出版社1998年版。

史为民:《刘秉忠与忽必烈》,解放军文艺出版社1998年版。

王岗:《天师与帝师:一个多元文化的时代》,中国青年出版社1998年版。

张泽洪:《张天师》,巴蜀书社1999年版。

张金涛主编:《中国龙虎山天师道》,江西人民出版社2000年版。

葛兆光:《七世纪至十九世纪中国的知识、思想与信仰》,复旦大学出版社2000年版。

郭于华主编:《仪式与社会变迁》,社会科学文献出版社2000年版。

萧启庆主编:《蒙元的历史与文化——蒙元史学术研讨会论文集》,(台湾)学生书局2001年版。

梁归智、周月亮:《大俗小雅　元代文化人心迹追踪》,河北大学出版社2001年版。

刘仲宇:《道教法术》,上海文化出版社2002年版。

陈巴黎编著:《北京东岳庙》,中国书店出版社2002年版。

王颋:《龙庭崇汗:元代政治史研究》,南方出版社2002年版。

杨建新、马曼丽:《成吉思汗忽必烈评传》,南京大学出版社2002年版。

查洪德、李军:《元代文学文献学》,中国社会科学出版社2002年版。

冯俊杰:《戏剧与考古》,文化艺术出版社2002年版。

易苏昊主编:《米芾〈研山铭〉研究》,长城出版社2002年版。

李治安:《元代政治制度研究》,人民出版社2003年版。

杨镰:《元诗史》,人民文学出版社2003年版。

李远国:《神霄雷法:道教神霄派沿革与思想》,四川人民出版社2003年版。

刘慧:《泰山岱庙考》,齐鲁书社2003年版。

叶新民、齐木德道尔吉编著:《元上都研究资料选编》,中央民族大学出版社2003年版。

丁常云、刘仲宇、叶有贵:《钦赐仰殿与东岳信仰　一个宗教人类学视角的考察》,上海辞书出版社2003年版。

袁国藩:《元代蒙古文化论集》,(台湾)商务印书馆股份有限公司2004年版。

杨镰:《元代文学编年史》,山西教育出版社2005年版。

吴海、曾子鲁主编:《江西文学史》,江西人民出版社2005年版。

徐永明:《元代至明代婺州作家群研究》,中国社会科学出版社2005年版。

桂栖鹏:《浙江通史第6卷:元代卷》,浙江人民出版社2005年版。

徐永明:《元代至明初婺州作家群研究》,中国社会科学出版社2005年版。

曲进贤主编:《泰山通鉴》,齐鲁书社2005年版。

史为民:《元代社会生活史》,中国社会科学出版社2005年版。

潘清:《元代江南民族重组与文化交融》,凤凰出版社2006年版。

赵世瑜:《小历史与大历史:区域社会史的理念、方法与实践》,生活·读书·
    新知三联书店2006年版。

荣真:《中国古代民间信仰研究——以三皇和城隍为中心》,中国商务出版社
    2006年版。

《龙虎山志》编纂委员会等编:《龙虎山志》,江西科学技术出版社2007年版。

巴图巴干:《忽必烈汗思想研究》,吉木斯、哈日赤译,辽宁民族出版社2007
    年版。

潘一德、杨世华编著:《茅山道教志》,华中师范大学出版社2007年版。

《传统节日与文化空间:东岳论坛国际学术研讨会专辑》,学苑出版社2007
    年版。

王树林:《金元诗文与文献研究》,中华书局2008年版。

吴小红:《江西通史·元代卷》,江西人民出版社2008年版。

周景峰编著:《忽必烈在上都》,国际华文出版社2008年版。

佟洵编著:《道教与北京宫观文化》,宗教文化出版社2008年版。

魏坚:《元上都》,中国大百科全书出版社2008年版。

曹子西主编:《北京史志文化备要》,中国文史出版社2008年版。

薛磊:《元代宫廷史》,百花文艺出版社2008年版。

叶涛、孙爱军主编:《东岳文化与大众生活:第四届"东岳论坛"国际学术研讨
    会论文集》,广西师范大学出版社2009年版。

陈高华、张帆、刘晓:《元代文化史》,广东教育出版社2009年版。

胡其德:《蒙元帝国初期的政教关系》,花木兰文化出版社2009年。

齐心主编:《北京元代史迹图志》,北京燕山出版社2009年版。

徐进昌主编:《上都文化研究》,内蒙古科学技术出版社2009年版。

张沛之:《元代色目人家族及其文化倾向研究》,天津古籍出版社2009年版。

陈高华、史卫民:《元代大都上都研究》,中国人民大学出版社2010年版。

刘永海:《元代道教史籍研究》,人民出版社2010年版。

宿白:《汉唐宋元考古:中国考古学》,文物出版社2010年版。

李治安:《元代行省制度》,中华书局2011年版。

孔令宏、韩松涛:《江西道教史》,中华书局2011年版。

吴国富:《庐山道教史》,江西人民出版社 2011 年版。

林正秋:《杭州道教史》,中国社会科学出版社 2011 年版。

叶涛、刘慧主编:《2010'泰山东岳庙会国际论坛论文集》,广西师范大学出版
　　社 2011 年版。

叶涛、刘慧主编:《2011'泰山东岳庙会国际论坛论文集》,广西师范大学出版
　　社 2012 年版。

《礼与中国文化:第五届"东岳论坛"礼仪中国学术研讨会论文集》,中国社会
　　科学出版社 2012 年版。

申万里:《理想、尊严与生存挣扎:元代江南士人与社会综合研究》,中华书局
　　2012 年版。

傅秋爽:《北京元代文学》,知识产权出版社 2011 年版。

宋大川主编:《北京考古史·元代卷》,上海古籍出版社 2012 年版。

《东岳文化与地域传统:2011 东岳文化蒲县国际论坛论文集》,学苑出版社
　　2013 年版。

林梅村:《大朝春秋:蒙元考古与艺术》,故宫出版社 2013 年版。

邹华:《北京审美文化史:上古至元代卷》,北京大学出版社 2013 年版。

苗长虹主编:《黄河文明与可持续发展》第 5 辑,河南人民出版社 2013 年版。

朱越利:《道教考信集》,齐鲁书社 2014 年版。

盖建民主编:《中国历代张天师评传》,江西人民出版社 2014 年版。

葛仁考:《元朝重臣刘秉忠研究》,人民出版社 2014 年版。

王见川:《张天师之研究——以龙虎山一系为考察中心》,(台湾)博扬文化事
　　业有限公司 2015 年版。

朱祖希:《元代及元代以前北京城市形态与功能演变》,华南理工大学出版社
　　2015 年版。

杨镰:《元代文学及文献研究》,中华书局 2015 年版。

郝永伟:《南船北马总关情:元代江西文人诗集序文整理与研究》,河北人民
　　出版社 2015 年版。

李天垠:《元代宫廷之旅:沿着画家朱德润的足迹》,故宫出版社 2015 年版。

邱江宁:《元代馆阁文人活动系年》,人民出版社 2015 年版。

李超:《元代江西文人群体研究》,中国社会科学出版社 2015 年版。

袁冀:《元代嵬奇录》,文史哲出版社 2016 年版。

王岗:《北京文化通史·元代—明代卷》,中国社会科学出版社 2016 年版。

刘宏英:《元代上京纪行诗研究》,中国经济出版社 2016 年版。

刘嘉伟:《元代多族士人圈的文学活动与元诗风貌》,人民出版社 2016 年版。

丁超：《元代京畿地理》，北京出版社 2016 年版。

叶郭立诚等：《北平东岳庙》，福建教育出版社 2016 年版。

唐朝晖：《元代文人群体与诗歌流派》，西安交通大学出版社 2017 年版。

袁志鸿主编：《北京东岳庙志》，宗教文化出版社 2018 年版。

刘固盛等：《湖北道教史》，华中师范大学出版社 2018 年版。

郭海鹏主编：《上都散曲》，内蒙古科学技术出版社 2018 年版。

江西省地方志编纂委员会办公室编著：《江西寺观》，武汉大学出版社 2018
年版。

江西省地方志编纂委员会办公室编著：《江西古代名人》，武汉大学出版社
2018 年版。

张如安：《元代宁波文化史》，浙江大学出版社 2018 年版。

罗新：《从大都到上都：在古道上重新发现中国》，新星出版社 2018 年版。

［美］安·丝婉·富善：《东岳庙》，清华大学出版社 2018 年版。

［美］康儒博：《修仙：古代中国的修行与社会记忆》，江苏人民出版社 2019
年版。

［美］韩书瑞：《北京：公共空间和城市生活（1400—1900）》，中国人民大学出
版社 2019 年版。

［日］小柳司气太：《白云观志：附东岳庙志》，北京联合出版公司 2019 年版。

李正春：《元代组诗论稿：以历史文化为视角的考察》，凤凰出版社 2019
年版。

三、博硕士论文

田承军：《江南地区的东岳庙研究》，南开大学 2002 届硕士论文。

刘全芬：《南宋金元新道教孝道伦理研究》，山东大学 2009 届博士论文。

许蔚：《断裂与建构：净明道的历史与文学》，复旦大学 2011 届博士论文。

张琰：《泰山全真道与社会研究》，中国人民大学 2011 届博士论文。

陈连波：《北京道教宫观环境景观研究》，北京林业大学 2011 届博士论文。

张全晓：《明代武当山志研究》，华中师范大学 2011 届博士论文。

楼崔蔺：《北京东岳庙及其建筑群的宗教文化内涵探析》，华东师范大学
2011 届硕士论文。

马晓林：《元代国家祭祀研究》，南开大学 2012 届博士论文。

郭小转：《多元文化背景中元代边塞诗的发展》，中央民族大学 2012 届博士
论文。

张群：《南岳山志研究》，武汉大学 2013 届博士论文。

徐莫非:《用力赞乾元,犹龙师老子——〈吴全节十四像并赞卷〉》,西安美术
    学院 2015 届硕士论文。

王双梅:《元上都文学活动研究》,南开大学 2017 届博士论文。

傲日格勒:《蒙元时期汗位继承问题研究》,内蒙古大学 2017 届博士论文。

图书在版编目(CIP)数据

元代玄教研究/申喜萍著.—上海：上海三联书店,2024.10.—ISBN 978-7-5426-8245-1

Ⅰ.B959.2

中国国家版本馆 CIP 数据核字第 2024GY6124 号

元代玄教研究

著　者 / 申喜萍

责任编辑 / 郑秀艳
装帧设计 / 一本好书
监　制 / 姚　军
责任校对 / 王凌霄

出版发行 / 上海三联书店

　　　　　(200041)中国上海市静安区威海路 755 号 30 楼

邮　箱 / sdxsanlian@sina.com

联系电话 / 编辑部：021-22895517

　　　　　发行部：021-22895559

印　刷 / 上海颛辉印刷厂有限公司

版　次 / 2024 年 10 月第 1 版
印　次 / 2024 年 10 月第 1 次印刷
开　本 / 710mm×1000mm　1/16
字　数 / 310 千字
印　张 / 17.75
书　号 / ISBN 978-7-5426-8245-1/B·929
定　价 / 88.00 元

敬启读者,如发现本书有印装质量问题,请与印刷厂联系 021-56152633